철저한 역사적 탐구와 섬세한 문학 비평적 분석을 결합했다. 어머니 이미지가 바울의 사도적 과업을 어떻게 전달하는지를 보여줄 뿐만 아니라, 그것이 바울의 신학적 비전을 어떻게 표현하는지도 밝힌다. 바울의 복음을 묵시적 맥락 속에 위치시키는 이 빼어난 저작은 로마서와 갈라디아서에 대하여, 죄와 속량을 바라보는 바울의 견해에 대하여, 그리고 바울이 오늘날 여성과 남성에게 어떤 함의를 갖는지에 대하여 새롭고 설득력 있는 해석을 제시한다.

에이미-질 레빈 (Amy-Jill Levine)
밴더빌트대학교

바울신학에 관한 책은 이미 수천 권이나 있고, 바울에 관해 더 이상 새로운 것을 말할 수 없다고 생각할지도 모르겠다. 하지만 베벌리 가벤타는 바울서신에 대해 아주 새롭고 신선한 질문을 제기한다. 가벤타는 바울이 여성적 은유를 주목할 만한 방식으로 사용하여 그가 사도로서 감당했던 고된 사역을 묘사한다는 점을 조명한다. 무엇보다도 가벤타는 바울의 여성적 은유들을 하나님의 새 창조가 탄생하는 우주적 지평 속에 위치시킨다. 『바울, 우리 어머니』는 우리가 바울에 대해 알고 있다고 생각한 것뿐 아니라, 우리의 성별화된 정체성에 대해 알고 있다고 생각한 것까지 재고하게 만든다. 가벤타의 명료하고 공정한 주해는 바울의 묵시적 복음에 대한 놀랍고 새로운 통찰을 제시한다.

리처드 B. 헤이스 (Richard B. Hays)
듀크대학교

오랫동안 바울을 연구해 온 가벤타는 그녀가 수년 간 천착해 온 바울의 어머니 이미지를 대부분의 연구가 수행한 것보다 더 깊이 파고든다. 또한 바울서신 속 놀라운 본문들에 사람들의 관심이 결여되어 있었던 점을 보완하는 매력적인 해설을 제시한다. 일반 독자부터 성서학자에 이르기까지 모두가 이 책에서 유익을 얻을 것이다.

캐롤린 오시크 (Carolyn Osiek)
텍사스크리스천대학교

『바울, 우리 어머니』에서 가벤타는 바울의 어머니 은유가 지닌 의의를 차분히 풀어내고, 그것을 바울 사상의 묵시적 구조와 솜씨 좋게 연결한다. 그녀는 바울신학 안에서 사도, 복음, 교회, 이스라엘이 갖는 의의가 죄와 죽음의 권세로부터 우주를 되찾고자 하는 하나님의 더 큰 목적으로부터 파생된다는 사실을 시의적절하게 주장한다. 가벤타의 바울 읽기는 섬세하면서도 또한 깊은 헌신이 담겨 있다.

존 바클레이 (John Barclay)
더럼대학교

가벤타는 폭넓은 문헌에 정통하며, 그것을 소화하여 바울신학에 대한 흥미로운 탐구에 적용했다. 그녀는 문학 이론, 어휘적 정보, 고대 문화적 정보를 능숙하게 활용하여 바울서신에 나타나는 독특한 요소를 식별하고 바울의 하나님 이해 및 핵심적인 확언들에 초점을 맞춘다.

크레이그 S. 키너 (Craig S. Keener)
애즈베리 신학교

문학의 기능은 '낯설게 하기'라고 한다. 비틀고 낯설게 만들어 친숙함을 걷어내고, 마치 낯선 대상을 보듯 새로운 눈길로 보게 한다는 뜻이다. 이 책의 전반부에서 저자는 '어머니'라는 화두를 던지며 바울이라는 친숙한 텍스트를 다시 읽는다. 그러면서 진부해 보였던 바울의 삶과 사유 곳곳에 감춰진 모성적 이미지를 찾아낸다. 바울은 가부장적 사회를 살았던 1세기 유대인 남성이었지만, 정작 그의 언어는 모성적 이미지와 사유로 가득하다. 우리는 저자의 자세한 설명을 따라가며 낯설면서도 더 깊이 바울의 선교와 그의 복음을 이해하게 된다. 이 책의 후반부에는 바울을 '묵시'라는 하나의 큰 그림으로 설명하려는 저자의 여러 연구가 담겨 있다. 바울의 활동과 사유 구석구석에서 '어머니'를 찾아내는 섬세한 작업과, 우주적 악을 물리치고 온 세상을 바로잡는 이야기를 추적하는 작업은 서로 다른 작업이지만, 이들 모두는 바울이 선포한 복음의 속내를 제대로 파악하려는 몸부림의 일부다. 마치 시편 19편에서 자연 속 하나님의 영광과 토라 속 하나님의 영광을 낯설게 이어가는 것처럼, 두 방향의 붓질이 서로 어우러지며 바울 복음에 대한 우리의 이해를 더 생생하게 만들어 준다.

권연경 교수
숭실대학교

『바울, 우리 어머니』는 전통적으로 남성 중심적 틀로 이해되어 온 바울 연구의 지형을 흔드는 중요한 전환점이 될 것이다. 바울이 흔히 엄격하고 위계적인 사도로 이해되어 온 것과 달리, 이 책은 그의 사역과 복음에 내재된 모성적 측면에 초점을 맞춘다. 이 책은 바울의 목회적 태도와 리더십 이해에 대해서 뿐만 아니라, 그동안 바울서신 연구에서 상당히 간과되어 왔던 주제인 모성이라는 측면에 대해서 새로운 깨달음을 줄 것이다. 저자는 고대의 통상적인 가부장적 리더십 모델을 바울이 재구성하는 방식에 주목한다. 더 나아가 모성적 이미지를 바울신학의 더 큰 틀, 즉 종말론적이고 우주적인 구속의 이야기 안에서 이해한다. 바울의 모성적 이미지를 그의 묵시론적 신학과 성공적으로 연결함으로써, 바울신학에 대한 통찰력 있는 재해석을 제공한다. 이를 통하여 저자는 하나님은 세상을 홀로 내버려두지 않으시고, 세상을 구원하여 오직 당신의 것으로 되찾으시는 분임을 보여준다. 바울에 관한 이 중요한 책이 번역된다는 사실은 신약성경과 바울서신에 관심이 있는 모든 독자들에게 기쁜 소식이 될 것이다. 이 책은 학문적으로 탁월하게 저술된 일급 학자의 저술일 뿐만 아니라 대중적으로도 흥미진진하게 기록된 책이기도 하다. 탁월한 학자인 정동현 교수의 유려한 번역도 이 책을 구입해야 하는 중요한 이유가 된다. 이 책을 통해서 국내 학계뿐 아니라 교회 역시 바울의 복음과 목회에 대한 새로운 이해를 가지게 되기를 기대한다.

김규섭 교수
아신대학교

여성 억압의 상징처럼 여겨지곤 했던 바울을 "우리 어머니"로 부르는 당혹스러운 선언을 제목으로 삼은 이 책은, 베벌리 가벤타 특유의 따뜻한 시선으로 바울을 조명하는 대표적 저작이다. 가벤타의 새로운 관점은 바울이 그의 서신에서 사용하는 모성 이미지들로 우리를 초대한다. 또한 모성성으로 묘사되는 사도적 정체성이 바울신학 전체에 어떻게 스며들어 있는지를 설득력 있게 보여준다. 이로써 죄와 죽음에 끊임없이 굴복하는 인간을 결코 포기하지 않는 하나님이 마치 산고를 겪는 어머니와 같듯이, 여러 공동체를 인내와 사랑으로 돌보고 양육하는 바울 역시 그러한 모성에 참여하는 사도로 이해될 수 있다. 북미 바울 연구에서 독창적 입지를 구축해 온 가벤타의 여성학적 해석은 한국 독자들에게도 신선한 바울 읽기를 제시할 것이다. 그녀는 바울을 폭력적 여성 혐오자로 규정하는 입장과 바울을 이상화된 평등주의자로 찬양하는 입장 사이에서, 바울신학 전체에 기초한 보다 균형 잡힌 여성학적 해석의 가능성을 설득력 있게 보여준다.

박지혜 교수
사우스웨스트 성공회 신학교

이 책은 산고를 겪고 젖을 먹이는 은유를 통해 돌봄과 고통, 양육의 언어로 바울서신을 읽도록 이끈다. 여성은 약하고 어머니는 강하다는 대중적 인식이 있다. 가부장적 남성들에게 '여성'과 '어머니'는 근본적으로 다른 범주다. 여성은 통제와 복종 아래 놓이지만, 어머니는 오히려 희생의 아이콘으로 숭배된다. 가부장제는 여성의 역할을 억압하면서도 동시에 어머니를 이상화함으로써 그 구조를 정당화한다. 따라서 바울의 모성적 언어는 가부장적 제도의 전복적 독법에서뿐만 아니라 가부장적 구조 안에서도 충분히 작동한다. 그렇다면 여성에게 사회적으로 부과된 출산과 돌봄의 이미지를 바울은 단순히 수사학적 도구로 빌린 것인가? 아니면 그 이미지를 전복함으로써 전통적 권위 질서를 재구성한 것인가? 가벤타는 이 질문에서 명확히 후자에 무게를 둔다. 문제는 바울이 때로 여성에게 침묵을 요구하고, 가르침을 금하며, 남편에게 복종을 말한다는 점이다. 후기 바울서신으로 알려진 문헌에서는 '해산을 통한 구원'까지도 이야기한다. 이것은 여성 차별인가? 아니면 남녀의 차이를 말하는 신학적·목회적 전략인가? 현대인은 차별로 읽고, 고대인은 차이로 이해했을 가능성 속에서 우리는 어떤 해석학적 다리를 놓아야 하는가? 이 물음 앞에서 가벤타가 제시하는 '모성적 바울'은 현대 사회의 기대에 부응함과 동시에 질문을 던진다. 그것은 역사적 바울의 회복인가, 아니면 현대의 신학적 열망이 만들어 낸 창조적 재구성인가? 전복적 독법은 학문을 자극하며, 그 전복을 다시 비판하는 시도 또한 학문을 전진시킨다. 이 책의 주장들이 논쟁을 더욱 뜨겁고 지속적으로 만들 수 있다면, 바로 그 점이 이 책이 남기는 가장 중요한 기여일 것이다.

이민규 교수
한국성서대학교

프린스턴신학교 명예교수이며 베일러대학교 석좌교수였던 베벌리 가벤타는 바울신학의 묵시론적 해석의 대표적인 학자다. 『바울, 우리 어머니』에서 가벤타는 바울의 모성과 출산 이미지를 통해 하나님의 주권적 행위와 구원을 창조론적이고 우주론적으로 이해한다. 또한 부성애로 읽었던 바울서신의 주요 구절들을 모성애로 읽어낼 때 보다 정확한 의미를 파악할 수 있음을 보여 준다. 꼼꼼하고 섬세한 주해로 바울신학의 중심이 무엇인지 명확히 드러낸다. 바울신학과 여성신학을 매끈하게 그리고 모범적으로 연결한 이 책을 모든 목회자들과 신학자들에게 강력하게 추천한다.

이상일 교수
총신대학교

베벌리 로버츠 가벤타의 『바울, 우리 어머니』가 탁월한 번역자의 손을 거쳐 우리말로 소개된 것을 진심으로 기쁘게 생각한다. 한국 독자에게는 다소 낯설 수 있는 '어머니로서의 바울'이라는 관점은 사실 바울의 목회와 공동체 돌봄의 심장부를 관통하는 중요한 주제다. 이 책에서 독자는 여성 바울 신학자만이 들려줄 수 있는 고유하고도 신선한 해석의 목소리를 만나게 된다. 가벤타는 바울이 말한 '출산의 고통'과 피조세계 전체가 신음하는 '출산의 고통'을 교차시킨다. 그리고 기존의 바울 해석을 묵시적·우주적 차원으로 확장한 '묵시적 바울' 전통의 풍성한 지평을 다시 열어 보인다. 이 책은 소위 '묵시적 바울 학파'(the Apocalyptic Paul)로 불리는 에른스트 케제만, J. 루이스 마틴, J. 크리스티안 베커, 마르티누스 드 부어 등을 잇는 가벤타의 학문적 결실과 같다. 그녀는 묵시적 바울 학파의 중요한 주제들, 예를 들면, 우주적인 그리스도, 우주적 권세와 세력으로서의 죄, 묵시적 공동체의 해방 등을 간결한 문장과 번뜩이는 통찰과 섬세한 주해로 설득력 있게 보여준다. 특히, 율법의 문제를 복음의 '특일성'(singularity)

으로 풀어내는 7장은 이 책의 백미다. 바울 연구자들이 꼭 구입해야 할 필독서 중 하나인 『바울, 우리 어머니』를 강력히 추천한다!

임만세 박사
에든버러대학교 Ph.D.

바울의 사상과 신학은 오랜 세월 동안 그리스도인들에게 신앙의 큰 방향을 제시해 왔다. 그러나 바울을 향한 이해와 해석이 전통이라는 이름으로 굳어질 때, 신앙의 세계는 어느새 경직되고 닫혀 버린다. 바울을 새롭게 만나기 위해서는, 무엇보다 굳게 닫힌 마음을 열고 그의 이야기를 있는 그대로 귀 기울여 들으려는 용기가 필요하다. 우리는 종종 바울신학을 남성적이고 강직한 목소리로만 기억해 왔다. 하지만 그 깊은 곳을 들여다보면, 오래 전부터 조용히 숨 쉬고 있던 여성적인 목소리가 은은하게 울려 퍼진다. 저자는 바로 그 숨겨진 목소리, 열려 있었음에도 우리가 보지 못했던 바울의 또 다른 언어를 섬세하게 들려 준다. 남성성과 여성성의 경계를 부드럽게 넘나들며 다가오는 바울의 신학은 그리스도인의 생명을 존재의 깊이와 우주의 넓이 속에서 새롭게 성찰하도록 이끈다. 이 책은 성(性) 담론 안에서 바울신학을 새롭게 이해하고자 하는 이들에게 새로운 시선과 신선한 상상력을 선사하는 소중한 안내서가 될 것이다.

임성욱 교수
연세대학교

사도 바울이, 여성도 아닌 자신을 "젖먹이는 유모"와 같은 모성적 이미지로 표현했다는 사실을 우리는 어떻게 이해해야 할까? 묵시 전통을 강조하는 바울 연구자 가벤타는 『바울, 우리 어머니』에서 모성의 은유가 단순한 부차적 표현이 아니라, 그리스도 중심의 묵시 신학에 뿌리를 둔 바울 복음의 핵심이라고 말한다. 이런 은유들은 가부장적 사회나 교회 안의 실제적 젠더 위계와 갈등을 문제 삼기보다는, 하나님이 세상에서 어떻게 일하시는지를 깊이 이해하고 그 일에 동참하도록 초대한다. 저자의 세심한 주해와 깊이 있는 신학적 통찰이 번역자의 탁월한 번역을 만나 더욱 빛을 발하는 책이다. 이 책은 한국의 신학과 교회에도 중요한 질문을 던진다. 첫째, 바울이 삶으로 보여 준 복음을 교회가 제대로 이해하려면, 여성의 경험 속에서 드러나는 하나님의 새로운 창조 활동을 인식하고, 여성을 하나님의 동역자로 인정해야 한다. 바울신학과 복음의 선포를 남성들만의 영역으로 여겨 온 가부장적 전통은 복음의 정신과 철저히 배치된다. 둘째, 묵시 사상은 성경에 반영된 고대의 사상이지만, 경제적 위기, 기후 재난, 전쟁처럼 오늘날 우리가 맞닥뜨린 문제들을 신학적으로 성찰하고 새로운 비전을 모색하는 데 중요한 사유의 틀을 제공한다. 바울신학을 더 깊이 이해하고 싶은 독자들이 이 책을 통해 이러한 실천적인 과제들까지 함께 고민해 보기를 기대한다.

최진영 교수
콜게이트 로체스터 크로저 신학교

ⓒ Beverly Roberts Gaventa 2007

Originally published in English as Our Mother Saint Paul by John Knox Press, 100 Witherspoon Street, Louisville, Kentucky, 40202-139, U.S.A.
This Korean translation edition ⓒ 2025 by HY Publisher, Seoul, Republic of Korea.
This Korean edition is published by arrangement of John Knox Press through rMaeng2, Seoul, Republic of Korea.
All rights reserved.

이 한국어판의 저작권은 알맹2를 통하여 저작권사와 독점 계약한 도서출판 학영에 있습니다. 저작권법에 의하여 한국 내에서 보호받는 저작물이므로 무단 전재와 무단 복제를 금합니다.

바울, 우리 어머니

베벌리 로버츠 가벤타 지음

정동현 옮김

The following material by Beverly Roberts Gaventa has been previously published and is now slightly revised for republication in this volume: "The Maternity of Paul: An Exegetical Study of Galatians 4:19" in *The Conversation Continues: Studies in Paul and John in Honor of J. Louis Martyn* (Nashville, TN: Abingdon Press, 1990); reprinted with permission of Abingdon Press. "Mother's Milk and Ministry in 1 Corinthians 3" in *Theology and Ethics in Paul and His Interpreters: Essays in Honor of Victor Paul Furnish* (Nashville, TN: Abingdon Press, 1996); reprinted with permission of Abingdon Press. "Is Galatians Just a 'Guy Thing'?" *Interpretation: A Journal of Bible and Theology* (2000); reprinted with permission of Union Theological Seminary and Presbyterian School of Christian Education."The Singularity of the Gospel: A Reading of Galatians," originally published in *Pauline Theology, volume 1, Thessalonians, Philippians, Galatians, Philemon* (ed. Jouette M. Bassler; SBLSym; Atlanta: Society of Biblical Literature, 2002), 147–50, © Society of Biblical Literature; reprinted by permission. "God Handed Them Over: Reading Romans 1:18–32 Apocalyptically," *Australian Biblical Review* 53; reprinted by permission of the publisher. "The Cosmic Power of Sin in Paul's Letter to the Romans: Toward a Widescreen Edition," *Interpretation: A Journal of Bible and Theology* (2004); reprinted with permission of Union Theological Seminary and Presbyterian School of Christian Education. "The God Who Will Not Be 'Taken-for-Granted'" in *The Ending of Mark and the Ends of God: Essays in Memory of Donald Harrisville Juel* (Louisville, KY: Westminster John Knox Press, 2005); reprinted with permission of Westminster John Knox Press. "Galatians 1 and 2: Autobiography as Paradigm" in *Novum Testamentum* 28 (1986); reprinted with permission of the publisher. "Our Mother Saint Paul: Toward a Recovery of a Neglected Theme," in *The Princeton Seminary Bulletin* (1996); reprinted with permission of the publisher.

Our Mother Saint Paul

Beverly Roberts Gaventa

수전 데보라 킹과 제임스 C. 거트미니언에게

목 차

서론 … 〔19〕

1부 바울서신에 나타나는 어머니 이미지 … 〔27〕

  1장 젖먹이이자 유모인 사도들 … 〔61〕
  2장 바울의 모성 … 〔95〕
  3장 어머니의 젖과 사역 … 〔127〕
  4장 피조 세계의 출산 … 〔155〕
  5장 바울신학은 단지 "사내들의 전유물"인가? … 〔189〕

2부 우주적·묵시적 맥락에서 본 어머니 이미지 … 〔221〕

  6장 사도와 복음 … 〔235〕
  7장 복음의 특일성 … 〔273〕
  8장 "하나님께서 그들을 넘겨주셨다" … 〔303〕
  9장 로마서에 나타나는 죄의 우주적 권세 … 〔331〕
  10장 묵시적 공동체 … 〔361〕
  11장 당연하게 여겨지지 않으실 하나님 … 〔387〕

약어표 … 〔419〕

고대 자료 색인 … 〔425〕

인명 색인 … 〔441〕

서론

_____

바울, 우리 어머니

• 역자의 일러두기

1. 고대의 인명이나 지명은 가급적 해당 언어의 발음을 살려서 한글로 옮겼습니다(예: 영어에서 Plutarch로 표기되는 이름은 그리스어 철자로 Πλούταρχος이므로, 플루타르코스로 음역함). 그러나 성경에 나오는 인명이나 지명의 경우, 개역개정에서 관습적으로 사용되어 온 번역어를 따랐습니다(예: 영어에서 Corinth로 표기되는 지명은 그리스어 Κόρινθος 를 음역한 "코린토스" 대신 개역개정에 나오는 "고린도"를 사용함).

2. 인용된 성경 구절은 따로 밝히지 않으면 역자가 영어에서 한국어로 번역한 것입니다. 기존의 한국어 번역본들(개역개정, 새번역, 새한글 등)을 활용한 경우에는 어떤 역본인지 표시하였습니다. 성경 밖 고대 문헌의 인용문은 역자가 영어에서 한국어로 번역하였습니다.

3. 저자는 성경 본문에 나오는 그리스어 명사나 형용사를 언급할 때 주로 사전형(주격 단수)으로 바꾸어 인용하고(필요에 따라 때로는 주격 복수로), 그리스어 동사를 언급할 때는 사전형(1인칭 단수)보다는 주로 부정사 형태로 바꾸어 인용합니다. 본 역서에서는 저자의 그리스어 인용 방식을 그대로 유지했습니다.

서론

    수년 전에 한 초청 강사가 신약성경 전체, 특히 바울의 편지들에는 여성적인 이미지가 거의 드러나지 않는다고 무심코 언급한 적이 있다. 그 말을 속으로 곰곰이 생각해 보면서, 나는 문득 바울이 산통을 겪는 여자와 관련된 표현으로 자신을 지칭한 갈라디아서 4:19을 떠올리게 되었다. 나는 그리스어 텍스트로 시선을 돌렸고, 구불구불하게 진행되는 바울의 논리(본서 2장에서 살펴볼 것이다)가 처음으로 눈에 띄었다. 곧바로 책장에 꽂혀 있는 주석서들을 펼쳐서 속 시원한 설명이 없나 찾아보았지만, 만족스러운 설명을 발견하지 못했고 오히려 몇몇 설명은 거슬리기까지 했다. 그렇게 호기심이 가득 발동한 채로 다시 바울의 텍스트로 돌아왔다. 텍스트가 나를 붙잡고 놓아주지 않아, 시간 가는 줄 모르고 하루가 훌쩍 지나갔다.

    바울의 어머니 이미지를 처음으로 연구하기 시작한 뒤로 수년이 흐르는 동안, 나는 갈라디아서 4:19 및 관련 본문들을 단지 나만을 위해서가 아니라 다른 많은 독자들을 위해서도 되찾고 있음을 깨달았다. 우리의 바울 읽기를 좌우하는 암묵적 관습에 따르면, 여자들과 관련된 본문은 갈라디아서 3:28, 고린도전서 7장, 고린도전서 11:2-16, 그리고 아마도 고린도전서 14:33하-36에 나타난다. 로마서 16:1-16의 경우 심지어 최근까지도 별다른 주목을 받지 못했다. 특히 어머니 이미지를 사용하는 텍스트들은 거의 전적으로 간과되었다. 따라서 이 책의 1부에서 나는 바울이 어머니 이미지를 사용하는 네 개의 본문을 살펴보려 한다. 바울은 출산과 수유와 관련된 표현을 사용하여, 세 본문에서는 자기 자신에 관해 말하고 나머지 한 본문에서는 모든 피조 세계에 관해 말한다.

그러나 나는 이 책에서 수 세대 동안 도외시되었던 텍스트들을 수면 위로 끌어올리는 것 이상의 일을 하고 있다. 이 작업은 또한 바울신학에 관한 연구이기도 하다. 그리고 바울신학을 바라보는 두 가지의 관점이 이 책의 장들 저변에 자리 잡고 있다. 첫 번째 관점은 다음과 같다. 예수 그리스도 안에서 하나님께서 행하신 것을 선포하고 해석해야 하는 긴박한 필요성이 바울의 글 구석구석에 가득하기에, 바울신학의 탐구는 바울의 편지들의 개별적 부분들에 국한될 수 없다는 것이다. 예를 들어, 갈라디아서 안에서 어디서나 신학이 발견된다는 점을 생각해 보자. 즉, 신학은 갈라디아서 3-4장에 나오는 믿음과 율법에 대한 바울의 언명에만 국한되는 것이 아니라 갈라디아서 전체에 골고루 퍼져 있다. 또한 갈라디아서 1-2장에 나오는 자전적 이야기는 회고록이나 개인적 변호가 아니라, 오히려 "우리를 현재의 악한 세대"(갈 1:4)로부터 해방시키시는 하나님의 일하심에 관한 이야기와 깊이 연관되어 있다. 흔히 이해되는 바와는 달리, 갈라디아서 4:19("나의 자녀 여러분, 나는 여러분 속에 그리스도의 형상이 이루어지기까지 다시 해산의 고통을 겪습니다"[새번역])은 갈라디아서의 진정한 "핵심"에서 멀찍이 떨어진, 주변부적인 감정 분출에 불과한 것이 아니다. 그 구절은 복음의 그리스도 중심적 특성에 대한 바울의 신념을 반영한다.

바울의 신학이 그의 편지들 전체에 스며들어 있다는 주장, 그 편지들이 "신학적"인 부분과 "개인적"(혹은 "실천적"이거나 "윤리적")인 부분으로 나누어질 수 없다는 주장은 기존 학자들의 입장에 역행한다. 지금 나는 단지 '신학자 바울'이라는 관념을 회피하는 학문적 접근 방식만을 가리키는 것이 아니라, 또한 개신교 신학의 전통적인 주제들(예: 계시, 기독론, 구원론)에 쉽게 들어맞는 본문만을 제한적으로 취하여 바울의 신학적 단언들을 그 서신적 맥락에서 떼어 내는 것을 암묵적으로 추구하는 입장을 가리키기도 한다. 이러한 접근 방식들은 하나님께서 예수 그리스도 안에서 하신 행동을 마치 바울의 글로부터 분리해 낼 수 있는 단일한 측면인 것처럼 취급했다. 실은 하나님의 행동, 그 결정적 사건이 바울의 다른 모든 부분을 낳은 것인데도 말이다.

두 번째 관점은 바울의 신학을 이해할 때, 그동안 일반적으로 생각되어 왔던 것보다 더 큰 틀이 요구된다는 점이다. 근래 수십 년 동안, 바울이 개별적 인간에 관해 말한다고 해석하는 경향으로부터 벗어나려는 중요한 변화가 일어났다. 바울이 단지 개인만이 아니라 특별히 신앙 공동체에 관심을 두었다는 올바른 주장이 곳곳에서 나타났다. 더 구체적으로 말하자면, 바울은 유대인과 이방인의 화해에 관심을 두었다는 것이다. 하지만 이 책의 2부에서 나는 이러한 확장으로도 여전히 충분하지 않다는 점을 지적할 것이다. 그 공동체가 무엇이라고 묘사되든 간에(교회, 이스라엘, 혹은 인류 전체), 바울이 개인과 구별되는 공동체에 관심을 가졌다고 논평하는 것만으로는 충분하지 않다. 바울의 신학적 지평은 구출이 필요한 우주(cosmos) 그 자체이며, 이 우주는 단지 인간의 잘못으로부터가 아니라 하나님을 대적하는 권세들(powers)의 손아귀로부터 구출될 필요가 있다.

얼핏 이 두 관점은 서로 다른 방향으로 움직이는 것처럼 보인다. 하나는 바울 자신의 경험에 대한 신학적 해석에 초점을 맞추고 있고, 다른 하나는 무한대로 큰 우주를 화폭에 담는다. 그러나 그 두 결론은 상호 보완적이다. 내가 2부에서 제시하겠지만, 바울이 자기 자신 및 자기의 지도력에 관해 말하는 내용은, 우주적 권세들(cosmic powers) 곧 죄(Sin)와 사망(Death)과 같이 하나님께 대항하는 우주적인 대적들에게 사로잡혔던 영역을 침입하시는 하나님의 묵시적 행동을 인식하고 해석하는 데 있어서 핵심적인 내용이다. 인간의 지도력에 관한 관습적 사고는 예수 그리스도의 십자가와 부활 안에 발을 붙일 곳이 없다.

에른스트 케제만(Ernst Käsemann)은 하나님께서 인간의 삶 전체에 대한 소유권을 주장하시며, 그렇게 하시는 까닭은 하나님이 "세상을 더 이상 세상 자체에게만 맡겨 두지 않기" 때문이라고 쓴 적이 있다(본서 11장을 보라). 앞으로 나올 장들은 케제만의 말이 옳다는 증거를 제공한다. 『바울 우리 어머니』(*Our Mother Saint Paul*)라는 본서의 제목은 바울이 자기 자신에게 적용하는 놀랄 만한 표현, 즉 산통을 겪는 여인 및 자신의 아이에게 수유하는 어머니에 관한 언어를 가리킨다. 하지만 이는 세상을 홀로 내버려두지 않으시는 하나님, 다시 말해 세상을 오직 자신의 소유로 되찾으시는 하나님의 손에 자신들이 붙잡혀 있음을 아는 공동체들의 양육자로서 바울이 맡은 역할을 가리키는 것으로 확장될 수 있다.

본서에 실린 장들(chapters) 중 여럿은 이전에 출판된 적이 있다. 나는 그것들을 취합하는 가운데, 몇몇 논점들을 분명히 하고 내 생각에 변화가 있었음을 나타내며, 특히 그 장들 사이의 상호연관성을 보여 줄 수 있는 기회를 누리게 되었다. 비록 내가 어느 본문이나 주제와 관련된 최근의 출판물들 전체와 대화를 시도하려고 하지는 않았지만, 적어도 학자들의 연구에서 후속 발전된 결과물들 중 일부는 염두에 두었다. 본래 어떤 장들은 학자들을 청중으로 상정하고 쓴 것이었고, 또 어떤 장들은 목회자들을 위해 쓴 것이었다. 논증을 위해 그리스어가 필요한 곳에는, 그 논증이 모두에게 이해될 수 있도록 번역을 함께 제공하였다. 따로 번역본을 명기하지 않는 한, 그리스어의 영어 번역은 나의 것이다.

은유를 빌려 말해 보자면, 나는 이 책을 오랫동안 뱃속에 품고 있었다. 따라서 내가 프린스턴 신학교(Princeton Theological Seminary)와 다른 곳에서 함께한 동료들, 많은 학생들, 그리고 숱한 연구 조교들에게 진 빚은 헤아릴 수 없을 정도다. 저술과 수정의 마지막 단계에서 쉐인 버그(Shane Berg), 찰스 B. 카우저(Charles B. Cousar), 클리오 M. 컨스(Cleo M. Kearns), 재클린 랩슬리(Jacqueline Lapsley), J. 루이스 마틴(J. Louis Martyn), 캐리 뉴먼(Carey Newman), 케이트 스크리버티나스(Kate Skrebutenas), J. 로스 와그너(J. Ross Wagner), 그리고 패트릭 J. 윌슨(Patrick J. Willson)은 여러 가지 면에서 나에게 도움을 주었다. 나는 스테파니 에그노토비치(Stephanie Egnotovich)로부터 값진 지원과 격려를 받았다. 또한 이 원고의 준비를 도운 나의 대학원생 조교들인 칼라 웍스(Carla Works)와 브리태니 윌슨(Brittany Wilson)을 향한 감사의 표시를 빼먹는다면 무책임한 일일 것이다. 나의 친구 제이 멀포드(Jay Mulford)는 표지 그림을 통해 그녀 자신의 기가 막힌 바울 해석을 보여 주었다. 제이의 예술적 재능과 넉넉함에 깊은 감사를 표한다.

출판은 다른 종류의 빚에 대해서도 언급할 수 있는 좋은 기회를 제공한다. 나와 내 가족은 수전(Susan)("샘"[Sam]) 데보라 킹(Deborah King)과 제임스 C. 거트미니언(James C. Gertmenian)과 더불어 맑은 날이나 궂은 날을 막론하고 오랫동안 우정을 나누어 왔다. 그들의 결혼 35주년을 기념하여 나는 감사를 담아 이 책을 짐(Jim; 제임스 - 역자주)과 샘(Sam)에게 헌정한다.

제1부 바울서신에 나타나는 어머니 이미지

제1부 바울서신에 나타나는 어머니 이미지

학자들이 바울의 편지들을 탐구 대상으로 삼기 시작한 때보다 훨씬 오래전, 그 편지들은 로마 제국 곳곳에 흩어져 있는 도시들에 사는 그리스도인들의 모임에서 낭독되었다. 이를테면, 데살로니가전서에서 바울은 공동체가 함께 있을 때 그의 편지를 낭독하라고 강하게 권고한다(살전 5:27). 로마서 결론 부분에서 바울은 집사(deacon) 뵈뵈를 천거하는데, 뵈뵈가 로마서의 전달자임은 분명하며 또한 로마의 트라스테베레(Trastevere)와 아피아(Appian) 저지대의 주거지역에 있던 가정 교회들에게 뵈뵈가 이 편지를 낭독했다는 것도 거의 확실하다(롬 16:1-2).[1] 해석자인 우리는 그 모임들의 윤곽을 짐작해 보려 애쓴다. 얼마나 많은 사람들이 모였을까? 그들의 민족적 정체성은 무엇이었을까? 그들은 사회적으로 어떤 계층 출신이었을까? 남자

---

1 Peter Lampe, *From Paul to Valentinus: Christians at Rome in the First Two Centuries* (Minneapolis: Fortress, 2003), 19–27.

와 여자 참석자들의 비율은 어땠을까?

우리는 또한 이 모임들을 채웠던 소리와 냄새에 관해서도 궁금해한다. 우리는 기독교가 탄생한 첫 세기의 도시들이 사람들로 바글거렸음을 안다. 이는 또한 그 도시들이 음식, 질병, 죽음과 관련된 소리와 냄새로 가득 차 있었음을 의미한다.² 그리스도인들의 초기 모임들도 출생과 새로운 생명으로 채워져 있었음이 분명하다. 어떤 모임에서는 출산을 돕기 위해 산파를 불렀다. 다른 모임에서는 산파가 기쁜 소식, 혹은 우울한 소식을 안고 발걸음을 돌렸다. 또 다른 모임에서는 젖 먹이는 유모가 자신이 돌보는 아기들을 데리고 왔고, 옹알이와 부산스러운 소리가 바울의 편지를 낭독하는 소리와 뒤섞였다. 어린이와 유년기에 대한 로마 시대의 관념이 현대 서구식의 생각과 아무리 멀리 떨어져 있다 해도, 아기들의 모습과 냄새와 소리는 이 회중들에게 낯설지 않았을 것이다.³

---

2   Wayne A. Meeks, *The First Urban Christians: The Social World of the Apostle Paul* (New Haven, CT: Yale University Press, 1983), 28-29 [=『1세기 기독교와 도시 문화』(IVP, 2021)]; Carolyn Osiek and David L. Balch, *Families in the New Testament World: Households and House Churches* (Louisville: Westminster John Knox, 1997), 5-35; Walter Scheidel, "Germs for Rome," in *Rome the Cosmopolis* (ed. Catharine Edwards and Greg Woolf; Cambridge: Cambridge University Press, 2003), 158-76.

3   Carolyn Osiek와 Margaret Y. MacDonald의 묘사는 그러한 장면을 환기한다. 틀림없이 가정 교회의 모임들은 시끄럽고 부산했을 것이다. 산통을 겪는 여인의 소리가 어딘가에서 들리고, 갓난아기들의 울음소리, 자녀들에게 젖을 먹이는 어머니들과 유모들, 발밑에는 이제 걸음마를 배우는 아이들, 바닥에 널린 아이들의 장난감 등, 이 모든 것들이 그 장소의 분위기의 일부였을 것이다. (*A Woman's Place: House Churches in Earliest Christianity* [Minneapolis:

지금껏 그다지 인지되지 않았지만, 바울의 편지에도 출생과 유아기의 면모가 자주 표현된다.

> 그러나 우리는 자기 자녀들을 돌보는 유모처럼 너희 가운데 젖먹이들이 되었다. (살전 2:7)[4]

> 임신한 여자에게 해산의 고통이 이름과 같이 멸망이 갑자기 그들에게 이르리니 …. (살전 5:3, 개역개정)

> 하나님, 곧 나를 어머니 뱃속에서부터 따로 구별하시고 은혜로 불러 주신 분 …. (갈 1:15, 새한글)

> 그리스도께서 너희 가운데 형체를 잡을 때까지 내가 다시 해산의 수고를 하는 내 자녀들이여 …. (갈 4:19)

> 형제자매 여러분, 나는 여러분에게 영에 속한 사람에게 하듯이 말할 수 없고, 육에 속한 사람, 곧 그리스도 안에서 어린 아이 같은 사람에게 말하듯이 하였습니다. 나는 여러분에게 젖을 먹였을 뿐, 단단한 음

Fortress, 2006], 67). 또한 다음을 보라. Suzanne Dixon, *The Roman Family* (Baltimore: Johns Hopkins University Press, 1992), 98-132; Keith R. Bradley, *Discovering the Roman Family: Studies in Roman Social History* (Oxford: Oxford University Press, 1991).

4   성경 텍스트의 영어 번역의 경우, 따로 밝히지 않았다면 나[저자]의 것이다.

식을 먹이지 않았습니다. 그 때에는 여러분이 단단한 음식을 감당할 수 없었습니다. 사실 지금도 여러분은 그것을 감당할 수 없습니다. (고전 3:1-2, 새번역)

마지막으로, 기괴하게 태어난 것(something monstrously born) 같은 내게도 그분이 나타나셨다. (고전 15:8)

우리가 알기로, 모든 피조 세계가 지금까지 함께 신음하며 함께 산고를 겪고 있다. (롬 8:22)

　이 초기 모임들의 윤곽을 짐작해 보려 애쓰는 가운데, 우리는 이와 같은 본문들이 가장 초기 청자들의 상상력을 어떻게 자극했을지 질문을 던져 볼 수 있다.
　이어지는 네 개의 장에서 나는 이 본문들 가운데 가장 중요한 내용을 찾아 탐구할 것이다.[5] 하지만 먼저 어머니 이미지를 소개하는 것이 중요하다. 곧 어머니 이미지가 바울서신에 나타나는 하나의 "주제" 혹은 "줄기"라고 불리기에 마땅한 것인지, 혹은 그저 서로 관계없이 흩어져 있는 소수의 이미지들일 뿐인지 질문을 던지는 것

5　살전 5:3, 갈 1:15, 그리고 고전 15:8은 간략하게만 다룰 것이다. 첫 번째 본문은 종말론적 기대와 출산의 고통 사이의 전통적인 연결을 반영하며(본서의 2장을 보라), 두 번째 본문은 예언자적 이미지와 연관된다(예: 사 49:1). 세 번째 본문은 바울의 복음 및 사도권 이해보다는 그의 소명을 둘러싼 상황들과 더 관계된다.

이 중요하다. 다음의 네 가지 측면을 고려할 때, 나는 어머니 이미지를 하나의 주제로 여길 수 있다고 본다.

첫째, 앞서 언급한 본문들 대부분은 복합적인 은유적 움직임을 담고 있다. 나는 이런 움직임을 "제곱한 은유"(metaphors squared)라고 부른다. 바울이 고린도전서 4:15에서 자신이 고린도인들의 아버지가 되었다고 말할 때, 그는 은유적으로 말하고 있는 것이다. 바울은 생물학적 의미에서 자식을 가진 아버지가 될 수 있었기에, 그러한 아버지됨의 행위를 영적 자녀의 아버지가 된다는 의미로 옮겼다. 이와 비슷하게, 바울은 자신을 "숙련된 우두머리 건축자"(고전 3:10)나 밭에 씨를 뿌리는 농부(고전 3:6)로 묘사할 때, 비교적 단순하고 직접적인 은유를 사용한다.

그러나 바울이 "내가 너희를 단단한 음식이 아니라 젖으로 먹였다"(고전 3:2)고 말할 때, 모든 상황이 변한다. 바울을 가리켜 기초를 놓는 "숙련된 우두머리 건축자"나 밭에 씨를 뿌리는 농부, 혹은 자녀를 둔 아버지로 상상하는 것은 실제 가능한 영역에 속하지만, 바울이 젖을 먹이는 어머니가 되는 것은 절대 불가능한 일이다. 이 은유는 내가 "제곱한 은유"라는 표현을 통해 의도한, 일종의 이중 전환을 가리킨다. 먼저, 바울은 복음을 젖으로 은유화(metaphorize, 이 어색한 동사에 대해 독자들에게 양해를 구한다)했고, 이어서 스스로를 몸에서 젖을 짜내는 어머니의 모습으로 은유화하여, 그 이미지를 "제곱했다."

성경 밖에서 찾은 한 가지 사례가 이 논점을 분명히 하는 데 도움을 줄 것 같다. 내가 소중히 여기는 친구들 가운데 나보다 몇 살

어린 남자 동료가 있다. 실제로 나는 그를 "내 남동생"이라고 몇 차례 소개하기도 했다. 만약 내가 그를 "내 여동생"이라고 소개했다면 (실제로 그러지는 않았지만), 나는 은유를 제곱한 셈이다. 이는 곧 적합한 가족 관계를 통해 우정을 은유화하고, 그 이후에 다시 그 은유를 은유화하는 것을 가리킨다.

고린도전서 3:2보다 더 복잡한 것은 데살로니가전서 2:7이다. "그러나 우리는 너희 가운데 젖먹이가 되었다. 마치 유모가 자기 자녀들을 돌보는 것처럼."[6] 바울은 자신과 자신의 동료들을 "젖먹이"라고 부른 후, 갑자기 유모의 은유를 사용한다. 바울은 스스로를 자기 자녀를 돌보는 유모와 동일시하며, 본인과 데살로니가인들의 관계를 은유적으로 말하고 있는 것이다. 모든 은유에서 그러하듯 그 관계는 비유적이지만, 여기서 그 비유 장치는 또한 제곱이 되었다. 먼저 바울은 자신과 데살로니가인들의 관계를 가족 구성원들 사이의 관계로 은유화한다. 그리고 나서 자신을 유모-어머니의 역할로 은유화한다.

앞서 예를 든 본문들 가운데 은유적 측면에서 가장 복잡한 본문은 갈라디아서 4:19이다. "그리스도께서 너희 가운데 형체를 잡을

---

[6] 이렇게 번역한 이유에 관해서는 본서의 1장을 보라. 이 번역은 NRSV와 차이가 나는데, 이는 악명 높은 본문비평상의 문제가 하나 있기 때문이다. 본문비평상의 문제 및 그에 따라 달라지는 번역은 이 논의의 논점에 있어서 아주 시급하지는 않다. 왜냐하면 "젖먹이" 대신 "유순한"이라는 번역을 선호하는 방향으로 결정한다 해도, 이 구절에는 은유의 이중적 전이(double metaphorical transference)의 또 다른 사례가 포함되어 있기 때문이다.

때까지 내가 다시 해산의 수고를 하는 내 자녀들이여". 다른 본문에서처럼, 바울은 어머니로 여겨진다. 여기서 바울은 다시 출산하는 과정 가운데 있다. (정확히 어떻게 이 두 번째 출산이 가능한지에 대해서는 여기서 더 자세히 논의하지 않을 것이다.) 바울은 산통을 겪고 있다. 이는 아이가 태어날 때까지 진통을 겪는 게 아니라, 그리스도가 그 아이 안에서 태어날 때까지 진통을 겪는 것이다. 이 구절에 포함된 난점을 인식하지 못한 사람은 이 역동적 상황을 그려 보는 시도를 할 필요가 있다.

내 논점은 단순하다. 이 본문들은 계속해서 복잡한 은유적 움직임을 나타낸다는 사실이다.[7]

둘째, 내가 이 본문들을 서로 연결하도록 도운 또 다른 사항은 다음과 같다. 이 본문들은 아버지 이미지라는 더 큰 주제의 단순한 변주로 치부될 수 없다. 일반적으로 어머니와 아버지가 서로 혼동되지 않는다는 점을 고려할 때, 이 사항은 당연해 보일 수도 있지만,

---

[7] C. H. Dodd는 롬 7:1-6의 결혼 유비에 관한 논의에서, 바울에게는 "생각을 지속시켜서 묘사하는 재주가 없으며", 이는 아마도 "상상력의 결함" 때문일 것이라고 논평한다(*The Epistle of Paul to the Romans* [Moffatt; New York: Ray Long and Richard R. Smith, 1932], 103). 바울의 은유를 일반화해서 말하는 것은 위험한 일이지만, 바울의 은유 사용에 대해 내가 받은 인상은 Dodd의 생각과는 상당히 다르다. 바울은 은유를 제대로 사용할 줄 안다. 그의 혼합 은유들(mixed metaphors) 곧 Dodd가 결함이 있다고 여길 만한 은유들은 자주 바울이 한 가지 특정한 논점을 전달하는 **동시에** 다른 논점을 피하고자 하는 상황에서 등장한다. 예를 들어, 바울이 롬 7:1-6에 나오는 유비를 논리적으로 따라간다면 율법이 죽었다고 말해야 하는 지점에 봉착하겠지만, 바울은 그렇게 하기를 거부하며, 오히려 신자들이 율법에 대해 죽었다는 점을 확언한다.

실상은 그렇지 않다. 이 본문들을 다루는 주석서들은 흔히 이렇게 말한다. "바울은 종종 자신을 신자들의 아버지로 가리킨다. 또한 고린도전서 4:15을 보라." 이처럼 두 종류의 본문들은 동일한 현상의 핵심적인 부분으로 여겨진다. 어떤 면에선 정말 그렇기도 하다. 왜냐하면 두 종류의 본문 모두 그리스도 공동체에 대해 언급하기 위해서 가족 은유를 사용하기 때문이다.

그러나 두 가지 사이를 구분하는 것이 중요하다. 한 차원에서 보자면, 이 구분이 중요한 까닭은 우리가 너무도 오랫동안 여자들을 가리키는 구절이나 여자들을 포함한 이미지를 간과해 왔기 때문이다. 사도 유니아나 글로에의 가정에 관해 제대로 살피지 못했듯이, 또한 놀랍게도 남성 사도의 어머니 됨을 가리키는 구절들에도 제대로 주의를 기울이지 못했다. 이 문제를 다룬 내 초기 연구에 응답한 한 명은(그 응답자가 여성이었던 것은 우연이 아니다) 이렇게 말하기도 했다. "평생 성경을 읽어 오면서, 나는 이 텍스트들의 존재를 한 번도 인식하지 못했습니다."

그러나 그 존재를 되찾는 첫 단계의 과업을 넘어서, 앞선 본문들은 아버지 이미지를 통해 전달되는 내용과 분명히 다른 무언가를 우리에게 전달해 준다. 어머니 이미지는 바울과 그가 세운 회중들 사이에 계속되는 관계를 가리키는 맥락에 등장한다. 그와 달리, 아버지 이미지는 그리스도 선포와 회심의 첫 단계를 가리킬 때 흔히 사용된다.[8]

---

8 Earl J. Richard는 어머니 이미지 사용을 바울의 공동체 수립을 위한 첫 방문

영어 번역은 때로 이 차이를 가려 버린다. NRSV에 나오는 빌레몬서 10절을 보면, 바울이 오네시모의 아버지가 되었다고 하는데 (Paul became the father of Onesimus), 이 번역은 장기간의 돌봄과 관심을 암시하는 것처럼 들릴 수 있다. 그러나 그리스어 본문은 더 간명하다. 바울은 자신이 오네시모를 낳았다고 말하는데(영어에서 이 beget 동사는 자식을 본다는 의미로 주로 아버지에게 적용됨 - 역자주), 그 문맥을 보면 바울이 오네시모를 기독교 신앙으로 인도한 사람이라는 사실을 가리키고 있음이 분명하다. 이와 비슷하게, 고린도전서 4:15에서 바울은 고린도 교회의 초창기 구성에 있어서 자신이 담당했던 역할을 자식 낳는 것(begetting)으로 언급하며, 계속해서 고린도인들이 자신에게 귀를 기울이도록 설득하기 위해 그 역할에 호소한다. 아버지가 되는 생물학적 행위는 한 순간에 일어나는 것이며, 신자들을 낳는 것에 관한 바울의 은유는 이 생물학적 사실에 부합한다. 이때 바울은 과거에 일어난 일회적 사건을 가리킨다.[9]

과 동일시하고, 아버지 이미지 사용을 성장 및 훈육과 동일시한다. 그러나 그렇게 하는 가운데 Richard는 살전 2:7에 나온 어머니 이미지만을 고려하고, 여기 내가 논의한 다른 본문들을 고려 사항에 넣지 않는다. Richard는 또한 살전 2:1-12 전체(2:11에 나오는 아버지 은유를 포함해서)가 바울의 공동체 수립 방문에 관한 것임을 알아채지 못한다. *First and Second Thessalonians* (SP; Collegeville, MN: Liturgical Press, 1995), 86, 106을 보라.

9 J. Louis Martyn은 그리스어 동사 γεννάω(몬 10과 고전 4:15에서 아버지가 자식을 본다는 것을 가리키는 동사)를 바울의 "선교 동사"로 정확하게 묘사했다(*Galatians* [AB 33A; New York: Doubleday, 1997], 451). 그와 비슷하게, Norman R. Petersen은 빌레몬서에 관해 말하면서, 아버지됨은 "선포를 통해서나 세례를 통해서, 혹은 두 가지 모두를 통해서, 다른 누군가를 교회 안

빌레몬서와 고린도전서에 나오는 이 두 본문들을 제외하면, 바울의 아버지됨을 분명하게 가리키고 있는 본문은 오직 다음의 두 가지 본문이다. 빌립보서 2:22("디모데의 연단을 너희가 아나니 자식이 아버지에게 함같이 나와 함께 복음을 위하여 수고하였느니라"[개역개정])에서 바울은 자신과 디모데의 관계를 아버지와 아들의 관계에 빗댄다. 여기서 바울은 신자들과의 일반적 관계를 다루는 게 아니라 특정한 동역자 관계를 가리키고 있으므로, 이 본문은 우리의 관심사에서 벗어난다. 한편, 데살로니가전서 2:11-12(2:7에 나오는 어머니 이미지 사용 바로 뒤에 나온다)에서 바울은 사도들이 데살로니가인들을 다루는 방식을 묘사할 때, "우리가 너희 각 사람에게 아버지가 자기 자녀에게 하듯 권면하고 위로하고 경계하노니 … 하나님께 합당히 행하게 하려 함이라"(개역개정)라고 말한다. 물론, 여기서 아버지됨은 분명 성숙의 과정을 포함한다. 그러나 데살로니가전서 2장에서 바울은 아첨하거나 칭찬을 구하거나 요구 사항을 제시하는 이들의 모습과 자신의 사역 사이를 대조하고 있으므로(살전 2:5-7), 바울이 이 맥락에서 "위로와 경계"에 관심을 돌리는 것에는 특정한 이유가 있다. 즉, 자신의 목적을 위해 추종자들을 조종하는 소피스트의 모습으로부터 바울은 스스로를 구별하려는 것이다.

첨언하자면, 바울이 아버지 이미지를 사용하는 텍스트라고 내가

으로 들어오게 하는 사람을 묘사하는 은유다"라고 논평했다(*Rediscovering Paul: Philemon and the Sociology of Paul's Narrative World* [Philadelphia: Fortress, 1985], 85, n. 69).

확인할 수 있는 것은 오직 이 네 텍스트들뿐이다(물론, 하나님을 아버지로 지칭하는 것을 제외하면).[10] 통계적으로 볼 때, 이는 바울이 아버지 이미지보다 어머니 이미지를 더 자주 사용한다는 것을 의미한다. 이것은 바울서신에 관한 대부분의 논의에서 어머니 이미지가 사실상 부재한다는 점을 고려할 때 특히 더 인상적인 특징이다.

나는 바울이 신자들을 자신의 자녀라고 말하지만, 자신을 아버지 혹은 어머니로 분명하게 그리지 않는 본문을 고려 대상에서 제외했다. 고린도후서 6:13에서 바울은 이렇게 쓴다. "내가 자녀에게 말하듯 하노니 … 너희도 마음을 넓히라"(개역개정). 그리고 고린도후서 12:14에서 바울은 고린도인들에게 짐이 되지 않기로 한 자신의 결정을 부모로서의 책임에 빗대어 변호한다. "어린 아이가 부모를 위하여 재물을 저축하는 것이 아니요 부모가 어린 아이를 위하여 하느니라"(개역개정). 이것들은 사도 바울과 그의 회중 사이의 가족 관계를 지속시키는 본문이지만, 아버지 혹은 어머니로서의 바울에 대한 우리의 이해를 증폭해 주지는 않는다.

바울의 아버지 은유와 어머니 은유 사용 사이의 차이점에 관한 질문으로 돌아가 보면, 다음과 같은 놀라운 사실을 발견하게 된다.

---

10 John L. White는 바울의 기독론과 교회론 양쪽 모두의 기원을 아버지로서의 하나님에 대한 바울의 개념으로 추적해 들어가려 시도한다. 하나님의 생식성(generativity)이 아들 예수 그리스도 및 그리스도 공동체 양쪽 모두를 발생시킨다는 것이다("God's Paternity as Root Metaphor in Paul's Conception of Community," *Foundations and Facets Forum* 8 [1992]: 271-95). White의 소논문의 많은 부분은 시사점이 있으나, 내가 볼 때 그는 어머니 이미지의 존재를 제대로 설명하지 못했다(그러나 280, n. 19을 보라).

바로 바울이 어머니 이미지를 사용하는 사례 중 단 하나도 과거에 일어난 일회적 사건을 가리키지 않는다는 점이다. 도리어 바울이 어머니 이미지를 사용할 때, 그 이미지는 항상 어느 정도 연장된 시간의 흐름을 필요로 한다. 무엇보다도, 임신한 여자는 일정 기간 그 임신을 지속하는 것이며, 언제 진통이 시작될지 자기가 정할 수 없다. 출산 과정 역시 일반적으로 일정 기간에 걸쳐 진행되며, 아기에게 젖을 먹이고 육체적으로 돌보는 일도 끝이 없는 것처럼 보인다. 그렇게 유모-어머니의 돌봄은 그 아이가 특정한 과제들을 스스로 해낼 수 있을 때까지 지속된다. 물론 시간이 지난 후, 부모는 자녀의 유아기가 마치 한순간이었던 것처럼 느낄 수도 있다. 그러나 젖을 먹이는 어머니에게 있어서 새벽 3시의 수유는 영겁의 시간과 같다.

바울이 의식적으로 언어 선택을 했을지의 여부와 상관없이, 어머니됨과 아버지됨(생물학적 차원에서, 그리고 어느 정도는 문화적인 차원에서)의 차이점은 이 두 종류의 텍스트들 사이의 차이점을 형성한다. 아버지 은유와 어머니 은유 사이에 공통분모가 얼마나 되든지 간에, 그 두 은유는 단순히 호환될 수 있는 게 아니다. 특히 강력한 예시 하나를 들어 보자면, 갈라디아서 4:19("그리스도께서 너희 가운데 형체를 잡을 때까지 내가 다시 해산의 수고를 하는 내 자녀들이여")의 산통의 이미지를 아버지됨의 표현으로 바꾸어 제시하는 것은 어렵다.

이 텍스트들을 연결하는 세 번째 요소는 바울이 그 텍스트들에서 자신의 사도적 직무를 묘사하고 있다는 점이다. 바울은 자기 자신을 일반적인 차원에서 설명하는 게 아니라 자신의 소명과 관련하여 말한다. 자신에 관한 바울의 진술 대부분이 그의 사도적 역할과 관련되어 있음을 생각해 보면, 이 주장은 거의 동어반복이나 마찬가지다. 그럼에도 이 구분은 중요하다. 이 은유들은 단순히 바울 텍스트를 장식하거나 혹은 논점을 위한 예화 정도의 역할을 하는 것이 아니다. 오히려 해당 은유들은 사도적 과업에 무엇이 포함되는지를 알리는 데 있어서 필수 요소다.

어머니 이미지와 사도적 과업 사이의 관계는 데살로니가전서 2:7("그러나 우리는 자기 자녀들을 돌보는 유모처럼 너희 가운데 젖먹이들이 되었다")에서 쉽게 관찰된다(거기서 그 한 절뿐 아니라 단락 전체가 바울의 과업을 묘사한다). 또한 갈라디아서 4:19에서 바울은 출산하는 여인의 산고의 이미지를 갈라디아 교회들의 그리스도인들을 지탱하는 사도로서 했던 자신의 사역에 명시적으로 적용한다. 고린도인들을 단단한 음식이 아니라 젖으로 먹인다고 말하는 고린도전서 3:2("내가 너희를 젖으로 먹이고 밥으로 아니하였노니 이는 너희가 감당하지 못하였음이거니와 지금도 못하리라"[개역개정])에서조차 바울은 고린도인들의 성숙(혹은 미성숙)과 자신의 사도로서의 과업, **양쪽 모두**에 대해 신경을 쓰고 있다. 고린도전서 3장의 나머지 부분과 4장이 그것을 분명하게 보여 준다. 자기 자신의 '기괴한 출생'에 대해 이상하게 예시를 드는 고린도전서 15:8("마지막으로, 기괴하게 태어난 것 같은 내게도 그분이 나타나셨다")에서, 바울은 자신의 사도로서의 소명을 가리키고 있다. 바로 그 다음 문장에서 그 연결점을 명시적으로 보여 준다(고전 15:9; "나는 사도 중에 가장 작은 자라 나는 하나님의 교회를 박해하였으므로 사도라 칭함 받기를 감당하지 못할 자니라"[개역개정]). 사도적 과업에 대한 바울의 이해 가운데 무엇인가가 바울로 하여금 이 어머니 언어를 사용하게 만든 것이다.

이와 같은 여러 본문들을 연결해 주는 네 번째 특징은 묵시적 맥락과의 연관성이다. "주의 날"이 논의의 주제인 데살로니가전서 5:3("그들이 평안하다, 안전하다 할 그 때에 임신한 여자에게 해산의 고통이 이름과 같이 멸망이 갑자기 그들에게 이르리니 결코 피하지 못하리라"[개역개정])의 경우는 그 연관성이 분명하다. 이와 비슷하게, 로마서 8:22("피조물이 다 이제까지 함께 탄식하며 함께 고통을 겪고 있는 것을 우리가 아느니라"[개역개정])은 피조 세계가 미래의 속량을 갈망한다고 묘사한다. 고린도전서 15:8("기괴하게 태어난 것")은 묵시적 미래와 직접적으로 관계되어 있지 않지만, 부활과 하나님의 최종 승리에 대한 고린도전서 15장의 전체적인 논의는 분명 묵시와 관련된다.

묵시와 관련하여, 갈라디아서 4:19("그리스도께서 너희 가운데 형체를 잡을 때까지 내가 다시 해산의 수고를 하는 내 자녀들이여")은 가장 흥미로운 텍스트다. 바울이 자신을 진통을 겪는 여인에 빗대는 것은 여인의 산고를 종말의 때의 갑작스러움이나 그것의 예측 불가능성을 가리키는 데 사용한 문학적 관습으로부터 끌어온 것일 수 있다. 이 관습적 은유를 자신과 자신의 사역에 적용함으로써, 바울은 자신의 사도적 소명을 묵시적 시대에 예상되는 괴로움과 연결시키며, 갈라디아인들에게 그들이 그리스도와 함께 십자가에 못 박힌 존재임을 상기시킨다. 그런 점에서, 갈라디아서 4:19은 하나의 관습적 은유(산통을 겪는 여인의 괴로움)를 사용하여, 바울이 몸담은 사도로서의 사역을 피조 세계 전체의 묵시적 기대와 동일시하고 있다.

이례적인 은유 구조, 아버지 이미지와의 구별성, 바울의 사도적 소명과의 연관성, 묵시적 맥락 안에 자리잡음, 이 네 가지를 고려할 때, 이 본문들은 어머니 이미지라는 큰 틀 안에서 주의 깊게 살펴볼 만한 가치가 있다.

질문들

바울의 어머니 이미지 사용을 이해하는 데 유용한 여러 접근 방식들 중에서 세 가지가 필수적으로 보인다. 그 세 가지란, 전승사, 사회문화적 맥락, 그리고 젠더 구성이다. 첫째, 이 본문들 안의 전승사에 주의를 기울이는 것은 바울이 그러한 표현들 중 일부를 어디에서 얻었고, 또한 어떻게 사용했는지를 이해하는 데 도움을 줄 것이다. 여기서 가장 분명한 예시는 갈라디아서 4:19에서 바울이 예레미야 6:24과 같은 본문에 나타나는 어머니 이미지를 재현하는 방식이다.

> 우리가 그 소문을 들었으므로 손이 약하여졌고 고통이 우리를 잡았으므로 그 아픔이 해산하는 여인 같도다. (렘 6:24, 개역개정)[11]

---

11 또한 미 4:10; 에녹1서 62:4; 바룩2서 56:6; 에스라4서 4:42, 그리고 본서의 2장에 나오는 논의를 보라.

그리고 바울이 데살로니가전서 2:7에서 자신을 유모로 묘사하는 것은 모세가 하나님께 불평하는 장면을 떠올리게 한다.

> 이 모든 백성을 제가 배기라도 했습니까? 제가 그들을 낳기라도 했습니까? 어찌하여 저더러, 주님께서 그들의 조상에게 맹세하신 땅으로, 마치 유모가 젖먹이를 품듯이, 그들을 품에 품고 가라고 하십니까? (민 11:12, 새번역).

다소 덜 분개한 어조로, 쿰란의 호다요트에서 의의 교사는 이렇게 말한다.

> 당신은 나를 자비의 자녀들에게 아버지가 되도록 임명하셨고, 징조의 사람들의 보호자로 임명하셨습니다. 그들은 마치 젖 먹는 아[이]처럼, 그리고 보호자의 품에서 기뻐하는 아이처럼 입을 쩍 벌렸습니다. (1QH^a 15.20-22)[12]

여기에서, 그리고 다른 본문들에서 나오는 어머니 이미지는 성경의 전통 및 그 밖의 다른 유대교 전통이 (의식적으로든 무의식적으로든) 바울의 언어를 빚은 방식에 대한 우리의 이해도를 높여 줄 것이다.

---

[12] 영어 번역은 M. Wise, M. Abegg, C. Cook, and N. Gordon의 것이며, 이는 *Poetic and Liturgical Texts* (ed. Donald W. Parry and Emanuel Tov; vol. 5 of *The Dead Sea Scrolls Reader*; Leiden: Brill, 2005)에 나온다.

그러나 전승사는 바울의 용법이 위치한 사회문화적 맥락을 주의 깊게 살피는 작업에 의해 보완되어야 한다. 바울이 스스로를 산고를 겪는 여인이나 자신의 아이들을 젖 먹이는 유모로 그릴 때, 어떠한 문화적 코드가 강화되거나 혹은 위반되는가? 다른 남자들도 그러한 이미지를 사용하는가? 만약 그렇다면, 어떤 방식으로 사용하는가?

이 질문들은 극도로 복잡한데, 그 까닭은 유관하다고 여겨질 수 있는 문헌들이 매우 많으며, 동시에 무엇이 과연 병행 구절(parallel)인지 결정하기가 어렵기 때문이다. 단적인 예로, 주석가들은 에픽테토스(Epictetus)의 한 단락을 고린도전서 3:2의 병행 구절로 자주 제시한다. 에픽테토스는 자신의 청중에게 묻는다. "너희가 어린 아이들처럼 젖을 떼고 더 단단한 음식을 먹기를 아직도 바라지 않느냐? 늙은 여인들의 통곡처럼 어머니와 유모를 찾으면서 울던 것을 멈추고 단단한 음식을 먹기를 아직도 바라지 않느냐?"(Discourses 2.16.39). 에픽테토스는 젖과 단단한 음식 사이의 구별을 활용하지만, 그의 용법은 바울과는 극적인 차이를 보인다. 바울은 그 유비의 한가운데에 자신을 위치시키지만(바울이 곧 젖 먹이는 어머니다), 에픽테토스는 젖을 떼야만 하는 이들로부터 한 걸음 떨어져 있다. 또한 에픽테토스는 "어머니들과 유모들"의 역할 자체를 멸시하는데, 바울은 도리어 그것을 자신의 역할로 삼는다.

이 마지막 관찰은 병행 구절의 이슈로부터 더 다루기 힘든 질문으로, 즉 동시대인들의 귀에 바울의 어머니 이미지 사용이 어떻게 들렸을지를 묻는 질문으로 넘어가게 만든다. 부상하고 있는 그리스-로마 세계의 젠더 구성에 관한 학술 문헌들은 몇몇 중요한 단서들을 제공해 준다.[13] 그 논의에서 두드러지는 주제들 중 하나는 젠더 위계질서와 "그 젠더 위계질서 안에서 자신에게 주어진 자리를 이탈"한 것으로 의심되는 남성이 겪는 자부심의 상실이다.[14] 남성은 여성의 옷을 입거나, 특정한 종류의 성적 행위를 수행하거나, 혹은 단지 충분히 "남자답지" 못함으로 인해서 자신의 자리에서 이탈할 수 있었다. 그렇다면 누군가는 바울이 어머니 이미지를 사용하는 것을 듣고, 그가 자신에게 부여된 역할을 저버렸다고 여겼을 수도 있다.

지금까지 살펴본 세 가지 접근 방식들은 중요하다. 하지만 이것들은 바울의 은유 자체를 직접 바라보고 그 은유가 해당 맥락에서 무엇을 성취하는지를 이해하기보다는, 그저 은유의 기원을 추적하고 분석할 수 있는 조각들로 해체해 버릴 위험성이 있다. 여기서 나는 은유 이론에 관한 최근 연구가 교훈을 준다고 생각한다. 첫째, 중

---

13 특히 다음을 보라. Maud W. Gleason, *Making Men: Sophists and Self-Presentation in Ancient Rome* (Princeton, NJ: Princeton University Press, 1995); John J. Winkler, *The Constraints of Desire: The Anthropology of Sex and Gender in Ancient Greece* (New York: Routledge, 1990); David M. Halperin, John J. Winkler, and Froma I. Zeitlin, eds., *Before Sexuality: The Construction of Erotic Experience in the Ancient Greek World* (Princeton, NJ: Princeton University Press, 1990); and Thomas Laqueur, *Making Sex: Body and Gender from the Greeks to Freud* (Cambridge, MA: Harvard University Press, 1990). 바울의 편지 하나를 젠더 구성의 이슈들과의 대화 속에서 해석한 것으로는 Dale B. Martin, *The Corinthian Body* (New Haven, CT: Yale University Press, 1995)를 보라.
14 Winkler, *The Constraints of Desire*, 21.

추적 역할을 한 맥스 블랙(Max Black)의 1954년의 소논문을 시작으로, 은유에 관한 많은 논의들은 대개 은유의 **인지적 성격**(*cognitive character*)에 주의를 기울인다. 은유가 우리의 인지에 정확히 어떤 영향을 끼치는지에 관한 주제가 뜨거운 논쟁거리이기는 하지만, 지금 내 연구의 목적을 위해서는 그렇게 중요하지 않다. 중요한 것은 은유가 단지 장식 수단이나 삽화적 예시를 제공하는 게 아니라는 사실을 인식하는 것이다. 은유는 우리로 하여금 성찰하도록, 그리고 더 나아가 통찰이 샘솟도록 자극한다. 다시 말해, 은유는 우리의 생각을 바꿀 것을 요구한다.[15]

새뮤얼 레빈(Samuel R. Levin)이 말하기를, 흔히 은유를 마주치면(특히, 색다르거나 혹은 여전히 생생한 은유를 마주치면), 우리는 거기서 무엇이 잘못되었는지를 찾으려는 식으로 반응한다. 우리는 즉각적으로 그 은유를 거부한다.[16] 예시 하나가 내 논점을 잘 보여 줄 수 있을 것이다. 한 광고대행사가 북미성서학회(Society of Biblical Literature, SBL)의 캠페인을 고안하고 있었던 때의 일이다. 그 캠페인에는 일반 대중의 시선을 끌 수 있는 방식으로 북미성서학회의 정체성을 나타내는 것이 필요했다(그리고 나는 이 협상 과정에서 북미성서학회 측의 연락 담당자였다). 광고대행사

---

15 Max Black, "Metaphor," in *Models and Metaphors* (Ithaca, NY: Cornell University Press, 1962), 25-47; 본래는 *Proceedings from the Aristotelian Society* 55 (1954)에 실린 글이다.

16 Samuel R. Levin, "Standard Approaches to Metaphor and a Proposal for Literary Metaphor," in *Metaphor and Thought* (ed. Andrew Ortony; Cambridge: Cambridge University Press, 1979), 124-35.

가 제안한 브로슈어 시안에는 이런 문구가 있었다. "북미성서학회는 성서학계의 NFL(내셔널 풋볼 리그)입니다." 그것이 워낙 어려운 과제였던 만큼 그 일을 맡았던 사람들의 입장을 충분히 이해했지만, 그럼에도 나는 그 특정한 은유를 즉각적으로 거절했다. (그리고 나는 내 입장을 바꾸지 않았다.)

허나, 은유가 우리에게 작동하기 시작할 때, 그것은 우리가 사물을 다르게 생각하도록 밀어붙인다. 은유는 우리의 관점을 변화시킨다. 약간 더 성공적이었던 사례를 이야기해 보겠다. 내 아들이 고등학교에 막 입학했을 때, 미국 북동부 지역은 특히나 혹독했던 겨울을 보내고 있었다. 내 아들은 국어 시간에 은유를 배우고 있었고, 현재 벌어지고 있는 일들을 어떻게 활용할지 알았던 국어 교사는 학생들에게 눈을 은유로 표현해 보도록 과제를 냈다. 이때 떠오른 은유 중 하나는, "눈은 지옥의 밑면이다(Snow is the underside of hell)"였다.

그 은유는 문자적으로 말이 안 된다. 먼저 우리는 눈과 지옥 사이의 터무니없는 차이점들만을 주목하면서 그 은유를 거부한다. 혹은 눈과 지옥이 반의어로 등장하는 다른 표현을 떠올린다. 예를 들면, "지옥에 눈덩이가 있을 가능성(a snowball's chance in hell)"이라는 표현을 생각해 보라. 그러나 우리는 그 새로운 은유("눈은 지옥의 밑면이다")를 곰곰이 생각하는 과정을 통해서, 특히 북동부의 얼음장처럼 추운 날들을 회상하는 과정을 통해서, 눈과 지옥 모두를 다르게 생각할 수 있을 것이다. 이를테면, 우리는 유사점을 찾아볼 수도 있을 것이다. 이로써 우리는 판단을 수정할지도 모른다. 하나의 새로운 관점을 얻는 것이다.

이바 페더 키테이(Eva Feder Kittay)는 은유의 이러한 측면을 은유적으로 표현하면서, 은유가 우리 정신세계의 가구를 재배열한다고 말했다.[17] 거실을 예로 들어 보자. 내가 거실을 가로질러 소파를 옮기고 그와 반대쪽 벽에 의자를 놓은 후, 커피 테이블을 그 사이에 놓는다면, 그 거실에는 무엇인가 변화가 발생한다. 거실이 더 넓어 보일 수도 있고, 반대로 더 좁게 느껴질 수도 있다. 더 환대하는 느낌을 줄 수도 있고, 도리어 더 차갑게 느껴질 수도 있다. 어느 쪽이든 변화로 인해 거실 안에 일어난 새로운 길을 걷게 된다. 은유적으로 말하면, 은유도 이 모든 일들을 행한다.

이와 마찬가지로 바울은 "너희 속에 그리스도가 형성되기까지 내가 다시 [너희를 낳는] 산고를 겪는다"(갈 4:19)라고 언급하며, 갈라디아인들이 자신과 맺은 관계가 무엇인지 숙고해 보도록 만든다. 다시 말해, 어떻게 자신이 그들의 어머니가 될 수 있는지, 어떻게 자신이 재차 출산할 수 있는지, 그리고 어떻게 그리스도가 그들 안에 형성될 수 있는지를 생각하게 만든 것이다. 우리는 이 단언을 일종의 실언으로 혹은 중요하지 않은 잘못된 진술로 일축하기보다는, 바울이 정확히 무엇을 말하고 있는지 더 자세히 들여다볼 필요가 있다.

이 생생한 언어 사용은 청자나 독자에게 적어도 어느 정도의 결

---

17 Eva Feder Kittay, *Metaphor: Its Cognitive force and Linguistic Structure* (Oxford: Oxford University Press, 1987), 316–24.

정을 요구한다. 웨인 부스(Wayne C. Booth)가 말했듯, "본질상, 은유를 이해한다는 것은 그 은유를 만든 사람에게 동조할 것인지 아니면 그 사람을 거부할 것인지를 결정하는 일이며, 동시에 그 은유가 요구하는 형태로 내가 빚어질 것인지 혹은 그것에 저항할 것인지를 결정하는 일이다."[18]

여기서 부스는 바울의 어머니 이미지를 읽을 때 도움이 되는 은유 이론의 두 번째 특징, 곧 은유와 친밀함 사이의 관계를 언급한다. 테드 코헨(Ted Cohen)은 은유가 친밀함으로의 초대라는 견해를 제안했다.[19] 만약 이 초대가 화자나 저자의 입장에서 사뭇 무의식적인 차원일 수 있음을 깨닫는다면, 이러한 통찰은 도움이 된다. 만약 내가 당신에게 "눈은 지옥의 밑면이다"라고 말한다면, 나는 눈에 대한 나의 평가에 당신도 동조하도록 암묵적으로 초청하고 있는 것이다. 당신은 나의 초대를 거절하면서(하지만 당신이 남부 지방 어딘가에서 이 우울한 겨울을 피해 있을 경우에만 그럴 수 있을 것이다), 그 대신 "눈은 하얀 솜이불이다"와 같은 표현을 쓸 수도 있다. 혹은 내게 동의하면서, "눈은 하늘에서 내리는 저주다"와 같이 말할 수도 있다. 만일 우리가 서로 동의한다면, 특정한 관계가 우리 가운데 형성될 것이다. 그것이 아무리 일시적이고 심지어 우스워 보일지라도 말이다.

은유와 친밀함 사이의 관계는, 바울이 어머니 이미지를 사용하

---

18 Wayne C. Booth, "Metaphor as Rhetoric: The Problem of Evaluation," in *On Metaphor* (ed. Sheldon Sacks; Chicago: University of Chicago Press, 1979), 63.

19 Ted Cohen, "Metaphor and the Cultivation of Intimacy," in *On Metaphor*, 1-10.

는 방식을 떠올려 볼 때 특히 더 유용하다. 바울이 자신과 데살로니가인들 사이의 친밀한 관계를 회상하는 데살로니가전서 2:7("그러나 우리는 자기 자녀들을 돌보는 유모처럼 너희 가운데 젖먹이들이 되었다")이나 바울이 현재 위협 받고 있는 관계를 재확립하려는 갈라디아서 4:19("그리스도께서 너희 가운데 형체를 잡을 때까지 내가 다시 해산의 수고를 하는 내 자녀들이여")과 같은 본문에서 그 관계를 발견하는 것은 아주 쉽다. 그러나 심지어 바울이 자신을 "기괴하게 태어난" 존재라고 묘사하는 고린도전서 15:8("마지막으로, 기괴하게 태어난 것 같은 내게도 그분이 나타나셨다")에서도, 자신과 수신자들 사이의 연결점이 나타난다. 만약 바울이 "비록 내가 그럴 자격은 없지만, 그리스도께서 나에게 나타나셨다"라고 말했더라면, 이 편지의 의미가 좀 더 분명했을지도 모른다(만약 그게 바울이 의미했던 바라면 말이다). 그러나 고린도인들에게 있어서, "기괴한 탄생"이라는 바울의 비유는 바울이 의미한 바를 수수께끼처럼 풀어가게 만들고, 또한 그들 자체의 결론에 도달하도록 초대하는 기능을 한다.

물론 은유가 친밀함과 연결된다고 해서, 모든 은유적 친밀함이 행복한 친밀함, 협력하는 친밀함이라는 뜻은 아니다. 적대적 의도를 가지고도 농담을 할 수 있듯이, 은유 또한 적개심을 불러일으킬 수 있다. 만약 은유가 한 공동체를 정의하는 경계선을 긋는다면, 그것은 또한 외부인들(즉, 그 은유를 "도통 이해하지 못하는" 이들)의 출입을 막는 장벽을 만들 수도 있다.

은유 연구의 세 번째 특징은 하나의 특정한 범주의 은유, 즉 친족 은유와 관계된다. 여기서 나의 논의는 특히 마크 터너(Mark Turner)

의 『죽음은 아름다움의 어머니다』(*Death is the Mother of Beauty*)라는 책을 활용한 것이다.[20] 이 책에서 터너는 아주 많은 수의 친족 은유가 작동하는 방식들을 분석한다. 그는 많은 은유들 이면에서 친족에 관한 기본적인 은유 추론 패턴 열 가지를 발견한다. 터너가 확인한 추론 패턴 중 하나는 "어떤 것에서 야기된 것은 그것의 자손이다"라는 패턴인데, 예를 들어 "격언은 경험이 낳은 자녀다"라는 표현을 들 수 있다.[21] 혹은 눈의 은유로 돌아가서 "눈은 따분함의 어머니다"라고 말할 수도 있다. 터너의 추론 패턴 중 다른 하나는 "자연스럽게 형성된 집단(natural group)의 구성원들은 형제자매다"라는 패턴이다. 예를 들어 이 패턴은 "죽음은 잠의 형제다"라든지, 혹은 "정확성과 정직함은 쌍둥이다"라는 표현에서 나타난다.[22] 내가 동료를 가리켜 나의 "남동생"이라고 부르게 된 것은 바로 이 추론 패턴에 근거한 것이다. 왜냐하면 우리는 "자연스럽게 형성된" 집단의 구성원들이기 때문이다.

정의상, 바울의 어머니 이미지 사용은 터너의 친족 은유의 범주에 속한다. 터너의 연구에서 우리에게 도움이 되는 부분은 친족 은유라는 광대한 영역에서 어머니나 자매를 포함한 은유가 압도적으로 두드러진다는 사실을 입증한 점이다. 그리고 터너는 생물학적·사회적 기대감이 이 친족 은유들을 탄생시키는 동력원이라고 여긴

---

20 Mark Turner, *Death Is the Mother of Beauty: Mind, Metaphor, Criticism* (Chicago: University of Chicago Press, 1987).
21 Ibid., 24.
22 Ibid., 25.

다. 그렇다면, 양육과 관련된 은유가 거의 예외없이 언제나 어머니와 연관되는 것은 그리 놀랄 일이 아니다.[23] 터너의 연구는 내가 앞서 말한 두 가지의 논점을 강화해 준다. 어머니에 관한 말은 일정 기간에 걸친 양육과 연관되며, 바울의 어머니 이미지 사용과 아버지 이미지 사용은 상호 호환적이지 않다.

앞으로 이어질 장들

1부에서 나는 바울 연구의 각주에 처박혀 있던 본문들을 되찾고자 한다. 심지어 어느 정도 주목을 받았던 본문들조차도 어머니 이미지라는 주제와 연결되어 검토되지는 않았다.

그러나 내가 하려는 것은 그러한 본문들을 되찾는 것 그 이상이다. 왜냐하면 이 연구는 바울의 신학 및 바울의 신학화(theologizing)를 어떻게 확인하고 이해할 것인지를 둘러싼 논의에 시사하는 바가 있기 때문이다.[24] 여기서 나는 바울신학 전반을 생각하는 한 가지 방식으로서 은유 이론을 연구한 스티븐 J. 크래프트칙(Steven J. Kraftchick)의 도움을 받았다. 크래프트칙은 생성적 은유(generative metaphors), 곧 생각의 더 넓은 측면들을 구조화하는 암묵적인 은유들(예: "가난과의 전쟁")을 연구했다. 예를 들어 고린도후서에서 크래프트칙은 바울이 예수님의 죽음과 부활을 은유로, 즉 자신의 과업에 대한 이해를 구

---

23 Ibid., 55.
24 특히 북미성서학회의 바울신학 그룹에서 수행된 작업을 가리킨다.

조화할 뿐 아니라 그의 독자들이 그들의 이해를 재구조화하도록 도전하는 은유로 사용한다고 주장했다.[25] 이 두 접근 방식 사이의 공통점은, 바울의 신학이 오직 바울의 명제적 진술의 활용을 통해서만 발견되고 설명될 수 있다는 생각으로부터 벗어나려 한다는 점이다. 바울은 "모든 사람이 죄를 범하였으매 하나님의 영광에 이르지 못하더니"(롬 3:23, 개역개정)라고 말할 때, 신학적으로 말하고 있는 것이다. 그리고 바울은 "너희 속에 그리스도가 형체를 잡을 때까지 내가 산고를 겪는다"(갈 4:19)라고 말할 때에도 역시 신학적으로 말하고 있는 것이다.[26]

어머니 이미지 연구는 바울의 언어 표현의 사회적 기능에 대한 우리의 이해를 강화시킬 것이다. 웨인 믹스(Wayne Meeks)는 바울의 가족 용어 사용이 어떻게 내부적 결속을 만들어 내고 유지하는지를 이해하도록 돕는다.[27] 나는 바울의 표현이 어머니와 관계되었을 때

---

25 Steven J. Kraftchick, "Death in Us, Life in You: The Apostolic Medium," in *Pauline Theology*, vol. 2 (ed. David M. Hay; Minneapolis: Fortress, 1991), 156-81을 보라; 그리고 나의 응답인 "Apostle and Church in 2 Corinthians," in ibid., 187-93을 보라.

26 이 접근은 Victor Paul Furnish의 접근과 대조될 수 있을 것이다. Furnish가 볼 때, 바울의 신학은 더 좁은 의미로, "신념들, 의례들, 사회구조들(궁극적 실재의 경험이 이것들 안에서 표현된다)에 대한 바울의 비판적 반추" 가운데 발견된다("Paul the Theologian," in *The Conversation Continues: Studies in Paul and John in Honor of J. Louis Martyn* [ed. Robert T. Fortna and Beverly R. Gaventa; Nashville: Abingdon, 1990], 25). 강조 표시는 원저자인 Furnish의 것이다.

27 Meeks, *The First Urban Christians*, 특히 84-94.

믹스가 말한 결속의 존재가 더욱 실제적이 된다고 생각한다. 왜냐하면 분만의 고통, 출산, 그리고 수유에 대한 언급들은 거기 연관된 이들 사이의 깊은 친밀함을 전제하기 때문이다.

마지막으로, 바울의 어머니 이미지 사용을 연구하는 것은 리더십에 대한 바울의 이해와 여성을 향한 바울의 태도에 관해 서로 복잡하게 얽히고설킨 질문들을 이해하는 데 영향을 끼친다. 최근 수십 년간 관례적이 된 한 가지 읽기 전략은 바울의 편지들을 분해해서 "위계질서적"으로 간주되는 본문들과 "평등주의적"으로 간주되는 본문들로 나누는 작업을 하는 것이다. 바울에 대한 이러한 이원론적인 접근에 따르면, 바울이 스스로를 "아버지"라고 부르는 본문은 위계질서적 범주에 안착되고, 바울이 신자들을 가리켜 "형제들"이라고 부르는 본문은 평등주의적인 범주에 들어맞는다.[28] 그 결과 위계질서적인 "나쁜" 바울과 평등주의적인 "좋은" 바울 사이의 충돌이 발생한다.

그런데 만일 우리가 바울의 사도적 직무를 가리키는 어머니 이미지 사용을 더욱 진지하게 다룬다면 어떻게 될까? 어머니 이미지는 평등주의적 범주에 속한다고 보기 힘들다. 왜냐하면 어머니는 자신의 자녀들을 자기와 동등하게 취급하지 않기 때문이다(내 아들은

---

[28] 어머니 이미지를 고려 사항에 넣지 않더라도, 이 전략에는 문제들이 있다. Dale B. Martin이 관찰했듯이, 바울은 때로 "반(反)가부장적인 논점을 주장하기 위해 가부장적인 수사를 사용한다"(*Slavery as Salvation: The Metaphor of Slavery in Pauline Christianity* [New Haven, CT: Yale University Press, 1990], 142).

내가 자신을 동등하게 취급하지 않았다는 점을 인정하라고 제일 먼저 요구할 사람이다). 그러면 우리는 어머니 이미지가 위계질서적 범주에 속한다고 결론 내릴 수도 있겠지만, 그러한 지칭 역시 잘 들어맞지는 않는다. 바울의 세계에서 어머니는 아버지와 같은 권위를 갖고 있지 않았다. 더 중요한 것은 바울이 자신을 어머니의 모습으로 제시할 때, 그는 가부장적 권위를 포기하고 자신에게 수치(여성적 정체성을 지닌 남자의 수치)를 가져다줄지도 모르는 역할을 자발적으로 선택했다는 점이다. 그러나 어머니 이미지가 효과적일 수 있는 것은 그것이 위계질서적 기대감을 비틀어 활용하기 때문이다. 바울은 자신을 권위의 표준적 규범에 동화되지 않는 권위자의 모습으로 제시한다.

실로, 어머니 이미지의 존재를 진지하게 대하는 것은 위계질서적 본문과 평등주의적 본문을 나누는 환원주의적인 이분법을 전복한다. 어머니 이미지를 진지하게 대하다 보면, 바울서신에 나오는 리더십의 문제를 다른 렌즈를 통해 바라보는 편이 낫겠다는 인상을 받는다. 내 생각에, 우리와 가까이에 있는 렌즈는 바로 묵시 신학의 렌즈이며, 우리는 본서의 중반 이후로 이 주제를 다룰 것이다. 묵시 신학은 예수 그리스도의 십자가와 부활에 나타난 하나님의 일방향적인 개입 행위를 크게 강조하기 때문에, 거기에는 인간 리더십에 대한 관습적 사고방식이 자리 잡을 수 없다. 처형을 당한 범죄자가 바로 하나님의 아들이라는 점과 인간의 지혜가 파산했다는 점을 계시한 십자가는, 리더들이 그들의 정체성을 예수 그리스도의 노예라고(롬 1:1), "세상의 더러운 것"(고전 4:13, 개역개정)이라고, 심지어 같은 아이를 두 번째 출산하는 산통 가운데 있는 여인이라고 밝힐 때 뒤따르는 위험을 무릅쓰도록 명령한다.

어머니 바울의 영향사

이제 이 본문들 자체로 눈을 돌리면서, 우리는 오래전 그리스도인들이 해당 본문들을 세밀하게 읽고 바울에 관해 말할 때 그것들을 활용했다는 점을 상기해 볼 수 있다(최근의 독자들이 아무리 이 사실을 간과한다고 해도 말이다). 이러한 주장을 뒷받침하는 증거는 바울의 처형 이야기로 끝을 맺는 2세기 텍스트, 바울행전(Acts of Paul)의 시기까지 거슬러 올라간다. 이 이야기에 따르면, 바울이 사형집행인의 칼에 맞아 숨을 거둘 때, 그 몸에서 피가 아니라 젖이 솟구쳤다.

그러나 사형집행인이 바울의 머리를 내리쳤을 때, 솟구치는 젖이 그 병사의 옷을 적셨다. 그리고 그들이 그것을 보았을 때, 그 병사를 비롯해서 거기 서 있던 모든 이들은 크게 놀랐다. 그리고 바울에게 그러한 영광을 주신 하나님께 영광을 돌렸다.[29]

오리게네스는 고린도전서 3:1-2("형제들아 내가 신령한 자들을 대함과 같이

---

29 바울행전의 영어 번역은 *New Testament Apocrypha* (2nd ed.; ed. Wilhelm Schneemelcher; 2 vols.; Louisville: Westminster/John Knox Press, 1991-92), 2:237-70에 실려 있는 Wilhelm Schneemelcher와 Rodolphe Kasser의 번역을 보라. 여기서 인용한 것은 2:262-63에 나온다.

너희에게 말할 수 없어서 육신에 속한 자 곧 그리스도 안에서 어린 아이들을 대함과 같이 하노라 내가 너희를 젖으로 먹이고 밥으로 아니하였노니 이는 너희가 감당하지 못하였음이거니와 지금도 못하리라"[개역개정])과 갈라디아서 4:19에 근거해서 바울이 그의 교회들을 향해 가진 "어머니로서의 사랑"을 언급했다.[30] 메토디오스는 갈라디아서 4:19을 인용하면서 "영광스러운 바울"의 정체성을 "어머니"로 밝혔다.[31] 니사의 그레고리오스는 아가서에 대한 논의에서 바울을 가리켜 "아기들을 위한 젖가슴"이라고 지칭하며, 그가 "교회의 신생아들을 젖으로 먹이며" 교회의 자녀들에게 음식을 제공한다고 말했다.[32] 바울과 젖 먹이는 어머니 사이의 연결은 12세기 시토회(Cistercians) 소속이었던 이니 구에릭(Guerric of Igny)의 설교에서 놀라운 방식으로 표현되었다. 바울의 처형 시에 바울의 몸에서

---

30 Origen, *Commentary on the Epistle to the Romans Books 6–10* (trans. Thomas P. Scheck; Fathers of the Church; Washington: Catholic University of America Press, 2002), book 8, chapter 10 (p. 174).

31 Methodius, *The Symposium* (trans. Herbert Musurillo; ACW; London: Longmans, Green, 1958) 9 (p. 67).

32 Gregory of Nyssa, *Commentary on the Song of Songs* (trans. Casimir McCambley; Brookline, MA: Hellenic College Press, 1987), 157. 비슷한 연결이 Theodoret에게서도 나타난다. 그는 "사도들의 말을 듣는 이들은 사도들로부터 흐르는 시냇물을 마주쳤으며, 그 시냇물은 마치 어떤 포도주나 어떤 기쁨보다도 훨씬 더 가치 있게 여겨지는 젖가슴과 같았다"라고 썼다(*The Song of Songs Interpreted by Early Christian and Medieval Commentators* [trans. and ed. Richard A. Norris Jr.; The Church's Bible 1; Grand Rapids: Eerdmans, 2003], 34). Venerable Bede도 아가서에 나오는 젖가슴을 "그리스도에게 속한 작은 자들에게 초급 교육의 젖으로 섬기는 교회의 교사들"과 동일시했다. 비록 Bede가 그 교사들의 이름을 밝히지는 않지만, 같은 문단에서 고전 2:2과 롬 9:5을 인용한다(ibid., 262).

피가 아니라 젖이 솟아 나왔다는 전통에 대해 말하면서,[33] 구에릭은 바울이 개종을 통해 고문자에서 어머니로, 사형집행인에서 유모로 변모했다고 선포했다.

> 진실로 바울 안에는 조금의 피도 없었으며 오직 젖으로 가득 채워져 있었습니다. 바울은 풍성한 사랑과 자비로 가득 채워진 나머지, 그는 자신의 영혼 전체를 담은 젖을 그의 자녀들에게 나눠 줄 뿐 아니라, 자신의 몸을 그들에게 주기를 갈망했습니다.[34]

아마도 이 본문들을 가장 광범위하게 활용한 사례는 캔터베리의 안셀무스일 것이다. 안셀무스는 "우리의 가장 위대한 어머니"인 바울을 향해 이렇게 기도한다.

> 오, 성 바울, 신자들의 유모라 불리는 분,
> 자신의 아들들을 쓰다듬는 분,
> 어디서나 자신의 아들들을 위해 산통을 겪는다고 선언하는
> 사랑 넘치는 그 어머니는 누구인가요?

---

33 *The Acts of Paul*, in *New Testament Apocrypha*, 2:237-70에 나오는 이야기를 보라.
34 Guerric of Igny, "Sermon 45: The Second Sermon for Saints Peter and Paul," *Liturgical Sermons* (2 vols.; Spencer, MA: Cistercian Publications, 1970-71), 2:154. 이 설교는 아가서 4:5의 확장된 해석이며, Guerric은 거기서 베드로와 바울이 바로 교회의 젖가슴이라고 밝힌다.

다정한 유모, 다정한 어머니,

그대가 산고를 겪으며 분만하고 젖을 먹인 이들은 누구인가요?

그대가 그리스도 신앙을 가르침으로써

낳았고 또한 지도한, 바로 그들 아닌가요?

그대의 가르침을 따르는 그리스도인 가운데 그대로 인해 믿음 안에 태어나고 굳건히 세워지지 않은 이가 누가 있나요?

그 복된 신앙 안에서 우리가 다른 사도들에 의해서도 태어나고 젖을 먹었지만, 무엇보다도 당신에 의해 그리되었어요.

이 일에 있어서 그들 모두보다 당신이 더 많이 수고했기 때문이에요.

그들이 우리 어머니라면, 그대는 우리의 가장 위대한 어머니입니다.[35]

---

35   *The Prayers and Meditations of Saint Anselm* (trans. Benedicta Ward; London: Penguin Books, 1973), 152.

1장 젖먹이이자 유모인 사도들

바울, 우리 어머니

1장 젖먹이이자 유모인 사도들

그러나 우리는 자기 자녀들을 돌보는 유모처럼 너희 가운데 젖먹이들이 되었다. (살전 2:7)

가장 초기의 편지에서 바울은 사도로서의 자신의 사역을 묘사하기 위해 이례적이고 도발적인 이미지를 사용한다. 이 장에서 나는 데살로니가전서에서 바울이 자신의 사도 직분에 대한 이해를 표현하고 있다고 주장한다. 만약 데살로니가전서가 그리스도 공동체를 향한 바울의 첫 번째 편지라면, 그것은 "기독교적 글쓰기의 실험"이었으며,[1] 이를 읽고 해석하면서 우리는 이 편지의 실험적 성격을 계속해서 전면에 배치해야 한다. 사도가 무엇인지 설명해야 하

---

1 이 표현은 Helmut Koester의 것이다("1 Thessalonians—Experiment in Christian Writing," in *Continuity and Discontinuity in Church History: Essays Presented to George Huntston Williams on the Occasion of His 65th Birthday* [ed. F. Forrester Church and Timothy George; Leiden: Brill, 1979], 33-44).

는 과제가 바울의 실험의 일부였으며, 이를 위해 그는 사도들의 다양한 이미지들, 곧 신자들의 "아버지"(살전 2:11) 외에도 젖먹이와 유모로서의 이미지도 활용했다. 이 용어들은 철학자를 묘사하는 관습적 방식의 일부일 뿐만 아니라, 바울과 그의 동역자들이 하고 있던 사역을 바울 자신이 이해한 방식을 핵심적으로 나타낸다.

데살로니가전서 2:7을 통해 제기될 수 있는 여러 질문들 가운데 나는 다음 세 가지를 다루고 싶다. 첫째, 이 절에 대한 가장 좋은 그리스어 텍스트는 무엇이며, 그것을 어떻게 번역해야 하는가?

둘째, 7절에서 성인 남성이 자신을 가리켜 유모라 부르고, 심지어 어린 아이("젖먹이")라고 부르기까지 하는데(이 점에 대해서는 앞으로 살펴볼 것이다), 이러한 이미지의 기원은 무엇인가? 유모 은유를 사용하는 다른 고대 자료들로는 무엇이 있는가? 고대 세계의 유모의 지위와 기능에 대해서 우리는 무엇을 알 수 있으며, 그것을 아는 것은 바울의 표현을 어떻게 재조명해 주는가?

셋째, 7절에서 우리는 바울의 은유 사용을 어떻게 이해해야 하는가? 물론 엄밀히 말하자면, 여기서 바울은 유모 "처럼"(ὡς ἐάν[호스 에안])이라고 말하기 때문에 이것은 직유이다. 그러나 이러한 구분은 실질적이기보다는 문법적이며, 은유 및 은유의 사용에 관한 대부분의 논의는 은유와 직유, 두 종류의 비유법 모두를 고려한다. 또한 우리는 단순히 7절에서 은유가 나오는 지점을 넘어서, 바울이 자신과 데살로니가인들의 관계를 강화하고자 하는 맥락 속에서 이 절이 어떤 기능을 하는지도 알고 싶다. 이 질문과 관계가 있는 것은, 양육 이미지가 나타나는 데살로니가전서의 이 부분과 데살로니가전서 4장과 5장에 지배적으로 나타나는 묵시적 관심사 사이의 연관성이라는 더 큰 사안이다.

데살로니가전서 2:7의 그리스어 텍스트와 번역

데살로니가전서 2:7은 중요한 본문비평적 문제를 안고 있다. NRSV는 이 절을 이렇게 번역한다. "But we were gentle among you, like a nurse tenderly caring for her own children." 그러나 또한 NRSV는 고대의 일부 사본들이 "유순한"(gentle) 대신 "젖먹이들/유아들"(infants)이라고 읽는다는 점을 알리는 난하주를 포함하고 있다.[2] 이 두 전통 중에서, NRSV는 "우리는 자기 자녀들을 돌보는 유모처럼 너희 가운데 유순하게(ἤπιοι[에피오이]) 되었다"라고 읽는 일련의 그리스어 사본들을 따라 번역한 것이다. 그리고 NRSV 난하주에 반영된 또 다른 종류의 그리스어 사본들은 "우리는 자기 자녀들을 돌보는 유모처럼 너희 가운데 젖먹이들(νήπιοι[네피오이])이 되었다"라고 읽는다.

외적 증거는 분명하다. 네스틀레-알란트(Nestle-Aland) 27판과 성서공회(United Bible Society) 4판 양쪽 모두 νήπιοι(젖먹이들)라고 읽는다. 비

---

2 "유순한"(gentle)은 영어 성경 NEB, NASB, NAB가 채택한 번역어이기도 하다. 그리고 NIB는 이렇게 읽는다. "오히려, 우리는 너희 가운데 겸허하게 살았다(lived unassumingly). 마치 자기 자녀들에게 젖 먹이고 그들을 돌보는 어머니처럼."

록 ἤπιοι(유순한)가 여러 주요 대문자 사본들(시내 사본, 알렉산드리아 사본, 에프렘 사본, 클라로몬타누스 사본 포함)에 나타나기는 하지만, 알렉산드리아 사본을 제외한 모든 사본들에서 이 에피오이 읽기는 후대의 누군가가 수정한 부분에서 나온다. 반면, 네피오이(νήπιοι)는 파피루스 65(P65)와 바티칸 사본에 나오며, 시내 사본, 에프렘 사본, 클라로몬타누스 사본에서도 νήπιοι가 수정 전 본래적 읽기에 해당한다. 외적 증거만을 고려한다면, 큰 의심의 여지 없이 데살로니가전서 2:7에서 ἤπιοι(유순한)가 아니라 νήπιοι(젖먹이들)로 읽을 수 있다. ἤπιοι(유순한)라는 읽기가 등장한 것은 후대의 서기관들이 νήπιοι(젖먹이들)에서 한 글자를 제거함으로써, 덜 어렵고 덜 어색한 표현인 ἤπιοι(유순한)로 교정한 결과라고 설명이 가능하다.

그러나 데살로니가전서 2:7에서 νήπιοι로 읽는 것을 반대하는 견해들이 있고, 거기에는 다음과 같은 세 가지 이유가 포함된다.

1. νήπιοι(젖먹이들)라는 읽기는 단순히 서기관의 자음중첩(dittography) 실수 때문에 발생한 것일 수 있다. 다시 말해, 바로 앞 단어인 ἐγενήθημεν(에게네테멘, "우리가 … 되었다")의 마지막 글자인 뉘(ν)가 실수로 한 번 더 기록된 나머지, ἤπιοι(유순한)가 νήπιοι(젖먹이들)로 되어 버린 것이다.[3]

---

3   C. J. Ellicott, *A Critical and Grammatical Commentary on St. Paul's Epistle to the Thessalonians* (London: John W. Parker & Son, 1858), 21; Helmut Koester, "The Text of 1 Thessalonians," in *The Living Text: Essays in Honor of Ernest W. Saunders* (ed. Dennis E. Groh and Robert Jewett; Lanham, MD: University Press of America, 1985), 225.

2. 편지들의 다른 곳에서 바울은 그의 개종자들의 미성숙함을 묘사할 때 νήπιος(젖먹이[νήπιοι의 단수 형태 - 역자주])라는 단어를 사용한다. 고린도전서 3:1이 그 예다. "형제들아 내가 신령한 자들을 대함과 같이 너희에게 말할 수 없어서 육신에 속한 자 곧 그리스도 안에서 어린 아이들(νήπιοι)을 대함과 같이 하노라"(고전 3:1, 개역개정). 따라서 바울이 자신과 자신의 동역자들을 가리킬 때 그와 동일한 단어를 썼을 가능성은 희박하다.[4]

3. 이 단어 직후에 바울이 곧바로 유모의 이미지를 사용하기 때문에, 오직 ἤπιοι(유순한)만이 문맥에 들어맞는다. 바울이 때로 혼합 은유를 사용할 때가 있는 것이 사실이지만, "우리가 유모와 같이 너희 가운데 젖먹이들이 되었다"라고 쓰는 것은 매우 어색하다.[5]

---

[4] Koester, "Text of 1 Thessalonians," 225; Béda Rigaux, *Saint Paul: Les épitres aux Thessaloniciens* (Paris: J. Gabalda, 1956), 418.

[5] 많은 학자들이 볼 때, 결정적인 이슈는 문맥이다. E. von Dobschütz, *Die Thessalonicher-Briefe* (KEK; 7th ed.; Göttingen: Vandenhoeck & Ruprecht, 1974 [orig. 1909], 93); Martin Dibelius, *An die Thessalonicher I–II; An die Philipper* (HNT; 2nd ed.; Tübingen: J. C. B. Mohr, 1923), 9; C. G. Findlay, *The Epistles of Paul the Apostle to the Thessalonians* (Cambridge, MA: Cambridge University Press, 1925), 32-33; William Neil, *The Epistle of Paul to the Thessalonians* (London: Hodder & Stoughton, 1950), 40; Bruce M. Metzger, *A Textual Commentary on the Greek New Testament* (London: United Bible Societies, 1970), 629-30; Ernest Best, *A Commentary on the First and Second Epistles to the Thessalonians* (London: Adam & Charles Black, 1972), 40; Ronald Ward, *Commentary on 1 and 2 Thessalonians* (Waco, TX: Word, 1973), 61-62; I. H. Marshall, *1 and 2 Thessalonians* (NCB; Grand Rapids: Eerdmans, 1983), 70; Koester, "Text of 1 Thessalonians," 225; Earl J. Richard,

이러한 논증은 학자들의 견해에 상당히 강력한 영향을 미쳤고, 그 결과 헬무트 쾨스터(Helmut Koester)는 네스틀레-알란트 26판이 선호한 νήπιοι(젖먹이들)라는 읽기를 가리켜 "분명히 잘못된 것이다"라고 말했다.[6] 그러나 외적 증거의 무게를 고려할 때, 가장 이른 시기의 가장 좋은 사본들에서 말하는 것(νήπιοι)과는 다른 것을 바울이 의미했음이 "틀림없다"라고 섣부른 결론을 내리지 말아야 한다. 또한 바울이 실제로 νήπιοι(젖먹이들)이라고 썼다고 결론을 지을 만한 좋은

First and Second Thessalonians (SP; Collegeville, MN: Liturgical Press, 1995), 82; Joël Delobel, "One Letter Too Many in Paul's First Letter? A Study of (ν)ήπιοι in 1 Thess 2:7," LS 20 (1995): 126-33. Bruce Metzger가 "어떤 사본도 상식(common sense)만큼 오래된 것은 없다"라는 Daniel Mace의 격언에 호소할 때, Metzger는 분명 많은 이들의 입장을 대변하고 있는 것이다 (*The Text of the New Testament: Its Transmission, Corruption, and Restoration* [New York: Oxford University Press, 1964], 230-33). 물론, 무엇을 "상식"으로 볼 것인지는 시대마다, 그리고 문화권마다 달라진다. 이와 정반대로, F. Zimmer는 νήπιοι가 ἤπιοι보다 문맥에 더 잘 들어맞는다고 주장했다("1 Thess. 2:3-8 erklart," in *Theologische Studien: Festschrift B. Weiss* [ed. C. R. Gregory et al.; Göttingen: Vandenhoeck & Ruprecht, 1897], 264-65). 또한 J. J. Janse van Rensburg, "An Argument for Reading νήπιοι in 1 Thessalonians 2:7," in *A South African Perspective on the New Testament: Essays by South African New Testament Scholars presented to Bruce Manning Metzger* (Leiden: Brill, 1986), 252-59를 보라.

6 "The Text of 1 Thessalonians," 224-25. 또한 Traugott Holtz, "Der Apostel des Christus: Die paulinische 'Apologie' 1 Thess 2,1-12," in *Als Boten des gekreuzigten Herrn: Festgabe für Bischof Dr. Werner Krusche zum 65. Geburtstag* (ed. Heino Falcke, Martin Onnasch, and Harald Schultze; Berlin: Evangelische Verlagsanstalt, 1982), 170; Trevor Burke, "Pauline Paternity in 1 Thessalonians," *TynBul* 51 (2000): 75을 보라.

이유들, 실로 더 나은 이유들이 존재한다. 그 가운데 다섯 가지를 언급하려 한다.

1. 학자들의 중론이 상정하는 대로 이 절에서 서기관들의 실수가 발생했을 수 있다. 그런데 이 실수는 어쩌면 자음중첩(dittography)보다는 탈락(haplography)에 의한 결과일 수 있다. 즉, 어떤 서기관이 두 개의 ν(고대 사본들처럼 이 단어들을 띄어쓰기 없이 써 보면, ΕΓΕΝΗΘΗΜΕΝΝΗΠΙΟΙ가 된다 - 역자주)가 있는 곳에 하나의 ν만을 쓴 바람에, νήπιοι(젖먹이들)의 첫 글자인 ν가 빠지고 ἤπιοι(유순한)가 된 것이다.

2. 바울이 다른 곳에서 입문 수준인 개종자들을 가리킬 때 νήπιος(젖먹이)라는 말을 쓴 것이 사실이지만, 이러한 용례는 바울의 편지들에서 획일적으로 나오는 게 아니다. 사실 데살로니가전서의 이 단락을 제외하면 바울은 오직 다섯 절에서만 그 단어를 사용했다. 앞서 언급했으며 본서 3장에서 논의할 고린도전서 3:1에 νήπιος가 나오고, 고린도전서 13:11에도 세 차례 나온다("내가 어린 아이였을 때"). 이 단어는 갈라디아서 4:1과 4:3에서 아직 유산을 받지 않은 상속자를 가리킬 때 사용된다. 마지막으로, 로마서 2:20에서 바울은 어린 아이들의 선생이라 자칭하면서도 실은 위선자들인 사람들을 가리킬 때 이 단어를 사용한다. 이 예시들 중 긍정적인 함의를 가진 것은 하나도 없지만, 이 용어가 명확하게 부정적이라거나, 혹은 언제나 새로운 개종자들과 연관되었다고 보기는 어렵다.[7]

---

[7] 이 장의 이전 버전에 응답하면서(이전 버전의 서지 정보는 본 역서의 첫머리를 참조하라 - 역자주), Timothy B. Sailors는 롬 2:20이 "젖먹이들/아이

다른 한편, 고린도전서 14:20에서 바울은 νηπιάζειν(네피아제인 [νήπιος의 동족어 - 역자주])이라는 동사를 권면에 사용한다. "형제들아, 생각함에 있어서는 아이(παιδίον[파이디온])가 되지 말고 악에는 젖먹이가 되라(νηπιάζειν)"(참고: 롬 16:19). 더구나 칠십인역(LXX)의 몇몇 본문들(예: 시 19:7[18:8 LXX]; 119:130[118:130 LXX]; 지혜서 10:21) 및 마태복음 11:25에서는 νήπιος가 순전하고 거짓 없는 이들을 가리키기도 한다.[8] 이 용어의 이러한 함의(순전함, 거짓 없음)는 바울이 자신과 자신의 동역자들에게서는 찾아볼 수 없다고 주장한 특징들(실수, 거짓, 아첨, 욕심, 명예 추구 등)과 아주 좋은 대조를 이룬다.[9]

3. 더 나은 사본들을 따라서 νήπιοι(젖먹이들)라고 읽는 것은 분명 혼합 은유를 낳지만, 이는 바울의 편지들에서 드문 일이 아니다. 우리는 본서의 다음 장에서 갈라디아서 4:19을 살펴볼 텐데, 거기서

들(infants)"을 "어리석은 자들"과 평행 관계에 놓는다는 점을 언급하면서, 이 본문에서 "아이들"은 "매우" 부정적인 함의를 갖는다고 결론을 내렸다 ("Wedding Textual and Rhetorical Criticism: The Text of 1 Thessalonians 2.7," *JSNT* 80 [2001]: 91). 내 주장이 다소 뉘앙스 있게 표현되어야 할 필요가 있을지도 모르겠지만, 롬 2장은 네 집단을 포함하고 있다(눈먼 자들, 어둠에 있는 자들, 어리석은 자들, 아이들). 그들 모두의 공통점은 도움이 필요하다는 사실이지 그들에 대한 부정적 평가 자체가 아니다.

8 Sailors는 "주전 1세기와 주후 1세기"에 기록된 문헌에 나오는 그 용어의 사례 중 75%가 중립적인 의미로 사용되었다고 주장한다("Wedding Textual and Rhetorical Criticism," 11-12).

9 C. G. Findlay는 νήπιοι가 초기에 널리 퍼져 있던 자음중첩의 결과로 발생했다고 결론을 내린다. 그럼에도, Findlay는 만약 이것을 ἤπιοι로 읽는다면, 바울의 의도는 사도들을 "단순하고, 속임수를 모르며, 겸손한" 이들로 묘사하는 것이었으리라는 점도 언급한다(*Epistles to the Thessalonians*, 42).

또 다른 혼합 은유, 특히 다시 어머니 이미지에 초점을 맞춘 은유를 보게 될 것이다. 또 다른 사례들은 로마서 7:1-3의 결혼 유비와 고린도후서 3장에 나오는 모세의 수건을 언급하는 본문에서 발견된다. 나는 이 혼합 은유들이 바울의 상상력의 결함 때문에 생긴 것이 아니라,[10] 말할 필요가 있는 모든 것을 다 제대로 표현하고자 애쓴 바울의 몸부림으로부터 나온 것이라고 추측한다. (조금 후에 이 이슈를 다시 다룰 것이다.)

4. 데살로니가전서 2:7의 맥락만 보면 νήπιοι(젖먹이들)가 잘 들어맞지 않아 보일 수 있지만, 구문론적으로는 어려움이 없다. 바울은 종종 γίνομαι(기노마이, "되다")라는 동사를 명사와 더불어 사용하며, 실제로 데살로니가전서의 바로 이 대목에서도 그런 용법을 보인다(살전 1:5하; 1:6; 1:7; 2:14).[11] 더 중요한 것은, 그 표현이 데살로니가전서 2:7 상반절의 Χριστοῦ ἀπόστολοι(크리스투 아포스톨로이, "그리스도의 사도들")와

---

10 예를 들어, C. H. Dodd가 롬 7:1-6에 대해 말한 것을 보라. "바울에게는 구체적인 이미지들을 통해 생각을 지속시켜서 묘사하는 재주가 없다(비록, 간단하고 도움이 되는 은유를 사용할 수는 있었지만 말이다). 이것은 아마도 상상력의 결함 때문일 것이다"(*The Epistle of Paul to the Romans* [Moffatt; New York: Ray Long and Richard R. Smith, 1932], 121). 이 주제를 더 자세하게 논의한 것은 Herbert M. Gale, *The Use of Analogy in the Letters of Paul* (Philadelphia: Westminster, 1964)에 나온다.

11 살전 2:1, 8, 10에서와 같이, 동사 γίνομαι는 형용사와 더불어 쓰이기도 한다. 내 논점은, 바울이 무조건 명사를 써야 한다고 말하는 게 아니라, 명사를 사용할 수도 있었다는 것이다. 이 본문에서 γίνομαι가 자주 등장한다는 사실에 대해서는 Paul Schubert, *Form and Function of the Pauline Thanksgivings* (Berlin: Töpelmann, 1939), 19-20을 보라.

구문상 평행 관계에 있다는 점이다. "우리가 그리스도의 사도들로서 요구를 할 수도 있으나, 우리는 … 되었다." 이 평행 관계는 ἐγενήθημεν("우리는 … 되었다") 다음에 명사가 등장할 것을 기대하게 만든다.[12]

5. 마지막으로, 더 어려운 읽기가 보통 더 이른 시기의 읽기이자 선호되는 읽기라는 본문비평의 중요한 원칙을 고려할 때, 우리는 νήπιοι(젖먹이들)를 더 이른 시기의 읽기로 간주하는 쪽으로 기울어야 한다. 왜냐하면, 그것이 ἤπιοι(유순한)보다 더 어려운 읽기라는 점에 대해서는 의심의 여지가 없기 때문이다. 어떤 서기관이 이 혼합 은유를 혼란스럽게 여기고 νήπιοι를 ἤπιοι로 수정하는 식으로 반응했던 이유의 경우는 쉽게 상상해 볼 수 있다. 그와 반대로, 의도적·의식적으로 ἤπιοι를 νήπιοι로 수정하는 장면은 생각하기 힘들다.

이와 같은 고려 사항들을 함께 놓고 보면, 젖먹이들(νήπιοι)이 더 선호되는 읽기라는 점이 드러난다. 물론 이 판단 자체만으로 데살로니가전서 2:7의 의미가 더 분명해지는 것은 아니다. 실제로, 이 구절은 더욱 혼란스러운 구절이 되었다.[13]

---

12 또한 J. E. Frame, *A Critical and Exegetical Commentary on the Epistles of St. Paul to the Thessalonians* (ICC; Edinburgh: T&T Clark, 1912), 100을 보라.

13 이 구절에서 νήπιοι를 선호하는 학자들은 다음과 같다. Leon Morris, *The First and Second Epistles to the Thessalonians* (NICNT; Grand Rapids: Eerdmans, 1959), 76-78; Jean Gribomont, "Facti sumus parvuli: La charge apostolique (1 Th 2, 1-12)," in *Paul de Tarse: Apôtre du notre temps* (ed. L. De Lorenzi; Rome: Abbaye de S. Paul, 1979), 311-38; Stephen Fowl, "A Metaphor in Distress. A Reading of NHPIOI in 1 Thessalonians 2.7," *NTS* 36 (1990):

이렇게 본문비평적 판단을 내리고 나면, 이제 구두법과 번역의 문제가 시급한 사안이 된다. 때로, νήπιοι(젖먹이들)라고 읽는 이들은 이 읽기를 유지하려면 "우리는 너희 가운데 젖먹이들이 되었다"라는 표현과 "자기 자녀들을 돌보는 유모와 같이"라는 표현 사이에 마침표를 찍는 것이 필요하다고 주장한다.[14] 이 구두법은 두 은유들을 살짝 분리시키며, 8절 상반절을 포함해서 다음과 같은 번역으로 이어진다. "우리는 너희 가운데 젖먹이들이 되었다. 자기 자녀들을 돌

469-73; Jeffrey A. D. Weima, "'But We Became Infants Among You': The Case of NHPIOI in 1 Thess 2,7," *NTS* 46 (2000): 547-64; Gordon D. Fee, *To What End Exegesis? Essays Textual, Exegetical, and Theological* (Grand Rapids: Eerdmans, 2001), 70-74; Sailors, "Wedding Textual and Rhetorical Criticism," 81-88; Gene L. Green, *The Letter to the Thessalonians* (Pillar NT Commentary; Grand Rapids: Eerdmans, 2002), 127. 덧붙여, Daniel Marguerat는, 둘 중 어느 쪽을 택하든 본문비평상의 문제는 해소되며, 그 텍스트는 수사를 무책임하게 사용하는 다른 이들과 사도 바울을 구분해 주는 역할을 한다고 결론을 내렸다("L'apôtre, mère et père de la communauté," *ETR* 75 [2000]: 373-89, 특히 386). Charles Crawford 역시 νήπιοι로 읽는 것을 주장하는데("The 'Tiny' Problem of 1 Thessalonians 2, 7: The Case of the Curious Vocative," *CBQ* 54 [1973]: 69-72), 그 주장의 이유는 내가 지금까지 논의한 것과는 다르다. Charles Crawford는 18세기 학자인 Daniel Whitby가 제안한 것, 곧 νήπιοι를 호격으로 읽자는 주장("그러나 너희 가운데서 - 아이들아! - 우리는 유모와 같았다")을 받아들여 수정한다. 동일한 주장이 최근에 Christine Gerber, *Paulus und seine 'Kinder': Studien zur Beziehungsmetaphorik der paulinischen Briefe* (BZNW 136; Berlin: Walter de Gruyter, 2005), 278, 290-91에서 전개되었다. 이러한 번역이 그 혼합 은유의 어려움을 해소시켜 줄 수는 있겠지만, 문법적으로 볼 때 방어하기 어려운 번역이다.

14 이 접근 방식에 대해서는 Sailors, "Wedding Textual and Rhetorical Criticism," 93-95을 보라.

보는 유모처럼 우리는 너희를 원했다(But we became infants in your midst. As a nurse taking care of her children, thus we were desirous of you)." 그러나 여기에 마침표를 삽입하는 것은 어려운 일인데, 왜냐하면 7절 하반절의 ἀλλά(알라, "그러나")가 4절의 ἀλλά와 평행 관계에 있기 때문이다. 다시 말해, 4절부터 7절 상반절까지는 사도들의 특징을 부정적인 방식으로 진술한다(즉, 그들이 아닌 것을 나열함으로써 그들이 누구인지 진술한다). 그런 후, 7절 하반절은 사도들에 대해 긍정적인 방식의 주장을 도입하는데, 이는 마침표로 끊을 게 아니라 함께 묶어서 생각해야 한다. 따라서 나는 데살로니가전서 2:7 하반절을 이렇게 번역해야 한다고 생각한다. "그러나 우리는 자기 자녀들을 돌보는 유모처럼 너희 가운데 젖먹이들이 되었다(But we became infants among you, as if a nurse taking care of her own children)." 두 진술은 어찌 되었든 서로 붙어 있다. 그것들은 바울이 은유적 발화에서 더욱 직접적인 단언으로 전환하는 8절에서 확장된다. "우리는 복음뿐 아니라 우리 자신을 너희와 나누기를 기뻐했다 …"(살전 2:8).

유모 은유의 배경

데살로니가전서 2:7을 가지고 작업을 할 수 있도록 본문 및 번역을 확정하였으니, 이제 바울이 자신과 다른 이들을 유모라고 지칭했다는 사실에 주의를 기울여 보려 한다. 이 지칭에 관해서 가장 영향력 있는 논의는 에이브러햄 말러비(Abraham Malherbe)의 논의이며,

그의 연구는 널리 받아들여진다. 데살로니가전서 연구에 기여한 말러비의 초창기 저술 가운데는 "Gentle as a Nurse"라는 논문이 있는데, 거기서 말러비는 데살로니가전서 2:1-12에서 바울이 철학자의 역할에 관한 관습적 토포스(conventional topos)를 사용했다고 주장한다.[15] (고대 세계를 보면) 자신들을 공공 연사로 제시한 견유학파 사람들 가운데 평판이 안 좋은 이들의 숫자가 늘어난 결과, 자신을 거짓 철학자와 대조되는 참된 철학자로 구별하는 일이 권장되곤 했다. 말러비는 참된 철학자를 협잡꾼과 대조한 디온 크리소스토모스(Dio Chrysostom)의 논평을 대표적인 예시로 든다. 이때 디온이 한 말에 그가 개인적으로 공격을 받았다는 점이 전제되어 있지 않다는 점이 중요하다. 이를 토대로 말러비는, 바울이 그와 비슷한 방식으로 스스로를 묘사할 때, 자신을 향한 혐의에 맞서서 개인적인 변호를 하는 것이라고 생각할 필요가 없다는 결론을 내린다.[16]

데살로니가전서 2:7의 유모 은유를 고찰하는 우리의 작업에 있

---

15 Abraham Malherbe, "'Gentle as a Nurse': The Cynic Background to 1 Thess ii," *NovT* 12 (1970): 203-17. Malherbe는 이 소논문에서 살전 2:7의 본문비평상의 문제를 논의하지는 않는다. 그러나, 내게 보낸 편지에서 말러비는 바울이 보인 다른 곳에서의 용례, 문맥, 그리고 토포스를 미루어 볼 때, 논쟁의 결론이 ἤπιοι 쪽으로 결정이 난다고 의견을 제시했다(Beverly Gaventa에게 보낸 편지, 1989년 2월 13일). 또한 Malherbe의 *The Epistle to the Thessalonians* (AB 32B; New York: Doubleday, 2000), 145-46을 보라.

16 데살로니가전서의 저술 목적에 대한 논의는 계속되고 있다. *The Thessalonians Debate: Methodological Discord or Methodological Synthesis?* (ed. Karl P. Donfried and Johannes Beutler; Grand Rapids: Eerdmans, 2000)에 실린 소논문들을 보라.

어서 유관한 지점은, 말러비가 그 은유를 이상적인 철학자에 관한 관습적 토포스의 일부라고 밝힌 점이다. 이상적인 철학자가 "담대하게" 말하고 거짓이나 오류 없이 행동하는 만큼, 그 참된 철학자는 또한 유모처럼 유순할 준비도 되어 있어야 한다는 것이다. 이러한 유모 은유의 사용에 대한 증거로 말러비는 여러 텍스트를 인용한다(주로 디온 크리소스토모스, 에픽테토스, 플루타르코스, 그리고 위-디오게네스). 예를 들어, 디온 크리소스토모스는 디오게네스와 알렉산더 사이의 대화를 다음과 같이 묘사한다. 디오게네스는 자신이 알렉산더에게 가혹했음을 알고 있으며, 그래서 마치 유모가 매를 든 이후에 어린이를 달래려 이야기를 들려주는 것처럼 디오게네스는 알렉산더에게 이야기를 하나 들려준다(Oration 4.74). 다른 곳에서 디온은 유모가 맛 없는 음료를 달게 만들기 위해 컵에 꿀을 섞곤 했던 관습을 가리킨다(Oration 33.10). 더 부정적 예시로는, 디온이 지식과 진리에 대한 제대로 된 가르침과, 아이들을 우유와 와인과 여러 음식들로 먹이는 유모 사이를 대조한 것이 있다(Oration 4 [Kingship 4] 41).

말러비가 지적하듯이, 에픽테토스가 유모에 대해 지칭하는 것들은 대체로 부정적이다. 각 개인은 자신이 가진 것에 만족해야 하며, 아이들이 유모를 찾으며 떼쓰듯이 자신이 원하는 것들을 갖기 위해 떼를 쓰면 안 된다(Discourses 2.16.28). 어떤 이들은 결코 단단한 음식을 먹으려 하지 않으며, 오직 자신의 유모에게만 매달린다(2.16.39; 참조: 2.16.44). 여기서 유모의 손에 맡겨진 대상은 에픽테토스의 이상에 아직 다다르지 못한 미성숙한 사람을 상징한다. 비슷하게, 위-디오게네스는 스스로의 타락 때문에 근본적인 수술이 필요함에도 그 대신 유모로부터 부드러운 돌봄만 받기를 택한 사람들을 공격한다(*Epistle* 29).

플루타르코스 역시 유모를 예시로 든다. "아첨꾼과 친구를 구별하는 방법"이라는 글에서 플루타르코스는 불운한 때에 부드럽게 말해야 할 필요를 묘사하기 위해 유모 은유를 사용한다. 아이들이 넘어질 때, 유모는 그들에게 달려가서 그들을 질책하지 않는다. 대신, 유모는 아이들을 일으켜 세우고 닦아 주고 옷매무새를 고쳐 준 후에야 그들을 질책한다(69C). 플루타르코스는 아이들의 교육에 관해 글을 쓰면서, 질책과 칭찬이 번갈아 가며 사용되어야 한다고 강력히 권고하고, 또한 아기들을 울게 만든 후 먹을 것을 주는 유모의 모습을 재차 언급한다("The Education of Children," 3C-F).

물론, 이 텍스트들 중 일부는 철학자가 자신의 학생들과 맺는 관계의 측면들(긍정적이든 부정적이든)을 묘사하기 위해서 유모의 돌봄의 이미지를 사용하고 있는 것이 사실이다. 그러나 내가 보기에, 이것을 하나의 확립된 토포스라고 부를 만큼 충분한 일관성이 있는지에 대해서는 의문이 남는다. 그러나 이 의문과 별개로, 앞서 살핀 용례를 데살로니가전서 2:7에서의 용례와 연결시키는 것은 문제가 있다. 여기에는 적어도 세 가지 이유가 있다.

1. 말러비가 인용하는 텍스트들에서 디온과 다른 이들은 유모를 하나의 예시로 사용한다. 즉, 유모와 화자 사이의 관계는 사실상 상당히 멀리 떨어져 있다. 때로는 유모가 부정적으로 간주되기도 한

다(즉, 유모는 너무 부드럽고 아이의 요구에 다 맞춰 준다는 것이다). 또한 화자가 자신의 논점을 묘사하기 위한 예시로서 유모를 사용할 뿐이지 자기 자신을 묘사하는 은유로는 유모를 사용하지 않는다. 예를 들어, 디온은 자기 자신이 유모와 같다거나 다르다고 직접 말하고 있는 것이 아니다. 디온은 디오게네스에 관해 말하고 있을 뿐이며, 디오게네스는 유모의 행동에 관해 언급하고 있는 것이다. 이러한 차이는 비유(parable)를 말하는 것과 설교에서 예화를 드는 것 사이의 차이에 비견할 만하다.

2. 여러 유형의 철학자들에 관한 디온의 긴 묘사 속에서 유모의 이미지는 등장하지 않는다. 예컨대, 말러비는 디온이 어떻게 철학자들을 묘사하는지 자세히 보여 주기 위해 *Oration* 32(*To the People of Alexandria*)을 사용하는데, 이 *Oration* 32는 유모의 활동을 전혀 언급하지 않는다. 대신, 앞서 언급했듯이 유모의 이미지가 나타나는 것은 몇몇 삽화적 묘사로 한정된다(예: *Oration* 4 [*Kingship* 4] 73; *Oration* 33 [*First Tarsic Discourse*] 10). 이상적인 철학자와 관련된 하나의 토포스가 존재했다고 해도, 그 토포스가 유모에 대한 언급을 포함하는지는 불분명하다.

3. 가장 수수께끼 같은 점은 말러비가 언급하는 텍스트들에 τροφός(트로포스, "유모")라는 단어가 등장하지 않는다는 사실이다. 묘사된 개인을 가리키는 데 있어서 이 텍스트들은 하나같이 τίτθη(티트테, "젖 유모"[wet nurse])라는 단어를 사용한다.[17] 이러한 관찰 결과에 어떤

---

17 이 티트테라는 명사는 신약성경, 칠십인역, 요세푸스 중 어디에도 사용된 적

의미를 부여할지에 관한 문제는 단번에 명확하게 드러나지 않는다. 그리스 사람들의 삶의 맥락에서 유모에 관해 살펴본 한 연구는 이 용어들이 서로 날카롭게 구별되지는 않는다는 결론을 내린다. 그러나 τροφός라는 명사는 호메로스 시절부터 쓰였으며 일반적으로 양육자를 가리킨 반면, τίτθη는 더 나중의 문헌에만 등장하며, 보다 좁은 의미로 젖을 직접 먹이는 유모의 역할을 가리킨다.[18] 이 구별은 위-암모니우스에게서도 확인되며, 그가 τροφός의 양육을 가리킬 때는 아이가 젖을 뗀 후의 과정을 말한다.[19] 두 용어가 서로 연관되어 있는 것은 분명하지만, 두 가지는 상호 호환적으로 사용된 것 같지는 않다.

문제들의 이러한 범위를 고려해 볼 때, 우리는 다음과 같이 결론을 내릴 수 있다. 말러비는 이상적 철학자를 협잡꾼과 대조하는 토포스의 존재를 밝혀냈으나, 유모의 행동 양식이 그 토포스 안에 고정된 자리를 차지하고 있었을지는 분명하지 않다.[20] 유모 이미지에

이 없다.

18 Mary Rosaria Gorman, *The Nurse in Greek Life* (PhD diss., The Catholic University of America, 1917; Boston: Foreign Languages Print Co., 1917), 7-8.
19 *Ammonius* 470 (113-118; K. Nickau 에디션의 p. 122). 참고: Eustathius, Il., 6.399, p. 650. 나는 암모니우스에 대한 논의를 von Dobschütz, *Die Thessalonicher-Briefe*, 94로부터 알게 되었다. 젖 먹이는 것과 양육을 가리키는 그리스어 단어들에 대한 한 연구는, 티트테라는 용어를 아예 논의하지 않는다(Claude Moussy, *Recherches sur* τρέφω *[trephō] et les verbes grecs signifiant "nourrir"* (Paris: Librairie C. Klincksieck, 1969).
20 Malherbe가 살전 2:1-12을 견유학파 텍스트들과 비교한 것에 대한 비판으로는 Wolfgang Stegemann, "Anlass und Hintergrund der Abfassung von 1 Th

관해서 그보다 더 유용한 접근 방식은, 유모가 어떻게 인식되었으며 사회적 맥락에서 유모가 어떤 역할을 했는지를 묻는 것이다. 이른 시기의 그리스 문헌은 일반적으로 유모를 노예로 묘사했다(예: 호메로스, *Odyssey* 7.9; *Iliad* 6.389; 에우리피데스, *Medea* 65). 그러나 주전 4세기에 이르렀을 때, 자유인 여성이 극심한 가난 때문에 유모의 역할을 담당하게 된 경우에 대한 언급이 이미 존재했다(데모스테네스, *Oration 57* [*Against Eubulides*] 35, 47). 가정 안에서 유모는 젖먹이들와 어린 아이들을 돌보는 책임을 지고 있었을 뿐 아니라, 계속해서 젊은 여성의 시

2,1-12," in *Theologische Brosamen für Lothar Steiger* (ed. G. Freund and E. Stegemann; DBAT 5; Heidelberg: Theologische Seminar, 1985), 399-401을 보라. Stegemann은 바울의 텍스트와 Malherbe가 인용한 텍스트들이 서로 비교할 만하지 않다고 주장했다. 그 까닭은, (1) 바울은 자기 자신이나 복음을 처음으로 제시하고 있는 게 아니라, 신자들에게 이전의 경험을 상기시키고 있는 것이다. (2) 디온은 다른 철학자들의 진정성을 공격하고 있는 반면, 바울은 자기 자신의 가르침에 대해 논의하고 있다. 덧붙여, Stephen Fowl이 관찰하여 논평했듯, "우리가 어떤 이독(variant)을 선택하든지 간에, 바울은 자신이 '유모만큼이나 유순하다'라고 말한 것이 아니다. 우리가 주장할 수 있는 최대치는, 바울이 스스로를 유순하다고 주장한 뒤, 데살로니가인들을 위한 그의 사랑이 자신의 아이를 향한 유모의 사랑과 어떻게 비슷한지를 설명하는 데로 넘어갔다는 것이다"("A Metaphor in Distress," 470). Karl Paul Donfried는 살전 2:7에 나오는 수유 이미지의 배경을 디오니소스 제의(이것은 데살로니가에서 중요했다)로 거슬러 올라가 찾아야 한다고 제안했는데, 그 까닭은 디오니소스 신화에는 어린 아이인 디오니소스에게 젖을 먹였던 님페들(nymphs)이 포함되어 있기 때문이다("The Cults of Thessalonica," in *Paul, Thessalonica, and Early Christianity* [Grand Rapids: Eerdmans, 2002], 24-25, 28). 그러나 로마 세계에서 유모들을 어디서나 찾아볼 수 있었다는 점은 이 본문의 연결점을 이런 특수한 방식(디오니소스 제의 배경)으로만 제한하는 것을 어렵게 만든다.

종 역할을 담당했고, 자신이 예전에 돌보았던 아이들이 젊은 남성으로 자랐을 때 계속해서 애정을 받는 존재로 남아 있었다. 유모는 아이들을 돌보는 일뿐만 아니라, 가정 내의 업무를 전반적으로 돕는 존재로 그려진다. 다른 이들의 작업을 감독하고, 가정의 집사 역할을 맡으며, 가정의 다양한 과업을 수행하는 것이다. 몇몇 텍스트에서는 유모가 지시를 내리거나 감독을 하는 등, 가정 내의 다른 이들에 대하여 권위를 발휘하는 모습으로 나타난다. 호메로스 시대 이래로 저자들은 유모를 너그럽고 친절한 인물로 묘사하며, 무신경하거나 학대하는 유모에 대한 언급은 거의 없다.[21] 소 플리니우스가 고령이 된 자신의 유모를 생각해서 농장을 주기로 결정했던 것에서도 볼 수 있듯이(*Epistle 63*), 그러한 증거가 전적으로 문학작품에만 나오는 것은 아니다.[22] 이 모든 것이 시사하는 바는 바울의 유모 은유 사용이 그의 청중의 머릿속에서 사랑받는 주요 인물의 모습을 떠올리게 했으리라는 점이다. 데살로니가 그리스도인들의 사회적 지위가 어떠했든 간에, 그들은 바울이 하나의 중요한 사회적 관계, 즉 가족 관계 자체에 근접할 만한 관계를 가리키고 있음을 이해했을 것

---

21 Gorman, *The Nurse in Greek Life*, 9-33 및 거기 인용된 풍성한 참고 자료를 보라. 또한, G. Herzog-Hauser, "Nutria," PW 17, col. 1495을 보라.

22 Thomas Wiedemann, *Adults and Children in the Roman Empire* (New Haven, CT: Yale University Press, 1989), 144; Keith R. Bradley, "The Social Role of the Nurse in the Roman World," in *Discovering the Roman Family: Studies in Roman Social History* (Oxford: Oxford University Press, 1991), 13-36에 나오는 논의들을 보라.

이다.[23]

유모에 대한 논의를 마무리하기 전에, 두 개의 중요한 텍스트를 고려할 필요가 있다. 이 텍스트들 중 하나는 칠십인역(Septuagint)에, 다른 하나는 사해두루마리(Dead Sea Scrolls)에 나온다. 이는 우리가 데살로니가전서 2:7을 이해하는 데 중요하다. 그 텍스트들에서 남성 등장인물이 자신을 유모 언어와 관련시키는 방식 때문이다.

첫 번째 텍스트는 민수기 11장에 나오며, 이스라엘이 광야에서 유랑했던 전통의 한 부분이다.[24] 이 특정한 본문에서 이스라엘 백성은 만나만 먹는 것에 질린 나머지, 애굽의 고기와 과일, 그리고 채소를 먹고 싶다고 외친다. 모세는 이 백성에 대한 분노와 좌절 가운데 하나님을 향하여 외친다. "이 모든 백성을 내가 배었나이까 내가 그들을 낳았나이까 어찌 주께서 내게 양육하는 아버지가 젖 먹는 아이를 품듯 그들을 품에 품고 … 가라 하시나이까"(민 11:12, 개역개정). 물론, 이 본문에서 데살로니가전서 2:7로 곧바로 뛰어넘을 수는 없다. 데살로니가전서 2:7에 쓰인 τροφός(유모)라는 단어 자체는 칠십인역 민수기 11:12에 나타나지 않으며, 따라서 두 본문 사이에 언어적 차

---

23 실제로, 몇몇 텍스트들에서는 τροφός라는 단어가 등장인물의 어머니인 여성을 가리키는 상황에서 사용된다(예: Theocritus, *Idylls* 27.65; Sophocles, *Ajax* 849). Keith Bradley는 사회계층 전반에서, 또한 지역적으로 넓은 범위를 통틀어서 어린이들을 위해 유모(특히 젖 유모[wet nurse])가 고용되었다는 점을 입증했다("The Social Role of the Nurse," esp. 17-20). 유모, 특히 젖 유모에 관한 추가적 논의로는 본서 3장을 보라.

24 두 본문 사이의 유사성은, 이르게는 Zimmer, "1 Thess. 2:3-8," 268에서 이미 언급된 바 있다.

원의 연결점을 찾기 어렵다. 더 나아가, 바울과 다르게 모세는 불만을 쏟아 내고 있다. 모세가 맡은 역할은 하나님께서 모세에게 떠맡긴 것이며, 그것을 벗어 버릴 수 있다면 모세는 만족할 것이다.

그러나 민수기와 데살로니가전서 두 본문 사이에는 감질나는 연관성이 존재한다. 두 본문 모두 유모의 역할을 남성에게 적용하며, 두 경우 모두 그 해당 남성이 자신을 유모에 빗댄다. 바울처럼 모세도 사람들을 양육했다. 비록 모세가 스스로 원해서 그 역할을 맡은 게 아니라고 주장하지만, 그럼에도 모세는 이스라엘을 향해 그 역할을 계속해서 감당한다. 마찬가지로, 바울은 계속해서 자신의 회중들을 양육한다. 바울이 자신의 역할을 명시적으로 모세의 역할에 연결시키지는 않지만, 다른 곳에서는 예언자 소명 본문에 나오는 표현을 자신에게 적용하기도 한다(갈 1:15). 나는 민수기 11:12이 바울이 자신의 역할을 성찰하는 데 영향을 끼쳤을 수 있다고 본다.

유모 이미지를 사용한 두 번째 텍스트는 쿰란 공동체에서 찾아볼 수 있다. 호다요트(Hodayoth)에서 의의 교사는 자신을 경건한 이들의 아버지로 묘사한다.

> 당신은 나를 자비의 자녀들에게 아버지가 되도록 임명하셨고,
> 징조의 사람들의 보호자로 임명하셨습니다.
> 그들은 마치 젖 먹는 아[이]처럼,
> 그리고 보호자의 품에서 기뻐하는 아이처럼 입을 쩍 벌렸습니다.

(1QHᵃ 15.20-22)[25]

모세와 관련된 텍스트인 민수기 11:12의 경우에서처럼, 우리는 이 호다요트 본문과 데살로니가전서 2:7 사이의 유사성도 과장해서는 안 된다. 크게 보면, 여기서의 이미지는 모성적이기보다는 부성적이다. 그러나 어머니 이미지의 또 다른 사례를 발견할 수 있다는 점에서는 분명 흥미롭다. 여기서 자신을 어머니와 관련된 언어 표현으로 묘사하는 이는 화자 자신이다.

τροφός(유모)에 대한 우리의 논의는 다소 폭넓게 진행되었다. 따라서 그 용어가 바울의 편지 안에 어떻게 자리 잡고 있는지 묻기에 앞서, 지금까지의 중요한 논점을 요약하는 게 더 유익할 것이다. 나는 바울의 τροφός(유모) 용례가 철학자 및 철학자의 유순함에 관한 토포스에서 파생된 것이 아니라고 주장한다. 대신, 바울은 고대 세계에서 잘 알려진 인물상, 곧 젖먹이들의 양육뿐 아니라 자신이 돌본 아이들이 성인이 되기까지 계속해서 사랑을 쏟는 것으로 알려진 인물상을 활용한 것이다. 더 나아가, 바울이 자신(그리고 다른 이들)을

---

25 영어 번역은 M. Wise, M. Abegg, C. Cook, and N. Gordon의 것이며, 이는 *Poetic and Liturgical Texts* (ed. Donald W. Parry and Emanuel Tov; vol. 5 of *The Dead Sea Scrolls Reader*; Leiden: Brill, 2005)에 나온다. 이 본문(이전에는 1QH 7.19-23, 25로 지칭됨)과 살전 2:7 사이의 유사성은 O. Betz, "Die Geburt der Gemeinde durch den Lehrer," *NTS* 3 (1957): 322; W. Grundmann, "Die NHPIOI in der urchristlichen Paränese," *NTS* 5 (1959): 200; Traugott Holtz, *Der erste Brief an die Thessalonicher* (EKKNT; Zurich: Benziger, 1986), 83 n. 342에서 언급되었다.

유모로 언급한 것은 민수기와 호다요트에 나오는 본문들과 흥미로운 유사성을 보인다. 그 본문들에서 모세와 의의 교사는 각각 자신들의 역할을 유모의 역할과 동일시한다.

맥락 안에서 본 은유[들]

지금까지 이 장의 서두에서 언급한 세 가지 질문들 중 첫 두 질문들에 대해 살펴보았다. 우리가 얻은 답은 중대한 모순 같은 것을 우리 앞에 던져 놓는다. 나는 먼저 νήπιοι(젖먹이들)가 가장 이른 시기의 읽기라는 점을 주장함으로써, 바울이 젖먹이의 은유를 자신과 자신의 동역자들에게 적용했다고 결론을 내렸다. 이어서 나는 τροφός(유모)에 대한 지칭이 단순히 이상적 철학자의 토포스로부터 유래한 것은 아니라고 주장함으로써, 유모 은유는 관습적인 것 그 이상이라는 점을 역설했다. 그것은 바울이 자신의 사역에 관해 여기서 말하고자 하는 내용에 필수적인 부분이다. 종합해 보자면, 우리는 흔히 '혼합 은유(mixed metaphor)'라고 불리는 것을 다루고 있다. 비록 이 경우, 우리가 그것을 '역전된 은유(inverted metaphor)'라 부를 수 있을 정도로 그 혼합이 특이하지만 말이다.

이 특정한 은유의 역전된 혹은 혼합된 특성을 논하기에 앞서, 서론에서 은유에 대해 논의했던 것을 떠올려 보는 것이 유익할 것이다. 은유는 "한 가지(원관념tenor)를 다른 것(보조관념vehicle)에 관련된 표현을 가지고 말하는 장치이며, 이때 보조관념은 원관념에게로 전이 될 특질들을 공급하는 역할을 한다."[26] 그러나 원관념과 보조관념의 구분으로 인해, 은유의 두 부분 사이에 아주 확고한 구분선을 그어서는 안 된다. 실제로, 1부의 서론에서 언급하였듯이, 흔히 은유에 대한 논의들은 은유가 원관념과 보조관념을 병치함으로써 의미를 변화시키거나 강화시키는 방식에 대해 논평한다. 리처즈(I. A. Richards)는 은유가 "단일한 단어 혹은 구문에 의해 함께 작동하고 지탱되는 서로 다른 지시 대상에 대한 두 가지 생각들"을 결합하며 "그들의 상호작용의 결과로 의미가 탄생한다"고 주장했다.[27] 즉, 은유의 두 부분은 상호작용을 통해 의미를 창조한다.[28] 필립 휠라이트(Philip Wheelwright)는 이 상호작용을 가리켜, 서로 다른 것들에 상상력이 손을 뻗어 그것들을 결합하는 변모 과정(metamorphosis)이라고 지칭했다.[29] 또한, 웨인 부스(Wayne Booth)는 은유의 확장적인 특성에 관해 지적했다. 즉, 은유는 의미들을 빼는 것이 아니라 더하고 곱하는 과정이라는 것이다.[30] 은유는 단순히 어떤 것을 장식하거나 묘사하는 것이 아니라 우리의 이해를 넓힌다. 실제로, 언어 자체가 본래부터

---

26 Norman Friedman, *Form and Meaning in Fiction* (Athens: University of Georgia Press, 1975), 289; 이는 Alan Culpepper, *Anatomy of the Fourth Gospel* (Philadelphia: Fortress, 1983), 181에 인용되어 있다.

27 I. A. Richards, *The Philosophy of Rhetoric* (London: Oxford Univeristy Press, 1936), 93.

28 Ibid., 93-95, 124-25.

29 Philip Wheelwright, *Metaphor and Reality* (Bloomington: Indiana University Press, 1961), 70-91.

30 Wayne Booth, *A Rhetoric of Irony* (Chicago: University of Chicago Press, 1974), 22-23.

은유적인 만큼, 은유는 이해를 확장할 뿐만 아니라 이해를 창조한다고까지 말할 수도 있다.

우리가 고려 중인 데살로니가전서 2:7에서 마주하는 어려움은 바울이 한 가지 은유가 아니라 두 가지 은유를 사용한다는 점이다. 바울은 자신을 젖먹이에 빗대고, 곧이어 젖먹이를 돌보는 유모에 빗댄다. 이 극적인 변화 때문에, 바울에게는 유비를 완성시킬 능력이 없었다는 논평이 자주 등장했다. 그러나 혼합되었다고 부를 만한 은유를 셰익스피어가 사용한 경우, 비평가들은 그것을 "급격하게 전환되는 비유들"이라고 부르며, 셰익스피어의 생각의 흐름이 그의 말보다 빠르다고 언급한다.[31] 나는 이와 비슷한 무엇인가가 데살로니가전서 2:7("우리는 그리스도의 사도로서 마땅히 권위를 주장할 수 있으나 …"[개역개정])에서 바울에게 일어났다고 생각한다. "그리스도의 사도[들]"이라는 표현을 도입한 후, 바울은 그 사도들이 어떤 존재인지 설명할 방법을 모색한다. 그는 젖먹이와 유모라는 두 가지 은유를 활용하는데, 이후 2:11("너희도 아는 바와 같이 우리가 너희 각 사람에게 아버지가 자기 자녀에게 하듯 권면하고 위로하고 경계하노니"[개역개정])에 가서는 덜 충격적인 아버지 은유를 사용하게 된다.[32]

---

31 Wolfgang Clemen, *Shakespeares Bilder: Ihre Entwicklung und ihre Funktionen im dramatischen Werk* (PhD diss., University of Bonn, 1936; Bonn: Hanstein, 1936), 144; 영역본으로는 *The Development of Shakespeare's Imagery* (Cambridge, MA: Harvard University Press, 1951). 해당 문장은 Rene Wellek and Austin Warren, *Theory of Literature* (3rd ed.; New York: Harcourt, Brace & World, 1956), 302 n. 37에 인용되어 있다.

32 나는 아버지 이미지에 관한 논의를 일부러 미뤄 놓았다. 왜냐하면 그 논의는

여러 가지 재구성에 의하면, 데살로니가전서는 신자들의 공동체를 향한 바울의 첫 번째 편지라고 할 수 있다. 이 편지는 "사도 바울"이나 "그리스도 예수의 종 바울"이라는 표현으로 시작하지 않는다. 사실, 데살로니가전서는 바울서신 가운데 유일하게 자신의 동역자들의 이름을 장식 없이 열거하며 시작된다. 따라서, 데살로니가전서 2:7에 나오는 "그리스도의 사도[들]"에 대한 언급은 바울서신에서 사도라는 지칭이 가장 처음 등장한 사례이다. 그 용어를 처음 썼으니, 바울은 그것이 무슨 뜻인지 설명을 해야만 했다. 끝에 가서 "그리스도의 사도들"이라는 표현으로 귀결되는 4-6절에서, 바울은 자신과 자신의 동역자들을 부정적 사례와 대조하는 방식으로 묘사한다. 즉, 바울은 때때로 순회하는 철학자들에게 제기되는 혐의들을 가지고 와서, 자신과 자신의 동역자들을 그들과 대조한다. 바울과 그의 조력자들은 누군가를 착취하며 영예를 추구하는 탐욕적 인물이 아니다. 오히려 "그리스도의 사도들"이다.

주석서들 가운데서 충분히 다루어지기 때문이다. 본문에서 전환되는 이미지를 함께 이해하는 또 다른 방안은 Stephen Fowl에게서 발견된다. 그의 제안에 따르면, 바울은 "젖먹이"라는 말을 도입함으로써 한 가지 문제를 발생시켰는데, 왜냐하면 그 용어는 유순함과 의존성 두 가지 모두를 시사하며, 그와 반대로 바울은 조금 전까지 사도들이 무엇인가 요구하지 않으며 독립적이라는 주장을 제시했기 때문이다. 첫 번째 은유가 발생시킬 의미에 제한을 걸기 위해 곧이어 바울은 유모의 은유를 도입했고, 그리하여 돌보는 이들로서의 사도의 역할을 되찾았다("A Metaphor in Distress," 472). 나는 바울이 첫 번째 은유를 제한했다기보다는 여러 다른 이해 방식들을 함께 붙들어 놓고 있다고 생각한다.

데살로니가전서 2:7에서 바울은 사도들이 누구인지에 관해 긍정적인 서술 방식으로 묘사하기 시작한다. 사도들은 데살로니가인들 가운데 젖먹이들이다. 사도들이 젖먹이가 된 것은 "너희 중에서" 혹은 "너희 가운데서"임을 주목하라. 사도들은 결백한 인물들이며, 협잡꾼의 거짓과 속임수를 가지고 있지 않다. 고린도후서 10-13장에서 우리는 바울이 고린도인들 가운데서 자신의 사역에 관해 유사한 주장을 펼치고 있음을 발견한다. 고린도후서에서 바울은 재차 자기 영광을 추구하고 착취하는 방식으로 행동하며 자신이 가진 사도에 관한 이해를 왜곡하는 이들과 스스로를 대조한다(고후 11:13).

이와 동시에 "그리스도의 사도들"은 또한 자신의 자녀들을 돌보는 유모들이다. 여기서 유모 은유의 강렬함이 인상적이다. 단순히 사도들이 유모들이라고 주장하는 것만으로는 충분치 않다. 바울은 '따뜻하게 하다, 소중히 여기다, 위로하다'의 의미를 가진 θάλπειν(탈페인)이라는 동사를 추가한다. 바울이 말하는 유모는 문자 그대로 "그녀 자신의 아이들"을 돌보고 있다. 여기서 우리는 어느 정도의 불명료함과 맞닥뜨리게 된다. 물론 ἑαυτῆς(헤아우테스, "그녀 자신의")라는 단어는 유모가 다른 누군가의 아이들을 돌보는 것이 아니라 자기 자신의 아이들을 돌보고 있음을 의미할 수도 있다. 그러나 이 대명사가 필연적으로 그러한 번역으로 이어지는 것은 아니며, 문헌에서 유모가 묘사된 방식을 고려하면 유모가 돌보고 있는 아이들이 유모 자신의 생물학적 자녀들일 상황을 떠올리기는 어렵다.[33] 하지만 앞

---

33 Zimmer 역시, 여기서 시야에 들어오는 것은 자신이 기른 자녀들을 향한 유

서 설명하였듯이, 유모와 그녀가 돌보는 아이들 사이의 애착은 당연하게 여겨졌다. 그러므로, 바울이 염두에 두고 있던 것이 유모와 유모 자신의 아이들이든 혹은 유모와 유모가 맡은 아이들이든 간에, 아이들에 대한 지칭은 재귀대명사 ἑαυτῆς(그녀 자신의)와 마찬가지로 은유의 강렬함을 다시금 높여 준다.[34] 이어서 데살로니가전서 2:8은 사도들이 복음을 나눌 뿐 아니라 "자기 자신"을 나누어 준다고 말함으로써 그 논의를 더욱 확장한다.

바울은 실제로 혼합 은유를, 어쩌면 역전된 은유를 사용하고 있는데, 여기에는 그럴 만한 이유가 있다. 바울은 사도적 역할의 두 가지 측면을 밝히려고 애를 쓰고 있다. 먼저 사도는 어린 아이와 같다. 이는 자신의 청중으로부터 얼마나 많은 이익을 취할 수 있을지를 확인하는 일에 전념하는 협잡꾼과 대조를 이룬다. 이와 동시에 사도는 또한 책임감 있는 성인과 같다. 무엇보다도 자신이 맡은 아이들을 돌보고 사랑하는 유모와 같다.

그러나 젖먹이와 유모라는 두 가지 은유를 병치했다는 것 자체가 의미심장하며, 방금 한 것처럼 그 두 가지를 분리해서 해석하는

모의 애정이라고 결론을 내린다("1 Thess. 2:3-8," 268).

34 Stegemann이 제안하는 바에 따르면, "—인 것처럼"(ὡς ἐάν[호스 에안])은 유모가 자신의 실제 자녀들을 돌볼리는 없다는 것을 바울이 알았다는 점을 암시한다("1 Th 2, 1-12," 409). Gerber는 또 하나의 중요한 관찰 결과를 덧붙인다. 유모들은 계약에 근거해서 일했고, 따라서 자신의 자녀를 돌보는 일은 보상을 받지 못한 채로 노동하는 것을 포함했으리라는 것이다(이는 바울이 이전에 주장했던 것, 곧 자기는 욕심을 따라 행동하지 않는다고 주장한 내용을 강화시킨다)(*Paulus und seine 'Kinder,'* 291-92).

것은 본문의 함의를 축소시킨다. 데살로니가전서 2:7이 시사하는 것은 그리스도의 사도들이 평범한 방식으로 이해되어서는 안 된다는 점이다. 복음 자체를 이해하는 것과 마찬가지로, 사도들을 이해하기 위해서는 바울적 역설의 문맥에서 상당히 벗어나 있는 것처럼 보이는 범주들을 활용해야만 한다. 젖먹이와 유모에 관한 표현을 성인 남성에게 적용하는 것은 부조화스러운 이미지를 만들어 내며, 그 이미지는 우리의 이해 방식에 도전을 가하고 우리의 이해를 확장한다. 실제로 바울이 데살로니가전서보다 나중에 쓴 편지들을 보면, 동일한 신념이 아이러니를 통해 표현되기도 한다. 예를 들어, 고린도전서 4:13("비방을 받은즉 권면하니 우리가 지금까지 세상의 더러운 것과 만물의 찌꺼기 같이 되었도다"[개역개정])에서 바울이 사도들을 가리켜 "만물의 찌꺼기"라고 불렀을 때처럼 말이다. 데살로니가전서 2장에 나오는 것은 유모의 돌봄에 관한 이미지지만, 그 이미지의 충격은 결코 덜하지 않다.[35]

비록 나는 이 표현의 신학적 기능을 가리키고 있지만, 그 은유들은 사실 중요한 사회적·권고적(paraenetic) 기능 또한 가지고 있다. 그리고 이 다양한 기능들은 함께 맞물려 작용한다. 가정생활(젖먹이, 유

---

35 물론, 사도들을 묘사하는 그러한 충격적인 이미지의 사용은 십자가에 달린 그리스도에 대한 선포와 결을 같이한다. 십자가형이라는 역사적 사건을 신약신학의 핵심적 요소로 되찾아야 할 필요성에 관하여 Paul Meyer가 쓴 시사점이 많은 소논문을 보라("Faith and History Revisited," *Princeton Seminary Bulletin NS* 10 (1989): 75-83; 동일한 글이 *The Word in This World: Essays in New Testament Exegesis and Theology* (ed. John T. Carroll; Louisville: Westminster John Knox, 2004), 19-26에도 재출판되어 있다.

모, 아버지)의 은유를 사도들 및 사도들이 신자들과 맺는 관계에 적용하는 것은, 신자들이 하나의 가족을 구성한다는 사실을 암시한다. 바울계 교회들의 사회적 세계에 관한 웨인 믹스의 연구가 밝혀 주었듯이, 이러한 종류의 표현은 자신의 원가족과의 관계가 끊어지고 있는 이들에게 새로운 가족을 창조해 주는 역할을 했을 것이며, 또한 그리스도인들이 관습적 역할들을 깜짝 놀랄 만큼 새로운 방식으로 재고하도록 초대했을 것이다.[36] 앞서 언급했듯, 은유들의 권고적 기능은 사회적 기능과 함께 간다. 가족에 대한 언어적 표현을 불러일으킴으로써, 바울은 신자들이 그러한 새 관계들을 지속하도록 암시적으로 권면한다. 실로, 데살로니가전서 전반부에 걸쳐 나오는 '우정과 친밀감 수사(philophronetic)'의 요소들은 데살로니가전서 4장과 5장에 나오는 보다 명시적으로 권고적인 내용을 위한 기반을 마련한다.

이 "기독교적 글쓰기의 실험"의 끝에서, 바울은 자신의 편지를 데살로니가인들의 모임 가운데 읽도록 요구하며, 레이몬드 콜린스(Raymond Collins)는 이를 신약성경이 탄생하는 시발점으로 간주한다.[37] 여자들과 남자들이 이 편지가 낭독되는 것을 듣기 위해 아마도

---

[36] Wayne Meeks, *The First Urban Christians* (New Haven, CT: Yale University Press, 1983), 86–88.

[37] "매우 실제적인 의미에서, 신약성경은 바울의 첫 번째 편지가 기록되었던 순간에 탄생했다"(Raymond Collins, *The Birth of the New Testament: The Origin and Development of the First Christian Generation* [New York: Crossroad, 1993], 213).

예배와 친교, 상호 권면의 자리로 모였을 때, 그 자리에는 십중팔구 배가 고프거나 칭얼대는 아기들을 돌보는 유모들 역시 있었을 것이다. 낭독자가 편지를 읽다가 우리에게 데살로니가전서 2:7이라고 알려진 대목에 이르렀을 때, 청중 가운데 적어도 어떤 이들이 그 의미를 알아채고 미소를 짓는 모습을 상상해 보자.

2장 바울의 모성

바울, 우리 어머니

2장 바울의 모성

> 그리스도께서 너희 가운데 형체를 잡을 때까지 내가 다시 해산의 수고를 하는 내 자녀들이여 …. (갈 4:19)

바울이 자신을 가리켜 젖먹이인 동시에 유모라고 선언하는 것을 들으면서 데살로니가인들 가운데 어떤 이들은 부드러운 미소를 지었을 수도 있다. 하지만 갈라디아인들이 바울의 편지를 공감하는 자세로 들었을 가능성은 낮아 보인다. 그렇지만 그들이 갈라디아서를 처음으로 들으면서 가졌을 태도가 무엇이었든 간에, 갈라디아인들은 해산하는 여성들이 내는 소리에 필시 익숙했을 것이다. 현대 서구인들에게 있어서 출산이란 대체로 병원의 분만실에 국한된 사건인 것과는 달리, 1세기의 출산은 감추어진 일도, 별도의 공간으로 분리된 일도 아니었다. 대부분의 사람들이 산통와 분만의 소리에 익숙했으리라 충분히 추정해 볼 수 있다. 그러나 바울이 이렇게 출생을 언급하는 특정한 방식에 대해 갈라디아인들이 감사한 마음을 가졌을 것 같지는 않다.[1] 바울이 갈라디아서 4:19에서 사용하는 단어인 ὠδίνειν(오디네인)은 인간의 출생에 동반되는 육체적인 산고를 가리키는 표현이다. 분명히 불가능해 보이는 어떠한 일(아이를 [다시!] 낳는 일)을 하고 있다는 바울의 주장은 즉각적으로 이목을 끈다.

비록 해산의 수고를 하는 이가 바울이며, 그는 갈라디아인들을 낳기 위해 산고를 겪고 있지만, 19절에서 "그리스도께서 너희 가운데 형체를 잡을 때까지"는, "내가 다시 해산의 수고를 하는 내 자녀들이여"와 다소 모순되어 보인다. 실제로 태어나고 있는 것은 갈라디아인들이 아니라, 바로 그리스도이기 때문이다. 바울이 출산 중인데, 형체가 드러나는 것이 어떻게 갈라디아인들이 아니라 그리스도일 수 있는가? 이 구절에서 바울의 말에 대응하는 그림을 그려 본다면, 분만에 온 힘을 쏟고 있는 그의 모습을 상상해 볼 수 있다. 우리는 바울의 "자궁" 속에 갈라디아인들이 있음을 발견하지만, 실제로 산고의 대상은 갈라디아인들 가운데 태어나고 있는 그리스도이다. 요컨대, 이 장면은 꽤나 복잡하다.

갈라디아서 4:19 안에 있는 이 기이한 선언 못지않게 우리를 혼란스럽게 하는 것은 이 절이 놓여 있는 문맥이다. 갈라디아서 4:12 상반절에서 바울은 갈라디아인들에게 자신을 닮으라고 호소한다.[2]

---

1 Carolyn Osiek and Margaret Y. MacDonald with Janet H. Tulloch, *A Woman's Place: House Churches in Earliest Christianity* (Minneapolis: Fortress, 2006), 53–63을 보라.
2 갈 4:12은 바울 닮기를 명시적으로 요청하는 본문은 아니지만(고전 4:16;

그런 후, 바울은 자신의 육체의 약함에도 불구하고 그들이 자신을 어떻게 맞이했는지를 상기시킨다(갈 4:12하-14). 바울은 과거에 그들이 자신을 도우려고 했던 열심을 상기시키며, 자신이 이제는 그들의 적이 되어 버린 것인지 묻는다. 그리고 갈라디아인들의 교회에 들어와서 다른 복음(이방인들이 모세의 율법에 복종해야 한다는 가르침)을 선포한 그 교사들(the Teachers)을 가리키면서,[3] 바울은 그 교사들이 단지 갈라디아인들을 잘못된 길로 빠지도록 만드는 일에만 열심을 내었다고 비판한다. 그런 후, 바울은 이렇게 말한다.

> [18] 좋은 일에 열심을 내는 것은, 내가 너희 가운데 있을 때뿐 아니라 언제든 좋은 것이다. [19] 그리스도께서 너희 가운데 형체를 잡을 때까지 내가 다시 해산의 수고를 하는 내 자녀들이여! [20] 내가 지금 너희와 함께 있어서 내 어조를 바꿀 수 있으면 좋겠다. 내가 너희에 관해 혼란스럽다. (갈 4:18-20)

11:1; 빌 3:17과 비교해 보라), 그러한 함의는 분명하다. W. P. De Boer, *The Imitation of Paul* (Kampen: J. H. Kok, 1962), 188-96; B. R. Gaventa, "Galatians 1 and 2: Autobiography as Paradigm," *NovT* 28 (1986): 319-22 (본서의 6장을 보라); R. B. Hays, "Christology and Ethics in Galatians," *CBQ* 49 (1987): 281-82을 보라.

3   대문자로 쓴 "교사들(Teachers)"이라는 용어의 사용에 대해서는 J. Louis Martyn, "A Law-Observant Mission to Gentiles: The Background of Galatians," *Michigan Quarterly Review* 22 (1983): 221-36을 보라. 동일한 글을 이제 *Theological Issues in the Letters of Paul* (Nashville: Abingdon, 1997), 7-24에서도 읽을 수 있다.

문법적으로 볼 때 갈라디아서 4:19은 18절 뒤에 긴밀히 연결되며, 19절의 "자녀들"이라는 말은 18절 끝에 나오는 **휘마스**(너희)라는 말과 동격으로 보인다.⁴ 그러나 19절 끝에서 20절로 넘어가는 부분은 어색하다. 실제로, 19절을 빼고 읽는다면, 이 단락 전체가 더 쉽게 읽힐 수 있다. 이러한 관찰은 이 문맥에서 19절의 기능에 관해 의문을 갖게 만든다.

이 본문과 그에 따르는 문제들이 처음으로 나를 자극했을 때, 나는 주석서들로 눈을 돌려 도움을 얻을 수 있을지 살펴보았다. 하지만 주석서들이 19절에 거의 주의를 기울이지 않는다는 점에 놀랐다. 이어서 이차문헌을 더 자세히 살펴보았다. 내가 찾은 것은 19절 하반절에 관한 소논문 하나, 그리고 주석서들 및 단행본들에 나오는 몇몇 간략한 언급들뿐이었다.⁵ 흥미로운 문제들이 가득한 본문에 관해 쓰인 글이 이토록 적다는 사실이 나를 매료시켰다. 우리는

---

4   J. B. Lightfoot, *St. Paul's Epistle to the Galatians* (6th ed.; London: Macmillan, 1880), 178; E. D. Burton, *The Epistle to the Galatians* (ICC; Edinburgh: T&T Clark, 1921), 248에 따르면 그러하다. 그러나, 여러 주석서들은 19절을 파격구문(anacoluthon)으로 정의하며, 18절의 끝에 마침표를 찍고, 19절 뒤에는 대시(줄표)를 집어넣는다. 이렇게 하는 주석서로는 Pierre Bonnard, *L'épître de saint Paul aux Galates* (CNT 9; Neuchâtel: Delachaux et Niestlé, 1953), 94; Heinrich Schlier, *Der Brief an die Galater* (5th ed.; KEK; Göttingen: Vandenhoeck & Ruprecht, 1971), 213; Franz Mussner, *Der Galaterbrief* (HTKNT 9; Freiburg: Herder, 1974), 312을 보라.

5   이 상황은 이제는 다소 변했다(이 장의 끝에 추가된 후기를 보라). 비록, 바울이 어머니 이미지를 사용하는 이 본문 및 다른 본문들에 대한 관심이 여전히 상대적으로는 부족하다는 점을 언급할 필요가 있지만 말이다.

아마도 바울의 육체의 가시가 어떤 특성을 지녔는지 등의 이슈에 관해서는 수십 개의 소논문을 찾을 수도 있을 것이다. 그러나 19절은 그 모든 복잡성에도 불구하고 상대적으로 거의 주의를 끌지 못했다.

갈라디아서 4:19에 관해 왜 이렇게까지 다들 침묵했을까? 그 이유로 먼저 떠오른 것은, 최근까지도 성경 텍스트의 학문적 주해에 참여하는 여자들이 별로 없었다는 점이다. 어쩌면 갈라디아서 4:19은 여자들에게 변칙적인 내용이 특히 더 강하게 느껴지는 텍스트들 중 하나일지도 모른다. 그러나 내가 짐작하기로, 갈라디아서 4:19에 관한 침묵을 만들어 낸 더 결정적인 요인은 그 구절이 흔히 바울의 개인적 호소로 여겨지는 문맥 위에 놓여 있다는 점이다. 갈라디아서 안에서 4:12-20은 바울이 갈라디아인들과 맺은 관계에 대한 내용이며, 갈라디아서 자체의 중요한 신학적 사안들과는 그다지 상관이 없는 것으로 여겨져 왔다.[6] 실제로, 대부분의 주석서들이 이 본문에 관해 주장하는 것은 바울이 격정에 휩싸여 있고, 그가 이 공동체와 맺어 온 관계를 활용하고 있다는 점이다. 이러한 해석 방식은 적어도 크리소스토무스에게까지 거슬러 올라간다. 크리소스토무스는

---

6 이러한 사고방식을 전형적으로 보여 주는 것은 Ronald Y. K. Fung의 주석서이다. "이 본문[4:12-20]은 동일한 큰 구획[III, 2:15-5:12]에 속하는 다른 본문들과 명백하게 다르다. 다른 본문들은 직접적으로 교리적인데 비해, 이 단락은 갈라디아의 개종자들을 향한 바울의 개인적 호소이며, 교리적인 내용은 거의 없다"(*The Epistle to the Galatians* [NICNT; Grand Rapids: Eerdmans, 1988], 195).

갈라디아서 4:19에 대해 이렇게 썼다. "바울의 아버지 같은 따뜻함을 보라. 사도에게 걸맞는 이 낙심함을 보라. 바울의 외침은 해산의 고통을 겪는 여성의 외침보다 더 날카롭도다."[7] H. D. 벳츠(H. D. Betz)는 갈라디아서 4:12-20에 대한 이러한 읽기를 넘어서고자 하면서, 4:12-20 전체가 바울과 갈라디아인들 사이의 관계를 바로잡기 위해 우정의 토포스를 사용하고 있다고 주장했다.[8] 비록 잠정적이지만, 벳츠는 또한 4:19이 고대 세계에 널리 퍼져 있던 재생 혹은 다시 태어남의 모티프를 끌어온 것일 수도 있음을 제안했다.

앞으로 이어질 부분에서 나는 갈라디아서 4:19이 단지 감정의 폭발이나 전형적인 수사 도구만이 아니라는 점을 주장할 것이다. 갈라디아서 4:19은 바울의 사도적 소명을 묵시적 시대에 있을 것으로 예견된 괴로움과 연결시키며, 갈라디아인들 자신이 그리스도와 함께 못 박혔음을 상기시킨다. 갈라디아서 4:19은 산고를 겪는 여인의 괴로움이라는 관습적 은유를 활용하여, 바울의 사도적 사역을 피조 세계 전체의 묵시적 기대와 동일시한다.[9] 여기서 바울의 괴로

---

7 Chrysostom, *Homilies on Galatians, Ephesians, Philippians, Colossians, Thessalonians, Timothy, Titus, & Philemon* (NPNF1; Grand Rapids: Eerdmans, 1956), Homily 4.16-19에 나왔던 쓰디쓴 감정을 바울이 19-20절에서 사랑으로 극복한다는 Pierre Bonnard의 언급에 주목하라(*Aux Galates*, 94).

8 H. D. Betz는 고대 세계에서 우정에 대한 담론들 가운데 우정을 부모와의 관계에 빗대는 것을 발견했다. 이 때문에 그는 4:19을 우정 토포스의 또 다른 부분으로 여긴다(*Galatians* [Hermeneia; Philadelphia: Fortress, 1979], 233-34).

9 본서의 4장을 보라.

움의 목적은 갈라디아 신자들의 공동체 안에 그리스도가 형성되게 하는 데 있다. 갈라디아서 4:19에 대한 이러한 읽기는 이 구절이 감정의 분출이 아니라, 개인적 호소를 담은 4:12-20 단락과 갈라디아서 전체를 연결하는 중요한 신학적 고리라는 점을 시사한다.

갈라디아서 4:19상

갈라디아서 4:19에서 바울이 갈라디아인들을 위하여 해산의 수고를 한다고 말한 것은 무슨 뜻인가? 바울이 이 언명에 앞서서 "내 자녀들아"라는 애정이 담긴 표현을 사용해서 부르기 때문에,[10] 주석가들은 보통 이 구절을 바울이 스스로를 신자들의 아버지로 묘사하는 본문들과 동일시한다. 고린도전서 4:14-15에서 그러한 예를 찾을 수 있다.

> [14] 내가 이것을 쓰는 것은 여러분을 부끄럽게 하려는 것이 아니라 내 사랑하는 자녀처럼 훈계하려는 것입니다. [15] 여러분이 그리스도 안에서 스승은 얼마든지 모실 수 있으나 아버지는 많이 모실 수 없습니다. 나는 여러분에게 기쁜 소식을 전함으로 그리스도 예수님 안에서 여러분의 아버지가 되었습니다. (고전 4:14-15, 현대인의성경)

---

10 NRSV는 테크나(א*, B, D*, F, G) 대신 테크니아(א², A, C, D², Ψ)라는 읽기를 택하여, "내 작은 아이들아"로 번역한다. 사본상의 증거는 테크나 쪽으로 기우는 것으로 보이지만, 어느 쪽을 택하든 의미 차이는 무시할 만큼 작다.

비슷하게, 데살로니가전서 2:11에서 바울은 자신의 역할을 아버지의 역할에 빗댄다. "너희도 아는 바와 같이 우리가 너희 각 사람에게 아버지가 자기 자녀에게 하듯 권면하고 위로하고 경계하노니"(개역개정).[11] 바울이 신자들과 맺는 관계에 대해 말하는 이러한 언명들의 맥락에 갈라디아서 4:19을 위치시키는 것은, 19절에서 바울이 갈라디아 그리스도인들과 이전에 맺어 온 관계들을 바탕으로 개인적·감정적 호소를 하고 있다는 주장을 뒷받침한다. 바울이 그의 회중 가운데 있는 신자들의 아버지로 스스로를 인식하는 것과 갈라디아서 4:19 사이에 모종의 관계가 있을지도 모르지만, 아이의 아버지가 되는 것(to beget a child)은 출산하는 것(to give it birth)과 같지 않으며, 우리는 두 가지를 성급하게 동일시해서는 안 된다.[12]

H. D. 벳츠의 주석서는 이 이미지를 길고 진지하게 고려하려는 시도를 보여 준다. 물론 벳츠 역시 4:19의 "다소 애처로운" 특성을 가리키면서 바울이 다른 곳에서 아버지 이미지를 사용한 것과 관습적인 비교를 수행한다. 하지만 벳츠는 이 구절이 갖는 비일상적인 특징을 인정하며, 그것을 첫째로는 우정에 관한 관습적 토포스로서, 그리고 둘째로는 다시 태어남의 이미지를 사용한 더 큰 복합체로서 이해하고자 시도한다. 초반에 벳츠는 어머니 이미지를 우정 토포스의 일부인 것으로 여기며 논평하지만, 벳츠가 인용하는 텍스트들은

---

11 또한 빌레몬서 10절을 보라.
12 그 연결은 아마도 이 은유들과 바울의 사도적 권위에 대한 이해 사이의 관계 안에서 발견되어야 할 것이다.

가족 관계의 특성에 관해 일반적으로 말할 뿐이며, 갈라디아서 4:19과 공통되는 점이 거의 없다.[13] 덧붙여, 벳츠는 바울이 "스스로를 단순히 어머니에 비교하는 것" 이상의 것을 성취하고자 한다는 점을 인정한다.[14]

위에서 언급했듯이, 벳츠는 오디네인이 여러 종교 전통들에 나오는 영적인 다시 태어남의 표현과 연결되어 있을 수 있다고 말한다.[15] 이때 벳츠는 나그함마디 문헌 모음에 나오는 텍스트 하나를 가리키는데, 거기에는 헤르메스라는 인물이 그의 영적 아들에게 영적인 다시 태어남에 관해 설명하는 장면이 나온다. 아들은 다시 태어난 이들이 아버지들뿐만 아니라 어머니들을 갖는지 묻는데, 다음과 같

---

13 예를 들어, Betz(*Galatians*, 233 n. 150)는 플라톤의 *Lysis [Friendship]* 207E를 언급한다. 그 단락은 자신의 아이를 향한 부모의 사랑을 지혜자를 향해 사람들이 품는 존경에 빗댄다. 아리스토텔레스의 *Nicomachean Ethics*의 여러 단락은 부모의 사랑의 특성을 가리키는 내용을 다루는데, 때로는 모성적 사랑을 부성적 사랑과 구분한다(8.1.3 [1155a, 15-20]; 8.8.3 [1159a, 28-34]; 8.12.2-3 [1161b, 17-34]; 9.4.1 [1166a, 6f]; 9.7.7 [1168a, 25-27]). 플루타르코스(Plutarch, *On Having Many Friends* 93F-94A)와 키케로(Cicero, *On Friendship* 8)도 우정을 부모의 사랑에 빗댄다.

14 Betz, *Galatians*, 233.

15 Ibid., 233-34. Albrecht Oepke, *Der Brief des Paulus an die Galater* [3rd ed.; THKNT 9; Berlin: Evangelische Verlagsanstalt, 1973], 108)도 신비 종교를 언급하긴 하지만(신비 종교에서는 입문 의례를 이끄는 자[mystagogue]가 입문자들의 "아버지"로 불린다), Oepke는 바울의 용례가 아마도 구약 전통에서 선례를 가지리라 생각한다(민 11:12; 왕하 2:12을 보라). Oepke는 재생/다시 태어남의 개념이 대체로 바울에게는 부재한다고 여기지만, 여기 갈 4:19에서는 희미하게 암시되어 있다고 생각한다.

은 대답을 듣게 된다. "내 아들아, 그들은 영적인 [어머니들]이다. 왜냐하면 그들은 영향력이기 때문이다. 그들은 영혼들이 자라도록 한다. 따라서 나는 이렇게 말한다. 그들은 불멸한다."[16] 또한 헤르메스계 문헌에서 벳츠는 특별한 지식을 통한 영혼의 다시 태어남에 관해서 헤르메스와 그의 아들 사이에 나누는 대화를 언급한다. 그러나 영혼이 어떻게 그리고 어째서 자신의 신적 기원에 대한 지식으로 이행해 가는지에 관한 이러한 논의들은 바울로부터 매우 동떨어져 있는 것으로 보인다. 또한 바울은 다시 태어남이나 재생에 관한 표현을 쓰지 않는다.

갈라디아인들을 위한 해산의 수고를 한다는 바울의 낯선 주장을 밝혀 줄 통찰을 얻기 위해, 우리는 오디네인이라는 단어의 사용을 더 면밀히 들여다볼 필요가 있다. 오디네인은 가장 이르게는 『일리아스』(Iliad)에서 아가멤논의 고통을 "산고로 몸부림치는 여자의 진통"(11.268-272)에 빗대는 장면에서 등장한다. 아리스토텔레스는 생물학에 대한 그의 논고에서 출산의 과정에 있는 여자의 실제 고통을 가리키는 데 오디네인을 사용한다(Historia animalium 7.9[586b, 27-29]). 즉, 이 용어는 육체적 산통에 관한 논의, 그리고 다양한 형태의 고통을

---

16 Betz, *Galatians*, 233-34. 여기서 Betz는 K. W. Tröger, "Die sechste und siebte Schrift aus Nag Hammadi-Codex VI," *TLZ* 98 (1973): 498-99에 나오는 번역을 따른다. 이 번역은 또한 Jean-Pierre Mahe, *Hermes en Haute- Egypte* (Quebec: Les Presses de L'Université Laval, 1978), 67, 93에서도 받아들여진다. 그러나 *The Nag Hammadi Library in English* (New York: Harper & Row, 1977), 293을 보라.

출산하는 여자의 고통에 빗대는 은유, 양쪽 모두에 등장한다.

바울의 오디네인 사용에 더 가까운 평행 본문의 사례를 찾기 위해, 우리는 칠십인역(LXX)을 살펴보아야 한다. 칠십인역에서 오디네인은 흔히 고난이나 고통의 상황과 관련된 은유 가운데서 나타난다. 사실, 칠십인역은 동사 오디네인 및 그와 연결된 명사 오딘을 거의 전적으로 은유에 사용한다. 틱테인("출산하다")이라는 동사는 인간의 출생이라는 사실을 가리키는 다수의 구절에서 등장한다(창 3:16; 4:1, 2; 출 1:16; 삼상 1:20을 보라). 그러나 오디네인은 출생의 단순한 사실을 가리키지 않고, 언제나 출생에 뒤따르는 고난을 가리킨다(신 2:25; 삼상 4:19; 집회서 19:11; 렘 4:31). 더 나아가, 오디네인은 보통 개인의 상황이 아니라 집단의 상황과 관련된 맥락에 나타난다.

오디네인과 오딘의 이러한 사용은 특히 주님의 날에 관해 말하는 예언서 안에서 특히 더 분명하게 나타난다.

> 오, 딸 시온아! 출산하는 여인처럼 산고로 몸부림치고[오디네인], 담대하며, 가까이 오라. 이제 너는 그 성에서 나와 들에서 거할 것이기 때문이다. 너는 바빌론으로 가게 될 것이다. (미 4:10 LXX)

> 통곡하라. 주님의 날이 가까이 왔기 때문이다. 전능자로부터 나오는 파멸처럼, 주님의 날이 올 것이다. … 출산하는 여인처럼 산고[오딘]가 그들을 덮치리라. (사 13:6, 8 LXX)

우리는 그들의 보도를 들었고, 우리 손은 힘없이 늘어졌다. 괴로움이 우리를 사로잡았다. 마치 출산하는 여인의 산고[오딘] 같이. (렘 6:24 LXX)

산통과 환난 사이의 이러한 연결은 칠십인역 바깥에서도 다양하게 발견된다. 예를 들어, 에녹1서 62:4은 장차 최후 심판 때 이 세대의 통치자들에게 들이닥칠 고통을 해산하는 여인에게 닥치는 고통에 빗대어 말한다(또한 바룩2서 56:6, 에스라4서 4:42을 보라). 쿰란 공동체의 문헌 모음 가운데 있는 한 유명한 단락은 새로운 공동체의 해산의 고통으로 보이는 것을 묘사한다.

> 그들은 [내] 영혼을 바다의 [깊]음 가운데 있는 배처럼,
> 적들 앞에 있는 요새처럼 두었도다.
> 나는 첫 아이의 출산이 임박한 여인처럼 고난 가운데 있도다.
> 왜냐하면 해산의 고통이 그녀를 덮쳐,
> 산도에 극심한 통증을 겪고 있으며
> 임신한 이의 자궁이 수축하고 있기 때문이다.
>
> (1QH^a 11.6-8)[17]

---

17 영어 번역은 M. Wise, M. Abegg, C. Cook, and N. Gordon의 것이며, 이는 *Poetic and Liturgical Texts* (ed. Donald W. Parry and Emanuel Tov; vol. 5 of *The Dead Sea Scrolls Reader*; Leiden: Brill, 2005)에 나온다. 이전에는 1QH 3.7-10이라고 지칭되었던 이 텍스트는 많은 논쟁의 초점이 되어 왔다. 이 찬송에 대한 초기의 논의들은 그 아이의 정체를 메시아로 보았지만, 그러

이 텍스트들 안에서 우리는 묵시적 기대와 해산의 괴로움 사이의 연결이 자리 잡고 있음을 보게 된다. 그 연관성은 신약에서 마가복음과 요한계시록에 가장 명시적으로 나타난다. 마가복음 13:8은 "민족과 민족이 맞서 일어나고, 나라와 나라가 맞서 일어날 것이며, 지진이 곳곳에서 일어나고, 기근이 들 것이다. 이런 일들은 진통[오딘]의 시작이다"(새번역)라고 경고한다(또한 마 24:8을 보라). 요한계시록 12:2은 장차 열방을 다스릴 아이의 어머니인 그 여인이 "해산의 고통을 겪으며[오디네인]" 부르짖는다고 묘사한다.[18]

한 해석은 대체로 거부되었고, 해당 텍스트가 의의 공동체의 탄생을 묘사한다는 이해가 더 선호되고 있다. 따라서, Matthew Black은 *The Scrolls and Christian Origins* (New York: Charles Scribner's Sons, 1961), 150에서 이렇게 썼다. "이 찬송의 종말론적 맥락은 그것의 주제가 '메시아를 낳는 산통'임을 시사하는데, 이것은 속량된 이스라엘의 시험과 고난을 통한 탄생이라는 의미에서이다." 또한 Helmer Ringgren, *The Faith of Qumran* (Philadelphia: Fortress, 1963), 193; Marinus de Jonge, "The Role of Intermediaries in God's Final Intervention in the Future according to the Qumran Scrolls," in *Studies on the Jewish Background of the New Testament* (ed. O. Michel et al.; Assen: Van Gorcum, 1969), 58-59; John J. Collins, *The Apocalyptic Imagination: An Introduction to the Jewish Matrix of Christianity* (New York: Crossroads, 1984), 136; Dale Allison, *The End of the Ages Has Come: An Early Interpretation of the Passion and Resurrection of Jesus* (Philadelphia: Fortress, 1985), 8-9을 보라. Mussner는 갈 4:19과 1QH^a 3.7-10 사이에 어떠한 유사점도 부인하는데, 이는 바울의 본문에서는 두 가지의 임신이 나오기 때문이다. 그러나 이것은 그 은유에 과할 정도의 정확함을 적용하려는 읽기이다(*Galaterbrief*, 312 n. 102). 또한 Betz 역시 두 텍스트 사이의 어떠한 관계도 부인하는데, 이는 1QH^a 3.7-10이 공동체가 아니라 개인의 탄생을 가리키고 있다는 더 이른 시기의 이해 방식에 호소하는 것으로 보인다(*Galatians*, 234).

18 또한 행 2:24을 보라. 이 구절은 하나님께서 예수님을 죽은 자들 가운데서 일

갈라디아서 4:19을 제외하면, 바울은 이 단어군을 오직 세 차례만 사용한다. 바울은 4:19 직후에 사라와 하갈의 이야기를 다루면서 이사야 54:1을 인용한다. "아이를 낳지 못하는 여자여, 즐거워하여라. 해산의 고통[오디네인]을 모르는 여자여, 소리를 높여서 외쳐라"(갈 4:27, 새번역).[19] 또한 바울은 데살로니가전서 5:3에서 예수님의 재림을 논하면서, 평화와 안전을 선언하는 이들을 향해 경고하는데, 그 이유는 "아기를 밴 여인에게 해산의 진통[오딘]이 오는 것과 같이, 갑자기 멸망이 그들에게 닥칠 것이니, 그것을 피하지 못할 것"(새번역)이기 때문이다. 로마서 8:22에서도 바울은 모든 피조 세계가 "이제까지 함께 신음하며, 함께 해산의 고통을 겪고 있다[쉰오디네인]"(새번역)고 말한다.

으키신 것을 가리켜서 "사망의 고통[오딘]을 푸는 것"이라 말한다. 요한계시록 12장에 나오는 여자에 대해서는 Adela Yarbro Collins, *The Combat Myth in the Book of Revelation* (HDR 9; Missoula: Scholars Press, 1976), 57-100; John M. Court, *Myth and History in the Book of Revelation* (Atlanta: John Knox, 1979), 106-21을 보라.

19 갈 4:19에 나오는 출생 이미지가 갈 4:27에 나오는 사 54:1 인용을 예견한다는 주장이 종종 있었다. 예를 들어, Dieter Luhrmann, *Der Brief an die Galater* (ZBK; Zürich: Theologische Verlag, 1978), 74을 보라. J. Louis Martyn은 두 본문에 나오는 출생 이미지를 연결시켰고, 갈 4:21-31에 나오는 하갈과 사라가 유대교와 기독교를 나타내는 것이 아니라 기독교 선교의 두 가지 형태, 즉 두 가지의 출생을 나타낸다는 주장을 폈다("The Covenants of Hagar and Sarah," in *Faith and History: Essays in Honor of Paul W. Meyer* [ed. John T. Carroll, Charles H. Cosgrove, and E. Elizabeth Johnson; Atlanta: Scholars, 1990], 160-92; 이제 *Theological Issues in the Letters of Paul*, 191-208에도 실려 있다).

이런 다양한 증거로부터 다가오는 대재앙(그것이 어떻게 해석되든 간에)에는 출산하는 여인의 고통과 같은 것이 동반된다고 말하는 것이 1세기 무렵 이미 관습적으로 자리 잡았다고 결론을 내릴 수 있다.[20] 바울 역시 이 주제를 로마서 8장과 데살로니가전서 5장에서 사용한다는 것은 널리 인정되는 바이다. 내가 볼 때, 갈라디아서 4:19에 대한 가장 좋은 설명은, 그와 동일한 연결이 여기에서도 작동하고 있다고 보는 것이다.[21] 바울의 괴로움, 그의 산고는 단순히 개인적인 사안이나, 우정 혹은 다시 태어남과 관련된 문학적 관습에 그치지 않는다. 바울의 산고는 예수 그리스도 안에서 하나님께서 하시는 일의 성취를 기다리는 온 피조 세계의 괴로움을 반영한다.

이것은 다음과 같은 질문을 남긴다. 바울은 한 개인일 뿐인데, 어떻게 이와 같이 묵시적으로 이해된 방식으로 출산을 경험하고 있다고 주장할 수 있는 것인가? 그 질문에 대한 가장 좋은 답변은 갈라디아서 4:19의 또 다른 부분("그리스도께서 너희 안에 형체를 갖출 때까지")으로 눈을 돌릴 때 찾을 수 있다.

갈라디아서 4:19하

앞서, 우리는 갈라디아서 4:19("그리스도께서 너희 가운데 형체를 잡을 때까

---

20 Allison, *The End of the Ages Has Come*, 6 n. 6.
21 Albrecht Oepke가 다음과 같이 논평한 것을 보라. 바울은 "말하자면 작은 규모로 메시아의 진통을 경험한다"(*An die Galater*, 109).

지 내가 다시 해산의 수고를 하는 내 자녀들이여다")에서 이 부분("그리스도께서 너희 가운데 형체를 잡을 때까지"[원문 및 영어 번역 순서에서는 이것이 4:19하반절이다 - 역자 주])이 난해하다는 점을 언급했다. 바울은 **갈라디아인들을** 낳기 위해 산고를 겪고 있지만, 실제로 형체를 갖추는 것은 갈라디아인들이 아니라 **그리스도**이다. 이 구절을 바울의 불완전한 유비의 또 다른 사례라고 넘겨 버리기 전에, 우리는 "그리스도께서 너희 안에 형체를 갖출 때까지"라는 표현을 더 신중히 검토해야 한다.

그리스도께서 형체를 갖춘다, 그리스도께서 형성된다는 말은 무슨 의미인가? 주석가들은 이 질문에 대해 다양한 답변을 내놓았다. 하지만 그 답변들은 갈라디아서 안에서 그 표현이 놓인 맥락을 제대로 반영하지 못했다. 예를 들어, E. D. 버튼(Burton)은 그리스도의 형성이 갈라디아인들의 영적 성숙, 곧 "그들 안에 태어난 그리스도의 충만한 자라남"을 가리킨다고 주장했다.[22] 버튼 자신도 인정하는 것처럼 이 모티프는 바울서신의 다른 곳에는 부재하는데, 그것을 차치하고라도 이 해석에는 난점이 있다. 바울이 이것을 영적 성숙을 향한 자연적인 진행 과정으로 간주한다는 것이 본문의 현재 맥

---

[22] Burton, *Galatians*, 248-49. 이 구절의 출생 이미지를 고려하면, **모르푸스타이**가 가리키는 것이 아기가 어머니의 자궁에서 형성되는 과정이 맞는지 아닌지에 관한 합리적인 의문이 들 수 있다. 사실, **모르푸스타이**는 임신 기간 동안 태중에서 형성됨(gestation)의 함의를 가질 수 있지만, 이 단어가 그렇게 쓰이는 것은 상당히 제한적이었던 것으로 보인다. Pedro Gutierrez는 모르푸스타이가 자주 임신 과정에서의 형성을 가리켰다고 주장하지만(*La paternité spirituelle selon saint Paul* [Paris: J. Gabalda, 1968], 217), 그 증거는 미미하다.

락에서 전혀 암시되지 않기 때문이다.²³ 영적 형성이라는 해석 대신, 리츠만(Lietzmann)은 비가시적인 그리스도께서 각 신자들 가운데 가시적으로 되는 도덕 형성을 바울이 염두에 두고 있다고 주장했다.²⁴ 그러나 도덕의 언어 표현이란 것이 그리스도의 행동을 반영하는 그리스도인 개인의 행동을 가리킨다면, 이 구절의 언어적 표현은 적어도 그런 의미에서의 도덕과 관련되어 있지 않다.²⁵ 헤르만(Hermann)과 무스너(Mussner)는 "그리스도의 형성"을 그리스도에 대한 바른 이미지 혹은 이해가 신자들에게 형성되는 것으로 간주했다. 그렇게 본다면, 이 구문은 갈라디아인들이 그리스도에 관한 바른 가르침으로 돌아가야 할 필요가 있음을 가리키는 것이다.²⁶ 그러나, 바울이 그들 가운데 선포했던 복음으로 갈라디아인들이 돌이키는 것을 실제로 원하고 있긴 하지만(갈 1:6-7), 갈라디아서 4:19이 좁은 의미에서 하나의 올바른 기독론을 가리키고 있다는 신호를 찾기는 어렵다.

이러한 제안들을 넘어 전진하기 위해, 우리는 바울이 그리스도의 형성을 가리키는 것을 더 큰 맥락 안에서 검토할 필요가 있다. 바

---

23 Ernst Käsemann은 갈 4:19이 영적 완전함에 대한 텍스트가 아니라 "묵시적 기대"에 관한 텍스트라고 올바르게 주장했다(*Perspectives on Paul* [Philadelphia: Fortress, 1971], 31).
24 Lietzmann, *An die Galater* (4th ed.; HNT 10; Tübingen: J. C. B. Mohr [Paul Siebeck], 1971), 28.
25 특히 바울에게 있어서, 신학적 언어와 도덕적 언어 사이를 가르는 선은 아마도 내가 여기서 주장하는 것보다는 훨씬 덜 뚜렷할 것이다. Hays, "Christology and Ethics in Galatians."
26 R. Hermann, "Über den Sinn des μορφοῦσθαι Χριστὸν ἐν ὑμῖν in Gal 4, 19," *TLZ* 80 (1955): 713-26; Mussner, *Galaterbrief*, 313.

울이 **모르푸스타이**(μορφοῦσθαι)라는 동사를 이곳에서만 사용하고 있는 것은 사실이지만, 그와 밀접하게 관련된 몇몇 동사들은 다른 곳에서도 사용한다. 예를 들어, 고린도후서 3:18("우리는 모두 너울을 벗어버리고, 주님의 영광을 바라봅니다. 이렇게 해서, 우리는 주님과 같은 모습으로 변화하여, 점점 더 큰 영광에 이르게 됩니다. 이것은 영이신 주님께서 하시는 일입니다"[새번역])에서 바울은 신자들이 주님과 닮은 모습으로 변화될 것(μεταμορφοῦσθαι; 메타모르푸스타이)을 이야기한다. 빌립보서 3:10("내가 바라는 것은, 그리스도를 알고, 그분의 부활의 능력을 깨닫고, 그분의 고난에 동참하여, 그분의 죽으심을 본받는 것입니다"[새번역])에서 바울은 자신이 그리스도의 죽음을 닮은 모습으로 변화될 것이라는(συμμορφοῦσθαι; 쉼모르푸스타이) 소망을 언급한다. 그리고 로마서 12:2("여러분은 이 시대의 풍조를 본받지 말고, 마음을 새롭게 함으로 변화를 받아서, 하나님의 선하시고 기뻐하시고 완전하신 뜻이 무엇인지를 분별하도록 하십시오"[새번역])에서는 로마에 있는 그리스도인들이 그들의 생각의 갱신을 통해 변화될 것을(메타모르푸스타이) 촉구한다. 이 텍스트들 중 어느 하나도 **그리스도의 형성**을 가리키고 있지는 않지만, 이들 각각은 그리스도 사건이 인간의 지각(perceptions)을 심오하게 (재)형성하는 결과를 가져온다는 확신을 반영한다.[27]

이러한 용례 전체를 염두에 두고 갈라디아서로 돌아가 보면, 바울이 갈라디아서 4:19에서 가리키는 '형성'이 무엇인지 조명해 줄

---

27 바울이 그 단어군을 사용하는 것에 대해서는, John Koenig, "The Motif of Transformation in the Pauline Epistles" (ThD diss., Union Theological Seminary, New York, 1970)을 보라.

수 있는 본문들을 발견하게 된다. 먼저 2:19하-20인데(개역개정, 새번역 등에서는 2:20이다 - 역자주), 주석가들은 흔히 이 본문을 우리가 살펴보고 있는 4:19과 연관시키곤 한다.

> 내가 그리스도와 함께 십자가에 못 박혔나니 그런즉 이제는 내가 사는 것이 아니요 오직 내 안에 그리스도께서 사시는 것이라 이제 내가 육체 가운데 사는 것은 나를 사랑하사 나를 위하여 자기 자신을 버리신 하나님의 아들을 믿는 믿음 안에서 사는 것이라. (갈 2:20, 개역개정)

바울은 그리스도와 함께 못 박히는 것을 경험했고, 이제 그리스도께서는 바울 안에 사신다. 그리스도께서 바울을 사로잡으셨다는 바울의 확신이 언어로 표현된 것이다. 이전의 모든 것, 심지어 바울의 유대인 동년배들 가운데서 바울이 가졌던 위치까지도(갈 1:13-14에서 언급한다) 이제 아무것도 아니다. 복음이 바울의 삶을 완전히 뒤덮었다. (여기에 대해서는 본서의 6장을 보라.)

그리스도와 함께 못 박히는 것이 바울이나 혹은 그의 사도 동료들에게만 적용되는 특징이 아니라는 사실은, 갈라디아서 3:27-28("여러분은 모두 세례를 받아 그리스도와 하나가 되고, 그리스도를 옷으로 입은 사람들이기 때문입니다. 유대 사람도 그리스 사람도 없으며, 종도 자유인도 없으며, 남자와 여자가 없습니다. 여러분 모두가 그리스도 예수 안에서 하나이기 때문입니다"[새번역])에서 분명해진다. 정의와 공평이라는 긴급한 이슈를 둘러싼 현대 그리스도인들의 논의에서 이 본문은 중요한 위치를 차지하기 때문에, 여기서 그리스도에 대한 언급이 다음과 같이 반복된다는 것을 간과하기 쉽다. "너희들은 그리스도 안으로 세례 받았다", "너희들은 그리스도를 입었다", "너희 모두는 그리스도 예수 안에서 하나다". 인간들을 나누었던 경계가 사라짐에 관해 바울이 무엇을 말했든 간에, 바울이 그것을 말한 까닭은 모든 그리스도인들이 오직 그리스도 안에 있으며 따라서 다른 어디에도 존재하지 않는다는 생각 때문이었다. 바울을 사로잡으신 그리스도께서는 모든 신자들을 사로잡으신다.[28]

이 변화가 신자들의 공동체적 삶의 영역보다도 더 큰 규모에서 일어날 변화라는 사실은 갈라디아서 6:15("할례를 받거나 안 받는 것이 중요한 것이 아니라, 새롭게 창조되는 것이 중요합니다"[새번역])에서 분명해진다. 6:15에는 바울의 주장에 담긴 우주적 함의가 나타난다. 할례도 무할례도 아무것도 아니며, 오직 새 창조가 중요하다. 루이스 마틴(Louis Martyn)이 보여 주었듯이, 갈라디아서에서의 쟁점은 묵시적 모순율(the apocalyptic antinomy)이다. 한편에는 코스모스(우주, 세계)가 있고(율법과 "무율법", 양쪽 모두가 포함된다), 다른 한편에는 예수 그리스도께서 열어젖힌 새 창조가 있다.[29]

우리가 갈라디아서 4:19 하반절에 나오는 단어들을 이러한 더

---

28 이것이 갈라디아서의 중심 이슈라는 점에 대해서는 본서의 6-7장을 보라.
29 J. Louis Martyn, "Apocalyptic Antinomies in Paul's Letter to the Galatians," *NTS* 31 (1985): 410-24. 같은 글을 이제 *Theological Issues in the Letters of Paul*, 111-24에서도 볼 수 있다. Martyn의 작업과는 별개로, Charles Cousar는 1989년 북미성서학회의 학술 대회에서 발표했던 소논문("Galatians 6:11-18: Interpretive Clues to the Letter")에서 놀랄 만큼 유사한 결론에 도달했다.

큰 맥락에서 다시 살펴보면, 그것들이 다른 의미를 띠기 시작함을 깨닫게 된다. 그리스도께서 갈라디아인들 가운데 형성된다는 것은 단지 갈라디아인들이 영적으로, 도덕적으로, 혹은 기독론적으로 자라난다는 것만을 뜻하지 않는다. 갈라디아인들 가운데 이루어지는 그리스도의 형성은 또한 그들이 그리스도와 함께 못 박힘을 말한다.[30] 이는 그들 가운데 옛것이 덮여졌음을 의미한다. 갈라디아서는 갈라디아인들이 부르심을 받았으며, 그들이 복음을 들었고 또한 믿음으로 응답했다는 바울의 확신을 반영한다. 하지만 바울은 그들이 다시 이전의 관점으로 돌아가 버릴 위험에 처했다고 생각했다. 그 때문에 바울은 그들을 해산하기 위한 자신의 산고와 그리스도께서 그들 가운데 형성되어야 할 필요에 관해 말하고 있는 것이다.[31]

갈라디아서 4:19의 μέχρις οὗ(메크리스 후, "-까지")라는 표현은 우리의 걸음을 잠시 멈춰 세운다. 바울이 이 형성을 말할 때 가까운 미래에 완성될 날짜가 있는 것으로 여기고 있는지, 아니면 지속적인 것으로 여기고 있는지는 불분명하다. 바울의 편지들 가운데서 우리는 신자가 복음에 의해 실제로 변화된다는 기대(롬 6:1-4)와, 그러한 변화가 지속적이라는 점에 대한 인식(고전 3:1-4) 모두를 발견한다. 그리고 그 두 가지 기대감이 4:19 안에서 서로 긴장 관계에 있는 것으로 보인다. 갈라디아서에서 바울의 딜레마를 초래한 것은 무엇보다도 신

---

30 또한 Koenig, "The Motif of Transformation," 112-19에서도 그렇다.
31 유사하게, Morna Hooker는 "그리스도의 형성(formation of Christ)"을 "그리스도를 닮아 합치되는 것(conformity to Christ)"과 연결시킨다. "ΠΙΣΤΙΣ ΧΡΙΣΤΟΥ," *NTS* 35 (1989): 342을 보라.

자들이 그 탄생으로부터 쓸려 내려가 버릴 위험에 처해 있다는 점
이다(바울은 다시 산고를 겪는다!). 그러나 갈라디아인들은 부르심을 받았
고(갈 1:6), 영을 받았으며(갈 3:2), 그리스도 안으로 세례를 받은 이들이
다(갈 3:27). 그것을 뒤집고 다시 쓸려 내려가는 과정을 상상하는 것은
바울에게 힘든 일이었다. 다른 한편, 갈라디아서 4:19 안에서 첫째
부분의 묵시적 배경은 그리스도가 형성되는 것이 하나님의 최종적
승리 안에서 그리스도 사건이 성취될 때까지 계속될 것을 가리킨다
(또한 롬 8:29과 고전 15:49을 보라).[32]

그리스도께서는 "너희 안에"(ἐν ὑμῖν, 엔 휘민) 형성된다고 할 때, 이
복수 대명사는 일련의 설명을 요구한다. 이 형성은 하나의 사적 소
유물로서 신자들 개인에게 속한 것이 아니다. 오히려 이 형성은 믿
음으로 부르심을 받은 이들의 공동체, 곧 바울이 다른 곳에서 그리
스도의 몸이라고 부른 것을 가리킨다.[33]

이제 우리는 4:19의 두 부분이 어떻게 연동하는지를 재차 묻게
된다. "그리스도께서 너희 가운데 형체를 잡을 때까지 내가 다시 해

---

32 또한 빌 3:10-11을 보라. 그 과정은 그 몸이 그리스도의 몸처럼 변화될 때
만 끝나게 될 것(롬 8:11; 빌 3:21)이라고 말하는 J. D. G. Dunn의 논평을 보
라("1 Cor 15:45—Last Adam," *Christ and Spirit in the New Testament: Studies in Honour of C. F. D. Moule* (ed. Barnabas Lindars and Stephen Smalley; Cambridge, MA: Cambridge University Press, 1973), 137.
33 또한 Schlier, *An die Galater*, 214 n. 2을 보라. F. F. Bruce는 이 해석을 살짝
수정하며, 개인들 안에서 그리스도께서 자라나는 것을 통해 공동체가 태어
난다고 주장한다(*The Epistle to the Galatians: A Commentary on the Greek Text* [NIGTC; Grand Rapids: Eerdmans, 1982], 212). 이 묵시적 공동체가 어
떤 모습일지에 관한 내용이 본서 10장의 주제이다.

산의 수고를 하는 내 자녀들이여"(갈 4:19). 이 구절의 첫째 부분("내가 다시 해산의 수고를 한다"[한국어 어순으로는 뒷부분이지만, 그리스어와 영어에서는 앞부분이다 - 역자주])은 바울의 사도적 역할을 상기시킬 뿐만 아니라 또한 그 역할이 펼쳐지는 묵시적 무대를 상기시킨다. 여기서 쟁점은 사도 개인의 산고가 아니라 우주 자체가 겪는 진통이다. 바울의 산고는 하나의 새로운 실재가 이 세상에 침입했음을 아는 한 개인의 산고이다. 그 새로운 실재란, 세상에 맞서며 세상을 전복하시는 십자가에 못 박힌 주님을 가리킨다.

바울의 유비의 둘째 부분("그리스도께서 너희 안에 형체를 잡을 때까지")에서 결함처럼 보이는 것이 나타난 까닭은 바울의 상상력에 문제가 있기 때문이 아니라, 그가 자신의 유비를 그 논리적 귀결로 끌고 가기를 원치 않았기 때문이다. 태어나는 것은 신자들이 아니다. 태어나는 것이 곧 신자들이라고 귀결 짓는다면, 그것은 바울 당시의 철학 학파들의 태도를 반영하는 것이다. 당대 철학 학파들에게 있어서 개인의 온전한 발달은 가치 있게 여겨졌다. 이와 대조적으로, 바울의 논점은 형성되는 것이 그리스도라는 점이다. 묵시적 출산 과정은 오직 그리스도께서 형성될 때만 완성된다.

여전히 이 유비에는 결함이 있어 보인다. 왜냐하면 우리는 바울이 "내가 너희 안에 그리스도를 낳을 때까지(until I bring forth Christ in you)"라고 명시적으로 말하는 것을 기대하게 되기 때문이다. 그러나 두 가지 이유로 그렇게 표현되지 않았다. 첫째, 하나님, 오직 하나님만이 그리스도를 낳으신다. 하나님은 그리스도를 보내시는 분이다

(갈 1:4). 그리스도에게 권위를 부여하는 분은 그리스도 자신이 아니다. 둘째, 바울이나 다른 어떤 신자도 그리스도를 존재하도록 만들거나 그리스도를 누군가 안에 형성시킬 수 없다. 이 구절에서 **모르푸스타이**를 사용할 때, 그리고 다른 곳에서 그것과 관련된 동사들을 사용할 때, 바울은 일관적으로 수동태를 쓴다. 그리스도가 형성되는 것은 선물로서 발생하며, 사람의 성취가 아닌 것이다.

그러므로 이 유비에는 결함이 있지만, 거기에는 특정한 이유들이 있다. 즉, 바울에게 그 유비가 제대로 작동하도록 할 능력이 없어서가 아니라, 그렇게 작동하는 것을 바울이 원치 않았기 때문이다.

이제 우리는 갈라디아서 4:12-20 안에서 4:19을 둘러싼 더 큰 문맥으로 돌아가고자 한다. 서두에서 나는 4:19이 더 큰 단락과 어색한 방식으로 관계를 맺고 있음을 언급했다. 즉, 언뜻 보기에 갈라디아서 4:19은 툭 빠져나온 방백처럼 보인다. 단락 전체는 우선적으로 바울이 갈라디아인들과 쌓은 이전의 우호적이고 인격적인 관계에 호소하는 것처럼 보이기 때문이다. 그러나 우리는 4:19이 단순히 바울과 갈라디아인들이 쌓은 우정에 근거한 호소가 아니라는 점을 발견했다. 실제로, 4:19은 사도로서 바울의 사역이 묵시적 틀 안에서 이루어지고 있다는 신학적 주장이다. 곧 하나님께서 예수 그리스도를 계시함으로 말미암아 창조된 묵시적 틀, 모든 신자들이—우주 자체가—그리스도 안에 완전히 포함되는 것을 기대하며 바라보는 묵시적 틀 말이다. 이 신학적 주장은 그 이전의 문장들에 나오는 개인적 호소를 단순히 바울 개인 안에서가 아니라 또한 하나님의 행동 안에서 떠받칠 수 있는 토대를 제공한다.

후기

서두에서 말했듯이, 이 장의 초창기 버전이 소논문 형태로 세상에 나왔던 1990년 당시에는 갈라디아서 4:19을 다루는 글이 상대적으로 드물었다(적어도 현대적 의미의 주석에서는 그러했다. 본서 1부의 서론에서 말했듯이, 더 이른 세대의 해석자들은 바울의 어머니 은유를 포함한 이 단락 및 다른 단락들과 더 친숙했다). 이 소논문이 처음 출판된 이후, J. 루이스 마틴과 수전 이스트먼(Susan Eastman)은 갈라디아서 4:19 읽기를 더 확장하여 진지한 방식으로 논의했다.

마틴은 그의 훌륭한 주석서에서 이사야 45:9-11이 갈라디아서 4:19에서의 바울의 표현을 형성하는 역할을 수행했다고 주장했다.[34] 특히, 마틴은 아버지 이미지와 어머니 이미지가 함께 사용되는 이사야 45:10에 주목했다.

> 아버지에게는 무엇을 낳았소 하고 묻고 어머니에게는 무엇을 낳으려고 해산의 수고를 하였소 하고 묻는 자는 화 있을진저. (사 45:10, 개역개정)

바울은 이 구약 본문에 대해 잘 알고 있었고, 선생을 학생들의

---

34 J. Louis Martyn, *Galatians* (AB 33A; New York: Doubleday, 1997), 418-30.

"아버지"로 지칭하는 관습에 대해서도 잘 알고 있었지만, 갈라디아서 4:19에서 바울은 오직 어머니 은유만을 사용한다.[35] 마틴이 추정하는 바에 따르면, 바울이 그렇게 한 까닭은 고린도전서 4:14-15에서와는 달리, 바울이 갈라디아 회중들의 탄생을 "**특정한 한 순간에 일어난 사건**(a punctiliar event)"으로 자신 있게 말할 수 없었기 때문이다. 갈라디아인들 가운데 "그 교사들"이 침입한 것은 "출산 과정을 뒤집어 버렸고 … 다시 염려가 가득한 산고의 상태로 바울을 밀어 넣었다."[36] 바울은 이 고난과 그것을 초래한 "그 교사들"의 활동을 "택함받은 이들의 종말론적 속량에 대해 하나님의 대적들이 훼방을 놓으려는 마지막 발버둥의 사례"로 이해한다.[37] 이사야 45:10이 갈라디아서 4:19에 주된 영향을 끼친 텍스트로 해석되어야 한다는 점에 대해 나는 마틴만큼 확신이 있지는 않다. 그러나 바울의 산통을 묵시적으로 위치시키는 것에 관한 그의 제안은 설득력이 있다.[38]

갈라디아서 4:19을 다룬 가장 최근의, 그리고 현재까지 가장 자세한 논의는 바울의 "모어(mother tongue)"에 관한 수전 이스트먼의 연

---

35 Brigitte Kahl은 갈 4장에 광범위하게 존재하는 어머니 이미지를 설명하면서, 그것이 3장의 남성적 이미지를 전복한다고 해석한다("No Longer Male: Masculinity Struggles behind Galatians 3.28?" *JSNT* 79 [2000]: 37-49).
36 Martyn, *Galations*, 429.
37 Ibid., 429-30.
38 이 본문에 대한 Martyn의 논의에서 중요한 또 다른 특징은 19절 하반절에 대한 그의 다음과 같은 번역이다. "그리스도께서 너희 회중들 가운데 형성될 때까지"(*Galatians*, 425). 또한, Richard B. Hays, *Galatians* (NIB 11; Nashville: Abingdon, 2000), 296을 보라.

구에 등장한다. 이 연구는 마틴의 묵시적 갈라디아서 읽기를 앞으로 더 밀고 나가 그 침투적("특정한 한 순간의") 복음이 어떻게 인간의 삶과 공동체를 변화시키는지를 이해하고자 시도한 연구이다.[39] 이스트먼은 "부어(father tongue)"와 "모어(mother tongue)"를 구분하자는 제안, 다시 말해, 객관성을 추구하고 단일한 방향으로(위로부터나 바깥으로부터 수동적 주체에게로) 힘을 발휘하기 위해 말하는 부어와, 의사소통을 위해서가 아니라 관계를 위하며 거리 두기보다는 하나가 되도록 묶어 주는 모어 사이를 구분하자는 어슬라 르 귄(Ursula K. Le Guin)의 제안을 받아들인다.[40] 갈라디아서 4:12-5:1에서 이스트먼은 바울의 "모어" 사용의 사례를 발견한다. 즉, 여기서 바울은 갈라디아인들이 "이리저리 재 보면서 흔들리는 모습에서 벗어나 오직 그들의 연합과 공동의 삶의 원천이신 그리스도에게만 충성을 다하는 믿음에 '굳게 서도록' 하는 데 필요한 동기와 힘"을 제공하기 위하여 가족과 관련된 표현, 특히 자신의 고통과 관련된 표현을 활용한다.[41]

이스트먼은 이 텍스트의 묵시적 읽기를 반기지만, 바울의 산고의 정체를 좀 더 구체적으로 밝히기 위해 4:13에 나오는 "육체의 약함"에 관한 바울의 진술로 눈을 돌린다. 이스트먼은 이전의 주해들,

---

39 Susan Eastman, *Recovering Paul's Mother Tongue: Language and Theology in Galatians* (Grand Rapids: Eerdmans, 2007).

40 Ibid., p. 8. Ursula K. Le Guin의 논의는 "Bryn Mawr Commencement Address," in *Dancing at the Edge of the World: Thoughts on Words, Women, Places* (New York: Grove Press, 1989), 147-60에 나온다.

41 Eastman, *Mother Tongue*, 6.

곧 고대와 현대의 주해 모두를 활용하면서, 이 "약함"이란 박해의 결과로 생긴 것이며, 바울이 감내해야 했던 상처, 깊게 패인 흉터를 가리킨다고 주장했다. 갈라디아인들에게 십자가형의 공적인 전시(갈 3:1; 6:17)를 상기시킬 때, 바울이 가리켰던 것이 바로 그의 육신의 그러한 상흔이다. 그리고 바로 그 흉터가 "그 교사들"로부터 바울을 구별해 준다(갈 6:12-17).[42] 이러한 읽기에 따르면, 바울의 산고는 "체화되고 또한 십자가를 닮은 형태의 복음 선포"이다.[43] 이스트먼은 더 나아가 이 산고를, 자녀들을 **고통 없이** 낳는 갈라디아서 4:26-27("오직 위에 있는 예루살렘은 자유자니 곧 우리 어머니라 기록된 바 잉태하지 못한 자여 즐거워하라 산고를 모르는 자여 소리 질러 외치라 이는 홀로 사는 자의 자녀가 남편 있는 자의 자녀보다 많음이라 하였으니"[개역개정])의 "위에 있는 예루살렘"과 대조한다(사 54:1).[44]

이전에 나는 여기서 바울이 자신의 괴로움을 모든 피조물의 괴로움과 동일시하고 있다고 주장했는데, 이제는 그 주장이 만족스럽지 않을 수도 있음을 인정한다.[45] 그러나 나는 이스트먼과 같이, 바울의 산고를 그의 박해로부터 비롯된 육체적 고통과 그토록 밀접하게 연결시키는 읽기에 대해 다소 회의적이다. 그러한 연결은 갈라디아서 안에서 파악하기 어려운 여러 세부 사항들(갈 3:1; 4:13; 그리고 4:19)과 관련하여, 매우 특정한 역사적 맥락을 규정하는 작업에 의존

---

42 Ibid., 100–105.
43 Ibid., 110.
44 Ibid., 177.
45 Ibid., 118.

한다.⁴⁶ 더 나아가 그러한 연결은 4:19의 은유를 거의 해체시키는 일에 가까우며, 그 결과로 4:19의 은유는 은유라기보다는 알레고리가 되어 버린다. 그러나 미세한 세부 사항에 관한 이러한 의견 불일치가 이스트먼의 연구의 기여점을 약화시키는 것은 전혀 아니다. 수전 이스트먼은 흔히 바울의 주장의 "개인적" 측면과 "신학적" 측면으로 불리던 것을 통합함으로써 해당 논의를 대폭 진전시켰다. 이스트먼이 올바르게 주장하듯이, 바울은 이 구절에서든 아니면 갈라디아서의 다른 대목에서든 자신이 "객관적"이라 주장하거나 혹은 "객관적"이기를 바란 적이 없다. 갈라디아서에서 바울은 자신의 삶과 갈라디아인들의 삶 가운데 들어오신 하나님의 개입하심에 강렬하게 호소할 따름이다.⁴⁷

---

46 여기서 의도치 않은 모순이 어느 정도 드러난다. 논의의 앞부분에서 Eastman은 Martyn의 재구성 방법론의 사변적 특성에 대한 우려를 표명했다. 그러나 Eastman 본인의 재구성 역시 사변적이다. 사실 이것은 역사적 작업에 있어서 상당 부분 피할 수 없는 것이다.

47 Ibid., 특히 181.

3장 어머니의 젖과 사역

바울, 우리 어머니

3장 어머니의 젖과 사역

¹ 형제자매 여러분, 나는 여러분에게 영에 속한 사람에게 하듯이 말할 수 없고, 육에 속한 사람, 곧 그리스도 안에서 어린 아이 같은 사람에게 말하듯이 하였습니다. ² 나는 여러분에게 젖을 먹였을 뿐, 단단한 음식을 먹이지 않았습니다. 그 때에는 여러분이 단단한 음식을 감당할 수 없었습니다. 사실 지금도 여러분은 그것을 감당할 수 없습니다. ³ 여러분은 아직도 육에 속한 사람들입니다. (고전 3:1-3상, 새번역)

1장과 2장에서 우리가 살펴본 텍스트들이 바울을 유모로(살전 2:7), 그리고 해산 중인 여인으로 제시하기 때문에(갈 4:19), 고린도인들이 아기들의 음식에서 좀 더 제대로 된 음식으로 옮겨 갈 준비가 된 여부(혹은 준비가 되지 않은 것)에 대해 편지를 쓰고 있는 바울을 발견한다 해도 그리 놀랄 일은 아닐 것이다. 그럼에도 불구하고, 고린도전서 3장의 단락은 여러 가지 질문을 야기한다. 그리스도 안에 있는 이들이란 육신을 따라 사는 삶을 이미 버린 존재여야 한다는 점을 고려할 때, 어떻게 "육신의 사람들"이 동시에 "그리스도 안에 있는 유아들"일 수 있는가? 바울은 기독교적 가르침 안에 젖과 단단한 음식에 각기 대응할 만한 여러 종류 혹은 여러 단계가 있다고 이해하는 것인가? "예수 그리스도와 그가 십자가에 못 박히신 것"(고전 2:2, 개역개정)을 선포하는 것이 유아가 섭취하는 젖과 동일시되는 것인가? 그렇다면, 믿음이 더 성숙한 이들을 위한 "단단한 음식"으로 간주되는 것은 무엇인가?

이러한 질문들은 이 단락에 관한 학자들의 논의에서 가장 자주 등장하는 질문들이다. 그러나 앞선 장들에서의 접근 방식과 같이, 나는 또 다른 질문의 중요성을 강조하고 싶다. 바울이 자신을 가리켜 고린도인들을 수유하는 어머니라고 지칭하는 것의 의의는 무엇인가? 이번 장에서 내가 주장하는 것은, 고린도전서 3:1-2의 등장인물들 모두(즉, 단단한 음식을 먹을 준비가 되거나 되지 않았을 수 있는 어린 아이뿐 아니라, 지금까지 그 아이를 수유해 온 어머니)를 고려하기 전까지는 이 본문에 전제된 드라마를 온전히 이해할 수 없다는 것이다. 즉, 바울이 수유하는 어머니로 자신을 제시하는 것으로부터 우리가 알 수 있는 것은, 고린도전서 3:1-2이 바울이 그의 사도적 책무의 특성을 어떻게 이해하는지를 조명해 준다는 사실이다.[1] 바울이 여기서 자신을 지칭하면

---

1 부분적이기는 하지만, 내 제안은 J. Francis ("'As Babes in Christ'—Some Proposals Regarding 1 Corinthians 3.1-3," *JSNT* 7 [1980]: 41-60)의 작업에서 예견되었다. Francis는 자신이 "유모 이미지"라고 부르는 바울의 이미지 사용 안에, 권위에 대한 주장이 암시적으로 자리 잡고 있음을 언급했다. 내가

서 수유하는 어머니의 이미지를 사용할 때, 그는 여러 가지 목표를 이룬다. 첫째, 어머니 이미지의 사용은 고린도전서 전체에 나타나는 가족 이미지를 강화하며, 그 가족 언어의 표현은 고린도 공동체를 세우는 데 기여한다. 둘째, 어머니 이미지의 사용은 문화적으로 승인된 남성적 역할을 약화시키며, 따라서 바울 자신이 약하고 무력한 존재라고 비판을 받는 일에 취약한 상태로 만들어 버린다. 셋째, 고린도전서 안에서 수유하는 어머니라는 은유는 이후 사도들이 농부와 건축자에 비견되는 일련의 은유들을 소개하는 역할을 하며, 사도가 하는 일의 특성에 관한 추가적인 설명을 예비한다.

위에서 언급했듯이, 고린도전서 3:1-2에 대한 대부분의 학술 논의는 고린도의 그리스도 공동체가 섭취하는 음식에 관한 질문들에 초점을 맞춰 왔다. 많은 해석자들은 "성숙한 사람들" 가운데서는 지혜를 말한다는 2:6("그러나 우리는 성숙한 사람들 가운데서는 지혜를 말합니다. 그런데 이 지혜는, 이 세상의 지혜나 멸망하여 버릴 자들인 이 세상 통치자들의 지혜가 아닙니다"[새번역])에서 힌트를 얻어, 3:2에서 젖은 복음에 대한 바울의 초기 가르침을 가리키며 단단한 음식은 지혜에 관한 더 진척된 가르침을 가리킨다고 보았다.[2] 또 다른 해석자들은 그리스도인의 식단을 두

주장하는 바는, 바울이 단지 자신의 권위 주장을 강화하고 있을 뿐 아니라, 또한 권위에 대해 급진적으로 다른 종류의 이해를 위하여 기초 작업을 하고 있다는 것이다.

2 예를 들어, 다음의 논의들을 보라. H. A. W. Meyer, *Critical and Exegetical Handbook to the Epistles to the Corinthians* (2 vols.; Edinburgh: T&T Clark, 1877), 2:83-84; Archibald Robertson and Alfred Plummer, *A Critical and Exegetical Commentary on the First Epistle of St. Paul to the Corinthians*

단계로 나눈 이러한 체계에 내재하는 어려움을 올바르게 지적해 왔다. 바울에게는 오직 단 하나의 그리스도 복음, 곧 십자가의 복음이 있을 따름이며, 이 복음 자체는 필요한 모든 지혜를 포함하고 있다 (고전 1:18, 24; 2:1). 모나 후커(Morna Hooker)가 잘 표현했듯이, "바울의 생각 가운데 있는 근본적인 대조는 바울이 그들에게 먹였던 복음의 참된 음식(그것이 젖이든 고기이든)과, 고린도인들이 선호했던 종합적 대체식(synthetic substitutes) 사이의 대조이다."³ 최대한으로 표현해 보아도, 바울이 가리키는 단단한 음식은 어떤 신비적 전통이라기보다는

(2nd ed.; ICC; Edinburgh: T&T Clark, 1914), 52-53; Hans Lietzmann, *An die Korinther I–II* (HNT; Tübingen: J. C. B. Mohr [Paul Siebeck], 1923), 15; Johannes Behm, "βρῶμα," *TDNT* 1:642-45; Heinrich Schlier, "γάλα," *TDNT* 1:645-47; Ulrich Wilckens, *Weisheit und Torheit: Eine exegetisch-religionsgeschichtliche Untersuchung zu 1. Kor. 1 und 2* (BHT 26; Tübingen: J. C. B. Mohr, 1959), 52-53. "젖"과 "단단한 음식"을 교육의 단계와 연결시키고자 하는 이러한 관심에는 고대의 선례들이 존재한다. Judith L. Kovacs, "Echoes of Valentinian Exegesis in Clement of Alexandria and Origen: The Interpretation of 1 Cor 3, 1-3," in *Origeniana Octava: Origen and the Alexandrian Tradition* (ed. L. Perrone; BETL 164; Leuven: Leuven University Press, 2003), 317-29; idem, *1 Corinthians Interpreted by Early Christian Commentators* (The Church's Bible; Grand Rapids: Eerdmans, 2005), 47-53을 보라.

3   Morna Hooker, "Hard Sayings: 1 Corinthians 3:1," *Theology* 69 (1966): 19-22(인용문은 21쪽). Hooker의 제안에 따르면, "젖과 고기" 이미지를 대화에 끌고 들어온 것은 고린도인들이었다(즉, 고린도인들은 바울이 자신들에게 오직 아기 음식만을 주었다고 비난했다). 바울은 그들의 언어 표현을 그대로 사용하여, 거꾸로 그들에게 되돌려주었다. J. Francis는 그들의 문제의 특징을 "진보의 실패가 아니라 기본적 이해의 실패"라고 묘사한다("As Babes in Christ," 57).

아마도 복음에 대한 더 깊은 이해일 것이다.[4] 덧붙여, 어떤 해석자들은 고린도인들이 믿음에 있어서 충분한 진보를 이루지 못했다는 증거로 고린도전서 14:20("형제들아 지혜에는 아이가 되지 말고 악에는 어린 아이가 되라 지혜에는 장성한 사람이 되라"[개역개정])을 제시한다.

고린도전서 3:1-2에 대한 이러한 견해들은 고린도인들에 초점을 맞추고, 그들의 지혜나 성숙(혹은 지혜와 성숙의 부재)에 초점을 맞춘다는 공통점이 있다. 대부분의 학자들은 바울이 다음과 같은 것을 말하

---

4   예를 들어, C. K. Barrett의 주장에 따르면, 성숙한 자들 가운데서의 가르침은 십자가의 선포에 "근거"하지만, "그 가르침은 십자가 선포로부터 발전된 것, 즉 십자가의 선포의 핵심적인 메시지가 결여되거나, 왜곡되거나, 혹은 경험되지 않을 수 있는 방향으로 발전된 것이다." Barrett은 "마치 고기와 젖 모두가 음식이듯이," 두 가르침이 내용에서가 아니라 형식에 있어서 차이가 난다고 결론을 내렸다(*A Commentary on the First Epistle to the Corinthians* [HNTC; New York: Harper & Row, 1967], 81). 또한 다음을 보라. John Calvin, *First Epistle of Paul the Apostle to the Corinthians* (trans. John W. Fraser; Edinburgh: Oliver & Boyd, 1960), 66; C. F. Georg Heinrici, *Der erste Brief an die Korinther* (KEK; Göttingen: Vandenhoeck & Ruprecht, 1896), 116; Rudolf Schnackenburg, "Christian Adulthood according to the Apostle Paul," *CBQ* 25 (1963): 356-57; Karl Maly, *Mündige Gemeinde: Untersuchungen zur pastoralen Führung des Apostels Paulus im 1. Korintherbrief* (SBM; Stuttgart: Katholisches Bibelwerk, 1967), 58; Wilhelm Thüsing, "'Milch' und 'feste Speise' (1 Kor 3,1f. und Hebr 5,11-6,3): Elementarkatechese und theologische Vertiefung in neutestamentlicher Sicht," *TTZ* 76 (1967): 235-38; Rolf Baumann, *Mitte und Norm des Christlichen: Eine Auslegung von 1 Korinther 1,1-3,4* (NTAbh; Münster: Aschendorff, 1968), 267; Gordon Fee, *The First Epistle to the Corinthians* (NICNT; Grand Rapids: Eerdmans, 1987), 124-26; Wolfgang Schrage, *Der erste Brief an die Korinther* (2 vols.; EKKNT; Zurich: Neukirchener, 1991-95), 1:280-82.

고 있다는 점에 동의한다. "너희들은 우리가 오직 소수의 사람들 가운데서만 나누어 주는 특별한 지혜(혹은 선포/케리그마의 더 성숙한 형태들)에 적합할 만큼 충분히 성숙하지 못했다. 지금은 **너희들이** 성장해야 할 때, 성숙한 성인들로서 복음을 이해해야 할 때이다."

여기서 한 가지 흥미로운 점은, 고린도전서 3:1-2에 대한 해석들 중 어느 것도 바울이 1인칭으로 말하고 있다는 사실에 주의를 기울이지 않는다는 점이다. 주석가들은 기껏해야 3:1에 나오는 "그리고 내가"(κἀγώ[카고])라는 표현이 바울과 다른 그리스도인 교사들을 암묵적으로 대조한다고 이따금씩 이야기할 뿐이다. 그러나 바울은 자신을 가리켜 고린도인들을 수유하는 어머니로 묘사하는 가운데 1인칭을 사용한다. "나는 너희들과 말할 수 없다 … 나는 너희에게 단단한 음식이 아니라 젖을 주어 마시게 했다"(고전 3:1-2). 그런데 "젖과 단단한 음식"의 유비가 질책으로서 더 제대로 작동하기 위해서는, 아마도 2절의 첫 부분에서 자신을 가리키는 부분을 빼고, 그 대신 "너희들은 적어도 곡식을 먹을 준비가 되어 있어야 함에도 불구하고 여전히 젖을 마시고 있다" 정도의 표현을 넣는 편이 나았을 것이다. 다른 말로 하면, 사실 1인칭을 사용하는 것은 해당 사안을 다소 헷갈리게 만든다. 혹은, **만약** 바울의 주된 관심사가 고린도인들의 성숙 혹은 그들이 더 고급 단계의 가르침을 받을 준비가 되었는지에 맞추어져 있었다면, 이런 1인칭의 사용은 더욱 혼란을 야기하는 것이다.

다른 곳에 나오는 젖과 단단한 음식

이 단락에서 1인칭 사용에 주의를 기울여야 한다는 나의 주장을 뒷받침하는 근거는 뜻밖의 자료에서 발견된다. 물론 음식 이미지가 바울에게서만 나타나는 고유한 특징은 아니다. "단단한 음식이 아니라 젖"이라는 표현에 관해 어떤 입장을 취하든 간에, 고린도전서 3:1-2을 해석하는 거의 모든 해석자들은 젖과 단단한 음식을 대조하는 또 다른 헬레니즘 시대 텍스트들을 언급한다. 하지만 적어도 내가 아는 바에 따르면, 그렇게 소환된 텍스트들과 고린도전서 3:1-2 사이에 가장 중요한 차이점을 인지한 사람은 아무도 없었다. 그러한 평행 본문들과는 달리, 바울은 바로 자기 자신을 가리켜 젖을 공급하는 존재라고 말한다.

가장 빈번하게 인용되는 본문들 중 일부를 살펴보는 것이 고린도전서 3장과의 차이점을 분명하게 밝히는 데 유익할 것이다. 히브리서 5:12-14에서 저자는 다음과 같이 불평한다.

> [12] 때가 오래 되었으므로 너희가 마땅히 선생이 되었을 터인데 너희가 다시 하나님의 말씀의 초보에 대하여 누구에게서 가르침을 받아야 할 처지이니 단단한 음식은 못 먹고 젖이나 먹어야 할 자가 되었도다 [13] 이는 젖을 먹는 자마다 어린 아이니 의의 말씀을 경험하지 못한 자요 [14] 단단한 음식은 장성한 자의 것이니 그들은 지각을 사용함으로 연단을 받아 선악을 분별하는 자들이니라. (히 5:12-14, 개역개정)

그리고 베드로전서의 저자는 이렇게 권고한다.

갓난 아기들 같이 순전하고 신령한 젖을 사모하라 이는 그로 말미암아 너희로 구원에 이르도록 자라게 하려 함이라. (벧전 2:2, 개역개정)

사람들은 초기 기독교에서 젖과 단단한 음식의 은유를 사용하는 이 두 사례를 흔히 필론과 에픽테토스의 텍스트들과 함께 읽곤 한다.

- 필론, *That Every Good Person Is Free* 160: 속박하는 것이나 자유를 확립하는 것, 두 종류 중 어떤 것도 아직 갖지 않은 영혼들, 곧 어린 아이의 영혼들처럼 여전히 벌거벗은 채로 있는 영혼들은 서서히 스며드는 방식으로 돌봄과 양육을 받아야 한다. 먼저는 수업 주제들에 관해 주어지는 부드러운 가르침의 음식으로(이는 젖[γάλα, 갈라]와 같다), 그리고 나중에는 철학이 만들어 내는 더 단단하고 질긴 고기(τροφή[트로페])로 말이다.

- 필론, *On the Preliminary Studies* 19: 우리의 몸이 초기 단계에서는 단단하고(τροφή) 비싼 음식으로 양육되는 것이 아니라는 점에 주목하라. 영아에게 적합한 단순하고 젖과 같은(γαλακτώδης[갈락토데스]) 음식이 먼저다. 이와 마찬가지로 그대는 학교에서 배우는 주제들과 그 각각의 내용을 영혼의 아동기를 양육하기 위해 준비된 것들로 여기며,

덕은 성인의 음식으로, 곧 참으로 남자가 된 이들을 위한 음식으로 여길 수 있다.

• 필론, *On Agriculture* 9: 씨앗을 뿌리거나 심은 모든 것에서 비롯되는 혜택을 거둘 위치에 있는 우리 각자 안에 있는 이, 그것은 곧 정신(mind)이라는 존재 외에 누구이겠는가? 그러나 아기들에게는 젖(γάλα)이 음식이며 장성한 남자에게는 밀로 된 빵이 음식임을 고려할 때, 영혼을 양육하는 음식물 또한 다음과 같은 종류로 있음이 분명하다. 예를 들어 학교에서의 배움이라는 기초 단계의 형태로서 아동기에 적합한 젖과 같은 종류나, 지혜와 절제와 모든 덕을 통해 길을 인도하는 교훈의 형태로서 장성한 남자에게 적합한 종류 말이다.

• 필론, *On the Migration of Abraham* 29: 이 나라에서 너를 기다리고 있는 것은 본성(nature)이다. 그것은 그것 자체의 학생이며, 그것 자체의 선생이기도 하다. 그것은 어린이들에게 하듯이 젖으로(γαλακτώδης) 먹일 필요가 없으며, 이집트로 내려가서 육체의 중독적인 쾌락들을 만나지 못하도록 신적인 신탁에 의해 머물러 온 것이다.

• 필론, *On Dreams* 2.10: 자신을 제외하고는 다른 어떤 선생으로부터도 배우지 않은 이삭은 그 고귀한 일행을 이끌었다. 모세는 이삭이 아기 때부터 태생적으로 굳세었으며, 항상 새로운 활력을 얻어 그의 젊음을 회복하는 자였음을 보고 이삭을 젖을 뗀 자로, 곧 영아나 작

은 어린이들에게 적합한 부드럽고 젖과 같은(γαλακτώδης) 음식을 사용하는 것을 절대적으로 경멸하며 오직 장성한 남자에게 적합한 질긴 음식물만을 사용하는 자로 묘사한다.

• 에픽테토스, *Discourses* 2.16.39: 너희가 어린 아이들처럼 젖을 떼고 더 단단한 음식(τροφή)을 먹기를 아직도 바라지 않느냐? 늙은 여인들의 통곡처럼 어머니와 유모를 찾으면서 울던 것을 멈추고 단단한 음식을 먹기를 아직도 바라지 않느냐?

• 에픽테토스, *Discourses* 3.24.9: 마침내 우리가 젖을 떼고 (ἀπογαλακτίζειν[아포갈락티제인]), 철학자들로부터 들은 것을 상기해야 하지 않겠는가?

이 본문들은 고린도전서 3:1-2과 같이 젖과 단단한 음식의 이미지를 공통적으로 사용한다. 이전에 내가 이 논의를 요약했을 때 분명하게 드러난 것처럼, 주석가들은 겉보기에 그럴 듯한 이 평행 본문들의 적합성, 특히 바울이 기독교적 가르침에는 두 단계가 있다고 생각했을지에 관한 의문을 두고 논쟁한다.[5] 하지만 이 평행 본문

---

5   위에 인용된 문헌에 덧붙여서, 이 이미지가 신약성경 안에서 어떻게 쓰이는지에 대한 다음의 논의들을 보라. Walter Grundmann, "Die NHPIOI in der urchristlichen Paränese," *NTS* 5 (1959): 188-205; Thüsing, "'Milch' und 'feste Speise,'" 233-46, 261-80; and Ronald Williamson, *Philo and the Epistle to the Hebrews* (ALGHJ; Leiden: Brill, 1970), 277-308.

들을 둘러싼 논의가 간과한 것은 바울 자신이 양육자라는 사실이다. 이 특징은 앞서 동원된 예시 본문들 중 그 어디에도 나타나지 않는다. 바울의 말하기 방식은 영혼이 필요로 하는 음식이나 "교훈의 형태"에 관해 말하는 필론의 초연한 태도를 가지고 있지 않다. 바울이 고린도인들에게 "어머니나 유모"를 찾으며 울어 대기를 멈추라고 꼬드기고 있는 것도 아니다. 대신, 바울은 자신을 가리켜 양육하는 어머니로, 자신의 자녀에게 적합한 음식이 무엇인지 아는 이의 모습으로 그려 낸다. 다시 말해, 젖과 고기는 통상적인 이미지였지만, 바울은 그것을 가지고 독특한 무엇인가를 작업한다. 곧 바울은 자신을 고린도인들의 어머니로 제시한다.

고린도전서 3:1-2에 나오는 1인칭 사용에 주의를 기울이는 것은 우리가 그 본문을 읽는 방식을 바꾼다. 3:1-2은 더 이상 고린도인들이 무엇을 먹는가라는 단일한 이슈에 대한 본문이 아니며, 그들을 먹이는 사람에 관한 본문이기도 하다. 그리고 본문에서 분명하게 표현되듯이, 바울은 곧 고린도 교회에게 젖을 먹이는 어머니다.

이 점은 "내가 너희에게 젖을 주어 마시게 했다 …"(γάλα ὑμᾶς ἐπότισα[갈라 휘마스 에포티사])라는 3:2의 표현으로부터 분명하게 나타난다. 유아용 분유와 젖병이 발명되기 전까지는, 갓난아기에게 젖을 먹이는 것은 어머니나 유모였다. 주석가들은 이 점을 간과하거나 적어도 덜 중요하게 해석했으며, 대신 4장 끝에 나오는 아버지 이미지에 더 가중치를 두었다. 어떤 이들은 심지어 이 어머니 이미지의 사용을 후반부의 단락에 연결시켜서, 어찌 되었든 간에 젖을 먹이는 어머니가 마치 아버지인 것처럼 취급했다.[6] 그러나 바울은 이 두 이미지를 상호 호환적으로 사용하지 않는다. 다른 곳에서와 마찬가지로 3:1-2에서 바울은 어머니 이미지를 사용해서 그리스도교 신앙을 계속적으로 양육하는 과정을 가리킨다. 반면에, 바울이 고린도전서 4:15-16("그리스도 안에서 일만 스승이 있으되 아버지는 많지 아니하니 그리스도 예수 안에서 내가 복음으로써 너희를 낳았음이라 그러므로 내가 너희에게 권하노니 너희는 나를 본받는 자가 되라", 개역개정)에서처럼 아버지 이미지를 사용할 때는 선교적으로 선포한 최초의 행위를 가리킨다.[7]

남자 유모인 바울?

이 어머니 이미지의 함의를 탐구하기에 앞서, 한 가지 가능한 반론에 주의를 기울일 필요가 있다. O. 래리 야브로(O. Larry Yarbrough)는 바울서신에 나타나는 부모와 자녀에 관한 연구에서, 고린도전서 3:1-2의 배경에는 젖 먹이는 어머니나 유모가 아니라 남자 유모(*nutritor*[누트리토르])가 자리 잡고 있다는 주장을 폈다. 남자 유모는 자신이 돌보는 아이들을 염소의 젖과 꿀을 섞은 것으로 먹였을 것이다

---

6   Victor Paul Furnish는 *The HarperCollins Study Bible* (ed. Wayne A. Meeks; San Francisco: HarperCollins, 1993), 2144-45에 나오는 그의 고린도전서 해설에서 그 두 가지를 주의 깊게 구분한다.
7   이 구분에 대해서, 본서의 1부 서론에 나오는 논의를 보라. 또한 Susan Eastman, *Recovering Paul's Mother Tongue: Language and Theology in Galatians* (Grand Rapids: Eerdmans, 2007)의 반대 의견도 주목하라.

(아마도 주변에서 젖 유모[wet nurse]를 찾을 수 없는 상황에서).[8] 비문(inscriptional) 증거는 남자 유모 밑에 자란 이들이 남자 유모를 종종 애정을 가지고 기억하곤 했다는 사실을 시사한다. 따라서 고린도전서에서 바울이 사용하는 이미지는 바울 자신과 고린도인들 사이의 친밀한 관계를 암시한다.[9]

고린도전서 3:2이 남자 유모에 관한 내용이라 주장하는 야브로의 견해는 로마에서 어린이를 돌보는 일에 남자들이 참여했다는 키스 R. 브래들리(Keith R. Bradley)의 연구에 의존하고 있다.[10] 브래들리는 파이다고구스(*paedagogus*), 에두카토르(*educator*), 그리고 누트리토르(*nutritor*) 혹은 남자 유모에 관한 문헌 및 비문상의 증거를 조사했는데, 누트리토르 락타네우스(*nutritor lactaneus*, 자신이 돌보는 아이들에게 젖 먹이는 남자 유모)였다고 확인이 되는 이는 오직 C. 무시우스 크리소니쿠스(Mussius Chrysonicus)의 사례뿐이다.[11] 브래들리 본인이 관찰한 결과에

---

8   사람들은 이 대체 음식의 위험을 알고 있었다. 그리고 남자 유모들은 비상시에만 활용이 되었던 것으로 보인다(Ralph Jackson, *Doctors and Diseases in the Roman Empire* [London: British Museum Publications, 1988], 102을 보라).
9   O. Larry Yarbrough, "Parents and Children in the Letters of Paul," in *The Social World of the First Christians: Essays in Honor of Wayne A. Meeks* (ed. L. Michael White and O. Larry Yarbrough; Minneapolis: Fortress, 1995), 126-41; 누트리토르에 대한 논의는 132-33에 나온다.
10 Keith R. Bradley, "Child Care at Rome: The Role of Men," *Historical Reflections/Réflexions historiques* 12 (1985): 485-523; repr. in *Discovering the Roman Family: Studies in Roman Social History* (New York: Oxford University Press, 1991), 37-75.
11 Ibid., 40-41.

따르면, **누트리토레스**(*nutritores*, 누트리토르의 복수형 - 역자주)는 종종 위탁 양육 중인 아버지들(foster fathers)을 가리켰다. 그들은 아주 어린 아이들을 돌보는 데 있어서 유모를 조력하는 인물들로 자주 나타나는데, 어쩌면 이것은 **누트리토르**와 **누트릭스**(*nutrix*, 젖 유모)가 서로 결혼한 사이였기 때문이었을 수도 있다.[12] 브래들리는 또한 더 이상 여자들의 구역(거기에 누트릭스가 있다)에 제한되어 있지 않은 어린이들을 감독하는 것이 **누트리토르**의 역할에 포함되어 있었으리라 추측한다.[13] 브래들리 자신은 **누트리토르**가 모유를 대체할 만한 것을 아기들에게 주었다는 점을 주장하지 않는다.[14] 다른 말로 하면, 브래들리가 재구성한 로마의 남자 유모는 고린도전서 3:2("내가 너희를 젖으로 먹이고 밥으로 아니하였노니 이는 너희가 감당하지 못하였음이거니와 지금도 못하리라"[개역개정])의 은유에 포함되어 있는 것과 같이 아이를 직접적으로 먹이는 행위와는 상당히 거리가 먼 것처럼 보인다.

야브로는 브래들리를 오독했거나 혹은 브래들리의 연구에 나오는 한 가지 작은 사례의 중요성을 과장했던 것으로 보인다. 추가적으로, 야브로는 바울이 분명하게 어머니와 관련된 용어로 자기 자

---

12 Ibid., 49-51.
13 Ibid., 61.
14 더 이른 시기의 소논문에서, Bradley는 "비록 젖병으로 먹이는 것 자체가 실제로 행해졌을지를 가리키는 증거는 희박하긴 하지만," 그래도 **누트리토르 락타네우스**는 "아마도 젖병으로 아기들에게 먹였을 것"이라고 말했다("Wet-Nursing at Rome: A Study in Social Relations," in *The Family in Ancient Rome: New Perspectives* [ed. Beryl Rawson; Ithaca, NY: Cornell University Press, 1986], 214).

신에 관해 말하는 다른 경우들을 고려하지 않는다(예: 갈 4:19; 살전 2:7).

젖 먹이는 어머니 바울

어쩌면 앞서 내가 했던 지적들은 과잉 해석의 사례로 기각될지도 모른다. 다시 말해, κἀγώ(카고, "그리고 내가")와 ποτίζειν(포티제인, "마시게 하다")이라는 두 개의 작은 그리스어 단어들을 진지하게 받아들여야 한다고 (고전 3:1-2을 읽는) 독자들을 설득하려는 시도 정도로 여겨질지도 모르겠다. 그처럼 작은 세부 사항에 상당한 주의를 기울이는 작업에 정당성을 뒷받침해 주는 것은 과연 무엇일까?

먼저, 우리는 바울이 어머니 이미지를 사용한다는 것을 이미 살펴보았다. 바울을 연구하는 이들이 여성에 관한 바울의 언급과 바울계 교회에서 여성의 역할, 그리고 바울서신이 여성들에게 갖는 함의를 계속해서 탐구하고 있기에, 그와 관련된 일련의 본문들은 그 자체로 고려할 만한 가치를 갖는다. 그 본문들의 존재를 확인하여 수면 위로 끌어올리는 첫 단계의 작업을 넘어서, 고전 3:1-2에 나오는 젖을 먹이는 어머니의 이미지는 바울이 그 편지에서 발전시키고 있는 주장에 특정한 방식으로 기여한다. 일단 고린도전서에는 가족 이미지의 광범위한 네트워크가 나타나며, 이러한 언어 표현은 바울이 고린도에서 긴급하게 일치를 촉구하는 시도를 강화한다. 실제로, 고린도전서는 "하나님 우리 아버지"(고전 1:3)와 "그의 아들 예수 그리스도"(고전 1:9)를 호명하며 시작한다. 또한 고린도전서는 남편들과 아내들의 관계를 논의하며(고전 7:1-16; 11:2-16),[15] 집에서 이루어지는 식사를 언급하고(고전 11:22), 가정 안에 있는 신자들을 언급한다(고전 1:16; 16:15; 그리고 아마도 1:11).[16] 이례적으로 한 본문은 광야에서 방랑했던 "우리 조상들"(고전 10:1, 문자적으로는 "우리의 모든 아버지들")을 회상하면서, 이스라엘의 조상들이 고린도의 다양한 이방인 집단과도 관계가 있다고 주장한다.

고린도전서 속 이 가족 언어의 네트워크에서 보다 두드러지는 것은 바울이 사용하는 "형제(ἀδελφός[아델포스])"라는 단어다(NRSV에서는 "형제와 자매"라고 옮겼다).[17] 물론 이 형제라는 용어는 바울서신에서 흔히 나타난다. 그러나 이 표현은 로마서에서 19회, 고린도후서에서 12회 사용된 것에 비해, 고린도전서에서는 무려 39회나 사용되었다. 고린도전서의 서두에서부터(고전 1:1, 10, 11) 가장 끝부분에 이르기까지(고전 16:11, 12, 15, 20), 바울은 믿음의 형제자매들을 향해서 말하며, 또한

---

15 나는 고전 14:33하-36을 뺐는데, 그 이유는 다른 많은 주석가들과 마찬가지로 나 역시 그 대목을 비(非)바울적 삽입으로 여기기 때문이다. 이 질문에 대해서는 Fee, *First Corinthians*, 699-708 및 거기 인용된 문헌을 참고하라. 또한 Raymond Collins, *First Corinthians* (SP; Collegeville, MN: Liturgical Press, 1999), 515-16을 보라.
16 고린도전서의 가정(household) 언어 표현에 대해서 시사하는 점이 있는 논의로는 Stephen C. Barton, "Community Formation in Corinth," *NTS* 32 (1986): 225-46을 보라.
17 "자매(ἀδελφή)"라는 단어 자체는 고전 7:15과 9:5에 나온다. 남성형 복수인 ἀδελφοί가 "형제들과 자매들"을 가리키는 경우들에 대해서는 BDAG, 18을 보라.

그들에 관해서 말한다.[18]

자신을 젖 먹이는 어머니이자 고린도인들을 낳은 아버지로 묘사하는 바울의 언어 역시 이 가족 언어 네트워크의 일부이다.[19] 이 확장된 네트워크가 단순한 우연일 가능성은 없어 보인다. 오히려, 그 네트워크는 바울이 고린도교회의 분파들에 쏟는 관심을 더 촉진시키는 역할을 한다.[20] 만약 바울이 "형제와 자매"라고 부르는 호칭을 고린도의 신자들이 받아들인다면, 만약 고린도의 신자들이 바울을 떠올리며 자신들을 낳은 아버지이자 젖 먹이는 어머니로 이해한다면, 만약 고린도의 신자들이 이스라엘의 조상들과 자신들이 연결되어 있다고 확언한다면, 그리고 무엇보다도 중요하게, 만약 고린도의 신자들이 하나님께서 그들 모두의 아버지라는 점에 동의한다면, 그들의 분열상을 지속하는 것은 실로 훨씬 더 어려운 일이라는 점이 증명될 것이다.

그러나 이러한 가족 언어 표현의 인상적인 목록 가운데서도 자

---

18 바울서신의 이 특징에 대해서는 Klaus Schäfer, *Gemeinde als "Bruderschaft": Ein Beitrag zum Kirchenverständnis des Paulus* (Frankfurt: Peter Lang, 1989)를 보라.

19 Yarbrough의 소논문, "Parents and Children in the Letters of Paul"은 고린도전서 및 다른 곳에 나오는 바울의 가족 언어에 담긴 이러한 측면을 유용하게 개괄하며, 그 도덕적 함의에 대한 추측을 제시한다. 그러나 내가 판단하기로, 그는 바울의 어머니 언어의 중요성을 심각하게 과소평가한다.

20 고린도 회중의 당파화된 특성에 대한 훌륭한 연구로는 Margaret Mitchell, *Paul and the Rhetoric of Reconciliation: An Exegetical Investigation of the Language and Composition of 1 Corinthians* (Louisville: Westminster/John Knox, 1993)를 보라.

신을 고린도인들의 젖 먹이는 어머니로 표현하는 바울의 자기 지칭은 유난히 더 놀랍다. 왜 그것이 놀라운지, 분명하게 밝혀 보자. 바울은 생물학적인 의미에서 아버지가 될 수도 있지만, 그가 갓난아기(자신의 아이든 다른 누군가의 아이든)에게 모유를 수유했을 리는 만무하다. 그 이미지가 갖는 비상응성 때문에, 우리는 고린도인들이 그 표현을 어떻게 들었을지에 관해 묻지 않을 수 없다. 고린도인들은 남성이 자신에 관해 명백하게 여성적 어조로 묘사하는 것을 어떻게 받아들였을까?

이 질문에 대한 답은 극히 조심스러운 용어로 서술되어야 한다. 바울의 "의도"를 알아내는 것이 어려운 작업이라고 한다면, 하물며 고린도인들의 반응을 구성해 내는 것은 얼마나 더 어려운 작업이겠는가? 우리는 고린도인들에게서 비롯된 어떠한 증거도 가지고 있지 않다는 점을 생각하면 더더욱 그렇다. 그럼에도 불구하고, 그리스-로마 세계의 젠더 구성을 다루는 연구 영역으로부터 몇 가지 실마리가 드러났다. 토마스 래커(Thomas Laqueur)는 섹슈얼리티에 관한 연구에서 고대 세계에 우세했던 "하나의 성(one-sex)" 모델을 밝혀냈다. 이 모델에 따르면, 여성들은 "뒤집힌" 형태의 남성으로 이해된다. 이러한 견해에서 "인간의 몸과 그 몸의 표현 양식의 표준은 곧 남성의 몸이다."[21]

---

[21] Thomas Laqueur, *Making Sex: Body and Gender from the Greeks to Freud* (Cambridge, MA: Harvard University Press, 1990) (인용문은 62쪽). Laqueur에 따르면, 이 "하나의 성" 모델은 17세기 말까지 성적인 차이(sexual differences)에 대한 이해 가운데서 지배적이었다.

고린도전서 3장에 대한 본 연구의 목적에 있어서 이 "하나의 성" 모델이 갖는 중요성은, 그 모델이 생리적(physiology) 측면에 대한 이해를 지배했을 뿐 아니라 외양과 행동에 관한 모든 측면까지도 지배했다는 점이다.[22] 예를 들어, 아리스토텔레스의 저술로 여겨지는 『관상학』(*Physiognomics*)은 여러 다양한 성향(여기에는 부끄러움을 모르는 남자들, 질서가 잡힌 남자들, 둔감한 남자들, 병적으로 불건전한 남자들 등이 포함된다)과 각기 놀랍게 연결되는 신체적 특징들을 식별한다. 이 정교한 체계 안에서, "진짜 남자"(ἀνδρεῖος[안드레이오스])는 곧 꼿꼿한 머리카락, 곧은 행동거지, 굳센 목, 그리고 넓고 든든한 가슴 등을 소유한 사람이다. 반면, 덜 남자다운 사람(δειλός[데일로스])은 부드러운 머리카락, 가만히 앉아 있으려는 습관, 약한 눈빛, 그리고 짧은 다리 등으로 확인될 수 있다(*Physiognomics* 807a-b). 세네카(Seneca)는 여자처럼 옷을 입고 어려 보이려거나 혹은 소년처럼 보이려는 남자들은 본성을 거슬러 행동하는 것이라고 주장했다(*Moral Epistles* 122.7). 퀸틸리아누스(Quintilian)는 연설자의 스타일과 내용이 서로 일치하지 않을 때, "이는 남자들이 여성들의 장식인 목걸이나 진주를 착용하고, 길고 흘러내리는 가운을 입어서 스스로를 기형으로 만드는 것과 같다"고 불평했다(*Institutes* 11.1.3).[23] 디온 크리소스토모스는 나쁜 성품과 기질을 가진 남자

---

22 몸에 관한 이 논의에 비추어 고린도전서를 읽은 매우 흥미로운 연구인 Dale Martin, *The Corinthian Body* (New Haven, CT: Yale University Press, 1995)를 보라.

23 Maud W. Gleason, *Making Men: Sophists and Self-Presentation in Ancient Rome* (Princeton, NJ: Princeton University Press, 1995), 113-21에 나오는 퀸틸

들을 "목소리, 시선, 자세 … 헤어스타일, 걷는 방식, 눈의 높이, 목의 기울기, 손바닥을 위로 향한 채로 말하는 것" 등의 특징으로부터 확인해 낼 수 있다고 주장했다(Oration 33 [First Tarsic] Discourses 52).

2세기의 폴레몬(Polemo)과 같은 후대의 관상술사들은, "진짜 남자"가 아닌 이들이 아무리 자신의 정체를 숨기려 해도 그들의 정체를 알아볼 수 있다는 자신의 능력을 자랑스럽게 여겼다. 머드 W. 글리슨(Maud W. Gleason)은 폴레몬과 파보리누스(Favorinus)에 대한 연구에서 다음과 같이 결론을 내린다. 그들이 사용한 양극화된 젠더 구분은 "말로는 남자와 여자 사이의 간극을 특징지어 보여 준다고 했지만, 실제로는 남성을 적법한 남성과 적법하지 않은 남성으로 구분하는 데 사용되었다."[24]

존 J. 윙클러(John J. Winkler)는 이러한 관심이 "남성적 삶은 전쟁이고, 남성성은 의무이자 힘써 싸워 얻은 성취이며, 남성으로서의 자신의 자리를 저버리고자 하는 유혹이 매우 크다"는 견해를 반영하고 있다고 표현했다.[25] 이 견해에 따르면, 여성은 뒤집힌 남성일 뿐만 아니라 또한 남성적 정체성에 대한 위협이기도 하다. 의복이나

리아누스에 대한 논의를 보라.

24 Maud W. Gleason, "The Semiotics of Gender: Physiognomy and Self-Fashioning in the Second Century C.E.," in *Before Sexuality: The Construction of Erotic Experience in the Ancient Greek World* (ed. David M. Halperin, John J. Winkler, and Froma I. Zeitlin; Princeton, NJ: Princeton University Press, 1990), 412. 또한 Gleason, *Making Men*을 보라.

25 John J. Winkler, *The Constraints of Desire: The Anthropology of Sex and Gender in Ancient Greece* (New York: Routledge, 1990), 50.

행동, 몸가짐, 심지어 신체적 특징의 측면에서 그 경계선을 넘나드는 남자는 "젠더 위계질서에서 자신에게 부여된 자리를 무단 이탈"했다고 비난을 받을 수 있었다.[26]

이러한 배경을 미루어 볼 때, 나는 다음과 같이 상상해 보는 것이 타당하다고 생각한다. 고린도인들 가운데 주의력이 높은 이들은 "내가 젖으로 너희를 먹였다"(즉, "나는 너희의 어머니, 혹은 유모다")라는 바울의 말을 들었을 때, 바울이 "진짜 남자"가 아니라는 의구심을 품었을 수 있다. 바울은 오직 여성만이 담당했던 역할을 자신에게 적극적으로 부여함으로써, 남성성에 관해 문화적으로 일어난 전투에서 자신이 실질적으로 패배했음을 인정한 셈이다.[27] 이러한 배경은 필론과 에픽테토스가 젖과 고기 이미지를 사용할 때, 어째서 1인칭으로 말하지 않았는지 설명해 줄 수 있다. 그들 자신의 남성성 역시 의혹의 대상이 되지 않기 위해서였다.

그렇다면 어째서 바울은 고린도인들을 상대하면서 그렇게 인식될 위험을 무릅쓴 것인가? 우리가 어머니 이미지의 기능을 평가할 수 있는 최선의 길은, 고린도전서 3장의 후반부와 4장에서 바울이 사도적 역할에 관해 말하는 것을 미리 살펴보는 것이다. 바울은 고린도전서 3:5에서 이 주제를 다음과 같은 질문으로 도입한다. "그렇

---

26 Ibid., 21.
27 이는 바울이 젠더 구분에 일관적으로 무관심했다는 주장이 아니다. 고전 11:2-16에서 바울은 여자들이 머리를 가리지 않는 것과 삭발하는 것이 본성에 어긋난다는 논증을 편다. 이것은 바울이 그러한 사회적 구성물에 상당히 영향을 받았음을 알려 주는 주된 증거이다.

다면 아볼로는 무엇이고, 바울은 무엇입니까? 아볼로와 나는 여러분을 믿게 한 일꾼들(διάκονοι[디아코노이])이며, 주님께서 우리에게 각각 맡겨 주신 대로 일하였을 뿐입니다"(고전 3:5, 새번역). 곧이어 바울은 심는 것과 건축의 유비들(고전 3:5-16)을 통해 일꾼됨의 개념을 상세히 설명한다. 하지만 이 논의 전체는 고린도전서 3:4에 나오는 질문에 비추어 해석되어야 한다. "어떤 사람은 '나는 바울 편이다' 하고, 또 다른 사람은 '나는 아볼로 편이다' 한다니, 여러분은 육에 속한 사람이 아니고 무엇이겠습니까?"(고전 3:4, 새번역). 고린도전서 3:23에서 분명해지는 것처럼, 고린도인들은 바울이나 아볼로가 아니라 그리스도에게 속했다. 비록 비유적일지라도 바울은 그와 아볼로가 고린도인들의 소유주라는 인식에 맞선다. 바울은 "그러나 우리는 단지 일꾼들일 뿐이다"라고 말한다.[28]

바울과 아볼로가 단지 일꾼들일 뿐이라는 점은 본문에서 그 이후에 뒤따르는 이미지와 충돌하는 것처럼 보일지도 모른다. 바울이 자신을 가리켜 심은 자나 건축자라고 밝히고 고린도인들을 밭이나 건물이라 말할 때, 그는 고린도인들(그들은 단순히 수혜자들이다) 위에서 권위를 가지고 활동적으로 일하는 역할로 자신을 자리매김한 것이다. 엘리자베스 A. 카스텔리(Elizabeth A. Castelli)가 이 단락에서 발견한 것은 다음과 같다.

사도들과 공동체 사이에 분명하게 나누어진 위계질서적 구분[이 여

---

28 Fee는 이 점을 훌륭하게 강조했다(*First Corinthians*, 129-30).

기서 발견된다] … 아볼로와 바울은 하나님의 동역자들이며, 공동체는 사도적 사역의 수동적 대상으로 묘사된다. 또한 여기에는 평등이 전혀 표현되어 있지 않을 뿐더러, 호혜성 역시 표현되어 있지 않다. 공동체는 사도들의 사역의 수혜자이다.[29]

그러나 이와는 다른 읽기, 더 선호할 만한 읽기가 존재한다. 바울은 고린도인들이 자신의 밭이나 아볼로의 건물이라고 말하지 않았다. 고린도인들은 "하나님의 밭이며 하나님의 건물"(고전 3:9)이다. 실제로, 고린도전서 3:16-17에서 바울은 은유를 사용하여 고린도인들을 하나님의 거룩한 전(holy temple)으로 만든다. 그 신전을 파괴하는 자는 파괴될 것이다. 그렇다면 바울은 권위적 통치자가 아니라 소유주에 의해 파견을 받은 종, 즉 그 소유권이 침해되었을 시 파괴적인 심판을 받게 된다는 위협 아래에 서 있는 종인 셈이다. 이 본문에서 중요한 이슈는 '누가 능동적이고 누가 수동적인가?'가 아니라, 고린도인들이 누구에게 속해 있으며, 바울과 아볼로가 누구 앞에서 책임 추궁을 받게 될 것인가의 문제이다. 데일 마틴은 이것을 올바로 지적했다.

고린도전서 3:5-17에서 바울은 사도들의 위치를 상대화한다. 그들은 단지 일꾼들, 곧 심는 자나 물 주는 자일 뿐이며, 고린도인들은 하나

---

[29] Elizabeth Castelli, *Imitating Paul: A Discourse of Power* (Louisville: Westminster/John Knox, 1991), 105.

님의 밭이며 돌봄의 대상이다. … 바울은 고린도교회를 하나님의 전 (God's temple)으로 묘사하는 데 반해, 자신 및 다른 교사들은 단순히 건축 설계자나 건축 노동자로 묘사한다.[30]

고린도전서 4:8-13에 나오는 역설적인 언명은 3:5-17에 나오는 사도적 과업에 관한 이러한 해석을 확증해 준다. 사도들은 일반적으로 부유하고 힘 있고 영예롭다고 여겨지는 사람이나 사물과 동일시되지 않는다. 실은, 사도들은 그 반대 극단에 위치한다. "끝으로, 사형에 처해진 것처럼 … 세계와 천사들과 필멸자들에게 구경거리[가 되었다]"(고전 4:9). 이러한 맥락에서 볼 때, 바울이 사도적 사역에 관한 이러한 이해를 젖 먹이는 어머니의 언어 안에 도입한 것은 적절해 보인다. 그 은유는 그들의 관계를 특징짓는 애정과 돌봄의 유대를 표현하며, 동시에 바울을 "진정한" 남성됨으로 인식되는 것의 끄트머리에 위치시킨다.

고린도전서 3:1-2에 대한 통상적인 해석들은 이 본문을 이전 단락과의 연결 속에서 읽는다. 그 해석들은 주로 고린도전서 2장에 나오는 지혜에 대한 논의에서 실마리를 얻어, 고린도인들의 성숙에 대한 바울의 염려가 3:1-2에 날카롭게 표현되어 있는 것으로 본다. 내가 주장하고자 하는 것은, 3:1-2을 그 뒤에 나오는 단락과도 연결해서 읽을 필요가 있다는 점이다. 왜냐하면 곧이어 무엇이 진정한 사도적 사역으로 여겨져야 하는지에 관해 바울이 주장을 펼치는 데

---

30 Martin, *The Corinthian Body*, 64.

기여하기 때문이다.³¹ 바울은 1인칭을 사용하여 말함으로써, 자신의 역할을 일꾼(διάκονος)이라 말하는 대목이 나올 것을 예견한다. 특히 자신이 젖 먹이는 어머니라고 1인칭을 사용하여 말함으로써, 바울은 "진짜 남자"로서의 자신의 지위에 오히려 금이 가게 만들고, 차후에 나올 그의 지위의 상실―곧, 바울이 자신의 사역을 다른 누군가가 소유한 밭에서 심는 자, 다른 누군가의 건물에서 일하는 종, 그리고 "만물의 찌꺼기"(4:13)라고 묘사하는 데에서 비롯되는 상실―을 예견한다. 만약 우리가 고린도전서 3:1-2을 앞의 단락과 연결해서 읽고자 한다면, 1:18("십자가의 도가 멸망하는 자들에게는 미련한 것이요 구원을 받는 우리에게는 하나님의 능력이라"[개역개정])까지 거슬러 올라갈 필요가 있다. 왜냐하면 바울이 3장에서 사용하는 사도적 사역의 이미지는 곧 십자가에 달리신 예수님에 대한 바울의 선포에서 비롯된 것이기 때

---

31 어떤 면에서, 이 해석은 고전 3:1-4을 2장의 논증의 결론으로 여기는 이들이나, 3:1-4을 3장의 서론으로 여기는 이들에 대항해서, 3:1-4을 2장에서 3장으로 이행하는 연결 단락으로 이해하는 사람들의 입장을 강화해 줄 것이다. 그러나 3:1-4을 이행적으로 해석하는 이들의 대부분은 이 본문이 지혜에 대한 논의로부터 고린도 당파들에 대한 논의를 재개하는 것으로 넘어가는 지점을 표시한다고 이해한다. 두 이슈 모두가 나타나기는 하지만, 또한 사도적 사역의 특성 역시 이 본문에 나타난다. 이 점에 대해서는 Brendan Byrne, "Ministry and Maturity in 1 Corinthians 3," *ABR* 35 (1987): 83-87을 보라. 3:1-4을 이행적으로 여기는 학자들로는, Hans Conzelmann, *1 Corinthians* (Hermeneia; Philadelphia: Fortress, 1975), 71; Fee, *First Corinthians*, 121-22; David W. Kuck, *Judgment and Community Conflict: Paul's Use of Apocalyptic Judgment Language in 1 Corinthians 3:5–4:5* (NovTSup 66; Leiden: Brill, 1992), 155을 보라.

문이다. 세상의 기준으로 볼 때, 십자가에 달리신 예수님은 젖 먹이는 어머니 바울과 마찬가지로 "진짜 남자"가 아닌 것이다.[32]

---

[32] C. Clifton Black은 개인적인 대화 가운데서, 나에게 이렇게 썼다. "바울의 어머니 언어 표현은 하나님의 신비를 맡은 청지기직에 관하여, 놀라우면서도 전적으로 적절한 이미지를 제공한다. 이는 그리스도께서도 그러하듯, 세상의 판단 기준으로 보면, 불미스럽고 완전히 어리석어 보일 것이 분명하다."

4장 피조 세계의 출산

바울, 우리 어머니

4장 피조 세계의 출산

> 우리가 알기로, 모든 피조 세계가 지금까지 함께 신음하며 함께 산고를 겪고 있다. (롬 8:22)

앞선 장들에서 나는 바울이 자신을 가리켜 모성적 용어들로 묘사한 본문들을 살펴보았다. 이를테면, 바울은 자신과 자신의 동료들을 가리켜 자기 자녀를 돌보는 유모에 빗댄다(살전 2:7). 그는 갈라디아인들을 해산하는 진통 중에 있다(갈 4:19). 그는 고린도인들이 아직 단단한 음식을 먹을 준비가 되지 않아서, 계속해서 그들을 젖으로 먹여야만 한다고 불평한다(고전 3:2). 바울서신 모음집(corpus)은 어머니 언어의 또 다른 사례를 보여 준다. 갈라디아서 1:15("그러나 내 어머니의 태로부터 나를 택정하시고 그의 은혜로 나를 부르신 이가"[개역개정])에서 바울은 하나님께서 자신을 이미 "어머니의 자궁으로부터" 사도직을 위해 성별하셨다고 쓴다. 이후 갈라디아서에서 바울은 예수 그리스도께서

"여자에게서 나셨다"고 말하고(갈 4:4), 또한 사라와 하갈의 자녀들(육신적 의미에서와 알레고리적 의미에서 모두)에 관해 말한다.¹ 로마서 4장에서 바울은 "사라의 자궁"(롬 4:19)에 관해 간략히 말하고, 이와 유사하게 로마서 9:9-10에서 사라와 리브가의 자녀들에 대해 간략히 언급한다. 앞선 장들에서 살펴본 본문들과는 달리, 이 본문들은 실제 살과 피를 가진 어머니들을 가리키거나 혹은 그런 실제 어머니들의 모습을 은유적으로 활용한다.²

그러나 로마서 8장에서 출산 이미지의 또 다른 사례가 등장하는데, 이 이미지가 가리키는 바는 실제 어머니나 바울의 사도적 노력

---

1 갈 4장에 사라의 이름은 언급되지 않지만, 4:22의 "자유한 여자"에 대한 지칭으로부터 사라를 추론해 낼 수 있다. 비록 여기서의 알레고리가 사라의 자녀들로서의 그리스도인들과, 하갈의 자녀들로서의 유대인들 사이의 대조로 흔히 이해되어 왔지만, J. 루이스 마틴(J. Louis Martyn)은 해당 본문이 두 종류의 이방인 선교 사이를 대조하려는 의도로 기록되었다는 주장을 폈다. 즉, 바울이 수행하는 할례 없는 선교(사라의 자유인 자녀들)와, 그 교사들의 율법 준수를 포함한 선교(하갈의 노예 상태의 자녀들) 사이의 대조라는 것이다(*Galatians* [AB 33A; New York: Doubleday, 1997], 431-66). 또한 Susan Eastman, *Recovering Paul's Mother Tongue: Language and Theology in Galatians* (Grand Rapids: Eerdmans, 2007)에 나오는 자세한 논의를 보라.

2 이 목록에 포함될 수 있는 추가적인 본문으로는 고전 15:8이 있다. "맨 나중에 만삭되지 못하여 난 자 같은 내게도 보이셨느니라"(개역개정). 이 구절에서 ἔκτρωμα(에크트로마)라는 단어는 임신 기간이 꽉 차기 전에 일어난 출생을 가리킨다(조산, 유산, 혹은 임신중절 등을 가리킬 수 있다)(BDAG, 311; 민 12:12; 욥 3:16; 전 6:3; 필론, *Allegorical Interpretation* 1.76). 바울이 이 단어를 사도로서의 자신의 소명에 적용한 것은 분명해 보이나, 그 말로 바울이 무엇을 의미했는지는 논쟁거리다. Raymond F. Collins, *First Corinthians* (SP; Collegeville: Liturgical Press, 1999), 537을 보라.

중 그 어느 쪽도 아니다.

> ¹⁸ 내가 생각하기에, 현재의 고난은 장차 우리에게 묵시적으로 계시될³ 영광에 비할 바가 아니다. ¹⁹ 피조 세계의 열렬한 갈망은 하나님의 자녀들(υἱοί[휘오이]; 문자적으로는 아들들)의 드러남/계시(apocalypse)를 기대한다. ²⁰ 피조 세계가 헛됨에 종속된 것은 자신의 뜻으로가 아니라 그것을 복속시키신 분에 의해, 소망 가운데 그렇게 된 것인데, ²¹ 피조 세계 자체가 썩어짐의 노예 상태로부터 해방되어 하나님의 자녀들(τέκνα[테크나])의 영광의 자유에 이를 것이기 때문이다. ²² 우리가 알기로, 모든 피조 세계(πᾶσα ἡ κτίσις[파사 헤 크티시스])가 지금까지 함께 신음하며(συστενάζει[쉬스테나제이]) 함께 산고를 겪고 있다(συνωδίνει[쉰오디네이]). ²³ 그뿐만 아니라 우리, 곧 성령의 첫 열매를 이미 받은 우리도 신음하며(στενάζομεν[스테나조멘]) 양자됨, 우리 몸의 속량을 기다린다. (롬 8:18-23)

---

3 안타깝게도 "묵시적으로 계시될"(롬 8:18)이라는 표현은 중복적이다. 그러나 그 번역은 ἀποκαλύπτειν(아포칼륍테인)이라는 단어의 한 측면을 잘 포착하는 것을 목표로 한다. 바울은 단지 시야로부터 감추어졌던 것의 덮개를 벗겨 낸다는 뜻뿐만 아니라, 롬 1:17-18에서처럼 복음에 나타난 하나님의 활동을 가리키기 위해 그 단어를 썼다. Ernst Käsemann의 다음과 같은 표현은 적절하다. "하나님께서는 자신에게 속한 그 세계를 자신에게로 되찾아오기 시작하셨다"("Worship and Everyday Life: A Note on Romans 12," in *New Testament Questions of Today* [Philadelphia: Fortress, 1969], 191). 또한 이 동사에 대해 논의한 Martyn, *Galatians*, 99을 보라.

이 로마서 단락에서 산고를 겪는 것은 바울이나 생물학적 어머니 중 그 어느 쪽도 아니다. 오히려, 출산을 위해 진통 중에 있는 것은 피조 세계 자체이다.

이 단락의 정확한 함의를 둘러싼 논쟁은 오래되었지만,[4] 최근 몇십 년 동안 사실상 합의점이 형성되었다. 이 합의점에 따르면, 바울은 이 단락에서 인간을 **제외한** 피조 세계 전체를 가리키고 있다("인간 이하의[subhuman]" 피조 세계라는 용어가 종종 사용된다).[5] 이를 기반으로, 세 가

---

4   펠라기우스는 이 본문에서 "피조 세계"를 둘러싸고 서로 다른 해석들이 존재함을 언급했다(*Pelagius's Commentary on St. Paul's Epistle to the Romans* [trans. Theodore De Bruyn; Oxford Early Christian Studies; Oxford: Oxford University Press, 1993], 110). 주된 선택지로 제시된 해석은 다음과 같다. (1) 인간을 제외한 피조 세계 전체(즉, 인간 이외의 피조 세계); (2) 인간 이외의 피조 세계 및 불신자들; (3) 신자들을 제외한 인류 전체가 그것이다. 이에 대한 해석사 및 추가적 참고 문헌 목록에 관해서는, John Reumann, *Creation and New Creation: The Past, Present, and Future of God's Creative Activity* (Minneapolis: Augsburg, 1973), 98-99; C. E. B. Cranfield, *Introduction and Commentary on Romans I–VIII* (vol. 1 of The Epistle to the Romans; ICC; Edinburgh: T&T Clark, 1975), 413-14; J. D. G. Dunn, *Romans 1–8* (WBC 38A; Dallas, TX: Word Books, 1988), 464-65 [=『로마서(상)』(솔로몬, 2013)]; Olle Christoffersson, *The Earnest Expectation of the Creature: The Flood-Tradition as Matrix of Romans 8:18–27* (ConBNT 23; Stockholm: Almqvist & Wiksell, 1990), 13-46을 보라.

5   이 본문이 인간 이외의 피조 세계를 가리킨다고 주장하는 최근 학자들의 예는 다음과 같다. Cranfield, *Romans*, 1:411-12; Ulrich Wilckens, *Der Brief an die Römer : Römer 6–11* (EKKNT 6.1; Zurich: Benziger, 1978), 152-53; Dunn, *Romans*, 469-70; Christoffersson, *Earnest Expectation*, 139; Joseph A. Fitzmyer, *Romans* (AB 33; New York: Doubleday, 1993), 506 [=『앵커바이블 로마서』(CLC, 2015)]; John Bolt, "Creation and Redemption in Romans

지의 논점이 이 단락에 대한 논의에 뒤따른다. 첫째, 피조 세계가 갈망하는 것은 하나님의 자녀들의 정체가 공적으로 환히 드러나는 것이다. 제임스 던(James D. G. Dunn)은 피조 세계를 떠올리며 공연의 관객을 상상한다.

> [피조 세계는] 최종적인 막이 걷히고 여러 연기자들이 진짜 인물들로 변화하는(다시 돌아오는) 연극의 [관객이다] … 오직 연기자들의 일부만이("하나님의 아들들")이 이 커튼콜에 참여하며 … 관객이 열렬하게 바라는 것은 이들이 누구인지 보는 것, 그리고 그들이 어떠한 변화를 거쳤는지를 보는 것이다.[6]

둘째, 하나님의 자녀들이 드러나게 되면, 그들은 피조 세계 자체

8:18-27," *CJT* 30 (1995): 34-51; Brendan Byrne, *Romans* (SP; Collegeville: Liturgical Press, 1996), 255-56; Douglas Moo, *The Epistle to the Romans* (NICNT; Grand Rapids: Eerdmans, 1996), 514; Edward Adams, *Constructing the World: A Study in Paul's Cosmological Language* (Studies of the New Testament and Its World; Edinburgh: T&T Clark, 2000), 175-78. 이에 반대하여, 여기서 "피조 세계"는 인류를 포함한다는 주장을 펼치는 학자들은 다음과 같다. A. Viard, "Expectatio creaturae (Rom., VIII, 19-22)," *RB* 59 (1952): 340; Ernst Käsemann, *Commentary on Romans* (Grand Rapids: Eerdmans, 1980), 232-33; Susan Eastman, "Whose Apocalypse? The Identity of the Sons of God in Romans 8:19," *JBL* 121 (2002): 273-76.

6   Dunn, *Romans*, 470. 또한 Jan Lambrecht, "The Groaning Creation: A Study of Rom 8:18-30," *LS* 15 (1990): 7; Moo, *Romans*, 515; Byrne, *Romans*, 257을 보라.

의 속량 가운데 하나의 역할을 맡아 수행하게 된다. 어니스트 베스트(Ernest Best)의 선례를 따르는 실비아 키스맷(Sylvia C. Keesmaat)은 바울이 로마서 8:18에서 이야기하는 드러나게 될 "영광"이란 "하나님의 자녀들이 피조 세계를 지혜롭게 다스리는 것"이며, 이는 창세기 1:28("하나님이 그들에게 복을 주시며 하나님이 그들에게 이르시되 생육하고 번성하여 땅에 충만하라, 땅을 정복하라, 바다의 물고기와 하늘의 새와 땅에 움직이는 모든 생물을 다스리라 하시니라"[개역개정])과 2:15("여호와 하나님이 그 사람을 이끌어 에덴 동산에 두어 그것을 경작하며 지키게 하시고"[개역개정])에서 인류에게 주어진 책임에 기반한 것이라고 주장한다.[7] 이와 비슷하게, N. T. 라이트(Wright)는 "피조 세계 전체"를 구출하는 것과 "지혜로우며 회복의 치유를 일으키는 신적 정의를 피조 세계 전체에" 가져오는 일에 있어서 인류가 담당하게 될 역할을 언급한다.[8]

셋째, 적어도 일부 학자들은 바울이 이 로마서 단락 안에서 상상한 것은 현재 안으로 들어온 묵시적 침투가 아니라 변화를 향해 가는 점진적인 움직임이라는 결론을 내린다. 에드워드 애덤스(Edward Adams)는 피조 세계가 "기쁨이 넘치는 긍정적인 결과를 가져올, 생산적인 과정"에 속해 있다고 묘사하며, 다가올 영광은 현재 시대의 고

---

7 Ernest Best, *The Letter of Paul to the Romans* (CBC; Cambridge: Cambridge University Press, 1967), 98-99; Sylvia C. Keesmaat, *Paul and His Story: (Re)Interpreting the Exodus Tradition* (JSNTSup 181; Sheffield: Sheffield Academic Press, 1999), 101.

8 N. T. Wright, *Romans* (NIB 10; Nashville: Abingdon, 2002), 596-97 [=『N. T. 라이트 로마서 주석』(IVP, 2025)].

통으로부터 자라날 것이라고 주장한다.[9] 이와 비슷하게, 필립 에슬러(Philip F. Esler)는 하나님의 자녀들의 나타남이 "현재의 경험에서 유기적으로 진화해 나가지만 아직은 보이지 않는" 무엇인가를 가리킨다고 말한다.[10]

여러 가지 이유로(그 가운데 오늘날의 환경 위기가 적지 않은 부분을 차지한다), 로마서 8장에 대한 이러한 읽기는 상당한 공감을 불러 일으켰다. 그러나 이 해석을 지지하기 전에, 로마서 8:22-23의 논리로부터 시작하여 이 단락의 세부 사항을 찬찬히 숙고해 보는 것이 중요하겠다. 바울은 먼저 피조 세계 자체의 열렬함에 관해 언급한 후에 다음과 같이 말한다.

> 모든 피조 세계가 함께 신음하며 함께 산고를 겪고 있다. (롬 8:22)

그런 다음에 바울은 이렇게 덧붙인다.

> 우리 역시 함께 신음한다 …
> **양자됨, 우리 몸의 속량을 기다리는 가운데.** (롬 8:23)

강조 표시한 부분들은 난점을 보여 준다. 로마서 8:22에 소개된

---

9   Adams, *Constructing the World*, 180, 182.
10 Philip F. Esler, *Conflict and Identity in Romans: The Social Setting of Paul's Letter* (Minneapolis: Fortress, 2003), 263.

분만의 산통은 완성에 이르지 않는다. 기다리고 있는 것은 출생이 아니라 입양이며, 아기가 아니라 속량이기 때문이다. 갈라디아서 4장과 데살로니가전서 2장에서처럼, 이 로마서 단락은 예기치 않은 전개를 펼치고 있다. 우리는 피조 세계가 새로운 무엇인가를 낳는 것, 어쩌면 피조 세계 자신의 갱신이나 혹은 새로운 생명을 낳는 것을 상상한다. 그리고 "우리"는 이 새 창조의 일부로서 구출될 무엇인가를 위해 신음하고 있을 것이다. 허나, 다른 일이 일어난다. 바울은 로마서 8장의 이전 부분에서 도입했던 양자됨의 언어로 되돌아간다(롬 8:15). 그런 후 바울은 로마서 3:24("그리스도 예수 안에 있는 속량으로 말미암아 하나님의 은혜로 값 없이 의롭다 하심을 얻은 자 되었느니라"[개역개정])에서 도입했던 속량의 언어로 양자됨을 설명한다.

이것은 단순히 바울의 상상력의 실패 혹은 정신적 능력의 실패가 아니다. 얼핏 논리적인 실수로 보이는 점이 도리어 이 본문에서 일어나고 있는 일을 이해할 실마리를 제공한다. 로마서 8장의 단락은 피조 세계의 출산이나 인류가 피조 세계를 구출하는 것을 예견하고 있지 않다(비록 양쪽 개념 모두 매력적일 수 있지만 말이다). 이 단락이 예견하고 있는 것은 하나님께서 자신이 만드신 모든 것을 죄와 사망의 권세로부터 구출하신다는 것이다. 이러한 로마서 8장의 묵시적 읽기를 확립하기 위해서는 이 단락을 로마서의 더 큰 논증 안에 위치시킬 필요가 있다. 그러나 먼저 우리는 "피조 세계"와 "하나님의 자녀들"이라는 용어에 주의를 기울여야 한다.

무엇이 "모든 피조 세계"를 구성하는가?

로마서 8:18-25에서 바울은 우리의 주의를 피조 세계로 집중시킨다. 피조 세계 자체의 갈망(eagerness)이 19절("피조 세계의 열렬한 갈망은 하나님의 자녀들의 드러남/계시를 기대한다")에 나오는 동사의 주어이다. 또한 피조 세계가 20-21절("피조 세계가 헛됨에 종속된 것은 자신의 뜻으로가 아니라 그것을 복속시키신 분에 의해, 소망 가운데 그렇게 된 것인데, 피조 세계 자체가 썩어짐의 노예 상태로부터 해방되어 하나님의 자녀들의 영광의 자유에 이를 것이기 때문이다")에 나오는 동사들의 주어이다. 이 수사는 22절("우리가 알기로, 모든 피조 세계가 지금까지 함께 신음하며 함께 산고를 겪고 있다")에서 고조되는데, 이 구절은 "우리가 안다"라는 표현의 도입과 "모든 피조 세계"라는 강조 표현으로 청중의 시선을 끌어당긴다. 그렇다면 바울이 "피조 세계"라는 말로 정확히 의미한 바는 무엇인가?[11] 앞서 언급했듯이, 이 "피조 세계"가 **인간들을 제외한 피조 세계**를 가리킨다는 광범위한 합의점이 존재하며, 이는 여러 가지 고려 사항에 기반하고 있다. 첫째, 20절은 피조물의 종속이 "자신의 뜻"이 아니라고 묘사하는데, 많은 이들은 이 구절을 아담의 타락으로 인해 피조 세계가 종속된 상태가 되었다는 의미로 이해한다. 인류는 자기 자신의 행위에 의해 종속되었지만, 인간 외 피조 세계는 아담 때문에 종속된 것이라는 증거로 흔히 창세기

---

11 유대교 텍스트와 비-유대교 텍스트 양쪽 모두에서 이 단어와, 이 단어의 사용에 관한 논의로는 Adams, *Constructing the World*, 77-81을 보라.

3:17("너로 인해 땅이 저주 받았다")이 제시된다. 둘째, 많은 이들이 볼 때, 피조 세계가 하나님의 자녀들의 드러남/계시(apocalypse)를 기다리고 있다는 사실, 그리고 24절이 "우리"의 신음을 가리킨다는 사실은 바울이 피조 세계와 신자들 사이를 구분하고 있다는 점을 시사한다.[12] 셋째, 어떤 학자들은 다른 곳에 나오는 "피조 세계(κτίσις[크티시스])" 용례에 기반하여(예: 지혜서 2:6; 5:17; 16:24; 19:6), 로마서 8:19-22이 인간 외 피조 세계와 관련된다는 견해를 확증한다.[13]

하지만 자세히 조사해 보면, 이 논증들 중 어느 것도 흔히 생각하는 것만큼 설득력이 있지는 않다. 그리고 이 단락과 이 단락을 둘러싼 더 큰 맥락은, "피조 세계"라는 단어가 **인간 외 나머지 피조 세계**와 함께, **인류 전체**까지 포함한다는 점을 암시한다. 먼저, 8:20의 구문("자신의 뜻으로가 아니라")이 너무 과하게 강조되어 왔다. 이 그리스어 구문(οὐχ ἑκοῦσα[우크 헤쿠사])에 사용된 단어(ἑκών[헤콘])는 종종 그 반의어(ἄκων[아콘])와 짝을 이루어, 무엇인가를 자발적으로 하는 것과 억지로 하는 것 사이의 대조를 나타낸다(고전 9:17의 경우에서처럼).[14] 이 패턴은

---

12 이전의 한 가지 논증은 피조 세계가 불신자들을 포함한다는 것인데, 이 입장은 최근의 논의에서는 별로 호응을 얻지 못한다. 그 입장을 지지하는 이들로는, G. W. Lampe, "The New Testament Doctrine of κτίσις," *SJT* 17 (1964): 400; John G. Gager, "Functional Diversity in Paul's Use of End-Time Language," *JBL* 89 (1970): 329을 보라.

13 Adams, *Constructing the World*, 178.

14 BDAG, 313; LSJ, 527. 특히 이른 시기의 문헌에서 ἑκών이 함축하는 의미 범위에 대해서는 GailAnn Rickert, *EKΩN and AKΩN in Early Greek Thought* (American Classical Studies 20; Atlanta: Scholars Press, 1989)을 보라.

20절의 구문을 피조 세계의 "뜻"에 관한 언급으로 읽는 것이 과잉 해석일 수 있음을 시사한다. 이 구문은 피조 세계의 성향으로 주의를 집중시키는 것이 아니라, 피조 세계를 **복속시키는 분**, 곧 하나님을 바라보게 한다.[15] 그렇다면, 20절이 하는 일은 그 복속을 묘사하고 하나님께서 피조 세계를 **대상으로 행동하셨다는** 인식을 강화하는 것이다. 곧 "피조 세계가 종속된 것은, 자발적으로가 아니라 그것을 복속시키는 분에 의해서이다"라는 의미이다.

또한 피조 세계가 하나님의 자녀들의 드러남을 열렬히 갈망하는 것은, 그 자녀들이 열렬한 기대의 일부분이 되는 것을 배제하지 않는다. 실제로, 8:23("그뿐만 아니라 우리, 곧 성령의 첫 열매를 이미 받은 우리도 신음하며 양자됨, 우리 몸의 속량을 기다린다")은 자녀들이 피조 세계의 갈망의 일부가 **아니라고** 말하는 게 아니라, 오히려 그 갈망을 지녔음을 강조한다. 우리가 첫 열매를 소유하고 있다는 사실(혹은 어쩌면, 우리가 첫 열매를 소유하고 있기 때문에)은 "우리"가 피조 세계와 더불어(그리고 그 일부분으로서) 갈망한다는 점을 나타낸다. 만약 이 갈망이라는 작품을 "공연"하는 오케스트라로 피조 세계를 상상할 수 있다면, "우리"는 아예 다른 오케스트라 혹은 다른 작품의 연주자들이 아니라, 바로 동일한 오케스트라에 포함된 한 섹션이다.

비록 다른 유대교 텍스트들이 인류를 피조 세계의 나머지로부터 구분하는 방식으로, "피조 세계(κτίσις)"라는 단어를 사용할지도

---

15 주석가들은 "복속시키는 분"이 하나님이라는 점에 대체로 동의한다. 또한 본서의 8장을 보라.

모르지만, 로마서 및 바울서신 모음집에 나타나는 여러 특징들은 인류가 피조 세계의 일부로서 이해되어야 함을 시사한다. 먼저, 로마서 1:18-32에서 바울은 인류를 향해 우상숭배로 고발하며, 그들이 "인간, 새, 네발 짐승, 그리고 파충류"의 이미지를 만들었고 그것들을 하나님의 영광과 맞바꾸었다고 주장한다(롬 1:23). 바울은 "그들은 조물주가 아니라 피조 세계(κτίσις[크티시스])를 경배하고 섬겼다"라는 말로 이 고발을 요약한다(롬 1:25). 종합해 보면 이는 인간이 피조 세계 자체의 일부임을 시사한다. 참으로, 인류의 문제는 그 자신이 하나님에 의해 창조되었다는 이해를 거부하는 데에 있다. (그리고 이러한 의미에서, 인류를 포함한 피조 세계가 종속된 것은 "자발적인 것이 아니었다"라고 말할 수 있다. 즉, 인류는 복종하고 싶어하지 않았다. 인류는 피조물로서 자신의 올바른 장소를 거부하고 반란을 일으켰다.)

또 다른 본문들이 인간 및 인간 외 피조 세계를 함께 묶는 이해 방식을 지지한다. 로마서 11:33-36을 마무리 짓는 송영에서 바울은 하나님의 지혜와 지식을 이해하는 일의 불가능성을 표현하기 위해 성경을 끌어오고, "만물이 그로부터, 그를 통해, 그리고 그를 위해 존재한다"라는 말로 결론을 내린다(롬 11:36). 덜 모호하면서 더 논점을 정확히 드러내는 것은 고린도전서 8:6에 나오는 찬가 구절이다.

그러나 우리에게는 아버지가 되시는 하나님 한 분이 계실 뿐입니다. 만물은 그분에게서 났고, 우리는 그분을 위하여 있습니다. 그리고 한 분 주님이신 예수 그리스도가 계십니다. 만물이 그분으로 말미암아

있고, 우리도 그분으로 말미암아 있습니다. (고전 8:6, 새번역)

여기에서 만물은 그 피조성에 있어서, 그리고 하나님과의 관계에 있어서 연합을 이룬다. 이는 로마서 8장이 인류를 피조 세계 나머지와 분리시킨다는 개념과 조화를 이루기 어렵다.[16] 실제로, 로마서 8:22의 "모든(πᾶς, 파스)"이라는 단어는 해당 단락의 "피조 세계"가 포괄적 함의를 가진다는 점을 알리는 추가적인 신호일 수 있다. 왜냐하면 "모든"이라는 단어는 로마서 편지에서 인류 전체와 관련하여 중요한 역할을 하기 때문이다(예를 들어, 롬 1:5. 7, 8, 16; 2:9-10; 3:9, 12, 19, 23; 5:18; 11:26, 32, 36; 15:11).[17]

하나님의 자녀들의 드러남/계시

로마서 8장을 공부하는 이들은 "모든 피조 세계"에 대한 자신만의 해석을 설명해야 할 부담감을 느낀다. 반면, 대다수는 "하나님의

---

16 John Bolt는 κτίσις가 인간 이외의 피조 세계와 관련이 되어 있다고 주장한다. 그는 κτίσις에 대한 포괄적 해석이 오히려 피조 세계를 속량에 종속시키고 피조 세계를 인간 중심적으로 해석한다고 여긴다("Creation and Redemption in Rom 8:18-27"). 비록 이 견해가 일부 학자들의 저술에 나타나지만(예: Lampe, Reumann), 나는 내가 옹호하는 입장이, 롬 8장을 신자들의 미래에만 제한시킨다기보다는 그 장의 우주적 범위를 강화시킨다는 점이 분명해지기를 바란다.

17 Jouette Bassler는 πᾶς의 반복에 관해 언급했다(*Divine Impartiality: Paul and a Theological Axiom* [SBLDS 59; Chico, CA: Scholars Press, 1982], 128).

아들들", "하나님의 자녀들", 혹은 "우리"라는 구문은 자명하다고 전제하는 것 같다.[18] "하나님의 아들들"이라는 표현은 로마서 8:14("무릇 하나님의 영으로 인도함을 받는 사람은 곧 하나님의 아들[들]이라"[개역개정])에 나타나며, 그 표현이 명시적으로 가리키는 이들은 하나님의 영으로 이끌림을 받고 있는 이들, 양자됨의 영을 받은 이들, 하나님의 자녀들인 동시에 그리스도와 공동상속자인 이들이다.[19] 그런 후 대부분의 주석가들은 로마서 8:19("피조물이 고대하는 바는 하나님의 아들들이 나타나는 것이니"[개역개정])에 나오는 "하나님의 아들들"의 정체가 신자들이라고 쉽게 정의해 버린다. 이 주석가들은 "하나님의 아들들"이 **묵시적으로 드러나게**(apocalyptically revealed) 될 것이라는 사실이 의미하는 바가 무엇일지 고민하지 않는다. "하나님의 아들들"이라 불리는 집단이 8장 앞부분에서 소개된 무리로부터 구분되는 것이 아닐까 의문을 품지 않는 것이다.

수전 이스트먼(Susan Eastman)은 이 논의에 중요한 기여를 했다. 그녀는 바로 그 의문을 제기했고 다음과 같은 주장을 폈다. "하나님의 아들들의 미래의 드러남/계시(apocalypse)는, 하나님의 아들들과 딸들로 부르심을 받은 모든 이들을 바로잡으실 것(rectification)을 약속하

---

18 이 부분에서 나는 바울이 그리스어 단어 υἱοί를 쓸 경우 "아들들(sons)"로 번역하여, τέκνα라는 단어와 차이를 두었다. 후자의 경우 나는 "자녀들(children)"이라는 번역어를 사용했다. 나는 두 단어 중 어느 한쪽에서도 바울이 그 집단들이 오직 남자만으로 이루어져 있다는 식으로 이해했다고 생각하지 않는다.

19 υἱός가 로마서의 앞부분에 나오기는 한다. 하지만 오직 하나님의 아들이신 예수 그리스도를 가리키며 나온다(롬 1:3, 4, 9; 5:10; 8:3).

며, 여기에는 아직 '그리스도인'이라는 범주 안에 포함되지 않은 이들까지도 포함된다."[20] "아직 포함되지 않은" 이들이란 장차 신앙을 갖게 될 이들뿐 아니라 온 이스라엘 및 이방인을 의미한다. 이스트먼은 칠십인역과 다른 유대 문헌들이 종종 이스라엘을 "하나님의 아들들"과 "하나님의 자녀들"로 표현한다는 사실에 주목한다. 또한 로마서 9:4("그들은 이스라엘 사람이라 그들에게는 양자 됨과 영광과 언약들과 율법을 세우신 것과 예배와 약속들이 있고"[개역개정])을 보면 바울은 유대인들이 "양자됨"과 "영광"의 수혜자들임을 확언하고 있다.[21] 이 확언은 단지 역사적 유물, 곧 이스라엘이 불신앙 가운데 옆으로 밀어낸 선물이 아니다. 왜냐하면 11:29에서 바울은 (로마서의 복잡한 단락[9-11장]에서 진행된 모든 논의에도 불구하고) 이스라엘을 향한 "하나님의 선물과 부르심은 취소될 수 없다"고 선언하고 있기 때문이다. 이 점은 11:32에서 훨씬 더 선명해진다. "하나님께서 모두를 불순종에 가두신 것은 하나님께서 모두에게 자비를 베풀려 하심이다"(롬 11:32). 이런 이유로, 이스트먼은 이스라엘 전체가 "하나님의 자녀들"—즉, 그들의 존재가 8:19("피조물이 고대하는 바는 하나님의 아들들이 나타나는 것이니"[개역개정])에서 묵시적으로 드러나며 그들의 양자됨이 8:23("그뿐 아니라 또한 우리 곧 성령의 처음 익은 열매를 받은 우리까지도 속으로 탄식하여 양자 될 것 곧 우리 몸의 속량을 기다리느니라"[개역개정])에 예견되어 있는 이들—에 포함되어야 한다고 올바르

20　Eastman, "Whose Apocalypse?," 266.
21　Ibid. 이 두 논점들 모두 Keesmaat, *Paul and His Story*, 266에서 언급된 관찰에 의존한다.

게 결론을 내린다. 다른 말로 하면, 8:23은 11:32에서 명시적으로 표현될 충만한 포함을 미리 암시하는 것이다. 바울서신의 다른 본문을 보면, 이 묵시적 드러남이란 단지 비밀로 감추어졌던 무언가가 공적으로 드러남을 의미하는 게 아니라, 침입이라고 부를 만큼 급진적으로 세계를 교란하는 무언가가 발생하는 사건을 가리킨다.[22] 더나아가 이것이 시사하는 바는 피조 세계의 갈망을 아는 "우리", 성령의 첫 열매를 받은 "우리"가 하나님의 자녀들 가운데 속해 있지만, 그렇다고 해서 우리가 묵시적으로 드러나게 될 유일한 존재는 아니라는 점이다.[23]

이 "하나님의 자녀들"은 무엇을 하는가? 그들이 피조 세계를 돌본다는 개념을 키스맷과 라이트가 멋지게 표현했지만, 그 개념은 로마서 8장 본문에서 명시적으로 드러나지 않는다. 다만 바울이 창세기 3:17("아담에게 이르시되 네가 네 아내의 말을 듣고 내가 네게 먹지 말라 한 나무의 열매를 먹었은즉 땅은 너로 말미암아 저주를 받고 너는 네 평생에 수고하여야 그 소산을 먹으리라"[개역개정])의 역전을 예견했다는 전제로부터 추론될 수 있을 따름이다. 사실 로마서 8장은 인류가 피조 세계를 회복하거나 피조 세계의 돌봄을 실천하는 것에 대해 전혀 말하고 있지 않다. 반대로, 여기서 인류의 역할은 기다리는 것 곧 열렬히 기대감을 갖고 소망 가

---

22 Martyn, *Galatians*, 99, 407.
23 덧붙여 말하자면, 로마서에서 바울이 1인칭 복수를 사용할 때 누구를 가리키는지가 항상 분명한 것은 아니다(롬 3:9, 19; 4:1을 보라). 이러한 용어의 유연성은 "우리"와 "하나님의 자녀들"과 "그리스도인들"(혹은 "신자들")을 너무 쉽게 동일시하지 못하도록 경고한다.

운데 결국 기다리는 것이다. 하나님의 자녀들의 "영광의 자유"(롬 8:21)는 하나님께서 이루실 미래에 놓여 있으나, 그 미래의 정확한 윤곽은 기묘하게도 그 단락에 부재한다.

분만, 양자됨, 속량

인류를 포함하여 피조 세계 전체가 하나님의 자녀들(유대인과 이방인)의 드러남을 기다리고 있다고 한다면, 바울이 로마서 8장의 단락에서 염두에 두고 있는 것은 상상할 수 없을 정도로 거대하다고 할 수 있다. 바울이 복속 혹은 해방이라는 말로 의미한 바가 무엇인지 묻는 질문으로 돌아오는 것은 중요한 일이 될 것이다. 하지만 그 복속과 해방의 이해를 향한 여정은 피조 세계가 해산의 고통을 겪고 있다는 관찰로 우리를 돌아오게 한다. 로마서 8:22("우리가 알기로, 모든 피조 세계가 지금까지 함께 신음하며 함께 산고를 겪고 있다")에 사용된 동사는 모호하지 않다. 갈라디아서 4:19의 논의에서 살펴보았듯이(본서 2장을 보라), ὠδίνειν(오디네인)과 관련된 어휘군은 출산 중인 여성들을 표현하는 데 사용된다(문자적인 것과 은유적인 것 양쪽 모두). 로마서 8:22을 보면 출산을 명시적으로 가리키는 그 어휘에 앞서 συστενάζειν(쉬스테나제인, "신음하다")이라는 동사가 나온다. 비록 이 동사(쉬스테나제인)와 그 동족어가 일반적으로 출산과 연관되는 것은 아니지만, 그 말의 명사 형태는 칠십인역 창세기 3:16에서 출산의 신음을 가리키고, 칠십인역 예레미야 4:31에서 "진통 중"이라는 말과 짝을 이룬다. 그렇다면

"피조 세계 전체"와 "우리", 모두가 출산의 과정 중에 있다고 말하는 것이 터무니없는 이야기는 아니다. 그리고 논리적으로 여기에 뒤따라야 하는 것은 어린 아기의 탄생이다.

바울의 수사가 너무나도 효과적인 나머지, 몇몇 해석자들은 이 본문을 바로 그런 방식으로 읽었던 것으로 보인다. N. T. 라이트는 여기서 "산통에도 불구하고 새로운 성취로 어머니를 기쁘게 하는 새 생명(그것은 동시에 어머니 자신의 생명이기도 하다)"의 연속성을 발견한다.[24] 루치아 주터 레만(Luzia Sutter Rehmann)은 "새로운 세계를 낳는" 것에서 피조 세계가 담당하는 적극적 역할을 강조한다.[25] 라이트와 레만 둘 다, 앞으로 다가올 것을 위해 피조 세계가 용을 쓰고 있으며 그 출산의 실제 과정에 고역이 동반된다는 점을 올바로 강조한다. 그런데 피조 세계가 낳게 될 것은 과연 무엇인가? 정확히 말하면, 아무것도 없다. 왜냐하면 피조 세계 자체는 무(nothingness)에, 즉 "헛됨"에 사로잡혀 있기 때문이다. 피조 세계 자체는 출산할 능력이 없다. 또한 인류가 참여한다 해서 바뀔 것도 없다.

로마서 8장의 단락에서, 출산의 은유는 피조 세계가 해방을 위해 적극적으로 부르짖음을 포착해 낸다.[26] 하지만 그와 동시에 출산

24　Wright, *Romans*, 597.
25　Luzia Sutter Rehmann, "To Turn the Groaning into Labor," in *A Feminist Companion to Paul* (ed. Amy-Jill Levine with Marianne Blickenstaff; Cleveland: Pilgrim, 2005), 74-84(인용문은 76쪽). 또한 동일 저자의 단행본인 *Geh, frage die Gebärenin* (Gütersloh: Chr. Kaiser / Gütersloher Verlagshaus, 1995)도 보라.
26　Rehmann, "To Turn the Groaning into Labor," 특히 75-76.

의 은유는 한계를 갖는다. 즉, 피조 세계가 실제로는 낳는 게 없다는 점이다. 앞서 언급했듯이, 이 단락에서 피조 세계 자체가(전체든 혹은 부분이든) 앞으로 나타날 일들의 행위 주체임을 가리키는 단서는 아무것도 없다. 양자됨과 속량은 피조 세계가 아니라 하나님께서 수행하시는 활동들이다. 곧 피조 세계가 갈망하는 것은 자신의 행동이 아니라, 하나님의 행동이다. 이는 몇몇 구약 본문에 나오는 진통 은유의 사용과 일치한다. 거기서 진통의 이미지는 흔히 자신의 통제를 벗어난 무엇인가를 기다리는 상황과 관련이 있다(예: 시 48:6; 사 13:8; 26:17-18; 렘 13:21; 미 4:9).[27]

바울은 로마서 8:23에서 하나님의 행동을 묘사한다. "참으로 우리는 양자됨, 곧 우리 몸의 속량을 갈망하며 신음한다." 양자됨을 예견하는 것은 8:15("너희는 다시 무서워하는 종의 영을 받지 아니하고 양자의 영을 받았으므로 우리가 아빠 아버지라고 부르짖느니라"[개역개정])을 소환하는데, 거기서 바울은 영에 의해 이끌리는 자들이 "양자의 영"을 받았기에 하나님을 향해 아버지라 부르짖는다고 확언한다(또한 갈 4:6을 보라). 해산의 진통 가운데 입양의 사건을 갈망하면서 부르짖는 여인을 상상하는 것은 어쩐지 이상해 보인다.[28]

---

27 Eastman, "Whose Apocalypse?," 269에서 다음과 같이 올바르게 지적했다. "예언서들에서 '산통'은 이스라엘의 약속된 속량에 선행한다."
28 분명, 현대 독자들은 입양될 아기를 기다리는 상황을 어렵지 않게 생각할 수 있을 것이다. 그러나 로마 세계에서 입양은 대체로 상속 유산을 보존하기 위한 목적으로 성인을 아들로 입양하는 것과 관련이 있었다. James M. Scott은 양자됨에 대한 바울의 이해의 기원을 구약성경, 특히 삼하 7:14로 거슬러 올라가 찾아야 한다고 주장했다(*Adoption as Sons of God: An Exegetical*

로마서 8:23("그뿐 아니라 또한 우리 곧 성령의 처음 익은 열매를 받은 우리까지도 속으로 탄식하여 양자 될 것 곧 우리 몸의 속량을 기다리느니라[개역개정]")에서 바울은 이 양자됨을 "우리 몸의 속량"이라는 표현으로 추가 설명한다. 로마서에서 바울은 복음 안에 있는 하나님의 능력 곧 그분의 바로잡으시는 능력에 관한 서두의 언급들을 확장하면서(롬 1:16-17), "그리스도 예수 안에 있는 속량을 통한" 하나님의 은혜롭고 자유로운 바로잡으심(rectification)"에 관해 말한다(롬 3:24). 로마서 3장의 맥락에서 보면, 인류는 죄의 세력에서 속량되고 있는 중이다("모두가 죄를 짓고 미흡해졌다", "이전의 죄를 간과하심으로"). 이와 비슷하게 로마서의 다른 부분에서 이야기하듯, 죄는 곧 노예를 삼는 권세이며, 인류는 예수님의 죽음에 의해 그 세력의 손아귀로부터 구출된다(예를 들어, 롬 5:12-14, 17, 21; 6:16-17, 20-23).[29] 비록 "속량"(롬 8:23, ἀπολύτρωσις[아포뤼트로시스])이라는 단

Investigation into the Background of ΥΙΟΘΕΣΙΑ [hyiothesia] in the Pauline Corpus [WUNT 2.48; Tübingen: J. C. B. Mohr (Paul Siebeck), 1992]). 다른 이들은 υἱοθεσία라는 용어가 칠십인역에 부재하며 유대교에서도 입양이 실시되었다는 증거가 부재하기 때문에, 이 로마서 본문 및 갈 4장에서 양자됨에 관한 언급은 당시의 관습에 대한 바울의 지식을 반영한다고 결론을 내렸다. James C. Walters, "Paul, Adoption, and Inheritance," in *Paul in the Greco-Roman World: A Handbook* [ed. J. Paul Sampley; Harrisburg, PA: Trinity Press International, 2003], 42-76). 현재 내 논의에서는 이 양자됨 개념의 기원 문제는 덜 중요한 사안이다. 거기에 대해 어떤 해석을 따르든 간에 중요한 것은 이 롬 8장의 본문에서 '피조 세계의 진통'으로부터 '입양하시고 속량하시는 하나님의 행동'으로의 전환이 이루어지고 있다는 사실이다.

29 로마서 안에서 노예를 삼는 등장인물인 "죄"에 대해서는 본서의 8장과 9장을 보라.

어가 흔하지는 않지만, 그럼에도 그 단어는 노예나 포로를 자유롭게 하는 것과 관련된 문맥에서 종종 발견된다(예: 필론, *That Every Good Person Is Free* 144; 요세푸스, *Antiquities* 12.27; 단 4:34 LXX; *Letter of Aristeas* 12; 33; BDAG, 117). 이와 유사하게, 로마서 8:23에서 "속량"은 단지 갱신이 아니라, 사로잡힌 상태로부터의 놓임을 의미한다.

노예 상태에서 속량되어야 할 것은 무엇인가? 많은 현대 영어 번역본들(예를 들어, NAB, NIV, NJB, RSV, NRSV)은 로마서 8:23에 사용된 그리스어 단어를 "우리 몸들"이라고 번역하는데,[30] 대개 주석가들은 로마서 8:11("예수를 죽은 자 가운데서 살리신 이의 영이 너희 안에 거하시면 그리스도 예수를 죽은 자 가운데서 살리신 이가 너희 안에 거하시는 그의 영으로 말미암아 너희 죽을 몸[들]도 살리시리라"[개역개정])에 기반하여 그것이 개별 신자들의 부활을 가리킨다고 본다. 그러나 8:23에 나오는 그리스어 단어는 복수의 "몸들"이 아니라, 단수의 "몸"이다(KJV에서 번역했듯이). 그리고 바울이 이 차이에 대해 무감각했던 것 같지는 않다. 8:11에서 부활을 가리킬 때 바울은 "너희의 죽을 몸"이 아니라 "너희의 죽을 몸들"이라고 말한다. 이와 유사하게, 12:1("그러므로 형제들아 내가 하나님의 모든 자비하심으로 너희를 권하노니 너희 몸[들]을 하나님이 기뻐하시는 거룩한 산 제물로 드리라 이는 너희가 드릴 영적 예배니라"[개역개정])에서는 "너희의 몸들"을 드리라고 촉구한다. 그러나 12:4-5에서는 신자들을 "한 몸"이라고 부른다. 8:23이 개별 신자들의 부활을 가리킨다고 말할 수도 있겠으나, 거기에만 국

---

30 놀랍게도, NLT는 "그분이 우리에게 약속하신 새로운 몸들"이라고 옮긴다. 이 본문이 "새로운 몸들"에 대해서는 아무 것도 말하고 있지 않지만 말이다.

한되어서는 안 된다. 분명, 8:23은 개인들의 구출에 관련되어 있을 뿐만 아니라 또한 인류의 집합적 몸의 구출과도 관련되어 있기 때문이다.³¹

이처럼 "우리 몸"의 양자됨과 속량의 우주적 이해를 확립했기에, 이제 우리는 이 단락의 서두에 나타나는 영광과 관련된 언어 표현 및 그것에 대한 굳센 확언으로 돌아가야 한다.

> 현재의 고난은 장차 우리에게 묵시적으로 계시될 영광에 비할 바가 아니다. (롬 8:18)

> 피조 세계 자체가 썩어짐의 노예 상태로부터 해방되어 하나님의 자녀들의 영광의 자유에 이르리라. (롬 8:21)

이 표현들의 의의는 로마서 8:17("우리"가 그리스도와 더불어 영광을 받을 것이다)과 8:30(하나님께서 올바르게 하신 이들을 하나님께서 영광스럽게 하셨다)에 나오는 진술들에 의해 강화된다. 바울의 편지들에서(정경의 다른 부분에서 그러하듯), 영광은 압도적으로 하나님(예: 고전 10:31; 고후 4:6, 15; 빌 1:11; 2:11) 혹은 예수 그리스도(고후 4:4; 8:19; 빌 4:19)와 연관된다. 그리고 로마서에서 이 모티프는 더욱 강하게 나타난다. 인간들은 하나님께 영

---

31 J. Christiaan Beker는 바울이 "'몸으로부터 속량'이 아니라 피조 세계 전체의 '몸'의 속량"을 가리키고 있다고 말한다(*Paul the Apostle: The Triumph of God in Life and Thought* [Philadelphia: Fortress, 1980], 181). 그러나 다른 곳에서 Beker는 그 구문을 복수의 "몸들"로 옮긴다(289).

광을 돌리는 것에 실패했다고 고발당하고(롬 1:21, 23), 아브라함은 그가 하나님께 올바로 영광 돌렸다는 점에서 기억된다(롬 4:20). 그리고 로마서 15장은 유대인과 이방인이 함께 하나님께 영광 돌리는 종말론적 행동을 예견한다(롬 15:6, 9; 또한 15:7을 보라). 그렇다면, "하나님의 자녀들"이 영광에 의해 특징지어진다는 개념은 인류의 미래에 관한 강력한 진술이라고 할 수 있다. 일단 이 영광이 어디에서 오는지를 염두에 두는 것이 중요하다. 로마서 1:16-17 및 다른 본문에 나오는 하나님의 바로잡으심(rectification)처럼, 하나님 자녀들의 영광이란 다름 아닌 그들이 하나님의 자녀됨에서 나오는 작용이다. 그것은 하나님의 일하심이지, 그들 자신에게서 나오거나 혹은 그들에게 내재하는 것이 아니다.[32]

하나님께서 창조하신 모든 것이 진정한 분만의 고통 가운데 머물며 하나님의 영광스러운 묵시적 드러냄을 애타게 기다리고 있다. 반면에, 피조 세계나 인류 입장에서는 그 일의 완성을 위해 할 수 있는 일이 아무것도 없다. 신자들은 지평선에 떠오르고 있는 일의 첫 번째 윤곽을 이미 보았지만, 그날이 한 순간이라도 더 빨리 오도록 할 수 있는 일은 없다. 대신, 그들은 하나님께서 하실 일을 기다린다.

---

32 Karl Barth의 하나님의 영광에 대한 논의는 이 개념을 설득력 있게 풀어냈다 (*Church Dogmatics*, II/1, The Doctrine of God [Edinburgh: T&T Clark, 1957], 666-77).

문학적·역사적 맥락에 해당 본문을 놓기

로마서 전체에서 이 단락은 어떤 역할을 하는가? 종종 주석가들은 바울이 로마서 5장을 여는 데 사용한 언어 표현을 로마서 8:18에서 재개한다는 점에 주목한다.[33] 5장과 8장 모두에 등장하는 고통에 대한 언급에 주의를 기울이면서(롬 5:3-4과 8:18), 폴 W. 마이어는 8:18을 "5:3-4에 언급된 고통스럽고 위기에 처한 삶의 상태"로의 귀환이라고 묘사한다.[34] 덧붙여, 8장은 희망의 언어(롬 5:2, 4, 5; 8:20, 24, 25) 및 영광의 언어(롬 5:2; 8:18, 21, 30)로 회귀한다. 하나님과 화평을 누린다는 것과(롬 5:1) 은혜에 접근할 수 있다는 개념은(롬 5:2) 성령이 개입하시는 사역(롬 8:26-27; 그리고 8:6을 보라)과, 부르심 받은 이들을 위하여 일하시는 하나님의 행동(롬 8:28-30)에 대한 8장의 확언 가운데 재차 다루어진다.

따라서 우리는 바울을 공부하는 이들이 어째서 로마서 5장부터 8장까지 이르는 대단락의 결론으로 8장을 꼽는지 이해할 수 있다.[35] 하지만 우리는 바울이 5-6장에 나온 노예 상태로부터의 자유의 개념(정확한 용어 일치는 아니더라도)뿐 아니라 3장에 나온 속량의 언어 표현

---

33 특히 Peter von der Osten-Sacken, *Römer 8 als Beispiel paulinischer Soteriologie* (FRLANT 112; Göttingen: Vandenhoeck & Ruprecht, 1975), 124-28; Moo, *Romans*, 292-94을 보라.

34 Meyer, "Romans: A Commentary," in *The Word in This World: Essays in New Testament Exegesis and Theology* (ed. John T. Carroll; NTL; Louisville: Westminster John Knox, 2004), 191.

35 특히 Moo, *Romans*, 290-95 및 거기 인용된 문헌들을 보라.

까지도 8:23에서 다시 다루고 있음을 이미 확인한 바 있다. 더군다나, 8:18-25은 로마서의 논증 흐름에 있어 더 앞부분까지, 즉 1:18-32까지도 거슬러 올라간다. 다음에 나오는 목록이 이것을 잘 보여 준다.

- 묵시적으로 드러내다(ἀποκαλύπτειν, ἀποκάλυψις)   1:18   8:18, 19
- 창조/피조 세계(κτίσις)   1:20, 25   8:19, 20, 21, 22
- 영광, 영광스럽게 하다(δόξα, δοξάζειν)   1:21, 23   8:18, 21
- 허무함, 허무하게 되다(ματαιοῦν, ματαιότης)   1:21   8:20
- 몸들, 몸(σῶμα)   1:24   8:23

이 언어적 반복에 덧붙여, 8:20("피조물이 허무한 데 굴복하는 것은 자기 뜻이 아니요 오직 굴복하게 하시는 이로 말미암음이라"[개역개정])에 언급된 종속은 1:24, 26, 28에 나오는 "넘겨주다"라는 개념과 공명한다(본서 8장).[36]

스티브 크래프트칙(Steve Kraftchick)은 로마서 1장에 그려진 상황에 대한 반전이 8장에서 나타난다고 올바로 주장했다.

1장에는 하나님께서 인간들에게 긍정적 영향을 끼치고자 피조 세계 안에서 행동하시지만[즉, 피조 세계 안에 하나님의 능력과 신성을 보이심 - 역자주], 그것은 긍정적인 영향을 끼치지 못했다. 그러나 8장에

---

36 Dunn은 롬 8:18-30을 "로마서 6-8장의 절정이며, 1:18-8:30의 절정"이라고 묘사했다(*Romans*, 467).

> 서 바울은 피조 세계에게 영향을 끼치는 것은 **인간들을 향한** 하나님의 행동일 것이라고 주장한다. 더 나아가, 1장에서 바울은 인간들이 자기 스스로의 다스림을 추구한 바람에 피조 세계가 속박 상태로 위축되었다고 주장한다. 그리고 8장에서 바울은 회복된 인간은 **하나님의 다스림을** 인정하는 자라고 말한다[강조 표시는 역자의 것이다].[37]

이 논점은 좀 더 밀고 나갈 가치가 있다. 인류를 죄(Sin)와 사망(Death)의 권세(powers)에 넘겨준 것은 단순한 처벌이 아니다. 그것은 곧 하나님을 대적하는 세력들(powers)에게 피조 세계 전체를 내어 준 것이다("썩어짐의 노예 상태," 롬 8:21). 바울은 예수 그리스도의 부활과 신자들의 새 생명에도 불구하고, 피조 세계가 계속해서 노예 상태로 팔릴 것을 알았다. 그러나 하나님의 개입, 곧 하나님께서 자기 아들을 넘겨주심은(롬 8:32), 그 세력들이 승리를 할 수도 없고 장차 승리를 하지도 못하게 될 것을 의미한다(롬 8:31-39).

본서의 8장과 9장은 로마서에서 바울이 죄를 다루는 방식과 그 논의의 이유라는 주제로 돌아갈 것이다.[38] 바울이 로마서라는 특정한 편지를 쓴 이유를 파악하는 일은 어렵기로 악명이 높다. 그 주제만을 다루는 소규모의 장서를 만들어 낼 정도다. 논의의 이유 중에

---

37 Steve Kraftchick, "Paul's Use of Creation Themes: A Test of Romans 1-8," *ExAud* 3 (1987): 72-87(인용문은 84쪽).

38 또한 B. R. Gaventa, "Interpreting the Death of Jesus Apocalyptically: Reconsidering Romans 8:32," in *Jesus and Paul Reconnected* (ed. Todd D. Still; Grand Rapids: Eerdmans, 2007), 125-45을 보라.

는 로마의 가정 교회들에 모인 이들이 복음에 대해 너무 좁게 이해하고 있다는 바울의 염려도 들어 있다. 크게 볼 때, 이방인 이민자들(이민자 2세대, 혹은 3세대일 수 있다)로 이루어진 구분이 가능한 그룹, 곧 유대교에 매력을 느끼고 회당의 삶에 참여해 온 이들은 복음을 듣고 이스라엘의 일부가 되라는 초대로 이해했다. 그들이 들었던 복음은 사회적·윤리적 초대였다. 그들은 한 민족의 일부, 곧 높은 도덕적 기준과 강력한 집단 정체성을 지녔다고 알려진 한 백성의 일부가 되었다. 바울은 로마 방문을 통해 거기에서 복음 전체를 선포할 기회를 얻을 것을 소망했다(롬 1:15). 곧 다가올 바울의 구두 선포를 위한 기반을 놓는 차원에서, 뵈뵈는 하나님께서 피조 세계 전체를 죄와 사망의 세력들로부터 되찾으신다는 복음을 소개하는 편지, 즉 로마서를 그들에게 낭독하게 될 것이다.

현재 시제의 묵시

로마서 8장이 흔히 묘사되는 방식에 관한 두 가지 질문을 고려할 필요가 있다. 일반적으로 로마서 8장은 미래에 관한 이야기로 여겨지지만, 필립 에슬러(Philip Esler)는 다음과 같이 영민하게 관찰했다. "바울은 장차 올 영광의 장면을 제공하기를 거부한다. 8:18("생각하건대 현재의 고난은 장차 우리에게 나타날 영광과 비교할 수 없도다"[개역개정])에서 바울은 그 영광을 묘사할 것 같은 전망을 내비치지만, 특이하게도 그것을 묘사하지 않는다."³⁹ 데살로니가전서 4장과 고린도전서 15장에 익숙한 이들은 다음과 같은 장면이 여기 로마서 8장에서도 제공되리라 기대한다. 하나님께서 모든 대적들을, 심지어 사망까지도 마침내 물리치실 것이고(고전 15:20-28), 귀환하시는 예수님께서는 자신의 사람들을 꼭 붙들어 그분과 영원히 함께 있게 하실 것이다(살전 4:13-18). 하지만 로마서 8장은 그와 같은 결말을 제공하지 않는다. 오히려 8:35-39은 "우리"를 하나님께로부터 떼어 놓으려 끊임없이 시도하는 대적들의 정체를 청중에게 전시한다. 그 전시에 고통과 고난과 죽음은 아주 전면에 위치한다.

에슬러의 설명에 따르면, 바울은 미래의 양자됨과 속량이 "현재의 경험으로부터 유기적으로(organically) 진행될 것"으로 이해했기 때문에 여기서 미래를 묘사하지 않고 침묵했다.⁴⁰ 그러나 하나님의 개입과 피조 세계의 출산 불능에 대한 강조는 이 본문에 대한 모든 진화적/진행적(evolutionary) 읽기에 반대한다. 바울이 데살로니가전서 4장이나 고린도전서 15장에 나오는 미래의 완성을 여기 로마서 8장에서 경축하지 않는 이유는, 로마서 9-11장에서 다루어질 문제 때문이라고 보는 것이 더 개연성이 높다. 오직 11장의 끝에 이르러서야 (그리고 15:7-13에서 다시금) 바울은 하나님의 일하심의 미래적 완성으로 눈을 돌린다.

또 하나의 질문이 제기되는 것은, 로마서 8장을 묵시적으로 이

---

39 Esler, *Conflict and Identity in Romans*, 260.
40 Ibid., 263.

해하는 게 적절하지 않다고 말한 에드워드 애덤스(Edward Adams)의 주장과 관련이 있다. 애덤스는 로마서 8장에서 "피조 세계"가 부정적으로 제시되지 않는다는 점을 올바르게 관찰했다. 자연 세계가 파괴되거나 사라지리라고 기대하는 몇몇 묵시 형태들과 달리, 로마서에서 바울은 피조 세계 자체가 미래에 속량될 것을 확언한다.[41] 이와 비슷한 차원에서 리앤더 켁(Leander E. Keck)은 로마서 8장의 본문을, 하나님께서 "우리"를 "현재의 악한 세대"로부터 건지고 계시다는 갈라디아서 1:4("예수 그리스도께서는 하나님 우리 아버지의 뜻을 따라 우리를 이 악한 세대에서 건져 주시려고, 우리의 죄를 대속하기 위하여 자기 몸을 바치셨습니다"[새번역])에서의 바울의 선언과 대조시킨다.[42] 하지만 두 관찰 모두 간과하고 있는 사실이 있다. 바로 로마서 1장이 피조 세계를 정확히 **피조 세계로서**, 즉 하나님의 작품으로서 강조하고 있다는 점이다. 속량될 것은 바로 하나님 자신의 작품이다. 그것은 애덤스의 결론처럼 "우주적 전투"가 없을 것이라는 뜻이 아니다.[43] 하나님께서 자연 세계와 ("피조 세계"에 대해서는 말할 것도 없고) 갈등 가운데 있는 것은 아니지만, 로마서 8장의 끝부분은 "우리"를 그리스도 예수 안에 있는 하나님의 사랑에서 끊으려고 작정한 세력들을 쉬지 않고 열거한다. 8:31-39을 의미 없는 수사적 과잉으로 치부하여 넘겨 버리지 않는 한, 여기에는 분명 우주적 갈등이 작동하고 있다. 더 나아가 애덤스는 로마

---

41 Adams, *Constructing the World*, 181-83.
42 Leander E. Keck, *Romans* (ANTC; Nashville: Abingdon, 2005), 210.
43 Adams, *Constructing the World*, 183.

서 8장이 "택함 받은 이들"과 "택함 받지 않은 이들" 사이에, "의로운 이들"과 "불의한 이들" 사이에 날카로운 단절을 보여 주지 않는다고 말한다. 그러나 이러한 논평은 아무도 의로운 자가 없다고 주장하는 로마서 1:18-3:20이나 하나님께서 "모든 이들"을 택하셨다는 함의를 내비치는 11:32("하나님이 모든 사람을 순종하지 아니하는 가운데 가두어 두심은 모든 사람에게 긍휼을 베풀려 하심이로다"[개역개정])을 간과한 결과이다. 바울의 묵시에 존재하는 깊은 협곡은 인간 집단들 사이에 위치해 있거나, 악한 세상과 그것을 대체할 다가올 세상 사이에 위치해 있는 게 아니다. 오히려 바울의 묵시의 협곡은 하나님 편에 선 세력들과 하나님을 대적하는 편에 선 세력들 사이에 존재한다. 여기서 바울은 하나님께서 창조하신 질서 전체가(인간과 인간 외 세계 전체) 노예 상태에 있다고 상정한다.

결론

내가 서두에서 언급했듯이, 로마서 8:22("우리가 알기로, 모든 피조 세계가 지금까지 함께 신음하며 함께 산고를 겪고 있다")의 어머니 이미지는 이전 장들에서 우리가 조사한 이미지와 상당히 다르다. 바울은 어머니 이미지를 사용하여 자기 자신을 가리키는 게 아니다. 또한 사도적인 수고를 일반적으로 묘사하기 위해 사용하는 것도 아니다. 그러나 출산의 언어 표현 자체를 차치하고서라도, 이전 장들의 이미지와 로마서 8장의 이미지 사이에는 몇몇 중요한 연결점들이 존재한다.

8장의 본문은 우리가 앞선 장들에서 추적해 온 그 특유의 논리를 따르고 있다. 수유하는 어머니의 모습(고전 3:2)이나 자신의 자녀를 돌보는 유모의 모습(살전 2:7)으로 자신을 은유화하는 남성의 "제곱한 은유"를 말하는 것이 아니다. 로마서 8장에서의 논리는 갈라디아서 4:19("나의 자녀 여러분, 나는 여러분 속에 그리스도의 형상이 이루어지기까지 다시 해산의 고통을 겪습니다"[새번역])의 논리에 가장 근접해 있다. 갈라디아서 4:19에서 진통하는 이는 바울이지만, 실제로 바울이 출산을 했다거나 출산을 하게 되는 것은 아니다. 로마서 8장에서도 진통을 겪는 것은 아마도 피조 세계 전체이지만, 피조 세계 역시 출산을 하지는 않는다. 갈라디아인들 가운데 형태를 잡은 것이 그리스도였듯이, 로마서 8장에서도 "우리의 몸"을 속량할 분은 하나님이다. 갈라디아서와 로마서 본문 모두 하나님을 대적하는 세력들로부터 하나님께서 건지신다는 주제와 관련되어 있다. 그 세력들의 정체가 "현재의 악한 세대"(갈 1:4)이든, 혹은 바울이 로마서 8장의 끝에 열거하는 이름들이든 간에 말이다.

본서의 2부에서 우리는 갈라디아서와 로마서에 관한 일련의 연구들 가운데서 이 묵시적 갈등에 관한 의문을 재차 살펴볼 것이다. 그러나 그 연구들로 향하기 전에, 먼저 바울신학과 바울신학이 여성들의 삶에 갖는 의의에 대해 반추해 보고자 한다.

5장 바울신학은 단지 "사내들의 전유물"인가?

바울, 우리 어머니

5장 바울신학은 단지 "사내들의 전유물"인가?

이전 장들에서 나는 어머니 이미지를 사용해서 바울 자신의 사도적 수고를 가리키거나(살전 2:7; 갈 4:19; 고전 3:1-23) 피조 세계 전체의 갈망을 가리키는(롬 8:22) 바울서신 본문들을 다루었다. 나는 그 가운데 여러 지점에서 바울의 신학이 묵시 신학으로 이해되어야 한다고 주장했다. 묵시 신학이라는 표현은 본서 2부의 주된 초점이다. 거기서 나는 앞서 말한 본문들과 그 본문들이 바울서신 안에 놓인 맥락이 지닌 묵시적 성격과 관련된 질문들을 다룰 것이다.

그러나 그 질문들로 향하기 전에 한 가지 중요한 곁가지 이야기를 하고 싶다. 지난 삼십 년가량 진행된 성경 텍스트에 대한 페미니스트 연구, 그리고 성경 해석자들 가운데 늘어난 여성들의 숫자에도 불구하고, 나는 대부분의 주석가들과 신학자들이 여전히 바울의 편지들이 거의 남성들과만 관련된 것처럼 행동한다는 인상을 받는다. 많은 독자들에게는 위험성에 대한 감각, 곧 하워드 서먼(Howard

Thurman)의 할머니가 서면에게 바울의 편지들을 읽지 못하도록 금지시켰던 그 염려와 비슷한 감정이 존재한다.[1] 그리고 또 다른 독자들의 경우 바울에게 이끌릴 만한 동기가 없다. 즉, 바울이 모욕적인 것까지는 아니더라도 자신과는 그다지 관련성이 없다고 느껴지는 것이다. 하지만 나는 바울의 편지들이 여성들의 삶에 매우 중요한 의미를 지닌다고 믿는다. 이 장에서 나는 갈라디아서를 전면에 배치한 채로, 바울서신이 정말로 남자들과만 연관이 있는 것인지에 관한 질문을 다루어 볼 것이다.

갈라디아서는 이 사고실험에 특별히 더 적합하다. 왜냐하면 바울이 갈라디아인들에게 쓴 편지는 몇몇 학자들이 기독교 페미니즘의 "권리 장전"(Magna Carta)이라 불러 온 유명한 구절(갈 3:28)을 포함하고 있음에도, 전체적으로 매우 남성적인 성격을 띠고 있기 때문이다. 갈라디아서는 오직 남성들과만 관련된 수술 절차에 관심을 기울이고, 오직 남성 등장인물들에 관해서 말하며, 오직 결정권이 있는 남자들을 향해 말한다. 바울이 율법 전체를 다루기는 하지만, 갈라디아서에서 논쟁이 벌어진 특정한 계명은 남성들이 할례를 받아야 한다는 요구 사항이다(갈 5:2-6).[2] 바울은 베드로와 디도와 야고보

---

[1] Howard Thurman, *Jesus and the Disinherited* (Richmond, IN: Friends United Press, 1981 [1940]), 30.

[2] John M. G. Barclay는 유대인 여자들이 이 질문을 매우 중요하게 여겼으며, 이는 그들이 결혼할 수 있는 남자들이 누구인가를 확인하는 것과 관련이 있었기 때문이라고 언급했다(*Jews in the Mediterranean Diaspora: From Alexander to Trajan [323 BCE–117 CE]* [Edinburgh: T&T Clark, 1996], 411-12). 그러나 갈라디아 교회들의 이방인 여자들이 그러한 관심사를 가졌을 리

를 언급하지만, 여성들―갈라디아인들 가운데, 그들의 교사들 가운데, 혹은 예루살렘 교회 가운데 존재했던 여성들―은 아무도 언급하지 않는다. 우리는 고린도전서의 글로에, 빌립보서의 유오디아와 순두게, 혹은 로마서의 뵈뵈나 유니아와 같은 여성 인물들을 갈라디아서에서도 찾고자 하지만 결국 헛수고에 불과하다. 갈라디아서 안에서 그나마 유일하게 이름이 언급되는 여성은 하갈인데, 바울은 그녀가 예속된 어머니였다는 점에 착안해, 갈라디아인들을 노예 삼는 그 교사들의 선교 사역의 선례를 하갈에게서 발견한다(갈 4:25).[3] 바울이 갈라디아인들에게 보낸 편지를 실제로 여성들이 듣고 있었다고 상상해 본다 할지라도, 그 여성들은 바울이 자신들에게가 아니라 할례를 받을지 말지 고민 중인 남성들을 향해서만 직접적으로 말하는 것을 듣게 된다(갈 5:2).[4] 브리기트 칼(Brigitte Kahl)이 결론을 내리듯, 갈라디아서는 신약성경 중에서 "가장 '남근중심적(phallocentric)' 문서"로 인식될 수 있다.[5] 시쳇말로, 갈라디아서는 "사내들의 전유물", 그 이상도 이하도 아닌 것으로 보인다.

는 만무하다. 그 여자들에게는 할례에 관한 질문이 거의 관심의 대상이 아니었을 것이다. 하지만 토라 준수의 많은 다른 측면들(특히 음식 규례)은 여성의 참여를 요구했을 것이다.

3 바울이 하갈을 "자유한 여자"와 대조하기는 하지만, 사라의 이름은 언급하지 않는다.
4 Judith Lieu는 "갈라디아서의 내재 독자가 의심의 여지 없이 남성"이라는 점을 올바르게 지적했다("Circumcision, Women and Salvation," *NTS* 40 [1994]: 369).
5 Brigitte Kahl, "No Longer Male: Masculinity Struggles Behind Galatians 3.28?" *JSNT* 79 (2000): 40.

갈라디아서 3:28("너희는 유대인이나 헬라인이나 종이나 자유인이나 남자나 여자나 다 그리스도 예수 안에서 하나이니라"[개역개정])이 있다고 해서, 갈라디아서의 특징에 대한 이와 같은 묘사가 뒤집히지는 않는다. 우리가 3:28과 그 구절의 역사를 어떻게 해석하든 간에, 그리고 3:28이 최근에 상당한 논쟁의 주제가 되었음에도 불구하고, 바울이 그 구절을 현재의 맥락에 도입한 까닭은 복음이 이방인 신자들에게 유대인이 되도록 요구하지 않는다는 점을 (이방인 신자들에게) 확신시키기 위한 것임이 분명하다.[6] 노예와 자유인 사이의 관계나 남자와 여자의 관계는 갈라디아서 3장에서나 혹은 다른 어느 본문에서도 중요하게 다루어지지 않는다.

이 사고실험의 목적을 위해서 이렇게 질문해 보자. 만약 바울이 갈라디아 교회들에 있는 여성들에게 직접적으로 말하고 있지 않다는 점을 받아들인다면, 즉 이 대화에서 화자들과 청중들, 그리고 주요한 결정이 모두 철저하게 남성적이라는 점을 받아들인다면, 어떻게 되는 것인가? 역사적으로 볼 때, 적어도 우리 중 어떤 이들은 이러한 결론에 문제가 있다고, 심지어 모욕적이라고 여길 것이다. 그렇다면 이것은 우리가 갈라디아서를 포기해 버리고 다른 곳에서 대

---

[6] J. M. Gundry-Volf는 이 논쟁에 대한 유용한 리뷰 및 그 텍스트 자체에 대한 건설적 분석을 제공한다("Christ and Gender: A Study of Difference and Equality in Gal 3, 28," in *Jesus Christus als die Mitte der Schrift* [ed. C. Landmesser, H.-J. Eckstein, and H. Lichtenberger; BZNW 86; Berlin: Walter de Gruyter, 1997], 439-77). 나는 Gundry-Volf의 소논문의 많은 부분에 동의한다. 하지만 바울이 이 구절에서 의식적으로 젠더 관련 질문들을 다루고 있다고 생각하지는 않는다.

화 상대를 찾아야 한다는 것을 뜻하는가? 나는 그렇지 않다고 본다. 오히려 우리는 다른 종류의 질문들을 던질 필요가 있다. 갈라디아서가 표현하거나 반영하는 하나님과 세계에 대한 이해는 어떤 것인가? 그리고 그러한 이해는 여성들의 삶에 어떤 함의를 갖는가?

내가 제기하는 질문들은 간단명료한 동시에 여성들과 관련된 바울서신 논의에서 대체로 간과되어 온 질문들이다. 여러 요소들이 이 침묵에 기여했다. 첫째, 신약성경(특히 바울서신) 속 "여성 텍스트들"에 대한 연구의 대부분은 여성 안수를 둘러싼 길고 긴 교회 정치적 논쟁과의 연관성 가운데 등장했다. 그 맥락에서 논쟁의 여러 당사자들은 역사적 선례를 찾고자 했다. 그들은 여성들이 초기 기독교에서 실제로 지도자로 활동했는지 여부, 그리고 어떻게 지도자로 활동했는지를 알고 싶어 했다. 자연스럽게, 그들은 갈라디아서 3:28과 고린도전서 11:2-16, 그리고 고린도전서 14:33하-35와 같이(딤전 2:11-15과 엡 5:22-24은 말할 필요도 없다) 가장 직접적으로 관련이 있어 보이는 본문들로 향했다. 21세기와 그 이후의 교회의 리더십이 1세기 교회의 리더십을 닮아야 한다는(아니면, 적어도 리더십에 있어서 생긴 급진적 변화에 대해서 설명이 필요하다는) 전제가 특정한 텍스트들을 고려할지 말지 여부와, 어떤 질문들을 다루어야 할지를 결정했다.

물론 안수에 대한 질문을 해결하는 것이 몇몇 독자들에게 바울이 안겨 주는 어려움들을 해소해 주지는 않는다. 수 세대에 걸쳐 여성들을 침묵시키고 복종시켰던(혹은 적어도 그렇게 하는 것처럼 보이는) 본문들에만 관심을 기울여 온 탓에, 많은 여성 독자들은 바울을 신학적 자원으로 여길 마음을 접게 되었다. 이에 대한 일화들 이상의 증거를 제시하기는 어렵지만, 나는 30여 년 동안 여러 개신교 신학대학원에서 교수 사역을 하면서 그와 같은 모습을 여러 차례 목격했다. 툭 까놓고 이야기하자면 이렇다. 내가 그간 대화를 나눈 많은 신학생들, 목회자들, 그리고 평신도들은 여성들이 바울을 의혹의 눈으로, 심지어 적개심을 가지고 읽으리라는 것을 당연하다는 듯 전제했다.[7]

그리스도인들이 갈라디아서에 반영된 하나님과 인류에 대한 이해에 관하여 더 큰 질문을 하지 못하도록 막는 또 다른 요소는 신학 분과들의 역사에서 발견된다. 성서학계에서는 대체로 역사적 재구성이나 문학적 분석에 몰두하는데, 이러한 경향은 사실상 신학적인 질문을 차단해 왔다. 학자들의 의제가 성경 텍스트의 신학적 관점을 포함할 때조차, 조직신학의 고전적 주제들은 어떤 종류의 질문이 다루어져야 하는지를 제한하는 차양막의 역할을 했다. 바울의

---

[7] 어떤 그리스도인들은 이러한 종류의 분노를 불충분한 신앙의 징후로 여기기도 한다. 하지만 이 텍스트 때문에 속이 상하는 사람들이야말로 사실 이 텍스트를 진정 중요하게 여기는 사람들일 수 있다는 점을 언급할 필요가 있다. Kathleen Norris는 이렇게 회상한다. Norris 본인이 가진 페미니즘으로 인해 예수님에 관해 사람들이 말하는 것을 듣는 것이 힘겨워졌을 때, 한 친구가 이렇게 말을 했다는 것이다. "나는 종교에 대해 정말 진지하게 여긴 나머지 교회를 갈 수 없을 정도가 된 사람을 그다지 많이 보진 못했어"(*Dakota: A Spiritual Geography* [New York: Ticknor & Fields, 1993], 94). 어쩌면 우리는 진정성 있는 질문들을 가진 그런 그리스도인들에 대해서 조바심을 덜 내야 하는 것인지도 모른다. 오히려 성경에 무관심하거나 성경을 흐리멍텅한 경건의 안개 속에서만 읽는 이들을 더 걱정해야 하지 않을까?

"신론"이나 바울의 "성령론"에 국한된 탐구들은 바울의 복음이 여성의 삶에 어떤 함의를 갖는지에 관한 새로운 성찰을 이끌어 낼 가능성이 없었다.[8]

여기서 내가 제안하는 탐구는 비역사적이거나 반역사적인 것이 아니다. 다만, 이 탐구는 그리스도 공동체의 여성들 및 여성 리더십에 대해 역사적 바울이 취한 태도를 두고 제기된 전통적인 질문들에 **덧붙여서**, 다른 질문들을 던져 보는 것이 중요하다고 권고하는 것이다. 관습적인 질문들은 필연적으로 허용이나 금지와 관련되어 있다. 바울의 복음 해석은 여성이 무엇을 하도록 **허용**하며, 무엇을 하지 못하도록 **금지**하는가? 하지만 사안을 이렇게 표현하는 것은 우리의 성찰을 축소시켜 버린다. 그러한 표현 방식은 바울의 편지들, 곧 허용의 여부가 아니라 소명에 관해 말하고 있는 편지들의 역동적인 특성을 거의 담아내지 못한다.[9] 도리어, 바울의 편지들은 이러한 질문들을 요구한다. 예수 그리스도의 복음 안에서 하나님께서는 무엇을 하고 계시는가? 그리고 그 복음은 여성들의 삶에 어떤 의미를 갖는가? 앞으로 전개될 논의에서 나는 갈라디아서를 향해(그리고 다른 편지들도 염두에 두면서) 이 질문을 제기하려 한다.

---

8 이 문제의 선명한 사례는 James D. G. Dunn의 두꺼운 책인 *The Theology of Paul the Apostle* (Grand Rapids: Eerdmans, 1998) [=『바울신학』(CH북스, 2019)]에 나타난다. 그 책은 대체로 조직신학에서 끌어 온 범주들을 따른다. 여성들에 대한 유일한 논의는 "여자들의 사역과 권위"라는 제목을 가진 부분에만 나온다(586–92).

9 바울은 부르심(소명)의 언어 표현을 자신(롬 1:1; 고전 1:1)뿐만 아니라 신자들(고전 1:9; 7:15; 갈 5:8, 13; 살전 2:12; 4:7; 5:24)을 가리키는 데 사용한다.

복음의 특일성(特一性, singularity)

"복음"이라는 단어가 갈라디아서에 처음 등장하는 것은 신앙고백이나 감사 찬송의 맥락이 아니라, 맹렬한 꾸짖음 가운데서다. 이 편지가 시작되자마자 우리는 신랄한 비난을 마주한다. "너희가 그리스도의 은혜 안에서 너희를 부르신 분을 그토록 신속하게 떠나 다른 복음으로 가 버린 것에 나는 경악을 금치 못하겠다. 사실 다른 복음이 존재하는 게 아니다"(갈 1:6-7상). 이에 뒤따르는 진술은 그 교사들이 갈라디아인들을 복음에서 멀어지게 하고 있다고 규정하고 바울이 자신과는 다른 방식으로 복음을 전파하는 이들에게 두 차례 저주를 퍼부음으로써 꾸짖음을 극적으로 강조한다. 적어도 바울이 판단하기에는, 그 교사들과 자신 사이에 자리 잡고 있는 것은 작은 의견 차이가 아니라 협곡이다.[10] 갈라디아 교회의 교사들이 갈라디아인들 가운데 퍼뜨리고 있는 것은 복음으로부터 너무도 멀리 떨어져 있는 나머지, 바울은 그것을 두 번째 복음으로 여기지만 사실 그런 것은 존재하지조차 않는다.

갈라디아서 속 그 교사들은 바울과의 차이를 그처럼 가혹한 용어로 묘사했을까? 아마도 그렇지 않았을 것이다. 도리어 그들은 바울이 시작했으나 미완성으로 남겨 둔 일을 자신들이 완성하고 있다

---

10 그 "교사들"은 흔히 바울의 "대적들" 혹은 "유대주의자들"이라고 정의되곤 하는 집단을 가리킨다. 이 "교사들"이라는 지칭에 관해서는 J. Louis Martyn, *Galatians* (AB 33A; New York: Doubleday, 1997), 117-26을 보라.

고 생각했다. 그들은 예수 그리스도의 복된 소식의 의미는 이제 이 이방인들도 아브라함의 자녀들, 곧 이스라엘 백성의 온전한 구성원들이 될 수 있다는 뜻이라고 선포했다. 그러나 바울과 달리, 그들은 이스라엘 안에 속하기 위해서는 이방인 남성의 할례와 모세 율법(의 다른 측면들)에 대한 준수가 요구된다고 주장했다.

율법 준수와 관련하여 갈라디아 교회의 교사들이 제안한 내용 가운데, 바울이 그토록 반대했던 것은 무엇일까? 갈라디아서가 율법주의(legalism)에 대한 은혜의 우월함을 표현한다고 보는 전통적인 개신교의 대답은 충분하지 않다. 왜냐하면 그 대답은 유대교를 크게 오해했으며, 갈라디아서라는 논쟁적 편지를 믿음의 덕에 관한 추상적 논고로 바꾸었기 때문이다.[11] 그 대신, 우리는 바울의 반대가 순전히 실용적인 것이었다고 상상해 볼 수도 있다. 바울은 그 교사들의 견해를 따르게 되면, 이방인 선교가 실패할 것이라고 생각했을 것이다. 왜냐하면 율법 준수의 요구가 이방인들에게는 너무도 혐오스럽게 다가와서 이방인 신자들의 숫자를 극도로 제한하게 될 것이기 때문이다. 그러나 할례가 가져올 트라우마 때문에 남성 갈라디아인들이 교사들의 메시지에 저항하고 있다는 암시는 갈라디아서에 전혀 나타나지 않는다. 도리어 그와 반대로, 바울에게는 갈라디아인들이 그 교사들의 견해를 설득력 있게 여겼다고 믿을 만한 분명한 이유가 있었다.

---

11 이 문장에 압축되어 있는 학자들의 논의들을 명료하게 소개하는 C. B. Cousar, *The Letters of Paul* (Nashville: Abingdon, 1996), 75-86을 보라.

이러한 관찰 결과는 다음과 같은 질문을 던지게 만든다. 다른 편지에서(빌 3:5) 자신이 태어난 지 8일 째에 할례를 받았다고 이야기하는 바울이 어째서 여기서는 그 교사들의 입장을 거부할 뿐만 아니라 그 입장을 "다른 복음"(그런 것은 존재할 수 없는데도)으로까지 지칭하는가? 최소한 바울이 그 교사들과 타협하는 절충안을 만들어 낼 수는 없었는지 궁금해하지 않을 수 없다. 우상에게 바친 음식을 먹는 것과 관련된 논의에서도 분명하게 드러나듯이(고전 8-10장; 참고: 롬 14:1-15:13), 바울은 원칙적으로 절충안을 거부하지 않는다. 그렇다면 갈라디아에서 벌어진 상황에 대해 어째서 바울은 절충하는 방향으로 움직이지 않는가? 만약 갈라디아 그리스도인들 가운데 어떤 지도자들이 그들의 회중 가운데 균열을 두려워한 나머지, 바울에게 아래와 같은 대안을 제시했다면 어땠을까?[12]

이방인 그리스도인들이 모세 율법을 준수하는 것을 당신이 꼭 필요한 일이라고 여기지 않는다는 점을 우리는 이해합니다. 그러나 우리 구성원들 중 어떤 이들은 이것이 그들이 해야 할 옳은 일이라고 믿게 되었습니다. 그 교사들은 토라 준수가 유익하다고 그들을 설득했습니다. 우리 중 몇몇이, 혹은 우리 전부가 우리 삶에 토라 준수를 **추가한**다고 해서 해로울 것이 있을까요? 토라가 우리에게 요구하는 것 중에 나쁜 것은 없습니다. 그렇지 않나요? 도리어 토라는 우리에게 도움이 될 수 있습니다. 토라가 제공하는 도덕적 지침은 우리가 부르심

---

12 이 점에 대한 더 자세한 논의로는 본서의 7장을 보라.

에 신실하게 머물도록 조력하기 때문입니다. 하나님의 계명을 지키는 것에서 무슨 해로운 것이 나올 수 있겠습니까?

이 가상의 절충 제안을 염두에 두고, 갈라디아서로 돌아가 보자. 그리고 날카롭고 선명하게 드러나는 몇몇 요소들을 찾아보자. 일단 그 교사들에 대한 좀 더 온건하고 관용적인 응답을 구성해 보자면, 이방인들이 신앙에 도움이 된다고 여긴다면 율법을 따라도 되지만, 그들이 율법을 따를 **의무는 없다**는 주장 정도가 될 것이다. 그러나 바울은 그런 온건한 입장을 완전히 거부한다. 이방인 그리스도인들은 모세의 율법을 준수하면 **절대로 안 된다**(must not, 특히 갈 3:1-5, 23-25; 5:2-4을 보라).

바울은 무엇 때문에 이토록 날카롭게 반응한 것인가? 이 질문에 대한 설득력 있는 대답은 갈라디아서에 대한 J. 루이스 마틴(J. Louis Martyn)의 저작에서 나타난다.[13] 마틴의 통찰력 있는 해석은 바울이 갈라디아인들 가운데 선포한 복음의 참된 묵시적 특징을 드러낸다. 예수 그리스도의 죽음과 부활 안에서 하나님은 단순히 "새롭고 개선된" 모세 버전을 도입하시거나, 인간들이 저지른 잘못의 결과들로부터 인간들을 구출할 수 있는 방편을 계시하신 것이 아니다. 복음 안에서 하나님께서 하신 일은 다음과 같다. 곧 하나님께서는 "현재의 악한 세대"(갈 1:4)의 권세를 부수고 "새 창조"(갈 6:15)를 가져오

---

13   나는 J. Louis Martyn, *Galatians* 및 동일 저자의 *Theological Issues in the Letters of Paul* (Nashville: Abingdon, 1997) 양쪽 모두를 가리킨다.

기 위하여 그 "현재의 악한 세대" 가운데로 침입하셨다.[14]

바울은 복음을 침투적 힘으로 여기는 견해를 가졌기에, 그 교사들에게 동의할 수 없었고, 그들의 입장과 타협하는 절충안조차 상상할 수 없었다. 복음의 침입은 필연적으로 세계들을 소거한다(여기에는 특히 율법의 세계가 포함된다). 이러한 견해는 갈라디아서 안에서 여러 방식으로 표현되었다. 갈라디아서 1:13-14("내가 이전에 유대교에 있을 때에 행한 일을 너희가 들었거니와 하나님의 교회를 심히 박해하여 멸하고 내가 내 동족 중 여러 연갑자보다 유대교를 지나치게 믿어 내 조상의 전통에 대하여 더욱 열심이 있었으나[개역개정])에서 바울은 갈라디아인들을 위해서 자신이 걸어왔던 이전의 "삶의 방식"을 소환한다. 그 삶은 교회를 파괴하려는 시도와 조상의 전통을 열심으로 따랐던 모습으로 특징지어진다. 하지만 바울의 그 세계는 하나님께서 하나님의 아들을 "계시하심/드러냄(apoca-lypse)"(갈 1:15-17)으로 인하여 끝장나 버렸다. 바울은 자신의 행동에 대해 재평가를 하거나 복음에 관해 독립적인 결정을 한 것에 대해 부연하지 않는다. 대신, 복음과 복음에 수반된 소명은 바울이 살아왔던 이전의 삶을 순전히 대체해 버렸다.[15]

---

14   침입이라는 표현과 연관되어 있는 폭력성은 충격적이며, 또한 충격적이어야 한다. 왜냐하면 인간들이 그들 주변의 세계에 대해 "침입"을 감행할 때 발생하는 결과의 끔찍한 사례들은 충분히 많기 때문이다. 그럼에도 고전 15:20-28은 하나님 및 하나님과 경쟁하는 권세들 사이의 최종적인 충돌을 내다본다. 현재의 악한 세대(갈 1:4)로부터의 속량은 실제적인 충돌 없이는 성취되지 않는다.

15   본서의 6장 및 Gaventa, *From Darkness to Light: Aspects of Conversion in the New Testament* (Philadelphia: Fortress, 1986), 17-51을 보라.

그러나 갈라디아서 3-4장의 논의에서 분명하게 나타나듯이, 복음의 침입은 개인들의 삶과 노력들 가운데로 침입한 수준을 훨씬 더 넘어선다. 갈라디아서 3-4장에는 복잡한 주석적 논쟁거리가 거의 모든 음절마다 가득한데, 가장 논쟁이 되는 사안들 중 하나는 토라를 "돌봄 교사"(새한글)로 표현한 3:24("그래서 그리스도께서 오실 때까지 율법은 우리의 돌봄 교사가 되었습니다. 우리가 믿음에 기초해서 의롭다고 인정받도록 하려 한 것이었습니다[새한글])의 은유이다. 하지만 이 은유에 대한 모든 해석은 3:25("그런데 믿음이 이미 왔으므로 우리가 더 이상 돌봄 교사 아래 있지 않습니다"[새한글])에서 발생하는 극적인 전환을 설명해야만 한다. 믿음(즉, 예수 그리스도의 신실한 순종)이 도래했기 때문에, "우리는 더 이상 돌봄 교사의 권세 아래 있지 않다." 갈라디아서 1:11-17에서처럼, 여기서도 복음은 침입하고 파괴한다. 그러나 소거되는 것은 단지 율법의 세계 안에 사는 삶뿐만이 아니며, 여기서부터가 대체로 해석이 충분하지 않은 지점이다. 곧 다른 종류의 세계들 역시 끝장이 나는 것이다.

> 유대인도 그리스인도 없고
> 노예도 자유인도 없으며
> 남성과 여성이 없으니
> 이는 너희 모두가 그리스도 예수 안에서 하나이기 때문이다. (갈 3:28)

갈라디아서 3:28에 기록된 바울 언명의 역사와 기능이 어떠하든 간에, 갈라디아서의 맥락에서 그 구절은 세계를 소거해 버리는 복음의 특징에 대한 바울의 주장을 급진적으로 확장시킨다.[16] 복음의 도래가 율법을 소거하듯, 그것은 또한 사람들이 그들의 정체성을 표현하던 다른 "자리들"(가장 근본적인 자리들인 민족성, 경제 및 사회적 지위, 그리고 젠더까지도)을 소거한다. 복음에 사로잡힌 이들에게 남은 유일한 장소는 바로 "그리스도 안"이라는 자리다.

우리가 이 구절에 무감각할 정도로 친숙하기 때문에, 그 급진적인 주장을 제대로 알아차리기 힘들다. 다르게 표현해 보면, 복음은 그것에 의해 사로잡힌 이들이 존재할 만한 다른 어떤 자리도 남겨두지 않는다. 복음은 사람들을 하나의 자리에서 다른 자리로, 토라 순종이나 노예 상태나 젠더와 같은 자리로부터 그리스도의 세계로 옮겨 놓는다. "그리스도 안으로 세례를 받은 너희들은 그리스도로 옷 입었다"(갈 3:27). 존 쉬츠(John Schütz)의 통찰력 있는 표현인 "복음의 특일성(the singularity of the gospel)"은 갈라디아서에 내재하는 이 역동성을 잘 포착해 냈다.[17] 바울에게 있어, 갈라디아인들이 이전의 이교적 세계 "안"과 그리스도 "안"에 동시에 거하는 것이 불가능한 것처럼, 율법의 세계 "안"과 그리스도 "안"에 동시에 거하는 것은 불가능하

---

16 바울이 전승으로 받은 공식을 활용하고 있다는 논증에 관해서는, W. A. Meeks, "The Image of the Androgyne: Some Uses of a Symbol in Earliest Christianity," *HR* 13 (1974): 165–207; H. D. Betz, *Galatians* (Hermeneia; Philadelphia: Fortress, 1979), 181; E. Schüssler Fiorenza, *In Memory of Her: A Feminist Theological Reconstruction of Christian Origins* (New York: Crossroad, 1983), 208–18을 보라.

17 J. H. Schütz, *Paul and the Anatomy of Apostolic Authority* (SNTSMS 26; Cambridge: Cambridge University Press, 1975), 121.

다. 이것은 바울이 왜 그 교사들과 타협하여 절충안을 내놓는 것을 상상할 수 없는지 설명하는 데 도움을 준다. 왜냐하면 어떤 절충안이 나와도 그것은 공유된 영역의 가능성을 전제하게 되기 때문이다. 바울에게 있어서 공유된 영역이란 도무지 이해할 수 없는 가능성이었다.[18]

이 소거된 세계들 대신 자리를 잡은 것은 무엇인가? 바울은 "그리스도 안"이라는 새로운 장소에 대한 체계적 가이드를 제공하지 않는다. 하지만 갈라디아서에서 그 장소의 몇몇 중요한 랜드마크를 표시한다. 하나님께서는 "현재의 악한 세대"로부터 구출하는 분이시듯, 그 새로운 장소가 존재하도록 만드시는 분, 즉 예수 그리스도 안에서 새로운 창조를 이루는 분이시다(갈 6:15; 그리고 고후 5:17을 보라). 그곳에 붙잡혀 있는 이들은 성령의 선물들을 경험하게 된다. 바울은 그 선물들을 갈라디아인들에게 상기시키며 그것들이 정말로 강력하다는 점을 암시한다(갈 3:1-5). 성령은 공동체의 삶 가운데서, "사랑, 기쁨, 화평, 인내, 친절함, 너그러움, 신실함, 온유, 그리고 절제"(갈 5:23)를 통해 자신을 드러내신다. 중요한 점은 이것들이 개인의 성취나 공동체의 성취가 아니라는 것이다. 이것들은 말 그대로 성령의 "열매"다. 그리고 "그리스도 안"의 삶은 자유를 의미한다. 갈라

---

18 우상에게 바친 고기를 먹는 문제와 관련하여 바울이 제안하는 절충안은 유형이 다르다. 그 사안에 대해서 바울이 절충을 권한 것은 공동체의 덕을 세우기 위해서, 그리고 동료 신자가 걸려 넘어지는 것을 막기 위해서(고전 10:23-33; 롬 14:13-23)였지, 토라의 영역과 그리스도의 영역이 양립 가능했기 때문이 아니다.

디아서 5:1에서 그토록 강력하게 호명된 자유는 흔히 나르시시즘을 용인하는 데에 사용되는 "내가 원하는 대로 행하는 자유"가 아니다.[19] 그 자유는 타인을 섬기는 자유이며, 또한 해방을 위하여 침입하신 하나님의 행동(갈 1:4)에 자신의 존재를 빚지고 있음을 아는 자유이다.

지금까지 이야기한 내용은 특별히 갈라디아서와 더 연관이 있지만, 복음의 특일성은 다른 편지들에서도 나타난다. 이를테면, 빌립보서 3장에서 바울은 그리스도 예수 안이라는 그의 현재 자리와(그것은 바울에게 부과된 자리다, 빌 3:12를 보라) 성취의 세계 안에 있던 그의 이전의 자리를 대조시킨다(특히 빌 3:6을 보라). 또한 고린도전서에서 일치를 향한 그의 호소는 오직 십자가만이 하나님의 구원하시는 능력이라는 신념에서 솟아 나온 것이다(고전 1:18-25; 2:2). 로마서에서 바울은 그의 선포가 부도덕함을 장려한다는 혐의에 맞서서(가상의 비난이든, 실제로 그런 비난을 받았든 간에), 복음의 특일성을 발전시킨다(롬 3:8; 6:1). 그리스도와 더불어 죽은 자들은 오직 그리스도에게만 속한다(롬 6장).

바울신학과 여성의 세계들

하나님과 복음에 대한 이러한 이해를 바탕으로, 바울의 편지들

---

19 바울은 자유와 자유의 부재가 언제나 타인과의 관계 안에 존재한다는 점을 알았다. 궁극적이고 절대적인 의미에서 자유로운 사람은 없다. 누구 혹은 무엇을 섬기는가의 질문이 언제나 존재한다(롬 6장을 보라).

을 오늘날의 여성들을 위해 새롭게 해석해 볼 수 있을까? 사안을 조금 다르게 표현해 보자면, 이렇다. 특일한(singular) 예수 그리스도의 묵시적 복음이 정말로 끝장을 낸 것은 무엇이며, 그 복음은 여성들의 삶에 있어서 어떠한 차이를 만들어 내는가?

"오늘날의 여성들"이나 "여성들의 삶"에 대한 어떠한 유형의 성찰도, 처음부터 그 가능성이 희박해 보일 정도로(심지어 모욕적일 정도로) 모호하다는 숙명을 안고 있다. 하지만 지금 내가 소망하는 것은, 이의 제기를 받지 않을 만한 답을 제공하는 것이 아니라, "바울과 여성들"에 대한 질문을 다르게 구성할 수 있는 가능성을 입증하려는 것이다. 내가 하려는 일은 그렇게 새로운 구성을 위한 첫 시도에 불과하다. 일단 몇 가지 단서를 달아 두는 것이 필요할 것 같다. 첫째, 앞으로 나올 내용은 여성들의 삶뿐만 아니라 남성들의 삶에도 적용될 수 있다. 하지만 그동안 바울의 편지들에 귀를 기울이는 시도들 중에서 여성들이 직접 저술하거나 여성들의 삶을 전면에 내세운 것은 극히 적었다. 앞으로 나올 논의에서 나는 바로 그것을 시도하려고 한다. 즉, 나는 여성으로서 그리고 여성들을 위해서, 바울에게 귀를 기울이려고 한다. 둘째, "여성들의 삶"이라는 표현이 상당히 일반론적이지만, 나는 생물학적으로 결정된 어떤 특성들을 모든 여성들에게 돌리는 본질주의적(essentialist) 입장을 옹호하지 않는다. 셋째, 나는 "여성들의 삶"이란 개개인에 따라 끝도 없이 다양한 방식으로 차이가 난다는 점을 인식하고 있다. 분명, 이후에 내가 제시하는 내용은 북미에 사는 백인 특권층 여자로서 내 경험에서 비롯된 것이다. 이러한 단서들을 고려한다 해도, 내 성찰이 모든 여성들에게 사실로서 적용되지는 않을 것이다. 또한 나 역시 중요한 지점들을 간과할 수도 있다. 그럼에도 내가 바라는 것은 더 많은 대화와 성찰을 만들어 내는 것이다. 그로부터 또 다른 시도들이 탄생할 것이다.

다시 갈라디아서로 돌아와서, 1-2장에 나오는 특일한 침입으로부터 논의를 시작해 보자. 바울은 그의 이전 삶의 특징을 묘사할 때, 성취의 언어 표현을 사용한다. "내가 내 동족 중 여러 연갑자보다 유대교를 지나치게 믿어 내 조상의 전통에 대하여 더욱 열심이 있었으나"(갈 1:14, 개역개정). 빌립보서 3:5-6에 나오는 바울의 내력은 그 개념을 확장한다. 바울은 "8일째에 할례를 받았고, 이스라엘 백성, 베냐민 지파 출신이며, 히브리인 가운데 히브리인이며, 율법의 기준에 따르면 바리새인이고, 열심의 기준에 따르면 교회의 박해자며, 율법에 기반한 바로잡음의 기준에 따르면 흠이 없었다." 물론 이 내력은 출생으로부터 혹은 다른 이들의 행동에 의해 얻게 된 특징들이다. 하지만 내력은 바울의 성취를 나타내는 방향으로 움직인다. 하지만 두 본문 모두 그러한 성취를 전복시키는 하나님의 묵시로 급작스럽게 옮겨 간다. 실제로 빌립보서 3:8("또한 모든 것을 해로 여김은 내 주 그리스도 예수를 아는 지식이 가장 고상하기 때문이라 내가 그를 위하여 모든 것을 잃어 버리고 배설물로 여김은 그리스도를 얻고"[개역개정])은 새로운 방식의 평가를 생생한 표현으로 제공한다. 복음이 침입하고 폭로하는 것들 중 하나는 바로 바울의 자기평가 안에, 곧 그의 측정 체계 안에 깊게 자리 잡은 결함이다. 바울이 그 측정 체계를 그의 조상들의 신앙 용어를

통해 말하기는 하지만, 유비적 예시들은 종교의 영역을 훌쩍 넘어서까지 확장될 수 있다.[20]

바울의 결함 있는 측정 체계에 유비적으로 대응할 만한 강력한 예시는, 소비주의 사회가 계속해서 생산해 내는 왜곡된 여성 이미지(를 향한 우리의 끝없는 추구)이다. 미디어 세계는 대체로 우리의 신체적 매력이 가치, 특히 여성들의 가치를 증명한다는 메시지를 전달한다. 미디어는 우리가 스스로를 평가할 때 바로 그 기준을 사용하도록, 가능한 모든 순간마다 우리에게 다가온다. 우리는 그것이 조작하는 바를 인식하면서도, 계속해서 인정이라는 목표에 닿기 위해 애쓴다. 사춘기도 안 된 우리의 딸들이 과체중에 대해 걱정하기 시작할 때, 우리는 이 평가 기준이 완전히 썩어 빠진 것임을 인식하게 된다. 그러나 그 평가는 한 번도 캘빈클라인을 사지 않았고 한 번도 에스티로더를 뿌려 보지 않은 사람들에게까지도 영향을 미친다.[21] 실제로, 유행에 맞지 않는 옷을 입거나 흔히 "남자처럼 보이는" 것으로 여겨

---

20 이 부분이 갖는 신학적 기능에 대해서는 본서의 6장을 보라.
21 미디어가 보여 주는 매력적인 여성의 이미지와, 견고하게 자리 잡은 인종차별주의가 결합했을 때, 어떤 가슴 아픈 일이 벌어지는지에 대해서 Ysaye M. Barnwell의 노래인 "No Mirrors in My Nana's House"가 잘 표현해 준다. 할머니는 현명하게도 거울을 집에 두지 않았고, 그래서 손녀는 "나는 내 피부가 너무 까맣다는 것을 알지 못했네. 나는 내 코가 너무 펑퍼짐하다는 것을 알지 못했네"라고 노래할 수 있었다. 또한 토니 모리슨(Toni Morrison)의 초기 소설인 『가장 푸른 눈』(*The Bluest Eye*)이 가져다주는 명료한 통찰을 떠올려 보라. 그 소설에서 어린 흑인 소녀는 자신의 눈동자가 푸른 빛이 될 날이 오기를, 그래서 다른 사람들이 그녀를 보고 아름답다고 여길 수 있는 날이 오기를 기도한다(New York: Washington Square Press, 1972).

지는 헤어스타일을 고수함으로 매력의 규범을 고의적으로 어길 때조차, 우리는 하나의 측정 도구를 다른 것으로 대체하고 있을 뿐이다. 매력적이고자 했던 갈망을, 내 이웃보다 더 급진적으로 페미니즘을 추구하고자 하는 갈망으로 대체하는 것도 이와 같다.

매력을 향한 추구는 특별히 더 광범위하게 퍼진 측정 체계일 수 있다. 하지만 그것이 우리가 사용하는 유일한 측정 체계는 아니다. 우리가 우리 자신을 측정하는 또 다른 방식은 우리의 일터와 가정에서 맺는 관계 네트워크를 통해 존재한다. 우리는 계속해서 그 관계들이 건강하도록 특정한 온도로 맞추고, 온도계의 모든 변화에 대해 우리 스스로에게 책임을 묻는다.[22] 혹은 일터에서 우리가 하기로 **부름 받은** 것이 무엇인가를 묻지 않고, 우리에게 돈과 특권으로 보상해 주는 것이 무엇인지만을 묻는 가운데 우리 자신의 성취에 대해 측정한다. 우리 중 많은 이들에게, 교회조차 우리 자신을 평가하는 또 다른 수단을 제공할 뿐이다. 모든 종류의 요구들을 만족시킴으로써(그 때문에 우리 자신이나 가족이 얼마나 희생하든 간에) 내 가치를 증명하는 또 하나의 장을 교회가 마련하는 것이다.

이 모든 영역들은 우리에게 측정의 규범들이 된다. 그리고 그 규범들 자체는 예수 그리스도의 묵시에 의해 종결된다. 갈라디아서 1:15에 나오는 바울의 문장("그러나 하나님께서 나를 부르셨을 때")은 바울 자신의 평가 세계뿐 아니라 우리 자신의 평가 세계를 헤집고 들어온

---

22   이 점에 대해서는 H. Lerner, *The Dance of Intimacy* (New York: Harper& Row, 1989)를 보라.

다. 그리고 우리에게 정체성을 부여할 능력이 있는 것은 오직 하나님의 침입뿐이라는 바울의 강경한 주장은 이 평가의 세계들을 끝장낸다. 이것은 단순히 "해야 마땅하다", "해야 한다", "반드시 해야 한다"로 구성된 하나의 목록을 또 다른 것으로 대체한다는 의미가 아니다. 내가 더 이상 매디슨가(Madison Avenue)의 측정 도구가 아니라 또 다른, 기독교적 측정 도구("예수님이라면 어떻게 하셨을까?")에 손을 뻗는다는 의미도 아니다. 도리어 하나님께서 침입하여 장악하셨다는 말은 우리가 다른 거울, 곧 내가 만든 거울이 아니라 하나님께서 지으신 거울을 들여다본다는 의미이다. 그 안에서 우리는 윤곽이나 잡티, 못생긴 코, 영양 공급이 필요한 가는 모발, 스트레이트 펌 혹은 반대로 컬이 필요한 머릿결 등을 보지 않는다. 우리는 그 거울 안에서 아름다운 피조물을 본다. 그리스도께서 죽음에 이르기까지 자신의 신실함을 밀고 나가신 것은 바로 그 피조물 때문이며(갈 2:20), 그 피조물은 하나님의 "새 창조"의 한 사례이다(갈 6:15; 또한 고후 5:17을 보라).

바울이 갈라디아서 1:11-17에서 그의 소명에 대해 이야기할 때, 그는 스스로에 대한 평가뿐 아니라 전통에 대해서도 이야기한다. 이때 바울이 율법을 추구한 것과 우리가 여성으로서 인정받기 위해 사회적 규범을 추구하는 것 사이의 차이점을 주목할 필요가 있다. 확실히 지금까지 내가 묘사한 내용과 토라 사이에는 범주적인 차이가 있다. 복음이 소거하는 세계들은 서로 별 관계 없이 떨어져 있는 세계들이다. 그러나 모두 복음 가운데서 그 자리를 찾을 수 없는 인간적인 추구 행위를 포함한다는 점에서 근원적인 동력을 공유한다.

더 나아가, 만약 복음이 토라의 주장들까지도 소거한다면, 어떻게 매디슨가의 세계 따위가 버틸 수 있겠는가?

복음이 침입하는 것은 성취를 향한 우리의 개인적 혹은 집합적인 세계 그 이상이다. 이는 우리가 "너희 모두 그리스도 안에서 하나다"(갈 3:28)라는 유명한 구절로 돌아갈 때 분명해진다. 바울은 여기서 "그리스도 예수 안에" 있는 이들은 그리스도 "안으로" 세례를 받은 자들이며, 심지어 "그리스도로 옷 입은" 자들이라고 주장한다(갈 3:27; 또한 2:19-20을 보라), 이것이 의미하는 바는 그들이 예수 그리스도 안에 있는 동시에 율법의 세력 "안에"(혹은 "아래에") 있을 수 없다는 것이다. 사람의 정체성, 곧 사람이 거주하는 자리는 복음 안이다. 하나님께서 그렇게 하셨기 때문이다. 더 이상 남성과 여성이 없다는 갈라디아서 3:28을 두고 바울이 "정말로" 그렇게 의미했을 리는 없다는 상식적인 반응이 자주 나타나지만(분명 세상에는 계속해서 남성들과 여성들이 존재한다), 그것이 바로 바울이 정확히 의미한 바다. 곧 "그리스도 안"에 있다는 것은 "남성과 여성"이라는 정체성을 부여하는 영역 안에 사는 삶을 종결시킨다. 이 구절에 나오는 다른 쌍들처럼, "남성과 여성"은 우리가 사는 자리들, 우리가 스스로를 명명하고 정체성을 찾는 자리들에 대한 환유로서 기능한다. "그리스도 안"에 있는 이들은 우선적으로 여성 혹은 남성의 정체성을 따지는 일 안에 거할 수 없다.

이러한 해석을 염두에 둘 때, 갈라디아서 3:28을 평등에 대한 선언으로 여기는 것은 지나치게 협소하기만 한 것이 아니라,[23] 뚜렷하게 논점을 벗어난 것이기도 하다. 자신이 "그리스도 안"에 있음을 발견한 이들은 평등에 관한 질문을 자아내는 권력의 장 "안"에도 있지 않다. 평등은 개인들이나 그룹들이 동일하게 다루어져야 한다고, 그들이 의사 결정에 동일하게 접근 가능해야 한다고, 그들이 동일한 특권이나 지위를 누려야 한다고 주장하기 위해 소환되는 개념 혹은 원칙이다. 그러나 "그리스도 안"에 있는 모든 이들은 그들이 오직 성령께서 수여하신 것만을 가지고 있음을, 그리고 하나님께서 모두를 "현재의 악한 세대"로부터 구출하셨으므로 **모두가** 하나님 앞에서 정확히 동일한 위치에 서 있음을 인식하는 자들이다.[24] 분명히 말하자면, 갈라디아서 3:28에 나타나는 쌍들은 단지 정체성의 영역들을 반영할 뿐만 아니라, 각 쌍에서 특권이 부여된 한쪽을 보여 주기도 한다. 유대인, 자유인, 그리고 남성이 바로 특권을 가진 쪽이다. 그러나 바울이 선언하는 것은 복음이 단순히 그 특권을 종결시켰다는 것이 아니다. 그러한 쌍 자체가 더 이상 존재하지 않는다는 것이다. 이것을 가장 잘 재진술한 사례가 6:15에 나타난다. "할례도 무할례도 아무 것도 아니며, 오직 새 창조가 중요하다."

비록 이전 세대가 "너희 모두가 하나다"라는 구절과 더불어 3:28을 경축했지만, 더 최근의 문화비평 수행가들은 바울이 "동일

---

23 J. Louis Martyn, "The Apocalyptic Gospel in Galatians," *Int* 54 (2000): 257 n. 30을 보라.
24 이 점에 대해서, Gundry-Volf, "Christ and Gender," 475-76을 보라.

성"을 선호하면서 "차이"를 폐기해 버렸다는 혐의를 제기한다. 예를 들어 다니엘 보야린(Daniel Boyarin)에게 있어서, 갈라디아서 3:28은 다음과 같은 질문을 야기한다. 인간의 정체성 가운데 특수한 것들은 가치의 차이를 반영하는가? 아니면 그 특수한 것들은 정의와 해방을 향한 분투에 있어 단지 장애물일 뿐인가?"[25] 그러나 바울의 편지들이 다른 구절들에서 분명하게 보여 주듯이, 모두가 그리스도 예수 안에서 하나라고 주장하는 것은 "획일성"을 요구하지 않는다. 바울은 영적 은사들이 질서 부여가 필요한 방식으로 나타날 수 있음을 알았으며(고전 12-14장), 식사 관행에 있어서 신념의 차이들이 있음을 인정했다(롬 14:1-15:7). 로마서 대부분에서 바울은 유대인과 다른 이방인의 특수한 상황을 밝히고, 그 반대의 경우도 밝힌다(예를 들어, 롬 2:14, 17; 3:1; 7:1을 보라). "그리스도 안"에 있다는 것은 우리가 너무 많이 끓였으나 간은 덜 되어 싱거운 국물의 일부가 되었다는 의미가 아니다. 무한에 가까울 정도로 나열될 수 있는 여성들의 은사들(그리고 남성들의 은사들)이 특색을 잃어버린 그런 국물 말이다. 그러나 "그리스도 안"에 있다는 것은 우리에 대해서 가장 먼저, 가장 중요하게 언급되어야 할 사실이 바로, 우리가 "그리스도 안"에 있다는 점이라는 것을 의미한다.

얼핏 갈라디아서의 이러한 측면은 자신 및 다른 여성들을 온전히 인간으로 이해하기를 열망하는 이들, 자신이 여성이라는 점 그

---

25 Daniel Boyarin, *A Radical Jew: Paul and the Politics of Identity* (Berkeley: University of California Press, 1994), 3.

자체를(그 정체성은 많은 영역에서 여전히 주변화되어 있다) 기뻐하기를 열망하는 이들에게 반갑지 않은 소식으로 들릴 수 있다. 그러나 바울의 말은 우리가 그러한 이해를 우리 자신과 다른 이들에게 주장하는 방식을 재고하도록 도전한다. 새 창조의 행위 가운데 하나님께서는 우리의 여러 의미 세계들 가운데로 침입하시며, 우리를 그리스도의 몸의 일부라고 선언하신다. 이 정체성은 너무나도 강력해서 정체성에 관한 다른 모든 (그리고 더 작은 규모의) 주장들을 해석하고 전유할 렌즈를 제공한다.

이러한 맥락에서 "자유"라는 단어가 논의 안에 올바르게 들어온다. 바울이 갈라디아서에서 경축하는 자유는, 갈라디아서 5:1("그리스도께서 우리를 자유케 하셨다")과 5:13("너희는 자유 안에서 부르심을 받았다")에서 분명히 나타나듯이 그리스도께서 가능하게 하신 자유, 그리스도 영역 안에 있는 자유다. 바울은 자유를 독립과 혼동하는 현대 서구의 개념과 완전히 충돌하는 방식으로 자유를 이해했다. 즉, 바울은 그 자유가 결속하는 자유임을 알았다. 그 자유는 자유케 된 이들을 그리스도에게 결속시키며, 또한 서로에게 결속시킨다. 이러한 의미에서 볼 때, 여성들이 인류의 다른 절반을 흉내낼 때 자유가 존재하는 것이 아니다. 그 다른 절반 역시 속박 가운데 있기 때문이다. 참된 자유는 자신이 그리스도 영역 안에 산다는 굳건한 지식으로부터, 오직 그 앎으로부터 흘러나온다.

내가 이러한 기조의 강의를 했을 때, 한 학생이 다음과 같은 질문을 던지며 응답했다. "하지만 여전히 저를 둘러싼 세상이 저를 옷 사이즈나 연봉으로 재단한다면, 제 정체성이 그리스도 안에 있고 그 정체성이 다른 모든 정체성들을 소거한다고 말하는 게 무슨 소용이 있나요? 교수님이 말한 것은 듣기에는 그럴듯 하지만, 제가 사는 실제 세상에서는 아무것도 바꾸어 놓지 못해요."[26]

이 질문은 우리를 갈라디아서 자체로 다시 이끈다. 갈라디아서에서 우리는 바울의 이해에 따라 복음은 개인들이나 집단들에게 주어지는 계시들 그 이상이라는 것을 깨닫게 된다. 복음은 우주와 관계가 있다. 이는 갈라디아서의 처음과 끝부분에 분명히 드러난다. 갈라디아서는 하나님께서 인간들을 "현재의 악한 세대"로부터 구원하기 위해 예수 그리스도 안에서 일하신다고 선언하면서 시작된다(갈 1:4). 그리고 기쁨으로 "새 창조"를 언급하며 편지가 마무리된다(갈 6:15). 이 우주적 관점은 내 학생이 물었던 것과 같이 긴급하고 실천적인 질문을 해결하는 데 그다지 관련이 없어 보일 수도 있다. 남

---

[26] 그 학생의 질문은 "속량 받지 못한 세상"에 살아가는 것에 관해 언급한 Martin Buber의 말과 묘하게 닮았다.

> 내 신앙의 관점에서 볼 때, 가이사랴 빌립보에서 베드로가 예수님에게 한 말 - "당신은 메시아입니다" - 은 진심이었지만, 그럼에도 진실은 아니었다. 그 말이 수 세기 동안 반복되어 왔다고 해서 더 진실이 되는 것은 아니다. 내 신앙에 따르면, 메시아는 역사 속에서 한정적인 한 지점에 나타나지 않았다. 그 나타남은 오로지 역사의 종말을 표시하게 될 것이다. 내 신앙의 관점에서 볼 때, 세상의 속량은 지금으로부터 열아홉 세기 전에 일어나지 않았다. 실은 그 반대다. 우리는 여전히 속량 받지 못한 세상에 살고 있다.

이것은 Martyn, *Theological Issues in the Letters of Paul*, 279에 인용되어 있다.

성들과 여성들 사이의 관계가 일그러졌다는 점, 부패한 측정 체계들에 우리가 깊이 연루되어 있다는 점, 그리고 정체성을 향한 우리의 추구가 왜곡되어 있다는 점은 조정이 필요한 태도 정도가 아니다. 그것들은 복음과 충돌하는 "현재의 악한 세대"가 끈질기게 잔류한다는 징후들이다. 어떤 사회적 의제도 이러한 상황을 교정할 수 없다. 또한 어떠한 교육적 전략도 충분하지 않다. 왜냐하면 악의 세력은 가장 순수한 동기, 가장 강인한 결심까지도 부패시키기 때문이다.[27]

바울이 갈라디아인들에게 선포했던 복된 소식은, 어떠한 인간의 노력으로도 보장될 수 없는 해방이 하나님께서 예수 그리스도 안에서 하신 행동을 통해 도래했다는 소식이다. (자신의 세계들 안으로) 이 복된 소식의 침입을 받은 이들은 J. 루이스 마틴이 아주 탁월하게 언급했던 이중 초점(bifocal)의 비전을 공유한다.[28] 만약 우리가 지평선에 떠오르는 하나님의 승리를 바라보며 그 능력이 현재에도 작용한다는 것을 믿는다면, 우리를 둘러싼 자들의 평가들과 그들이 부여한 정체성들이 뭐가 중요하겠는가? 우리가 하나님의 새 창조와 그 해방하는 힘을 안다면, 부분적 정체성들과 일그러진 측정 체계들이

---

27 죄의 권세에 대해서는 P. W. Meyer, "The Worm at the Core of the Apple: Exegetical Reflections on Romans 7," in *The Conversation Continues: Studies in Paul and John in Honor of J. Louis Martyn* (ed. Robert T. Fortna and Beverly R. Gaventa; Nashville: Abingdon, 1990), 62-84을 보라.

28 Martyn, "From Paul to Flannery O'Connor with the Power of Grace," in *Theological Issues in the Letters of Paul*, 279-97; "The Apocalyptic Gospel in Galatians," in ibid., 246-66을 보라.

우리에게 무슨 효력을 발휘하겠는가?

글을 맺는 성찰

어쩌면 갈라디아서라는 가장 열정적인 편지를 구술하면서, 바울은 갈라디아 회중들 가운데 있는 여성들을 마음의 눈으로 바라보았을지도 모른다. 그리고 갈라디아 여성들에게 그 교사들 버전의 복음이 불가능하다는 것을 설득할 수 있는 언어 표현을 찾아다녔을지도 모른다. 하지만 어쩌면 바울은 여성들을 전혀 고려하지 않았을 수도 있다. 이러한 시나리오를 포함한 다른 여러 시나리오들이 흥미롭게 떠오를 수 있으나, 그 어떤 것도 갈라디아서가 오늘날의 여성들에게 신학적으로 어떤 기여를 할 수 있는지에 관해서는 대답하지 못한다. 바울과 역사적 청중 사이의 관계에 대해서만 질문하는 대신, 갈라디아서에 담긴 심원한 신학적 역동성에 관해서도 묻는다면, 갈라디아서가 하나님의 새 창조를 명료하게 표현하는 강력한 목소리로 급부상한다. 하나님의 새 창조는 여성과 남성 모두를 성취와 정체성의 세계들로부터 해방시킨다. 그것은 **하나님의 새 창조**로 인한 것이지, 인간의 노력에 의해 개시되는 것이 아니다. 바울은 갈라디아서에서 그 교사들을 몰아내고 갈라디아인들이 따를 수 있는 프로그램이나 혹은 기독교적이고 대안적인 형태의 토라를 제시하지 않았다. 마찬가지로 바울은 세상 안에서 혹은 교회 안에서 부

서진 젠더 관계들을 수리하기 위한 의제를 제공하지 않는다.[29] 갈라디아서는 프로그램이 아니다. 갈라디아서는 "실제로는 존재하지 않는 또 다른 복음"의 말에 지나치게 귀를 기울여 왔던 사람들을 위한 복음의 재선포다.[30]

---

[29] Martyn의 주석서가 기여한 여러 부분들 중 하나는, 갈 6:2("여러분은 서로 남의 짐을 져 주십시오. 그렇게 하면 여러분이 그리스도의 법을 성취하실 것입니다"[새번역])은 그리스도가 율법을 완성하심("요약하심"이 아니라)에 대해서 말하고 있으며, 신자들 간에 서로 짐을 지는 행동을 그리스도의 행동의 반복으로 여긴다는 논증이다(*Galatians*, 486-91, 502-23, 547-49, 554-58).

[30] Ibid., 20-26.

제2부 우주적・묵시적 맥락에서 본 어머니 이미지

제2부 우주적·묵시적 맥락에서 본 어머니 이미지

바울의 편지들을 일상의 실제적인 사안으로부터 거리가 있는 추상적인 편지들로 이해해 온 이들에게, 제1부에서 살펴본 본문들은 뜻밖의 기분 좋은 발견을 선사했을 것이다. 바울의 "육체"와 "영" 표현들이 인간의 몸에 대한 부정적 태도를 가리킨다는 인식이 여전히 지속되고 있지만, 출산과 수유와 양육의 은유들은 그러한 인식에 맞설 중요한 대조적 논점을 제공한다. 제1부에서 다룬 본문들에 암시된 개인적·목회적 관계들 역시 매력적이다. 비록 해당 공동체들에서 어떤 실제 관계들이 형성되었을지 우리가 알 방법이 없지만 말이다. 또한 우리가 바울을 전적으로 위계질서적·가부장적 측면에서만 생각하는 경향이 있다면, 그 본문들에서 표면에 떠오르는 바울의 취약성은 특히 더 반갑다.

이러한 내용은 제1부에 포함된 연구의 매력적인 특징이지만, 그 매력은 일종의 아늑하고 개인적인 방식으로만 바울의 어머니 이미지에 반응하도록 유혹할 수도 있다. 오늘날의 분위기가 아무리 모든 유형의 지도자들에 대해 냉소적일지라도, 이 본문들을 오로지 바울이라는 개인과 그의 리더십 스타일에만 연관시켜 이해할 가능성이 있는 것이다. 혹은 이 본문들은 지중해 세계의 사회적 집단들과만 배타적으로 연관이 있다고 여겨질 수 있다. 그러나 이 본문들은 더 큰 묵시적 맥락 안에서 고유한 자리를 가지고 있으며, 그 맥락은 각각의 본문들이 갖는 범위 전체를 이해하는 데 필수적이다. 제1부의 수많은 지점들에서 나타난 "묵시"라는 단어를 사용하면서 내가 가리킨 것은 바울의 어머니 은유들이 단순히 묵시문학에 평행 본문을 갖는다거나 혹은 그것들이 묵시 사상의 영역들로부터 바울에게로 왔다는 것만이 아니다. 내가 가리키고자 한 것은 그 은유들이 바울신학의 묵시적 특성과 상당한 수준으로 연결되어 있다는 점이다. 그 관계는 피조 세계의 산통이 하나님의 최종적 속량을 예견하고 있는 로마서 8장에서 가장 분명하게 보인다. 그러나 또한 그것은 갈라디아서 4:19과도 연관이 있는데, 바울이 갈라디아인들을 낳는 것이 아니라, 그리스도께서 그들 가운데 태어나실 것이기 때문이다. 오직 그리스도의 개입만이 그 출생을 가능하게 한다. 그리고 바울이 자녀를 돌보는 유모나 모유를 수유하는 어머니로 본인을 지칭하는 전복적 행동을 할 때, 바울은 "새 창조"의 인식론을 행동으로 옮기는 것이다.

앞으로 나올 장들에서, 나는 바울의 묵시 신학을 탐구할 것이다. 본서의 6장과 7장에서는 갈라디아서를 다룰 것이다. 먼저 갈라디아서 1장과 2장으로부터 시작할 것인데, 이 장들에서 바울은 그 자신의 삶에 침입한 "계시" 혹은 "묵시/드러남"을 회고하는 가운데 자세한 설명을 제공한다. 이어서 나는 "복음의 특일성"이라는 제목 아래 갈라디아서의 신학을 탐구할 것이다. 그다음에는 로마서로 향하여, 예수 그리스도의 묵시로 인해 전복되는 우주적 노예 상태에 대한 로마서의 성찰을 살펴볼 것이다. 본서 8장과 9장에서는 로마서에 나오는 죄의 이해를 탐구하고, 10장에서는 공동체 개념 및 어떻게 그 공동체가 묵시에 참여하는지를 고찰할 것이며, 11장에서는 로마서에 반영된 바울의 하나님 이해를 다룰 것이다.

이 장들을 묵시 신학의 탐구로 지칭하는 가운데, 나는 "묵시"라는 용어가 신약성경의 독자들에게(학자들 및 일반 독자들 모두) 문제적 용어가 되었음을 충분히 인지하고 있다. 그러나 나는 그 단어가 적절하며 또한 의미가 있다고 여긴다. 다른 학자들이 이에 관한 연구사를 길게 다루었고, 바울의 사상과 초기 유대 묵시 신학 사이의 역사적 관계들도 일목요연하게 정리했다.[1] 여기서 내 목표는 훨씬 덜 야

---

[1] 특히 Richard Sturm, "Defining the Word 'Apocalyptic': A Problem in Biblical Criticism," in *Apocalyptic and the New Testament* (ed. Joel Marcus and Marion L. Soards; JSNTSup 24; Sheffield: Sheffield Academic Press, 1989), 17-48; M. C. de Boer, *The Defeat of Death: Apocalyptic Eschatology in 1 Corinthians 15 and Romans 5* (JSNTSup 22; Sheffield: JSOT Press, 1988); idem, "Paul and Apocalyptic Eschatology," in *The Origins of Apocalypticism in Judaism and Christianity* (ed. John J. Collins; vol. 1 of The Encyclopedia of Apocalypticism; New York: Continuum, 1998), 345-83; idem, "Paul, Theologian of God's Apocalypse," *Int* 56 (2002): 21-33을 보라.

심찬 것이다. 나는 "묵시 신학"이라는 표현을 통해 내가 의미한 것이 무엇인지 간략하게 그려 볼 것이며, 뒤따르는 장들에서 그 표현을 좀 더 자세히 살펴볼 것이다.

하나님의 결정적 승리: 구출로서의 구원

의도적인 순진함을 가지고, 간학문적인 『묵시주의 백과사전』(Encyclopedia of Apocalypticism)에 소개된 묵시주의의 정의를 살펴보는 데서 시작해 보자. 거기서 묵시주의는 "하나님께서 역사 가운데 선과 악의 계속되는 투쟁의 임박한 종말을 계시하셨다는 믿음"으로 정의된다.[2] 이 표현은 의도적으로, 그리고 적절하게도 폭넓게 설정되어 있지만, 이 정의만을 따르자면 바울의 편지들을 해석하는 이들 중 누군가가 바울서신들이 묵시적이라는 사실을 어떻게 부정할 수 있을지 이해하기 어렵다. 갈라디아서 1:4은 예수 그리스도가 "우리를 현재의 악한 세대"에서 구출하시는 분이라고 지칭하며 편지를 시작한다. 고린도전서는 하나님의 모든 대적들의 멸망이 다가옴을 경축하고(고전 15:24-28), 로마서 8장은 인류를 하나님의 사랑으로부터 끊어내려 시도하는 모든 세력들과 하나님의 능력을 대치 관계에 놓는다(또한 롬 16:20을 보라). 빌립보서의 찬가는 "하늘과 땅 위와 땅 아래 있

---

[2] *The Origins of Apocalypticism*, vii. "의도적인 순진함을 가지고"라는 표현을 쓴 이유는, 묵시와 묵시주의에 관한 사안들을 둘러싸고 논쟁이 계속된다는 점을 인정하기 때문이다.

는" 모든 피조물이 예수님의 이름 앞에 무릎을 꿇을 것을 내다본다(빌 2:10). 바울의 편지들 속 숱한 지점에서 우리는 지속적인 투쟁을 엿보며, 예수님의 십자가 죽음과 부활 덕분에 그 투쟁의 종말이 이미 시야에 들어왔음을 알게 된다.

덧붙여, 바울 자신도 묵시와 관련된 언어를 사용한다. 그리스어 단어 **아포칼립시스**와 그 동족어들은 "드러냄/계시함"이라는 특수한 행위를 가리킬 수 있으며, 이는 정보를 드러낸다는 의미(갈 2:2에서처럼) 혹은 특정한 비전을 가리킬 수 있다(고후 12:1-2에서처럼). 그러나 바울은 또한 그 단어군을 사용하여, 하나님께서 구원하시는 능력을 통해 현재 계속되는 투쟁 가운데 침입하시는 사건을 가리키며, 이는 특히 로마서 1:17에서 엿볼 수 있다("하나님의 바로잡으심은 이제 복음 안에서 묵시적으로 드러나고 있다"). 여기서 사용된 현재 시제는 의미심장하다. 하나님의 묵시는 가깝거나 먼 미래, 즉 오직 환시자 개인에게만 보이는 미래에 다가올 것으로 예상되는 무언가가 아니다. 그 묵시는 이미 현재에 일어나고 있다.[3]

하지만 내가 바울을 묵시 신학자로 묘사할 때, 바울이 특정한 단어군을 사용한다거나 바울서신에 묵시 종말론에 참여하는 본문들이 있다는 정도를 의미하지 않는다. 나는 그 이상의 것을 나타내고자 한다. 첫째, 바울의 묵시 신학은 예수 그리스도의 죽음과 부활 안에서 하나님이 세상에 침입하셨으며, 그것을 통해 세상의 철저한 왜곡과 어리석음을 폭로하고, 세상을 당신의 것으로 되찾으시며, 하

---

3   M. C. de Boer도 이것을 언급했다("Paul and Apocalyptic Eschatology," 355).

나님의 모든 대적들(죄와 사망이라는 세력들을 포함해서)에 대한 하나님의 승리로 의심 없이 귀결될 전투를 개시하셨다는 확신과 관련이 있다. 이는 복음이 처음부터 끝까지, 그리고 언제나 하나님의 강력하고 은혜로운 주도권에 관한 것임을 의미한다. 바울이 다른 묵시 신학자들과 공유하는 것은—물론, 오직 그들과만 공유하는 것은 아니지만—강력한 신중심적(theocentric) 관점이다(이는 특히 11장에서 다룰 것이다).

둘째, (바울을 묵시 신학자로 묘사하면서 내가 의미하는 바는) 복음의 침입은 모든 인간들이 그들보다 더 큰 세력의 손아귀에 어느 정도로 붙잡혀 있는지를 가시적으로 드러낸다는 점이다. 본서의 8장과 9장은 이 주제에 대해 자세히 다룰 것이다. 이 주제는 최근에 민족성과 제국에 대한 관심 때문에 상대적으로 눈에 띄지 않게 되었다. 바울이 고린도전서 15장과 로마서 8장에서 패퇴를 예견하는 대적들은 우주적(인 세력들)이지만, 인간들이 예배를 부패하게 만들고(롬 1:18-25) 그들의 부르심을 왜곡할 때(롬 2:17-29) 그 대적들은 아주 가까이서도 관찰된다. 이 세력들은 인간의 삶에서 단절되어 멀리 있는 것이 아니라, 바울이 로마서 8:35에서 열거하듯 아주 실제적인 경험의 측면에서 가시적인 세력들이다.

셋째, 하나님께서 세상을 당신의 소유로 되찾기 위해 주장하신다는 것은 곧 인류의 해방을 의미한다. 하지만 그 해방은 아직 완성되지 않았다. "그리스도 안"에 있는 이들도 여전히 죽음을 맞이하고, 여전히 고통을 경험하며, 여전히 죄를 지을 수 있기 때문이다.

그러나 "그리스도 안"에 있는 이들은 성령을 받았고, 그 열매 역시 가시적이다(갈 5장에 나오듯). "현재의 악한 세대에서 구출"받고 있는 이들은 한목소리로 함께 하나님께 영광 돌리는 공동체들, 곧 획일성이 아니라 연합을 그 특징으로 하는 공동체들 안으로 접붙임을 받았다.

묵시에 대한 염려

바울을 공부하는 학생들 중 많은 이들이 내가 방금 스케치한 내용 상당 부분에 동의하겠지만 여전히 "묵시"라는 단어 자체는 문제가 많다고 지적할지도 모르겠다. 그 단어를 사용하지 말아야 한다고 항의할 수도 있을 것이다. 최근에 더글러스 캠벨(Douglas A. Campbell)은 이러한 생각에 근거하여, 그 대신에 "성령론적으로 참여적인 순교적 종말론"(pneumatologically participatory martyrological eschatology)이라는 표현(PPME라는 약어로 지칭된다)을 쓰자고 제안했다.[4] 캠벨의 기획이 전반적으로는 나의 해석과 결이 잘 맞는다고 생각하지만, 용어에 관한 그의 주장이 나를 충분히 설득하지는 못했음을 고백한다. 또한 캠벨이 제안한 약어는 도움이 되기보다는 도리어 장애물이 될 수 있다. 특정 단어가 모호하거나 문제가 있는 함의를 갖기 때문에 폐기해야 한다는 주장은 다른 여러 단어들에도 적용될 수 있지만, 내

---

4 Douglas A. Campbell, *The Quest for Paul's Gospel: A Suggested Strategy* (London: T&T Clark, 2005).

생각에는 성공할 확률이 낮다. 예를 들어 "페미니스트"라는 단어는 매우 다양한 견해들을 가리키는 데 사용되기 때문에, 그 견해들을 하나로 묶는 것이 무엇인지 더 이상 알기 어려울 정도다.[5] "그리스도인"이라는 단어도 마찬가지다. 만약 회중 가운데 있는 이들, 곧 공예배에서 매주 신앙을 고백하고 기독교 전통을 공부하며 지역사회 음식 봉사 단체(food pantry)에서 사역하는 이들이 "그리스도인"이라면, 그리고 유아세례를 받았지만 그 이후로 다시는 예배에 참석한 적이 없는 이들 역시 "그리스도인"이라면, "그리스도인"이라는 용어는 도대체 무엇을 의미하는가?

명료성을 향한 헛되고 끝나지 않을 탐구 가운데 용어를 계속 늘리고 싶지 않다는 바람을 넘어서서, 나는 바울신학에 "묵시"(apocalyptic)라는 용어를 사용하는 것을 지적 정직성 및 진실성과 관련된 사안으로 여긴다. 바울 해석자들 가운데 나의 해석에 가장 큰 영향을 끼친 이들은 에른스트 케제만(Ernst Käsemann), J. 크리스티안 베커(J. Christiaan Beker), 그리고 J. 루이스 마틴(J. Louis Martyn)인데, 그들 모두는 명시적으로 "묵시"라는 용어를 채택했다. 내가 가진 견해를 다른 용어로 가림으로써 그 학자들이 내게 끼친 영향을 인정하지 않는다면, 이는 성숙함이 없는 태도, 심지어 감사가 없는 태도일 것이다. 더글러스 캠벨은 묵시라는 단어 자체가 **아디아포론**(adiapho-

---

5 내가 전에 같은 청중을 대상으로 몇 번의 강연을 한 적이 있는데, 그 청중 가운데서 어떤 이들은 내 강연이 "페미니즘적"이었다고 인식했고, 다른 이들은 "페미니즘적이 아니었다"고 말했다. 나는 이런 일이 드문 사례는 아닐 것이라 추측한다.

ron), 즉 뭐라고 부르든 마찬가지라고 말하지만, 나의 결론은 그 용어가 실제로 중요하다는 것이다.

R. 배리 매트락(R. Barry Matlock)은 바울의 묵시적 읽기에 대해 또 다른 비판을 제기했다. 매트락은 20세기 학계의 중요한 인물들을 다루며(가장 중요하게 다루는 인물은 슈바이처와 케제만, 그리고 베커다), "묵시적 바울"의 학문적 논의들을 매우 자세히 검토했다.[6] 앞에서 이미 언급했던 묵시라는 용어 자체의 모호성에 덧붙여, 매트락은 두 가지 주된 비판점을 제시한다. 첫째, 매트락은 바울 텍스트에 "묵시"라는 용어를 사용해 온 이들이 초기 유대 묵시문학들의 철저한 분석에 기반하지 않고 그 용례를 사용했다고 주장한다. 그런데 이 비판은 특히 마르티너스 드 보어(Martinus de Boer)의 저작을 공정하게 다루지 못한 처사다.[7] 또한 매트락 본인도 자신의 책에서 일차자료를 전혀 다루고 있지 않다는 문제도 있다(심지어 바울의 텍스트들도 다루지 않는다). 둘째, 매트락은 바울의 묵시적 읽기를 옹호하는 학자들이 과학적 객관성을 내세우면서도 실제로는 신학적 동기에 의해 움직인다고 주장한다. 그러나 그 비판은 성서학계 내 어떤 종류의 전통에도 대체로 적용 가능하다. 이는 그것이 바울의 묵시적 읽기에 한하여 특별히 무

---

6   R. Barry Matlock, *Unveiling the Apocalyptic Paul: Paul's Interpreters and the Rhetoric of Criticism* (JSNTSup 127; Sheffield: Sheffield Academic Press, 1996). 이 책은 (내가 짐작하기로는) 유머러스한 어조를 의도적으로 사용하기를 즐긴다. 그러나 이 분야의 선행자들을 향해 매트락이 보이는 거들먹거리는 태도는 거의 사춘기 청소년들의 행동에 가까워 보인다.

7   그리고 사실 de Boer는 *The Defeat of Death*, 39–91에서 그러한 작업을 한다.

게감 있는 비판이 아님을 의미한다.[8]

　이러한 학자들의 미세한 꼬투리 잡기 말고, 몇몇 제대로 된 염려들이 바울신학의 묵시적 이해에 관한 제안들에 동반된다. 이후의 장들에서 그 염려들을 다룰 예정이지만, 적어도 그것들이 무엇인지 여기서 짧게나마 언급하고자 한다. 한 가지 염려는 묵시 사상이 필연적으로 세상을 부정하거나 도피주의적이라는 것이다. 묵시 운동의 몇몇 두드러지는 사례들을 감안할 때(밀러주의자들이나 데이비드 코레쉬[David Koresh] 추종자들과 같은), 이러한 염려는 이해할 만하다. 그리고 바울이 세상을 떠나 주와 함께 있고 싶다고 선언하거나(빌 1:23), 우리가 몸 안에 있는 동안 주님으로부터 떨어져 있다고 선언할 때(고후 5:6), 바울이 현재 세계를 떠올리며 내재적 가치를 지닌 어떤 것으로 여기기보다는, 미래를 위해 그저 감내해야 할 무엇인가로 여긴다는 결론을 피하기는 어렵다.[9] 그러나 그의 편지들을 더 큰 맥락에서 보면, 이 언명들은 현재를 평가절하한다기보다는, 무한할 정도로 더 거대한 맥락에 관심을 쏟고 있다고 봐야 한다. 더 나아가, 본서의 12

8　이 논점에 대해서, Dale Allison의 논의("Apocalyptic, Polemic, Apologetics," in *Resurrecting Jesus: The Earliest Christian Tradition and Its Interpreters* [New York: T&T Clark, 2005], 111-48)를 읽어 보는 게 중요한 통찰을 가져다줄 것이다. Allison은 예수님의 종말론적 기대감에 관한 논쟁을 살펴보지만, 또한 학자들이 다른 학자들의 동기를 쉽사리 파헤칠 수 있다고 가정하는 것에 제동을 거는 유용한 단서도 포함하고 있다.

9　"세계"에 관한 바울의 대조적 언어 사용에 대해서는, Edward Adams, *Constructing the World: A Study in Paul's Cosmological Language* (Studies of the New Testament and Its World; Edinburgh: T&T Clark, 2000)를 보라.

장에서 볼 수 있듯이, 바울이 그의 회중들에게 세상에서 도피하라거나 일종의 고립주의를 실천하라고 주문하고 있지 않다는 점은 분명하다. 묵시적 복음이 하나님의 능력과 하나님의 진노를 가시적으로 만드는 것(롬 1:17-18)은 바로 현재의 "실제 세계" 안에서이며, 성령이 민족성과 사회 지위, 그리고 젠더의 나누어짐으로부터 해방된 공동체들을 생성하는 것(갈 3:28)도 바로 이 "실제 세계" 안에서다.

또 다른 염려는 묵시 신학이 이원론적이라는 점이다. 바울의 편지들은 "이원론"에 대한 상당한 증거를 제공하는데, 이는 J. 루이스 마틴이 "모순율들"(antinomies)이라고 이름 붙인 일련의 대조들을 가지고 바울이 논의를 꾸려 가기 때문이다(본서 7장에 나오는 갈라디아서의 "반제들"[antitheses]에 대한 내 논의를 보라). 이 대조들은 현재에 지속되는 "옛 세대"(old age) 및 하나님께서 예수 그리스도의 십자가와 부활 안에서 이미 개시하신 "새 세대"(new age)와 관련되어 있다. 이 대조 관계들은 사람들로 이루어진 집단들과 대응될 때 특히 문제가 나타난다. 예를 들어, 고린도전서 1:18("십자가의 도가 멸망하는 자들에게는 미련한 것이요 구원을 받는 우리에게는 하나님의 능력이라"[개역개정])이 멸망하고 있는 이들과 구원받고 있는 이들을 구별할 때, 혹은 데살로니가전서 5:5("너희는 다 빛의 아들이요 낮의 아들이라 우리가 밤이나 어둠에 속하지 아니하나니"[개역개정])이 빛의 자녀들을 어둠의 자녀들로부터 분리할 때가 그러하다. 그러나 이러한 본문들에서 표현된 인간론적 이원론은 하나님의 행동의 보편적, 심지어 우주적 범위를 강조하는 다른 본문들(롬 5:18; 11:32)과 배치된다. 이는 바울의 이원론이 단지 일시적 혹은 임시적임을 시사한다.[10] 또한 이것은 바울의 강한 신중심적(theocentric) 관점에 주의를 기울이는 것이 중요해지는 지점 중 하나다. 인간들이 스스로를 성령의 **소유자**라고, 혹은 빛의 자녀의 지위를 얻었다고 여기는 가운데 특정한 개인이나 집단들을 이 "모순율들"과 동일시하지 못하도록 막아 주는 것은, 바로 하나님의 역할에 대한 이해다.

"묵시 신학"(apocalyptic theology)이라는 용어에 수반되는 염려 중 일부는 현대사회에 나타나는 몇몇 파괴적인 묵시주의들(destructive apocalypticisms, 종교적이든, 정치적이든, 혹은 환경적 묵시주의든)에 대한 염려로부터 자라난다. 기독교 전통은 묵시적 비전이 불안정한 리더십과 결합했을 때 일어날 수 있는 몇몇 끔찍한 사례들을 제공해 왔다. 그러나 그것들이 우리가 성경의 묵시주의를 진지하게 다루는 것을 가로막아서는 안 된다. 왜냐하면 우리가 그것을 진지하게 다루지 않으면, 그와 관련된 본문들이 과잉된 열광주의에 빠져 잘못된 해석을 시도하는 이들의 손에 넘어가기 때문이다.[11] 앞으로 전개된 장들이 묵시 신학이 본질적으로 파괴적인 것이 아님을 보여 주기를 소망한다. 바울의 묵시 신학은 우주 전체(인류 자체를 포함해서)를 위해서 상상할 수 없을 만큼 큰 규모로 하나님께서 하시는 행동에 관심을 두고 있기 때문이다.

---

10 M. Eugene Boring, "The Language of Universal Salvation in Paul," *JBL* 105 (1986): 269-92.
11 이제 고인이 된 J. Christiaan Beker는 *Paul's Apocalyptic Gospel: The Coming Triumph of God* (Philadelphia: Fortress, 1982), 특히 11-28에서 이 점을 긴급하게 강조했다.

6장 사도와 복음

바울, 우리 어머니

6장 사도와 복음

바울의 편지들에 나오는 어머니 이미지에 대한 우리의 탐구는 양육을 받는 회중과 능동적 행위 주체인 바울 모두에게 초점을 맞춘다. 바울은 진통 중인 자이자 유모, 그리고 젖으로 먹이고 있는 자다. 각 본문들을 따로 떼어 다루다 보면, 복음의 침입하는 능력보다 바울이 더 우월하다거나 혹은 그런 복음의 능력으로부터 동떨어져 영향을 받지 않는다는 잘못된 결론에 다다를 수 있다. 이 장에서 나는 바울이 복음에 의해 장악되었다는 자기 이해가 갈라디아서 1장과 2장에 나오는 그의 회고적 이야기 안에 반영되어 있는 방식을 탐구할 것이다. 갈라디아서 1-2장에 대한 오래된 읽기 방식과 반대로, 나는 거기서 바울이 하는 말들이 단순한 자기방어가 아니라고 주장할 것이다. 오히려, 그 말들은 복음이 바울의 삶을 장악했으며, 바울을 "새 창조"의 한 사례로 만들었다는 것을 입증한다(갈 6:15).

바울은 갈라디아 교회들에 보내는 편지를 시작하면서 자신을

"사람들로부터 온 것도 아니고 사람을 통한 것도 아니라, 예수 그리스도와 그를 죽은 자들 가운데서 일으키신 하나님을 통해 사도된 자"(갈 1:1)로 밝힌다. 많은 독자들에게, 이 서론격의 자기 지칭은 갈라디아서를 이해하는 데 중요한 실마리를 제공한다. 즉, 바울은 방어 모드에 있는 것이다. 전통적인 해석에 따르면, 다음과 같은 시나리오가 이어진다. 바울이 선포한 복음을 반대하는 어떤 그리스도인들이 갈라디아인들을 방문했다. 그 방문자들은 바울이 하나님께로부터 복음이나 사도적 파송을 받은 게 아니라고 비난함으로써, 자신들의 주장을 강화했다. 그들의 주장에 따르면, 바울은 복음을 예루살렘의 사도들로부터 전해 받았으며, 따라서 1급 사도가 아니라는 것이다. 바울은 이같이 자기의 사도권이 공격받고 있음을 알게 되었다. 따라서 거기에 응답해야만 했다. 실제로 바울은 갈라디아서를 시작하자마자 그러한 공격에 응답했다.

갈라디아서에서 자신이 가진 사도권의 기원을 설명함에 있어 바울이 부정적인 형태로 진술하는 것에 주목해야 한다. 바울은 다른 편지들에서도 자신의 소명을 인사말로 전하긴 하지만, 그 묘사들은 대체로 긍정적인 표현이었다.

> 하나님의 뜻으로 그리스도 예수의 사도로 부르심을 받은 나 바울 ….
> (고전 1:1, 새번역)

> 하나님의 뜻으로 그리스도 예수의 사도가 된 나 바울 …. (고후 1:1, 새번역)

그리스도 예수의 죄수인 바울 …. (몬 1)

예수 그리스도의 종 바울은 사도로 부르심을 받아 하나님의 복음을 위하여 택정함을 입었으니 …. (롬 1:1, 개역개정)

바울은 오직 갈라디아서에서만 자신의 사도권이 사람들로부터, 혹은 사람들을 통해 주어진 것이 아니라는 점을 구체적으로 명시한다.

갈라디아서 1:1에서 바울이 방어 모드를 취하고 있다는 해석은 이런 유별난 표현 때문에 생긴 것이기도 하고, 또한 지배적인 주석 전통 때문에 생긴 것이기도 하다. 사실상 모든 갈라디아서 주석가들은 1장과 2장의 유일한 목적이 변호(apologetic)에 있다는 점에 동의한다.[1] 가장 이르게는 크리소스토무스까지 거슬러 올라가는 이러한

---

[1] 이 합의점을 벗어나는 연구 중 주목할 만한 사례는 John Schütz의 연구서, *Paul and the Anatomy of Apostolic Authority* (SNTSMS 26; Cambridge: Cambridge University Press, 1975), 128에 나온다. Schütz는 갈 1-2장이 변호적(apologetic)이기보다는 논쟁적(polemic)으로 이해되어야 한다고 주장했다. 고전 15장에서 자신의 지위에 대한 바울의 논의에서처럼, 갈 1-2장은 "변호적 응답이라기보다는 공격적인 설명"이다. 더 나아가, Schütz는 바울의 대적들이 전통을 따랐기 때문에, 바울이 그들을 공격하고 있는 것이라고 제안했다. 앞서 언급한 합의점에 대한 또 다른 중요한 예외는 George Lyons, *Pauline Autobiography: Toward a New Understanding* (SBLDS 73; Atlanta: Scholars Press, 1985)이다. Lyons는 헬레니즘 시대의 몇몇 중요한 자전적 저술들을 조사하고, 이를 통해 그러한 작품들 안에는 변호적인 것에서 벗어나 역사 속에서 자신의 위치에 대한 관심을 표명하는 움직임이 나타난다고 결

해석 전통 속에서, 우리는 바울이 그의 논증을 빛을 때 자신의 사도
권을 폄훼하는 이들의 주장, 곧 바울의 사도권은 그리스도에게서
나온 것이 아니라 다른 사도들에게서 나왔다는 주장에 대응하는 것
에 전적인 관심을 두었다는 확신을 발견한다.[2]

론을 내렸다(24-73). Lyons는 거울 읽기의 관습(즉, 바울 자신의 단언들을 뒤집어 읽어, 바울을 향해 가해진 비난들을 재구성해 보는 것)을 날카롭게 비판한다(123-227).

[2] Chrysostom, *In epistolam ad Galatas commentarius*, in Migne, PG 61, col. 613-614, 626; Martin Luther, *Die erste Vorlesung über den Galaterbrief* (ed. K. A. Meissinger), in *D. Martin Luthers Werke*, WA 57 (1939): 5 and 53-54; John Calvin, *In omnes Pauli apostoli epistolas commentarii* (ed. A. Tholuck; Halle: Gebauer, 1831), 532-33; J. B. Lightfoot, *The Epistle of St. Paul to the Galatians* (London: Macmillan, 1865), 65-66, 71; C. J. Ellicott, *A Critical and Grammatical Commentary on St. Paul's Epistle to the Galatians* (Boston: Draper & Halliday, 1867), xxi-xxii; W. M. Ramsay, *A Historical Commentary on St. Paul's Epistle to the Galatians* (New York: G. P. Putnam's Sons, 1900), 301; E. D. Burton, *A Critical and Exegetical Commentary on the Epistle to the Galatians* (ICC; Edinburgh: T&T Clark, 1921), lxxii, 35; George S. Duncan, *The Epistle of Paul to the Galatians* (New York: Harper & Brothers, 1934), 22; Herman Ridderbos, *The Epistle of Paul to the Churches of Galatia* (Grand Rapids: Eerdmans, 1953), 58; Albrecht Oepke, *Der Brief des Paulus an die Galater* (2nd ed.; THKNT; Berlin: Evangelische Verlagsanstalt, 1960), 26; Heinrich Schlier, *Der Brief an die Galater* (5th ed.; KEK; Göttingen: Vandenhoeck & Ruprecht, 1971), 45; Hans Lietzmann, *An die Galater* (4th ed.; HNT; Tübingen: J. C. B. Mohr, 1971), 3-6; Pierre Bonnard, *L'épître de saint Paul aux Galates* (2nd ed.; Paris: Delachaux et Niestlé, 1972), 27; Franz Mussner, *Der Galaterbrief* (HTKNT 9; Freiburg: Herder, 1974), 78; F. F. Bruce, *The Epistle to the Galatians: A Commentary on the Greek Text* (Grand Rapids: Eerdmans, 1982), 87-89.

이 무게감 있는 합의점은 갈라디아서 1장과 2장의 목적 혹은 기능을 편지 전체에 비추어 검토하는 작업을 차단했다. 대부분의 주석가들은 이 부분(특히 갈 1:10-11부터 2:14까지)의 특징을 단순히 바울이 대적들에 맞서 자신을 방어하기 위해 써 놓은 개인적인 서사 혹은 자전적인 성찰로 설명한다. 갈라디아서의 이러한 읽기는 1-2장과 편지의 나머지 부분 사이에 큰 단절을 초래했다. 1-2장은 3-4장의 신학적 논증 바깥에 놓여 그 논증과 무관한 개인적 서사로, 즉 편지의 핵심적 내용이 아닌 부분으로 간주되었다.

H. D. 벳츠(Betz)는 그의 영향력 있는 주석서에서 갈라디아서의 저작과 기능에 대한 질문들을 제기했다. 그 질문들은 바울의 자전적 논평을 바라보는 전통적 견해를 재검토할 수 있는 기회를 제공했다. 벳츠는 주석가들이 갈라디아서의 얼개를 제공하지만, 어떻게 그 얼개에 도달했는지는 거의 설명하지 않는다는 점을 지적했다. 벳츠는 그리스-로마의 수사적이고 서신작법적인(epistolographic) 병행 구절을 활용하여, 갈라디아서가 "변호 편지(apologetic letter)"라는 장르에 속한다고 주장했다. 바울이 직접 그곳에 가서 자신을 변호할 수 없었기 때문에, "자기변호"를 저술했다는 것이다. 이 자기변호에서 바울은 피고석에, 갈라디아인들은 배심원석에 앉는 가상 법원의 맥락이 나타난다. 이에 따르면, 갈라디아서 1:12-2:14에 담긴 말들은 바울이 시도하는 변호의 나라티오*narratio*, 곧 피고의 혐의 부인을 뒷받침해 주는 사실을 자세히 보여 주는 부분에 해당한다.[3]

---

3 H. D. Betz, "The Literary Composition and Function of Paul's Letter to the

벳츠의 갈라디아서 분석에 상당한 반론이 제기되었기는 하지만,[4] 그의 저작은 갈라디아서를 개인적 서사(1-2장), 신학적 논증(3-4장), 그리고 윤리적 권면(5-6장)으로 해부했던 전통적 접근 방식을 재고하라고 요청한다. 하지만 벳츠는 이 편지 전체가 하나의 변호라고, 그리고 1:12-2:14이 그와 유관한 사실들을 제공한다고 결론 내렸기 때문에, 바울이 갈라디아서 1-2장에서 쓴 것이 전적으로 자신의 사도권을 방어하기 위함이라는 전통적 관념을 계속해서 지지한다.[5]

이러한 판단이 굳게 자리 잡고 있기에, 갈라디아서 1-2장이 광범위하게, 그리고 거의 전적으로, 원시 기독교의 역사를 기술하는 데에만 사용되는 것은 놀랍지 않다.[6] 주석가들은 바울의 초창기 삶, 박해자로서의 활동, 바울의 소명을 이해하고자 할 때, 갈라디아서

Galatians," *NTS* 21 (1975): 353; idem, *Galatians: A Commentary on Paul's Letter to the Churches in Galatia* (Hermeneia; Philadelphia: Fortress, 1979), 14-25, 58-62.

4   이 책에 대한 리뷰들로는 *JBL* 100 (1981): 304-7에 실린 Wayne Meeks의 리뷰, 그리고 *RSR* 7 (1981): 310-28에 실려 있는 W. D. Davies, Paul W. Meyer, David Aune의 리뷰들을 보라. 추가적으로, Betz가 갈라디아서의 장르를 분석한 것에 대한 George Kennedy의 비판을 보라(*New Testament Interpretation through Rhetorical Criticism* [Chapel Hill: University of North Carolina, 1984], 144-52); 또한 George Lyons의 비판(*Pauline Autobiography*, 170-76)을 보라.

5   Betz는 각 부분에 적용한 수사적 전환의 적절함을 Lightfoot이 입증하지 못했다는 점을 지적하지만, 그럼에도 갈라디아서를 세 부분으로 나눈 Lightfoot의 분석을 호의적으로 언급한다(*Galatians*, 14). Betz의 의도는 갈라디아서의 구조에 대한 전통적 견해를 약화시키는 것이라기보다는, 수사적 분석이 그 견해에 어떻게 영향을 미치는지를 이해하고자 하는 데에 있었다.

6   여기에 대해서는, Betz의 주석서에 대한 Paul Meyer의 리뷰에 나오는 논평을 보라(319-20).

1:11-17을 활용한다. 그리고 1:18-24은 사도행전에 그려진 바울의 여행들을 보충하는 자료를 제공한다. 다음으로, 2:1-10은 예루살렘 공의회에 대한 자료를 제공하고, 2:11-14은 초창기 공동체들 안의 분열을 재구성하는 수많은 가능성을 공급한다. 그 단락 전체는 갈라디아에서 바울의 대적들이 바울을 향해 제기한 혐의와 관련된 세부 사항들을 알아내는 데 필요한 참고 자료를 제공한다.

이러한 접근 방식들의 가치가 어떠하든 간에, 이 방식들은 바울의 개인 서사를 신학적 논증과 분리된 것으로 여기는 견해를 끊임없이 되풀이한다. 역사적 재구성에 초점을 맞춤으로써, 1장과 2장을 갈라디아서의 나머지 부분으로부터 고립시키며, 그 본문을 향해 던질 수 있는 질문들을 제한해 버린다.[7] 만약 우리가 습관적으로 어떤 텍스트를 오직 그 텍스트 바깥에 있는 사안들에 대해 알기 위해서만 읽는다면, 동일한 중요성을 지닌 텍스트 내부의 사안들을 망각해 버리게 된다. 텍스트 자체를 망각하고 마치 텍스트가 거기 없는 것처럼 읽어 나가게 되는 것이다.

갈라디아서 1-2장이 벳츠의 모델 및 전통적인 모델에 들어맞지 않음을 알려 주는 두 가지 사안이 있다. 첫째, 어째서 바울은 자신에게 뒤집어씌워진 혐의를 명시적으로 언급하지 않는가? 벳츠는 고대

---

[7] 비록 J. T. Sanders는 여전히 텍스트 밖의 질문들에 시선을 두긴 하지만, 갈 1-2장에 대한 연구들이 흔히 거기 주어진 정보를 바울 생애의 연대기나 갈 1:12의 주장에 대한 증거로만 다룬다는 점을 지적하면서, 내가 말한 그 논점을 간략히 짚고 넘어간다("Paul's 'Autobiographical' Statements in Galatians 1-2," *JBL* 85 [1966]: 335-43).

의 수사법 지침서들은 혐의에 대한 명시적 지칭을 변호에 넣지 않는다고 말하지만, 그가 "변호 편지" 장르로 제공하는 유일한 사례인 플라톤의 「제7서간」(*Epistle 7*)은 받은 공격에 대하여 직접적이고 명시적인 방식으로 대응한다(예: 330B-C, 352A). 더 나아가, 요세푸스가 자신의 삶에 관해 써야 한다는 압박감을 느꼈을 때, 그는 자신이 비난을 당한 내용을 열거하기를 망설이지 않았다(예: *Life* 132-135, 189-190, 424-426). 마지막으로, 고린도후서 10:10-11(참고: 11:5-6, 12-13)에서 바울은 "지극히 큰 사도들"이 자신을 공격했던 것을 언급하며, 자신과 대적들 사이의 대조적 측면들을 언급한다. "그들의 말이 그의 편지들은 무게가 있고 힘이 있으나 그가 몸으로 대할 때는 약하고 그 말도 시원하지 않다 하니, 이런 사람은 우리가 떠나 있을 때에 편지들로 말하는 것과 함께 있을 때에 행하는 일이 같은 것임을 알지라"(고후 10:10-11, 개역개정). 만약 바울이 갈라디아서 1:11-2:21을 자신의 사도권 방어를 위해 썼다면, 바울은 왜 직접적이고 명시적인 방식으로 논하지 않았을까?

둘째, 바울은 일반적으로 그의 편지들에서 자신에 대해 논하거나 자기 경험에 대해 말하기를 꺼린다. 그러나 바울은 갈라디아서에서 "의도적이고 도발된 회상"을 개시하는 데, 이는 그의 편지들에서 유사한 사례가 없다.[8] 이 회상은 갈라디아서 텍스트의 거의 5분의 1을 차지한다.[9] 자신에 관해 침묵하는 바울의 통상적인 기조와

---

8   Meyer, review, 319-20. 또한 Bruce, *Galatians*, lvi을 보라.
9   네스틀레-알란트 26판의 그리스어 본문에서, 1:11-2:14은 갈라디아서 전체

다른 이러한 차이점이 나타난 것은, 전적으로 바울 혹은 바울의 설교에 대한 비난 때문만은 아님이 분명하다.

이러한 점들은 갈라디아서 1-2장에 담긴 바울의 자전적 논평이 단일한 목적이나 기능으로 축소될 수 없음을 시사한다. 갈라디아서 1-2장의 자전적 논평은 바울이 편지의 나중 부분에서 펼칠 권면을 위한 기반을 형성한다. 바울은 복음이 자신의 삶을 장악한 사건들, 곧 복음의 독점적 특성과 관련이 있는 사건들을 자신의 과거로부터 소환하여, 갈라디아의 그리스도인들을 향해서도 복음이 동일하게 독점적인 권리 주장을 한다고 말한다. 복음이 역사하는 한 사례로 자신을 보여 주는 것이다.

이것은 바울의 복음 이해가 단지 자기 경험을 큰 규모로 투영한 것에 지나지 않는다는 말이 아니다. F. F. 브루스와 김세윤의 주장에도 불구하고, 바울은 본인의 회심 경험이나 그 내용으로부터 자신의 신학을 구성해 내지 않는다.[10] 실상은 그와 정반대이다. 오히려 바울의 복음 이해가 바울로 하여금 자신의 과거를 다시 구성하거나 다시 상상하게 만든 것이다.[11] "예수 그리스도의 묵시"(갈 1:12) 때문에,

---

280줄 중에서 58줄가량을 차지한다. 성서공회(UBS) 3판의 그리스어 본문에서는 1:11-2:14이 갈라디아서 전체 225줄 중에서 55줄가량을 차지한다.

10 F. F. Bruce, *Paul: Apostle of the Heart Set Free* (Grand Rapids: Eerdmans, 1977), 15-16, 69-75, 87, 188 [=『바울신학』(CLC, 2012)]; Seyoon Kim, *The Origin of Paul's Gospel* (Grand Rapids: Eerdmans, 1981), 특히 330-35 [=『바울 복음의 기원』(두란노서원, 2018)].

11 이에 대해서는, Brian Taylor, "Recollection and Membership: Converts' Talk and the Ratiocination of Commonality," *Sociology* 12 (1978): 316-17을 보라.

바울 자신의 선택이나 행동들이 새로운 빛 가운데 드러난다. 바울이 자기 경험의 특정한 측면을 보여 주는 것은 복음을 작은 규모로 투영해 본 것이다. 바울은 갈라디아서 전체의 목적을 위해 그것을 활용했다.

지금까지의 주장을 검증하기 위해, 나는 먼저 갈라디아서 1-2장을 훑어보면서 이 새로운 패러다임에 기여하는 특징들에 주목하려 한다. 그런 후, 갈라디아서 및 다른 곳에 나오는 "바울 닮기" 모티프를 검토하고 그 모티프가 갈라디아서와 어떤 관계가 있는지 검토할 것이다. 마지막으로, 고대 세계에서 자전적 문서들이 갖는 위치를 탐구하면서, 그 문서들이 갈라디아서 1-2장의 목적과 기능을 어떻게 조명해 주는지 살펴볼 것이다.

갈라디아서 1-2장

편지 서두의 인사말(갈 1:1-5) 바로 다음에, 우리는 일반적인 감사 단락 대신 다음과 같은 구절을 마주친다.

> [6] 너희가 그리스도의 은혜 안에서 너희를 부르신 분을 그토록 신속하게 떠나 다른 복음으로 가 버린 것에 나는 경악을 금치 못하겠다. [7] 사실 다른 복음이 존재하는 게 아니라, 어떤 이들이 너희를 휘저어 놓고 그리스도의 복음을 왜곡하려는 것이다. [8] 그러나 우리들 자신이나 하늘에서 온 천사일지라도 우리가 너희에게 선포했던 것 외에 다

른 복음을 선포한다면, 그는 저주를 받을지어다. [9] 우리가 전에 말했듯이 이제도 다시 말한다. 만약 너희가 받은 것 외에 다른 복음을 누군가가 선포한다면, 그는 저주를 받을지어다. [10] 지금 내가 사람을 설득하고 있는가? 아니면 하나님을? 혹은 내가 사람들을 기쁘게 하려는가? 만약 내가 여전히 사람들을 기쁘게 한다면, 나는 그리스도의 노예가 아닐 것이다. (갈 1:6-10)

신자들을 "휘저어 놓고" 복음을 "왜곡시키려" 시도하는 이들에 대한 지칭은 충격적이다. 8-9절의 저주는 바울의 분노를 강조한다. 하지만 무엇보다 갈라디아의 신자들을 미혹하는 자들의 존재와 실제로는 존재하지 않는 "또 다른 복음" 사이의 대조를 7절에서 발견하는 것이 중요하다.[12] 오직 하나의 복음만이 존재한다. 바울은 이러한 논점을 해당 구절들에서 거듭 강조한다. 여기서 명사형 εὐαγγέλιον(유앙겔리온, "복음") 혹은 동사형 εὐαγγελίζεσθαι(유앙겔리제스타이, "복음을 선포하다")가 다섯 차례 등장한다. 이는 바울이 자신과 복음의 관계를 묘사하는 갈라디아서 1:11-2:21에 등장할 내용을 위한 무대를 마련한다.

바울은 10절 상반절과 10절 하반절의 수사적 질문들 뒤에 다음과 같이 단언한다. "만약 내가 여전히 사람들을 기쁘게 한다면, 나는 그리스도의 노예가 아닐 것이다." 이 진술은 흔히 바울의 대적들이 바울에게 씌운 혐의(즉, 바울이 이방인들을 기쁘게 하기 위해 율법 없는 복음을 이방

---

12 Schütz, *Paul and Apostolic Authority*, 123.

인들 가운데 선포한다는 것)에 대한 응답으로 이해된다. 그러나 이런 해석은 ἔτι(에티, "여전히")라는 부사를 간과한 것임에 틀림없다. 바울이 사람들을 기쁘게 하곤 했던 것은 그가 부르심을 받기 전이며, 그 시절 바울은 율법을 준수하고 옹호함으로써 그의 동년배들과 연장자들을 기쁘게 했다(13-14절; 참고: 5:11). 그는 율법을 느슨하게 해서가 아니라 그것을 열심 있게 따름으로써 "그의 동년배들을 앞질렀다."[13]

그렇다면, 대조는 왜 등장한 것인가? 바울이 갈라디아인들을 휘저어 놓는 이들을 방금 언급했고, 다른 곳에서도 그 골칫거리들의 영향력에 대해 말했기 때문에, 아마도 바울은 여기서 갈라디아 신자들 중 몇몇을 염두에 두고 있을 것이다. 그들은 바울이 과거에 그랬던 것과 같은 방식으로, 이제 율법 준수의 요구에 자신을 맞춤으로써 외부인들을 기쁘게 하기를 추구하고 있다. 이러한 상황에서 바울은 자신과 복음의 관계를 1:11-2:11에서 묘사하는 가운데, 계속해서 오직 하나의 복음만이 있음을, 그리고 그 복음은 자신의 동료 인간들이 아니라 하나님을 기쁘게 하기를 요구한다는 점을 입증할 것이다.

하나님과 인간들 사이의 대조는 갈라디아서 1:11-12("형제자매 여러분, 내가 여러분에게 밝혀드립니다. 내가 전한 복음은 사람에게서 비롯된 것이 아닙니다. 그

---

13 신자들이 사람들을 기쁘게 해야 하는가 그러지 말아야 하는가는 바울의 편지들에서 복잡한 문제다. 이 점을 내게 일깨워 준 것은 William Baird 교수다. 이 본문 및 살전 2:4에서 바울은 자신이 사람들을 기쁘게 하기를 애썼다는 점을 부인한다. 그러나 롬 15:1-3에서 바울은 신자들에게 자기 자신을 기쁘게 하지 말고 다른 사람들을 기쁘게 하라고 권면한다.

복음은, 내가 사람에게서 받은 것도 아니요, 배운 것도 아니요, 예수 그리스도의 나타나심으로 받은 것입니다"[새번역])에서도 계속되며, 거기서 바울은 그가 선포한 복음이 묵시를 통해 자신에게 온 것임을 주장한다. 바울은 갈라디아인들에게 그의 이전의 ἀναστροφή(아나스트로페), 즉 그가 Ἰουδαϊσμός(유다이스모스, 유대교/유대주의) 안에서 견지했던 "삶의 방식"(ἀναστροφή)을 상기시킴으로써, 그 주장을 명확히 보여 준다.[14] 바울은 교회를 파괴하고자 했고, 동년배들을 앞지를 정도로 유대교에 진심이었으며, 전통을 위해 열심을 가지고 행동했다. 그가 유대교의 지고(至高)의 요구들이라고 이해한 것들에 맞게 살았던 것이다. 여기서 바울이 교회를 박해한 것을 언급할 때 일종의 죄책감을 발견하고픈 마음이 우리에게 들 수 있다. 그러나 바울은 그러한 행동 묘사에 오래 머무르지 않는다. 우리는 사도행전의 극적인 서사가 이 본문에 대한 우리의 이해를 좌지우지하게 두어서는 안 된다. 바울이 여기에서와 빌립보서 3:2-11에서 자신에 관해 보도하는 내용을 보면, 그가 자신의 과거사 때문에 죄책감에 시달렸다는 낌새가 거의 나타나지 않는다.[15] 오히려, "하나님의 교회"를 박해한 것은 자신의

14　드물게 나오는 이 명사의 의미에 대해서는 Martin Hengel, *Judaism and Hellenism* (trans. J. Bowden; 2 vols.; London: SCM, 1974), 1:1-2; B. R. Gaventa, "Paul's Conversion: A Critical Sifting of the Epistolary Evidence" (PhD diss., Duke University, 1978), 213-15; idem, *From Darkness to Light: Aspects of Conversion in the New Testament* (OBT; Philadelphia: Fortress, 1986), 24-25을 보라.

15　딤전 1:12-16은 바울이 자신의 과거에 대해 죄책감을 갖고 있다고 묘사하지만, 이것이 바울 자신의 견해에 대한 증거로 사용되어서는 안 된다.

사람들을 기쁘게 하고 자신이 하나님의 뜻이라고 이해했던 것을 성취하고자 열심을 다했던 과거의 삶의 논리적 귀결이었다. 이 "과거의 삶의 방식"과 갈라디아서 1:15-17("그러나 나를 모태로부터 따로 세우시고 은혜로 불러 주신 [하나님께서], 그 아들을 이방 사람에게 전하게 하시려고, 그를 나에게 기꺼이 나타내 보이셨습니다. 그 때에 나는 사람들과 의논하지 않았고, 또 나보다 먼저 사도가 된 사람들을 만나려고 예루살렘으로 올라가지도 않았습니다. 나는 곧바로 아라비아로 갔다가, 다마스쿠스로 되돌아갔습니다"[새번역]) 사이에는 아무런 문장도 중간 다리 역할을 하지 않는다. 바울이 계시 사건, 곧 그리스도 현현을 자세히 묘사하는 것도 아니다. 바울은 그리스도의 묵시 및 이방인들 가운데 복음을 선포하라는 위임령에 관해서 자기가 말하고자 하는 모든 것을 시간절에만(ὅτε δέ[호테 데], "그러나 … 할 때") 국한하여 진술한다.

여기서 떠오르는 그림은 유대 전통에 열심 있는 사람에서 복음에 열심 있는 사람으로의 급격한 전환이다. 어쩌면, 그 급격함은 바울 스스로의 기억의 결과로 해당 본문에 나타난 것일 수 있지만, 그것은 단지 추측일 뿐이다. 바울이 아무런 설명이나 상세한 묘사 없이, 어떻게 그의 과거의 삶의 방식을 계시에 대한 자신의 응답과 병치시키고 있는지를 주목하는 게 더 중요하다. "내가 곧 혈육과 의논하지 아니하고 또 나보다 먼저 사도 된 자들을 만나려고 예루살렘으로 가지 아니하고 아라비아로 갔다가 다시 다메섹으로 돌아갔노라"(1:16하-17, 개역개정).

이 "역전의 전기(biography of reversal)"는 특일한 복음이 바울에게 특별하고 분명한 응답을 요구했음을 입증하는 기능을 한다.[16] 이는 여기서든 다른 곳에서든 바울의 말에 변호적인 목적이 있었다는 점을 부인하는 것이 아니다. 다만, 그 해석이 이 본문의 목적과 기능의 전부를 말해 주지 않는다는 것이다.

갈라디아서 1:18-24은 이 역전의 전기를 이어 나가며, 바울이 행한 활동의 측면을 묘사한다. 다메섹으로 돌아오고 나서 3년 후, 바울은 예루살렘에 있는 게바를 방문했지만, 그는 야고보를 제외하고는 다른 누구도 추가로 만나지 않았다(갈 1:18-19).[17] 바울은 이어서 수리아와 길리기아로 갔다. 바울은 유대에 있는 신자들에게는 여전히 잘 알려져 있지 않았다. 하지만 그들은 바울에 관한 이야기를 들어 알고 있었다. "그들은 계속해서 다음과 같은 이야기를 듣곤 했다. '우리를 박해했던 사람, 그가 자신이 파괴하려 했던 그 신앙을 이제 전파하고 있다.' 그리고 그들은 나로 인해 하나님께 영광을 돌렸다"(갈 1:23-24). 바울에 관한 이 보도는 앞서 1:11-17에서 말했던 것을 요약한다. 박해자가 이제 선포자가 되었다. 이 반복을 강화하는 것은 앞선 이야기에 나왔던 핵심 용어들의 반복이다. 그 반복되는 용어들은 13절과 22절의 ἐκκλησία([에클레시아], "교회"), 13절과 23절의

---

16 Schütz, *Paul and Apostolic Authority*, 133.
17 J. P. Sampley의 주장에 따르면, 갈 1:20은 바울 자신의 방어가 가장 취약할 수 있는 지점을 그가 바로 전에 말했다는 점을 암시한다("'Before God, I Do Not Lie' [Gal. 1:20]: Paul's Self-Defence in the Light of Roman Legal Praxis," *NTS* 23 [1976-77]: 477-82). 그러나 다른 곳에서 바울의 ψεύδεσθαι(프슈데스타이) 용례는 그러한 관찰 결과를 지지하지 않는다(참고: 고후 11:31; 롬 9:1).

ἀκούειν([아쿠에인], "듣다"), 13절과 23절의 διώκειν([디오케인], "박해하다"), 11절, 16절, 23절의 εὐαγγελίζεσθαι([유앙겔리제스타이], "선포하다"), 그리고 13절과 23절의 πορθεῖν([포르테인], "파괴하려 하다")이다. 따라서 바울이 경험한 그 역전은, 적대적인 증인들이 될만한 타당한 이유가 있는 이들(즉, 유대에 있는 교회들)의 증언에 의해 요약되고 강화되어 독자들에게 제시된다.

갈라디아서 2:1-10에 나오는 바울의 두 번째 예루살렘 여행에 대한 이야기는 중요한 역사적 재구성의 초점이 되어 왔기 때문에, 여기서 나는 오직 그 본문 안에서 간과되어 온 측면들에만 주의를 기울이려 한다. 자신이 "계시를 따라"(갈 2:2) 예루살렘에 올라갔다는 바울의 단언은 그가 이미 경험했던 계시를 상기시키며, 이 이야기의 중심 행위자로서 하나님을 포함시킨다(참고: 갈 1:16, 24). 이와 마찬가지로, 예루살렘의 기둥들은 바울에게 주어진 은혜를 인정하였고(갈 2:9), 이에 따라 독자들은 하나님께서 바울을 처음 부르셨을 때 그 가운데 은혜가 있었음을 상기하게 된다(갈 1:15).

바울은 그의 사역이 예루살렘 공동체에 의해 확증되었음을 강조한다. 유대 지역의 교회들이 박해자를 선포자로 만드신 하나님의 손길을 인정했듯이, 이제 예루살렘의 기둥들은 이방인들 가운데 행하는 바울의 사역 안에 하나님의 행동이 있음을 인정했다. 여기서 작은 움직임이 발견된다. 갈라디아서 1장 끝에서 확증이 필요한 것처럼 보인 것은 바울 자신의 역전이었다. 회중들이 그를 개인적으로 신뢰할 수 있을지가 당면한 문제였던 것이다. 그런데 갈라디아서 2장 시작 부분에서 바울은 자신이 선포하는 복음의 형태에 대한 확증을 지도층으로부터 받게 된다(갈 2:2). 여기서 핵심은 바울의 개인적 신뢰도가 아니라 "그리스도 예수 안에 있는 자유"(갈 2:4)와 이방인들 가운데서의 선포였다(갈 2:7-9).

바울의 개인적 신뢰도로부터 그의 복음의 정당성으로의 움직임은, 사도 바울과 복음 사이에 분명한 구분선이 존재함을 암시할 수도 있다. 그러나 그런 구분은 바울에게는 낯선 것이었다. 비록 바울이 다른 곳에서 복음은 의문스런 동기를 지닌 이들에 의해서도 유효하게 선포될 수 있다는 점을 암시하지만(빌 1:15-18), 갈라디아서에서는 그렇지 않다. 바울이 받은 사도로서의 부르심과 그의 복음은 서로 뗄 수 없이 연결되어 있다.[18] 그럼에도, 이 회상 가운데 바울이 제시하는 이야기 방식에 있어서 변화가 있기는 하다. 바울 자신의 역전을 교회들이 확증했다는 내용에서 시작하여, 바울이 경험한 역전의 결과로 이제 그에게 주어진 특정한 과업을 그 "기둥들"이 확증했다는 내용으로 넘어가기 때문이다.

이 지점까지, 서사는 끊김 없이 나름 잘 흘러왔다. 하나님의 부르심에 대한 바울의 응답은 일관적이었고, 그의 부르심과 그의 사역이 받은 확증 역시 일관적이었다. 갈라디아서 1:18과 1:21, 그리고 2:1의 시작 부분에 나오는 ἔπειτα([에페이타], "그런 후")는 지금까지의 서

---

18 Schütz는 "바울이 하는 모든 일은 복음이 하는 일을 반영하며, 바울의 존재 전체는 복음이 무엇인지를 반영한다"라고 말했다(*Paul and Apostolic Authority*, 232; 또한 35을 보라). 또한 J. Christiaan Beker, *Paul the Apostle* (Philadelphia: Fortress, 1980), 44-47에 나오는 논평을 보라.

사를 하나로 묶어 주며, 각 사건들이 계시와 은혜에 따라 부드럽게 진행되었다는 인상을 준다(갈 2:4에서 "거짓 형제들"의 존재가 나타나긴 하지만).

그러나 2:11에서 상황이 바뀐다. ἔπειτα에서 ὅτε δέ(그러나 … 할 때)로의 전환은 사건의 전환을 알린다. 바울은 더 이상 그의 사도권이나 복음의 확증에 대해 말하지 않는다. 바울은 예루살렘의 기둥들 중 하나인 게바에게 자신이 도전한 이야기를 전한다. 바울의 표현은 게바를 향한 바울의 도전의 강도가 어떠했는지 보여 준다(적어도, 회고적인 차원에서). "나는 그의 면전에서 맞섰다. 왜냐하면 그가 정죄받았기 때문이다"(갈 2:11), "그들은 위선적으로 행동했다"(갈 2:13), "그들은 복음의 진리를 따라 올곧게 걷지 않았다"(갈 2:14).

이 이야기의 서술 방식에 나타나는 분절 및 게바를 향한 바울의 강한 저항이 발생한 것은, 바울의 사역이 더 이상 확증을 받을 수 없는 지점에 이르렀기 때문이다. 모두가 하나님께서 바울을 뒤집으셨음을 볼 수 있었고, 모두가 무할례자들에게 복음을 전할 사명이 바울에게 위탁되었음을 동의할 수 있었지만, 자유의 복음이 이방인들에게 갖는 전적인 함의에 대해 모두가 긍정한 것은 아니었다.

갈라디아서 2장의 나머지 부분에서 바울은 복음의 특일성을 다시금 주장하며, 3장과 4장에 나오는 복음과 그리스도에 관한 논증을 준비한다. 그러나 연결 고리 역할을 하는 2:15-21의 내용은 뒤를 돌아보는 동시에 앞을 내다보며, 그 본문의 특징을 모두 살펴보는 것이 중요하다. 일단 칭의가 "율법의 행위들"(works of law)이 아니라 오직 그리스도 예수를 믿는 믿음(faith in Christ Jesus)을 통해 온다는 단언(갈 2:16)은 3장에서 발전될 논증을 내다본다. 그러나 2:18-20은 바울이 한 회상의 첫 부분을 되돌아본다. "만일 내가 헐었던 것을 다시 세우면 내가 나를 범법한 자로 만드는 것이라. 내가 율법으로 말미암아 율법에 대하여 죽었나니 이는 하나님에 대하여 살려 함이라. 내가 그리스도와 함께 십자가에 못 박혔나니 그런즉 이제는 내가 사는 것이 아니요 오직 내 안에 그리스도께서 사시는 것이라. 이제 내가 육체 가운데 사는 것은 나를 사랑하사 나를 위하여 자기 자신을 버리신 하나님의 아들을 믿는 믿음 안에서 사는 것이라"(갈 2:18-20, 개역개정).

분명, 2:18은 바울의 삶 가운데서 하나님 아들의 계시(갈 1:11-17)로 인해 허물어진 측면들을 가리킨다. 갈라디아서 1장에서 바울이 묘사했던 전복은 2:19-20에서 재차 다루어진다. 바울은 율법과 유대교 안에서 앞서 나갔던 모습에 대해서 죽었고, 그리하여 그리스도께서 그 안에 사시게 되었다(참고: 갈 1:15-17).[19]

주석가들은 갈라디아서 2장의 마지막 부분에 나오는 1인칭 대명사 ἐγώ([에고], "나")가 모든 신자 각각을 가리키는지 아니면 바울 자신을 가리키는지를 두고 자주 토론한다. 이 이슈는 로마서 7장과 다른 곳에서도 되풀이해서 나오는 혼란, 곧 "나"에 관하여 계속되는 혼란

---

19 기대감과 가치들의 전복에 관하여 이야기하는 이와 유사한 본문은 빌 3:2-11이다. 거기서 바울은 이전에 자신이 가치 있게 여겼던 모든 것을 이제 "해로운 것"과 "쓰레기"로 간주한다고 말한다. 빌 3:2-11의 이 특징에 대해서는 B. R. Gaventa, "Paul's Conversion," 276-81; idem, *From Darkness to Light*, 32을 보라.

에 의해 더 복잡해진다.[20] 어떤 이들은 그 1인칭이 바울이 자신의 개인적 경험을 염두에 두고 있음을 가리킨다고 해석한다.[21] 또 어떤 이들은 이것이 개인적 지칭이 아니라 모든 그리스도인들과 관련되어 있다고 주장한다.[22] 여기서 일반적인 것과 개인적인 것을 구별하는 것이 어렵다는 사실은, 더 큰 논증 가운데서 그 두 가지가 서로 연결되어 있음을 시사한다. 바울은 여기서나 혹은 이전에서도 1인칭 단수를 사용할 때 단순히 "한 명"을 가리키는 것을 의도하지 않았다. 또한 바울이 자신의 경험을 털어놓을 때 단지 자신의 사도권을 방어하거나 그리스도와 자신의 관계를 자랑하기 위해 말하지 않았다. 오히려, 바울은 자신의 경험 안에서 복음의 특일성의 패러다임을 발견하고, 믿음으로 사는 삶에 자리 잡은 복음의 특일성 안으로 갈라디아인들을 초청하기 위하여 자신의 경험을 사용한다.

갈라디아서 3:1("어리석은 갈라디아 사람들이여, 예수 그리스도께서 십자가에 못 박히신 모습이 여러분의 눈 앞에 선한데, 누가 여러분을 홀렸습니까?"[새번역])의 시작과 더불어 논증은 극적으로 변한다. 바울은 갈라디아의 신자들에게, 복음과 관련된 그들의 경험을 곰곰이 생각해 보라고 요청한다. 바울은 1:11-2:14의 회상 단락에 나온 내용을 다시 언급하지는 않는다.

---

20 여러 입장들을 검토한 내용은 C. E. B. Cranfield, *Romans* (2 vols.; ICC; Edinburgh: T&T Clark, 1975), 1:342-47을 보라.
21 Burton, *Galatians*, 133; Bruce, *Galatians*, 143.
22 Robert Tannehill, *Dying and Rising with Christ: A Study in Pauline Theology* (Berlin: Alfred Topelmann, 1967), 57; Betz, *Galatians*, 121-22; Jan Lambrecht, "The Line of Thought in Gal. 2.14b-21," *NTS* 24 (1978): 495.

그러나 1-2장과 갈라디아서 나머지 부분 사이의 연결성은 주석가들이 일반적으로 인식하는 것보다 더 크다. 바울이 경험한 역전에 관한 이야기는 다른 여러 곳에서 반향으로 울려 퍼진다. 바울이 복음에 내재한 역전에 대해 갈라디아인들에게 상기시키고 그 역전을 살아 내라고 갈라디아인들을 촉구하는 가운데 그 역전의 경험이 반복되는 것이다. 3장의 서두에서 바울은 갈라디아인들에게 처음 복음을 받았을 때를 기억하라고 호소하며, 이제 율법을 따르는 데에 관심을 갖는다면 그들이 경험한 이전의 역전이 무효로 돌아갈 위험이 있다고 말한다(갈 3:1-4). 3장에 나오는 율법에 관한 복잡한 논증은 다음과 같은 단언으로 그 절정에 다다른다. 곧 세례의 의미는 신자들이 더 이상 율법이나 다른 어떤 인간적 범주 아래 있지 않다는 것이다. 그들은 "그리스도 안"에 있으며, 그것은 배타적인 주장이다(갈 3:23-29). 이어서 4장의 서두에서 바울은 하나님께서 값을 지불하고 신자들을 τὰ στοιχεῖα τοῦ κόσμου([타 스토이케이아 투 코스무], "우주의 구성 원소들")에 속박된 노예 상태로부터 속량하셨으며, 따라서 신자들은 노예가 아니라 상속자가 되었다고 말한다(갈 4:1-7). 그러므로, 신자들은 다시 στοιχεῖα(스토이케이아)에 복종하면 안 된다(갈 4:8-11). 그들이 율법에 복종한다면 이는 바울의 사역을 헛된 것으로 만든다(갈 4:11).

이후 신자들이 다시 노예 상태에 굴복하면 안 된다고 바울이 요청하는 5:1에서 시작하여, 갈라디아서 5-6장의 명시적 권면은 역전의 개념을 지속한다. 중요한 것은 할례도 무할례도 아니며, 사랑을 통해 역사하는 믿음이다(갈 5:6). 다시금, 갈라디아서의 결론부에서 우리는 이것을 발견한다. "할례도 무할례도 아무것도 아니며, 오직 새 창조가 중요하다"(갈 6:15).

갈라디아서 3-6장에 나오는 이 본문들 사이에 분명한 차이들이 있지만, 그리고 그 본문들과 1-2장에 나오는 내용 사이에도 차이들이 있지만, 그 가운데 흐르는 연속성의 줄기는 분명히 있다. 그 줄기는 단순히 율법의 지배의 종결만이 아니다. 갈라디아서 1:11-17과 3:23-29, 4:1-7 등의 기저에 깔려 있는 것은 오직 단 하나의 복음만이 존재하며 그 복음이 이전의 모든 헌신과 관습, 그리고 가치 체계를 종결시킨다는 확신이다. 전통을 향한 열심, 율법의 유지, 민족적·사회적 장벽들, 그리고 축제일의 준수는 그것들이 복음의 독점적 권리 주장을 약화시키는 위험성을 안고 있다는 점에서 매한가지다. 그 논점은 갈라디아서 1:6-9로부터 시작해서 편지 전체에 나타나지만, 바울은 먼저 그 논점을 자기 자신과 관련해서 발전시킨다. 그리함으로써 자신의 경험을 복음이 개시한 역전의 패러다임으로 제시한다.

바울 닮기

만약 갈라디아서 1-2장의 자전적 단락이 바울 자신을 방어할 뿐 아니라 또한 바울의 경험을 복음의 패러다임으로 제시한다면, 우리는 그 패러다임이 왜 명시적으로 나타나지 않는지 묻게 된다. 다른 곳에서, 바울은 신자들이 자신을 모방하도록 촉구한다. 왜 그러한 권면이 여기서는 나타나지 않는가? '바울 닮기'에 관한 본문들을 조사하면 그 질문에 대한 유용한 답을 얻을 수 있다. 흔히 진정서신이라 여겨지는 바울의 편지들에서 바울은 자신을 닮으라는 이야기를 다섯 차례 언급한다.

> 또 너희는 많은 환난 가운데서 성령의 기쁨으로 말씀을 받아 우리와 주를 본받은 자가 되었으니. (살전 1:6, 개역개정)

> 그러므로 내가 너희에게 권하노니 너희는 나를 본받는 자가 되라. (고전 4:16, 개역개정)

> 내가 그리스도를 본받는 자가 된 것 같이 너희는 나를 본받는 자가 되라. (고전 11:1, 개역개정)

> 형제 여러분, 나를 본받으십시오. 그리고 여러분과 같이 우리를 모범으로 삼고 따르는 사람들을 눈여겨 보십시오. (빌 3:17, 공동번역)

> 그리고 너희가 내 안에서 배우고 받고 듣고 본 모든 것들, 이것들을 실천하라. 그러면 평화의 하나님께서 너희와 함께 계실 것이다. (빌 4:9)[23]

---

23 또한 살후 3:7, 9; 딤후 3:10에 나오는 닮음의 모티프를 주목하라.

이 권면들은 모두 바울과 수신자 회중 사이의 긍정적이고 따뜻하기까지 한 관계들 속에서 등장한다. 데살로니가전서 1:6 바로 다음 구절에서 바울은 데살로니가의 신자들이 마게도냐와 아가야에 있는 다른 이들의 모범이 되었다고 말한다. 우리가 본서 2장에서 보았듯이, 데살로니가에 방문했던 것을 가리킬 때 바울은 자기 자녀들과 함께하는 유모(살전 2:7)와 양육하는 아버지(살전 2:11)의 이미지를 사용하여, 그가 신자들과 맺은 관계의 특성을 전달한다. 바울과 고린도인들 사이의 관계가 전적으로 조화로웠던 것으로 보이지는 않지만(예: 고전 4:8-21; 5:2), 고린도후서 10-12장에 반영된 강한 긴장감은 고린도전서 당시에는 아직 현실화된 상태가 아니었다. 바울은 여전히 가족 관계의 용어를 사용해서 고린도의 신자들을 가리키며 그들이 복음을 받아들인 것에 대해 감사를 표현할 수 있었다. 이와 비슷하게, 빌립보의 교회를 위협했던 것이 무엇이든 간에(빌 3:2, 18-19), 그 상황은 바울과 신자들 사이의 관계 파열을 초래하지는 않았던 것으로 보인다. 오히려, 빌립보서 서두의 감사(빌 1:3-11)는 단단하고 친밀한 관계를 가리킨다.[24]

---

24 나는 빌립보서 전체가 통일된 한 문서라고 전제한다. 빌립보서의 통일성 문제에 대해서는, Helmut Koester, "The Purpose of the Polemic of a Pauline Fragment," *NTS* 8 (1962): 317-32; Walter Schmithals, *Paul and the Gnostics* (Nashville: Abingdon, 1972), 67-81; V. P. Furnish, "The Place and Purpose of Philippians III," *NTS* 10 (1963): 85-88; R. P. Jewett, "The Epistolary Thanksgiving and the Integrity of Philippians," *NovT* 12 (1970): 48-53; David Garland, "The Composition and Unity of Philippians: Some Neglected Literary Factors," *NovT* 27 (1985): 141-73을 보라.

바울 닮기에 대한 명시적 지칭이, 바울과 편지 수신자들 사이의 긍정적인 관계가 드러나는 맥락에 등장하는 것은 우연이 아니다. 에이브러햄 J. 말러비(Abraham J. Malherbe)는 데살로니가전서에서 바울이 사용하는 여러 용어들과 장치들에 주의를 기울이도록 우리를 이끄는데, 그 용어들과 장치들은 그리스-로마의 도덕적 권면의 표준적 특징들을 지니고 있다. 이 표준적 특징들 가운데는 '우정과 친밀감 수사(philophronetic)'의 요소가 있으며, 이는 바울의 권면을 받쳐줄 기반이 되었다. 당시에 저자는 청중과 이전의 쌓은 관계를 상기시킴으로써, 자신과 청중 사이의 거리를 극복하고자 시도하곤 했다. 그리고 그 관계는 권면으로 넘어가는 길을 제공했다.[25]

갈라디아서 1-2장에서 바울은 자신을 따르라는, 혹은 자신을 닮으라는 명시적인 요청을 신자들에게 할 수 없었다. 바울과 갈라디아 그리스도인들 사이의 관계가 위험에 처해 있었기 때문이다. 바울은 그들이 복음에서 돌이켜 떠났으며(갈 1:6) 꾀임에 넘어간 것이 아닌지 걱정한다(갈 3:1). 심지어 그들은 바울을 자신들의 적으로 여겼을 수도 있다(갈 4:16). 그런 상황 때문에, 바울은 그들과의 관계를 상기시키면서 이야기를 시작하거나 그 관계로부터 권면을 이끌어내는 것이 어려웠다.

비록 바울이 갈라디아인들과 자신 사이의 관계에 호소하면서 편지를 시작하지는 않았지만, 갈라디아서 4장에 이르러서는 그러한

---

25 Abraham J. Malherbe, "Exhortation in First Thessalonians," *NovT* 25 (1983): 238-56.

유형의 호소를 시도한다. 4장에서 바울은 자신이 갈라디아에 처음으로 방문했던 것을 상기시킨다. 바울은 어떤 점에서는 괴로움을 경험하기도 했지만, 갈라디아의 사람들은 바울을 따스하게 맞이했고 바울을 위해 많은 것을 해 줄 수도 있었다(갈 4:12하-15). 바울은 신자들을 그의 자녀라 부르고, 그들과 함께 있을 수 있다면 좋겠다는 소망을 이 편지에서 처음으로 표현한다.

이 단락의 시작 부분인 갈라디아서 4:12에는 수수께끼 같은 호소가 자리 잡고 있다. "나처럼 되어라. 나 역시 너희처럼 … 때문에(Become as I, for also I as you)." "나 역시 너희처럼(for also I as you)"이라는 생략된 표현의 특징 때문에, 어떤 주석가들은 이것이 바울 닮기 모티프의 사례가 아니라고 말한다. 그들의 주장에 따르면, 바울이 갈라디아인들을 닮듯, 갈라디아인들이 바울을 닮아야 한다고 의미한 것일 리가 없다.[26] W. P. 드 보어(W. P. De Boer)는 이러한 결론이 그 두 절들(clauses)의 관계를 잘못 이해했다는 점을 입증했다. 그 절들은 평행 관계나 호혜 관계에 있지 않다. 대신, 첫 절(clause)은 행동에 대한 요청이며, 둘째 절은 그 행동 요청을 완수해야 할 근거가 되는 과거의 사실을 제공한다.[27] 따라서, "나처럼 되어라"의 의미는 자신들을 복음의 독점적 관계로부터 이탈하게 만드는 모든 위협들을 갈라디아인들이 거절함으로써 바울을 닮아야 한다는 것이다. "나 역시 너

26　W. Michaelis가 μιμέομαι(미메오마이)에 관해 쓴 소논문(*TDNT* 4:659-74)이 이러한 측면의 주장에서 그간 영향력이 있었다.
27　W. P. De Boer, *The Imitation of Paul* (Kampen: J. H. Kok, 1962), 188-96.

희처럼 … 때문에"가 의미하는 바는 다음과 같다. 곧 그들이 바울을 닮아야 할 이유 중 하나는 바로 바울이 율법과 전통을 향한 자신의 열심을 이미 버렸다는 데 있다.

갈라디아서 4:12에 바울 닮기 모티프가 존재함은 우리 연구에 있어서 두 가지 중요한 이슈를 제기한다. 첫째, 만약 갈라디아서 1장에서 자신을 닮으라는 요청을 하지 못했던 상황적 이유가 있었다면, 바울은 왜 4장에서는 위험을 무릅쓰고 그것을 시도하는가? 4장에서 바울은 앞서 1-2장에서 이미 다룬 회상이라는 바탕 위에서 이야기한다. "나처럼 되어라"는 청자들에게 갈라디아서의 앞선 단락을 상기시킨다. 어떤 의미에서, 바울은 적어도 자신에 대한 갈라디아인들의 염려와 관심에, 그리고 그들이 자신에게 가졌던 이전의 존중과 호의에 호소할 수 있을 만큼(갈 4:13-20) 그의 편지가 효과적임을 가정하고 있다. 과거의 관계에 바탕을 둔 명시적 호소가 서두에서는 불가능했지만, 편지의 나중 지점에 이르러서는 효과적이었을 수 있다.

더 중요한 둘째 이슈는 바울이 촉구하는 "닮음"의 특성과 관련되어 있다. 도대체 어떤 의미에서 바울을 닮아야 하는 것인가? 갈라디아인들이 닮아야 하는 것은 바울의 어떤 측면인가? 바울이 갈라디아인들이 자신을 닮기를 바랐을 때, 그가 걸어온 삶의 걸음을 그대로 반복하라는 의미인가? 바울이 그런 식으로 닮기를 바랐다고 상상해야 하는 것은 분명히 아니다. 유대 그리스도인 선교사들의 설교에 설득된 이들조차도 바울이 갈라디아서 1:13-14("내가 전에 유대교에 있을 적에 한 행위가 어떠하였는가를, 여러분이 이미 들은 줄 압니다. 나는 하나님의 교회를 몹시 박해하였고, 또 아주 없애버리려고 하였습니다. 나는 내 동족 가운데서, 나와 나이가 같은 또래의 많은 사람보다 유대교 신앙에 앞서 있었으며, 내 조상들의 전통을 지키는 일에도 훨씬 더 열성이었습니다"[새번역])에서 묘사하는 인물과 동일하게 될 수는 없고, 바울의 삶을 반복할 수도 없다. 갈라디아인들은 바울이 갈라디아서 1:11-2:14에서 구체적으로 묘사하는 삶을 절대로 복제할 수 없는 이방인들이다. 특히, 그 삶의 지렛대가 놓인 받침점은 하나님의 행동(갈 1:15)이지 바울 자신의 행동이 아니었기 때문이다.

갈라디아인들이 닮을 수 있는 것은 계시된 복음에 대한 바울의 일편단심의 응답이다. "곧바로" 다메섹으로 돌아갔을 때(갈 1:17), 바울은 율법과 전통을 유지하려는 그의 열심 또한 버렸다. 바울은 율법에 대해서뿐만 아니라 그가 이전에 섬겼던 전통과 관습에 대해서까지도 죽었다. 갈라디아인들이 헌신했던 것은 바울과는 조금 다른 종류일 수도 있지만(참고: 갈 4:1-11), 어찌 되었든 갈라디아인들이 닮아야 하는 것은 그런 이전의 헌신을 뒤집는 패턴이다. 다시 말해, 바울처럼 된다는 것은 율법이든 혹은 다른 어떤 전통이나 범주(참고: 3:27-28)든, 그것을 배제한 채 그리스도께서 자신 안에 사시도록 해야한다는 뜻이다(참고: 갈 2:20).[28]

---

[28] 갈라디아서에서 바울의 윤리가 지닌 기독론적 토대에 관해서는 Richard B. Hays, "The Law of Christ: Christology and Ethics in Galatians," *CBQ* 49 (1987): 268-90을 보라.

그리스-로마 세계에서 자전적 문서들

우리는 갈라디아서 1-2장을 그 편지 자체의 맥락과 바울 닮기 모티프의 맥락 가운데서 탐구해 보았다. 우리는 또한 그 장들이 지닌 그리스-로마 세계의 맥락에 관해 질문할 필요가 있다. 자신의 경험에 대한 바울의 말이 동시대 사람들에게 어떻게 들리고 어떻게 해석되었을지를 상상해 보기 위해, 그리스-로마 세계에서 자전적 논평의 특성과 기능을 살펴보는 것이 필요하다.

분명, 갈라디아서 1:11-2:21은 현대적 의미의 자서전(autobiography)은 아니다. 자서전의 역사에 대한 K. J. 바인트라우프(Weintraub)의 연구는, 엄밀한 의미의 자서전이란 아우구스티누스에 이르러서야 시작된 자기성찰적이고 자의식적인 개인성을 필요로 한다는 전통적 결론을 지지한다. 그럼에도 바인트라우프도 인정하듯, 자전적인 문서에 관해 이야기하는 것은 여전히 가능하다.[29] 아르날도 모미글리아노(Arnoldo Momigliano)는 『그리스 전기의 발전』(*The Development of Greek Biography*)이라는 책에서 자서전(autobiography)과 자전적인 것(autobiographical) 사이의 유용한 구분을 제공한다. 그는 "자서전"이라는 명사를 저자의 과거를 서술하는 명시적 목적을 가진 작품들에만 제한한다. 그러나 "자전적/자서전적"(autobiographical)이라는 형용사는 저

---

29 K. J. Weintraub, *The Value of the Individual: Self and Circumstance in Autobiography* (Chicago: University of Chicago Press, 1978), 1. 자서전의 문제에 대해서는 또한 James Olney, *Metaphors of Self: The Meaning of Autobiography* (Princeton, NJ: Princeton University Press, 1972)를 보라.

자가 자신에 관해 말하는 어느 진술에도 적용될 수 있다.[30] 이 구분은 게오르크 미쉬(Georg Misch)의 연구에서도 암시적으로 나타나는데, 그는 두 권으로 된 책의 대부분을 아우구스티누스의 고백록에 이르기 전까지의 자서전 역사에 관해 쓰는 데 할애한다.[31] 미쉬의 연구가 가능했던 이유는 글이 1인칭으로 쓰였거나 자기 자신을 가리키는 것이라면 사실상 어떤 것이라도 자전적이라고 분류했기 때문이다.

바울의 자전적 발언의 기능에 관한 박사 논문에서 조지 라이언스(George Lyons)는 자전적 문서들의 발전 과정을 보이기 위해 이 구분을 활용한다. 주로 이소크라테스, 데모스테네스, 키케로, 그리고 요세푸스의 자전적 문서들에 기반하여, 라이언스는 그리스-로마 시대가 지나는 동안 자서전을 활용하는 이유가 변화했다고 주장했다. 이소크라테스와 데모스테네스의 경우 그들의 자전적 저작을 변호의 글로서 제시했던 반면, 키케로와 요세푸스는 동시대인들로부터 존중을 얻고 역사 속에서 자신의 자리를 확고히 하기 위해서 자전적 글을 썼다.[32]

이러한 자료들에 대한 라이언스의 검토가 유용하기는 하지만, 그가 분석한 저작들이 우리의 바울 이해에 도움을 주는지는 불명확

---

30 Arnaldo Momigliano, *The Development of Greek Biography* (Cambridge, MA: Harvard University Press, 1971), 18; 또한 Lyons, *Pauline Autobiography*, 18-21을 보라.

31 Georg Misch, *A History of Autobiography in Antiquity* (trans. E. W. Dicks; 2 vols.; Cambridge, MA: Harvard University Press, 1961).

32 Lyons, *Pauline Autobiography*, 17-73.

하다. 먼저, 변호로서의 자서전과 선망을 얻기 위한 자서전 사이의 구분은 경미한 것이다. 라이언스도 이소크라테스와 데모스테네스가 자신의 성취들에 관해 말하는 것을 정당화하기 위해 자기방어의 필요성을 확장했다는 점을 인정한다.[33] 요세푸스는 역사 속에서 자신의 자리를 확고히 하기를 희망했을 수 있으나, 앞서 언급했듯이 그는 자신에게 가해진 비난에 대응함으로써 그 작업을 수행했다. 라이언스가 연구한 작품들의 의도가 어떠하든 간에, 그것들은 스타일과 형식에 있어서 바울로부터 상당히 멀리 있다. 이소크라테스, 데모스테네스, 그리고 요세푸스 각각은 자신의 행동을 설명하고 방어하는 일에 전념하며 잘 갖춰진 논고를 썼다.[34] 비록 바울이 다른 편지들에서보다도 갈라디아서에서 더 긴 회상을 제공하는 게 사실이지만, 이소크라테스의 『변호』(Antidosis)에 비할 바는 아니다.

바울의 자기 지칭을 그것의 맥락 안에 위치시키기 위해서, 우리는 그리스-로마 편지들 안에서 자전적 발언의 위치를 검토할 필요가 있다. 그 가운데서 우리가 발견할 수 있는 것은 서신 저자들이 자주 스스로를 지칭했으며, 이는 단순히 그들이 어떤 혐의에 관해 고발당했기 때문이 아니라, 다른 이들에게 자기 자신을 하나의 범례로 제시하고 싶었기 때문이라는 사실이다.[35]

---

33 Ibid., 37-42.
34 키케로는 이 목록에서 제외했는데, 그 이유는 Lyons가 키케로의 자전적 결과물을 키케로의 편지들 및 플루타르코스가 쓴 키케로의 생애에 근거해서 재구성하기 때문이다(Ibid., 37-42).
35 자기 지칭의 적절성에 관한 질문은 자서전 저자들과 서신 저자들 모두에게

세네카가 자신을 지칭하는 방식은 이러한 관습의 실례를 잘 보여 준다. 세네카는 배움이란 규례를 전수해 주는 것을 통해서 이루어지는 것 못지않게, 범례를 통해서 이루어진다고 주장했다.[36] 그는 범례(example)를 통해 가르쳤던 소크라테스에게 주목한다.[37] 세네카는 또한 자신의 학생의 품행에 관해 강하게 주장을 펼치며,[38] 그가 자신의 행동을 살피는 것처럼 학생도 그와 같이 살아가도록 촉구한다.[39] 가장 중요한 것은 세네카가 자신의 대화 상대자에게 범례를 제공하기 위해, 자신이 겪는 분투와 문제에 관해 털어놓는다는 점이다.[40]

그대는 이렇게 말합니다. "당신이 나에게 조언을 한다고요? 당신 자신에게 이미 조언을 끝마쳤고 당신 자신의 잘못을 이미 교정했다는 말입니까? 당신이 이제 다른 이들을 바로잡을 여력이 있는 까닭입니

유관하다. 이 점에 대해서는 Lyons, *Pauline Autobiography*, 53-59에 수합된 자료를 보라.

36 Seneca, *Epistle 7* 6-9; *Epistle 11* 9.
37 Seneca, *Epistle 71* 7.
38 Seneca, *Epistle 32*; *Epistle 34*.
39 Seneca, *Epistle 32* 1.
40 또한 Seneca, *Epistle 1* 4-5; *Epistle 2* 4-5, *Epistle 6* 1-4, *Epistle 8* 1-6, *Epistle 26* 6-7, *Epistle 54* 1-6을 보라. 세네카에서 자기 지칭의 기능은 Hildegard Cancik, *Untersuchungen zu Senecas Epistulae Morales* (Studien zur klassischen Philologie und ihren Grenzgebieten 18; Hildesheim: Georg Olms, 1967), 46-113에 논의되어 있다. 세네카가 권위적 예시에 관심을 가졌다는 점에 대해서는 Ilsetraut Hadot, *Seneca und die griechisch-römische Tradition der Seelenleitung* (Quellen und Studien zur Geschichte der Philosophie 13; Berlin: Walter de Gruyter, 1969), 173-76을 보라.

까?" 아니요. 나는 내가 병들었는데 나의 동료를 치료하려 할 만큼 뻔뻔한 사람은 아닙니다. 다만 나는 우리 둘 모두에게 관련된 문제를 그대와 논하고 있으며, 그 치료 방안을 그대와 나누고 있습니다. 마치, 우리 둘이 같은 병원에 누워 있는 것처럼 말입니다. (*Epistle* 27 1)

나는 아픕니다. 그러나 그것은 내 운명의 한 부분입니다. 내 노예들은 병들었고, 내 소득은 쪼그라들었으며, 내 집은 곧 무너질 것 같고, 상실과 사고와 고생과 두려움이 나를 세차게 두들겼습니다. 이러한 상태는 흔한 일입니다. 아니, 그 말도 과소평가입니다. 그 상태는 불가피한 일이라 말해 둡시다. 그런 사태들은 우연이 아니라 질서에 따라 일어납니다. 그대가 내 말을 믿어 준다면, 내가 지금 그대에게 공개하는 것은 가장 깊은 곳에 있는 감정임을 알아 두기를 바랍니다. 모든 일이 어렵고 힘든 것처럼 보일 때, 나는 단지 신에게 순종할 뿐 아니라 그분의 결정에 동의하도록 나 자신을 훈련했습니다. 내가 신을 따르는 것은 내가 그렇게 해야 하는 것 때문이 아니라, 내 영혼이 그것을 원하기 때문입니다. 내가 언짢은 기분이나 찌푸린 얼굴로 받아들일 만한 일은 절대 일어나지 않을 것입니다. 나는 내가 낼 모든 세금을 기꺼이 납부할 것입니다. 나의 친애하는 루킬리우스여, 우리를 신음하거나 움츠리게 만드는 모든 것들은 삶에 부과된 세금의 일부이며, 그대가 벗어나기를 희망해서도 안 되고 구해서도 안 되는 것들입니다. (*Epistle* 96 1-3)

소 플리니우스(Pliny the Younger)는 자신이 스스로에 대해 말할 때 자랑하는 것처럼 보일 수 있음을 인정하지만, 동시에 때로 자기 지칭이 필요하다는 점을 인정한다.⁴¹ 세네카처럼, 플리니우스는 타인을 가르치기 위해 자신의 삶을 예로 든다.

> 내가 익힌 기술[웅변/수사를 가리킨다 - 역자주] 때문에 잘나갈 때가 있었고, 그 때문에 위험에 처할 때도 있었으며, 또 다시 잘나가게 되기도 했습니다. 나는 정직한 이들과의 우정으로부터 도움을 받았고, 그것에 의해 해를 입기도 했으며, 그리고 이제 다시 도움을 받고 있습니다. 만약 그대가 한 해 한 해를 세어 본다면 그리 오래 걸리지 않을 것입니다. 하지만 그대가 성쇠의 변화를 세어 보려 한다면 아주 오래 걸릴 것입니다. 이는 요동치는 성쇠의 변화가 숨 가쁜 속도로 일어나는 것을 볼 때에도, 절대 낙심도 하지 말고 아무것도 확신하지도 말아야 한다는 경고가 될 것입니다.
>
> 내 생각을 그대와 나누고 내 자신의 행동을 빚은 규칙들과 범례들을 그대의 지침으로 제시하는 것은 내게 익숙한 일입니다. 그렇게 하는 것이 이 편지의 목적입니다. (*Epistle* 4 24.4-7; 참고: *Epistle* 7 1).

갈라디아서 1-2장에 나오는 바울의 회상을 조명해 줄 수 있는 이러한 참고 문헌들 및 다른 자전적 참고 문헌들로부터 우리는 무엇

---

41 Pliny the Younger, *Epistle 1* 8.4-5.

을 배울 수 있는가?[42] 이소크라테스, 데모스테네스, 그리고 요세푸스의 긴 이야기는 저자가 한 일들을 주제로 삼는다. 거의 처음부터 끝까지, 저자들은 자신의 입장을 정당화하는 데 몰두한다. 바울은 그들과는 다른 장르를 사용했으며, 자기 자신을 지칭하기는 하지만 그것이 편지의 주도적인 요소는 아니었다.

바울에게 훨씬 더 가까운 것은 세네카와 소 플리니우스의 편지들이다. 그들의 맥락은 도덕적 권면과 교훈이다. 자신의 학생의 행동에 세네카가 관심을 갖는 것은 갈라디아의 신자들의 삶에 바울이 관여하는 것에 비견할 만하다. 세네카와 소 플리니우스의 편지들은 그리스-로마 문헌에서 자기 지칭이 단지 변호적 맥락에서만 나타나는 것이 아니라 교육적·권면적 맥락에서도 나타난다는 점을 입증한다. 자기 지칭은 특히 저자가 자기 자신을 넘어 더 큰 선(예를 들어 지혜나 덕의 추구)을 지향할 때 적합하다. 바울이 갈라디아서 1-2장에서 자신의 경험을 가리킨 것이 바로 이러한 방식에서다. 바울은 자신과 복음을 방어했을 뿐 아니라, 또한 복음이 역사하는 패러다임으로서 자신을 제시했다.[43]

---

42 크라테스(Crates)를 참고하라. 그는 팔라이스트라(palaestra)에서 젊은 남자들과 마주쳤던 것을 묘사한다. 이는 수신자에게 젊은이들과 더 많은 시간을 보내고 그들이 닮을 만한 모델을 제공하라고 격려하기 위해서였다(*The Cynic Epistles* [ed. A. J. Malherbe; SBLSBS 12; Missoula, MT: Scholars Press, 1977], 70-71). 필론은 영혼의 작동 방식에 대한 자신의 가르침을 생생하게 묘사하기 위해서, 자신이 글쓰기에서 경험한 어려움을 독자에게 드러낸다 (*Migration of Abraham* 34. 35).

43 다른 근거들을 가지고 Lyons는 비슷한 결론에 도달했다(*Pauline*

결론

우리는 갈라디아서 1-2장의 기능을 편지 자체, 바울 닮기 모티프, 그리고 그리스-로마 세계에서 자전적 지칭의 사용이라는 맥락에 비추어 검토해 보았다. 각각의 검토 작업은 갈라디아서 1-2장이 변호의 범주에만 국한될 수 없음을 드러냈다. 또한 바울의 회상은 복음의 특일하고 배타적인 능력, 즉 인간의 관습과 헌신과 가치를 전복시키고 그것들을 "예수 그리스도의 믿음(the faith of Jesus Christ)"(갈 2:16)으로 대체하는 복음의 능력을 보여 주는 범례로 바울 자신을 제시한다. 갈라디아인들과의 관계에서 겪고 있는 긴장의 심각성 때문에, 바울은 자신을 복음의 패러다임으로 명시적으로 제시하면서 편지를 시작하지는 못했지만, 그럼에도 간접적으로 그러한 작업을 시도한다. 이 범례적(paradigmatic) 차원은 복음의 특일성, 묵시의 침입, 그리고 복음이 이전의 가치 체계들을 뒤집는다는 굳건한 주장 등의 주제를 반복하는 가운데 성취되는데, 이 모든 것들이 자전적 내용의 형태 가운데 제시된다. 이것은 바울의 복음이 단지 자신의 경험을 확대한 것이 아님을 의미한다. 오히려 그 반대다. 바울은 자신의 경험 가운데서 복음의 능력의 사례를 발견했고, 그것을 다른 이들을 권면하기 위한 범례로 활용한다. 다음 장은 이 탐구의 범위를 갈라디아인들에게로 넓히고, 특히 갈라디아서의 묵시 신학을 살펴보는 과정에서 복음의 특일성에 초점을 맞출 것이다.

Autobiography, 226-27).

7장 복음의 특일성

바울, 우리 어머니

7장 복음의 특일성

바울이 갈라디아 지역에서 처음으로 복음을 선포하고 가르친 이후 다른 그리스도인들이 갈라디아를 찾아왔다. 그들은 복음에 대해 바울과는 다른 해석을 제공했다. 갈라디아인들에게 쓴 편지에서 바울은 그들의 해석으로부터 발생한 문제에 대해 응답한다. 바울 이후에 갈라디아 교회들에 들어온 자들은 갈라디아인들이 이스라엘 백성 안에 온전히 소속되려면 할례와 모세 율법(적어도 그것의 일부)의 준수가 필요하다고 주장했다. 예수 그리스도의 오심은 이방인들이 이스라엘 안에서 온전한 파트너들이 될 수 있음을 의미하지만, 그렇다고 해서 율법 자체에 의문을 제기해서는 안 되었다. 이러한 골자의 "다른 복음"을 매력적으로 여기는 이들에게, 바울의 편지는 이방인 그리스도인들이 율법 준수를 받아들이면 **절대로 안 된다**(must not)고 주장하며 날카롭게 응답했다. 이 문제를 다루는 바울의 전략은 신자들의 경험과 경전 해석 모두에 기초해 있다. 율법은 지난 시대에 속한 것이며 현재 "그리스도 안"에 있는 이방인들이 그것을 준수하면 절대 안 된다고 주장한 것이다. 바울 학자들 사이에서 합의점을 말하는 것은 거의 불가능한 일이겠지만, 이러한 시나리오는 갈라디아서를 해석하는 전형적인 방식을 보여 준다.[1]

이 특정한 바울서신 안에 반영된 신학을 밝히기 위해서는, 갈라디아 회중들의 문제에 대한 바울의 응답이 곧 갈라디아서의 신학으로 여겨질 수 있는지를 따져 봐야 한다. 갈라디아서의 신학을 분별해 내기 위해서 우리는 앞서 진술한 그 문제에 대한 바울의 응답을 주로 살펴보아야 하는가? 몇몇 중요한 갈라디아서 해석자들에게 있어서 그 질문에 대한 답은 명백하게 "그렇다"이다. H. D. 벳츠(Betz)는 갈라디아 회중들의 문제에 초점을 두고 갈라디아서의 신학을 다룬다. 벳츠의 견해에 따르면, 그 문제란 외부인들이 갈라디아인들의

---

1 갈라디아서 뒤에 자리 잡은 상황에 대한 논의들로는 J. B. Tyson, "Paul's Opponents in Galatia," *NovT* 10 (1968): 241-54; R. Jewett, "The Agitators and the Galatian Congregation," *NTS* 17 (1970-71): 198-212; J. Eckert, *Die urchristliche Verkündigung im Streit zwischen Paulus und seinen Gegnern nach dem Galaterbrief* (Biblische Untersuchungen 6; Regensburg: Pustet, 1971); W. Schmithals, *Paul and the Gnostics* (Nashville: Abingdon, 1972); G. Howard, *Paul: Crisis in Galatia* (SNTSMS 35; Cambridge: Cambridge University Press, 1979), 1-19; B. H. Brinsmead, *Galatians: Dialogical Response to Opponents* (SBLDS 65; Chico, CA: Scholars Press, 1982); J. Louis Martyn, "A Law-Observant Mission to Gentiles: The Background of Galatians," *SJT* 38 (1985): 307-24(또한 *Theological Issues in the Letters of Paul* [Nashville: Abingdon, 1997], 7-24에도 실려 있다); T. David Gordon, "The Problem at Galatia," *Int* 41 (1987): 32-43을 보라.

자유에 위협을 가했다는 것이다. 그 외부인들은 그리스도 안에 있는 이방인 신자들이 이스라엘 백성의 온전한 구성원들이 되려면 모세의 율법을 반드시 따라야 한다고 주장했다. 따라서 벳츠가 갈라디아서의 신학을 제시할 때, 실상은 그 외부인 대적들의 입장에 맞서는 바울의 논증을 묘사하는 작업을 하고 있는 것이다. 벳츠는 바울의 자유 개념이 그 신학의 핵심이라고 본다.[2]

J. 크리스티안 베커(Christiaan Beker)는 바울의 편지들에 나타나는 일관성과 상황 의존성 사이의 관계를 주의 깊게 표현했다. 하지만 베커의 갈라디아서 해석은 갈라디아서 신학을 바울이 그의 대적들의 입장에 맞서서 펼친 논증과 동일시함으로써 상황 의존성 쪽으로 기우는 것처럼 보인다.[3] 바울의 유대 그리스도인(Jewish Christian) 대적들은 아브라함, 율법, 할례, 그리스도 사이의 연속성을 강조하는 구원사를 제시했고, 바울은 율법과 그리스도 사이의 단절, 그리고 율법과 믿음 사이의 단절을 주장해야 할 상황에 강제로 처해졌다. 비록 베커가 갈라디아서 3장의 아브라함과 율법에 대한 바울의 논의의 기능이 오직 "그 편지 전체의 맥락" 안에서만 이해될 수 있다고 주장하기는 했지만,[4] 그럼에도 그는 3:1이 "개인적인 것으로부터 주제적인 고려 사항으로"의 전환을 나타낸다고 보는 관습적 견해를

---

2   H. D. Betz, *Galatians: A Commentary on Paul's Letter to the Churches in Galatia* (Hermeneia; Philadelphia: Fortress, 1979), 28-33.
3   J. Christiaan Beker 본인도 그 점이 사실임을 인정한다(*Paul the Apostle: The Triumph of God in Life and Thought* [Philadelphia: Fortress, 1980], 56-58).
4   Ibid., 41.

따른다.[5]

갈라디아서에 대한 이러한 두 학자들의 이해들 모두 거의 전적으로 3-4장에 초점을 맞춘다. 실제로, 갈라디아서에 대한 분석들은 거의 보편적으로 3-4장을 이 편지의 신학적 중심으로 여긴다. 갈라디아서 1-2장은 바울의 사도권에 대한 방어로 간주되기 때문에 "신학"적 논의로는 보지 않는 것이다. 이와 비슷하게 마지막 두 장, 즉 5-6장은 대개 권면(paraenesis)으로 치부되고, 권면 장르의 전통적 특성 때문에 바울의 신학을 자세히 밝혀 주지는 못한다고 여겨졌다. 이러한 분석 방식으로 인해, 갈라디아서 신학에 관한 논의들은 3-4장에서 먼저 시작하여 1-2장으로 후진하는 동시에 5-6장으로 전진해 나갔다.

이러한 읽기 방식은 사실상 1-2장(아마도 2:16-21을 제외하고)을 무시해 버리는 결과를 낳았다. 1-2장은 "바울의 생애"나 초기 기독교 역사와 같은 것을 재구성하는 목적을 위해서만 사용되었고, 갈라디아서의 신학적 논증을 평가하는 이슈에는 끼어들지 못했다.[6] 또한 5-6장은 앞선 장들과 내용상 관계가 없는 전통적 성격의 실용적 조언들로 여겨져서 논의에서 배제되었다.[7]

---

5   Ibid., 47. 앞선 장에서 나는 갈 1-2장이 전적으로 자기방어의 사안을 다루고 있다는 전통적인 이해 방식의 문제점을 보이고자 했다.
6   앞선 장을 참고하라.
7   갈 5-6장의 권면과 갈 1-4장의 신학적 논증 사이의 관계에 대해서는 Richard B. Hays, "Christology and Ethics in Galatians: The Law of Christ," *CBQ* 49 (1987): 268-90을 보라.

허나, 만약 우리가 3-4장뿐 아니라 갈라디아서 전체에 주의를 기울인다면,[8] 다음과 같은 대안적 해석 가능성이 떠오른다. 비록 갈라디아서가 율법과 관련된 사안 때문에 탄생했으나, 이 편지의 기저에 있는 확신, 곧 갈라디아인들의 문제에 대한 바울의 응답을 빚은 신학적 확신은 율법에 대한 바울의 해석이 아니라 그의 기독론(Christology)에서 유래한 것이다. 갈라디아서에 반영된 신학은 무엇보다도 예수 그리스도에 관한 것, 그리고 하나님께서 그리스도 안에서 시작하신 새 창조에 관한 것이다(갈 1:1-4; 6:14-15). 그리고 오직 그 그리스도 중심주의(christocentrism)의 빛 안에서만 율법에 대한 바울의 언명이 이해될 수 있다.[9] 처음부터 끝까지 오직 하나의 복음만이 존재한다(갈 1:6-9). 그 복음의 특일성은 하나님의 아들 예수 그리스도의 계시로 이루어져 있다. 그 아들의 십자가형이 새 시대를 개시하셨음을 바울이 전제한다는 점에서, "그리스도 중심주의"는 올바른 단어 선택이다. 이 특별하고 유일한 복음은 신자로 부르심을 입은 이들을 위한 특별하고 유일한 변화를 낳는다. 그 신자들은 오직 그리

---

8   나는 이 방법론적 논점이 George Kennedy의 논평에 합치한다고 생각한다. Kennedy는 바울의 청중이 이 편지의 논증이 단선적 방식으로 발전해 나가리라 기대했을 것이라고 말했다(*New Testament Interpretation through Rhetorical Criticism* [Chapel Hill: University of North Carolina Press, 1984], 5, 146).

9   J. Louis Martyn에게서도 그렇다. 그는 다음과 같이 썼다. "심지어 갈라디아서 안에서 율법에 대해 매우 신경을 쓰고 있는 부분에서도, 바울의 신학적 출발점은 율법이 아니라 그리스도의 도래이며, 특히 그리스도의 신실한 죽음이 그 출발점이다"("Paul and His Jewish-Christian Interpreters," *USQR* 42 [1988]: 4).

스도 안에 있는 새 정체성으로(갈 2:19-21; 3:26-29), 그리고 성령 안의 새 삶으로(갈 3:1-4; 5:16-25) 옮겨졌다.[10] 새 창조는 이전에 정체성들(율법에서 오든[갈 1:11-17], 율법 밖에서 오든 간에[갈 4:8-11])을 무력화시킨다. 따라서 이번 장에서 내가 주장하게 될 입장은 갈라디아서 전체를 지배하는 신학적 반제(antithesis)가 그리스도(혹은 새 창조)와 우주 사이의 대조라는 점이다. 그리스도와 율법 사이의 반제, 십자가와 할례 사이의 반제는 그 중심 전제(그리스도/새 창조와 우주 사이의 대조)와 동의어가 아니라 그것을 뒤따르는 것들일 뿐이다.

이러한 접근 방식에 대해 제기될 수 있는 세 가지 반대 의견에 관하여 간략히 살펴보고자 한다. 첫째, 갈라디아서의 신학을 바울의 문제 해결 전략이 아닌 다른 지점에서 찾아야 한다는 주장은, 바울의 신학을 무시간적 본질(서로 다른 맥락에서 다르게 표현되었지만)로 간주하는 견해와 마찬가지가 아닌가 생각될 수 있다. 하지만 이것은 내 의도가 아니다. 내가 주장하는 바는, 바울이 상황에 적합한 응답을 그

---

10 "복음의 특일성"(the singularity of the gospel)이라는 표현은 John Schütz의 갈라디아서 논의(*Paul and the Anatomy of Apostolic Authority* [SNTSMS 26; Cambridge: Cambridge University Press, 1975], 121)에서 나온 것이다. 내가 볼 때, 바울을 공부하는 이들은 이 책을 심각하게 간과했다. 부분적으로 그 까닭은 쉬츠의 책이 사회과학적 맥락에서 바울을 논의하는 흐름이 등장하기 수년 전에 나왔기 때문일 것이다. 바울에 있어서 변화(transformation)의 이슈에 대해서는 John T. Koenig, "The Motif of Transformation in the Pauline Epistles: A History-of-Religions/Exegetical Study" (ThD diss., Union Theological Seminary, New York, 1970); B. R. Gaventa, *From Darkness to Light: Aspects of Conversion in the New Testament* (OBT 20; Philadelphia: Fortress, 1986), 40-46을 보라.

의 신학적 창고에서 꺼냈다는 것이 아니다. 우리가 단순히 특정한 문제에 대한 응답들을 합산하기만 해서는 이 편지에 표현된 신학에 다다를 수 없다는 점이다. **당면한 문제가** 율법에 관련되어 있다고 해서 여기서 논의되는 **중심적인 신학적 이슈가** 율법이라는 의미는 아니다. 갈라디아인들은 율법에 복종할 필요성을 신학적 이슈로 이해하지 않았을 가능성이 충분히 있다. 그들에게는 율법으로의 복종이 사회적 정체성 형성의 행위 혹은 외부인들의 요구에 대한 실천적인 응답이었을 수 있다. 할례 요구에 대한 그들의 견해가 어떠했든지 간에, 바울은 그 안에서 대단히 중요한 신학적 문제의 징후를 발견했다.

둘째, 앞에서 언급한 접근 방식에 대한 반대 의견은 "기독론"(Christology)이라는 용어를 도입한 까닭에 있다. 우리는 흔히 그 용어를 후대 기독교 신학의 체계적 과업과 연관시키곤 한다. 하지만 나는 이 편지에 나오는 바울의 논증이 그리스도 안의 신성과 인성의 관계에 대한, 혹은 그리스도와 하나님 사이의 관계에 대한 바울의 견해에 달려 있다고 주장하는 것이 아니다. 그럼에도, 예수 그리스도가 누구이신지, 그분이 개시하시고 성취하신 것이 무엇인지에 대한 바울의 이해, 다른 말로 하면 **기독론**이 바로 이 편지의 중심에 위치해 있다고 생각한다.

셋째, 갈라디아서에 기독론적 진술이 있음을 인정하더라도, 갈라디아서를 우선적으로 기독론적 진술로 이해해야 한다고 주장하는 것은 중요하지 않다는 반론이 있을 수 있다. 이 반론에 따르면,

바울은 전승에서 유래한 기독론적 가르침(예를 들어 갈 1:4, "예수 그리스도
께서는 하나님 우리 아버지의 뜻을 따라 우리를 이 악한 세대에서 건져 주시려고, 우리의 죄
를 대속하기 위하여 자기 몸을 바치셨습니다"[새번역])을 사용하지만, 그것은 단
지 공통의 전승을 암시할 뿐이지 바울의 논증에 아무런 영향을 끼
치지 않고 갈라디아서 해석에도 아무런 중요성을 갖지 않는다. 이
런 전승의 표현들이 바울이 염두에 둔 청중의 입맛에 맞추기 위한
양보 정도가 아니라, 바울의 논증 자체의 중요한 한 부분을 구성한
다는 점을 입증하는 것이 나의 목표다.[11]

왜 율법을 준수하면 안 되는가?

이해를 돕기 위해서, 갈라디아서를 읽은 후에 바울을 향해 제기
되었을 수 있는 질문으로부터 시작해 보자. 어쩌면 갈라디아인들
가운데 한 무리의 신자들은, 바울과 가장 최근의 방문자들 모두를
만족시킬 수 있는 해법을 찾고자 바울에게 접근했을 수도 있다. 이
가상의 "절충파"(compromise party)의 질문은 다음과 같다.[12]

---

11 이는 바울의 신적 비편파성(divine impartiality) 공리 사용에 관한 연구에
서 Jouette Bassler가 사용한 방법론적 절차에 합치한다(*Divine Impartiality:
Paul and a Theological Axiom* [SBLDS 59; Chico, CA: Scholars Press, 1982]).
Bassler는 바울을 공부하는 사람이라면, 전통적인 표현 방식이 바울의 사상
에 대해 아무것도 드러내지 못한다고 가정하기보다는, 바울이 그러한 전통
적 확언들을 사용하는 방식에 주의를 기울여야 한다고 올바르게 주장했다.

12 내가 이 시나리오를 소개한 것은 전적으로 발견적(heuristic) 목적을 위해서
라는 것을 분명히 해 두고 싶다. "절충파"(compromise party)가 실제로 존재

그리스도인들은 율법을 따르면 절대로 안 된다(must not)는 식의 주장을 펴는 이유가 무엇입니까? 어쩌면 우리 이방인들은 율법의 몇몇 부분을 지킴으로써 유익을 얻을 수 있을지도 모릅니다. 그것이 우리에게 부정적인 영향을 끼칠 리가 없습니다. 어쩌면 열광주의적 혹은 방종적인 경향에 재갈을 물리는 데에 도움을 줄 수 있을지도 모릅니다. 할례라는 외적 표지가 우리 이방인 그리스도인들이 스스로를 이스라엘 백성과 동일시하고 이스라엘의 하나님과의 동일한 관계를 갖도록 확증해 주지 않을까요? 이방인들이 율법을 따를 의무가 없다(not obliged)는 당신의 주장은 아마도 옳을 것입니다. 하지만, 율법을 따르면 절대로 안 된다까지 주장하는 까닭은 무엇인가요?

갈등을 빚고 있는 양측의 입장 사이에서 합리적인 절충안을 모색하는 이 가상의 제안에 응답하는 바울의 논증을 갈라디아서로부터 추론해 본다면 어떨까? 여러 가지 가능성이 고려되거나 혹은 배제될 수 있다. 널리 인정되듯, 율법에 맞서는 바울의 첫 논증은 율법이 의롭게 하지 못한다는 것이다. 칭의는 오직 그리스도의 신실함(the faithfulness of Christ)을 통해 일어난다(ἐκ πίστεως Χριστοῦ[에크 피스테오스 크리스투]; 2:16-21). 이에 덧붙여, 갈라디아인들이 율법에 의해서(ἐξ ἔργων νόμου[엑스 에르곤 노무]; 3:1-5)가 아니라 들음으로써(ἐξ ἀκοῆς πίστεως[엑스 아코

했다고 주장하는 것은 내 의도가 아니다. 그러나 나는 갈라디아서를 논리적으로 따라가 보면, 그러한 가상의 집단이 제기했을 만한 질문이 떠오르리라고 주장하는 것이다.

에스 피스테오스]; 3:1-5) 성령을 받았다고 바울이 갈라디아인들을 상기시키는 것이 추가될 수 있다. 하지만 이러한 진술들은 절충안의 입장에 제대로 응답하지 못한다. 왜냐하면 절충안은 율법이 그들을 구원한다거나 갈라디아인들이 율법을 통해 믿음에 이르렀다고 말하는 게 아니라, 단지 율법이 이로울 수 있다고, 즉 이방인들을 이스라엘과 동일시하고 죄악의 유혹을 억제하는 데 유익할 수 있다고 제안하는 것이기 때문이다.

바울이 사용하는 두 번째 유형의 논증은 이스라엘의 역사 가운데서 믿음이 율법보다 우선권을 가졌다는 것이다. 여기서 아브라함이 논의에 활용된다. 왜냐하면 하나님께서는 율법 준수에 기반해서가 아니라 믿음에 근거해서 아브라함에게 의를 선사하셨기 때문이다(갈 3:6-9). 율법은 아브라함에게 약속이 주어진 후(믿음에 대해 주어진 약속) 430년가량 지나고 나서야 세상에 들어왔다(갈 3:15-18). 하지만 이 논증도 마찬가지로 절충주의자들의 입장에 만족스러운 대응을 하지 못한다. 절충주의자들의 주장에 따르면, 비록 율법이 역사적으로 볼 때 믿음 및 아브라함에게 주어진 약속에 비해 부차적이기는 하지만, 그럼에도 율법은 여전히 하나님께서 부여하신 중요한 기능들, 곧 이스라엘을 세상의 나머지로부터 구별하고 이스라엘을 악으로부터 보호하는 기능들을 가지고 있기 때문이다.

바울은 더 나아가 율법을 의지하는 모든 이들이 저주 아래 있으며, 십자가에서 그리스도의 죽음(그 자체는 율법의 저주를 낳는다)이 신자들을 그 저주에서 빼내었다고 주장한다(갈 3:10-14). 때때로 갈라디아서

3:10-14이 해석되는 방식과는 달리, 바울은 그리스도께서 율법을 무효로 돌리거나 저주하신다고 결론을 내리지는 않는다. 따라서 절충주의자들은 여전히 다음과 같이 주장할 수 있는 여지가 있다. 곧 비록 그리스도의 죽음이 신자들을 율법의 저주로부터 옮겼지만, 신자들의 행동을 훈계하고 인도하는 율법의 능력은 여전히 효력이 있고 그 필요성이 남아 있다는 것이다.

이와 같은 율법에 관한 바울 논증의 측면들은 갈라디아인들이 제기할 만한 가상의 질문에 대한 대답으로 유효하지 않은 듯하다. 왜 율법을 준수하면 안 되는가? 또 한 가지 남아 있는 바울의 논증은 율법이 죄에 맞서는 보호막으로 의도되었다는 주장인데, 사실 이것은 절충주의자들의 입장의 합리성을 오히려 강화할 수 있다.[13] 분명히 하자면, 바울은 이 주장을 도입할 때, 율법이 일시적 방침이었고 그리스도에 의해 대체되었다는 논증과 연결시킨다. 그러나 그리스도 안에서일지라도 율법은 죄를 억제하는 것으로 이해될 수 있다. 지금까지의 바울의 논증이 만족스럽지 못하다는 것을 우리가 감지했다면, 할례에 반대하는 더 흔한 논증(즉, 할례가 미적으로 떨어지며 부자연스럽다는 논증)을 바울이 쉽게 사용할 수도 있었을 것이라는 조지 케네

---

13 갈 3장에 나오는 παιδαγωγός(파이다고고스)에 대한 이러한 이해는 David J. Lull의 작업("'The Law Was Our Pedagogue': A Study in Galatians 3:19–25," *JBL* 105 [1986]: 481–98)의 영향을 받은 것이다. 또한 Norman H. Young, "*Paidagogos*: The Social Setting of a Pauline Metaphor," *NovT* 29 (1987): 150–76을 보라.

디(George Kennedy)의 논평도 추가로 생각해 볼 수 있다.[14]

지금까지 나는 율법에 관한 바울의 언급들 안에 있는 중심 줄기를 이 가상의 시나리오에 의도적으로 포함시키지 않았다. 갈라디아서 3-4장에 나오는 율법에 관한 논증은 이미 바울이 선택한 입장을 추가적으로 떠받치는 데 사용된 진술들로 이루어져 있다는 사실을 강조하기 위해서이다.[15] 다시 말해, 이것들은 이미 자신이 취한 입장을 강화하는 논증에 불과하다. 절충파에 대한 바울의 주된 응답이 무엇이었을지 파악하는 데 우리를 돕는 것은 이같이 종속된 3-4장의 논증이 아니라, 그보다 앞서서 취했던 입장 그 자체다.[16]

앞서 그려 본 가상의 시나리오에서 내가 의도적으로 포함시키

---

14 Kennedy, *Rhetorical Criticism*, 151.
15 N. T. Wright는 누군가가 결론에 도달하는 방식과 그 사람이 다른 이들에게 그 결론을 입증하기 위해 사용하는 논증 사이를 유용하게 구분한다("Putting Paul Together Again," in *Thessalonians, Philippians, Galatians, Philemon* [ed. Jouette M. Bassler; vol. 1 of *Pauline Theology*; Minneapolis: Fortress, 1991], 192-94). 물론, 바울은 본인이 그 입장을 선택한 것이 아니라, 그것이 자신을 위해 정해진 것이라고(갈 1:11-17) 주장할 테지만 말이다.
16 이 부분에 있어서 나는 바울에게 있어서 해법이 문제보다 선행했다고 주장한 E. P. Sanders의 논증(*Paul and Palestinian Judaism* [Philadelphia: Fortress, 1977], 442-47 [=『바울과 팔레스타인 유대교』(알맹e, 2018)])의 영향을 분명히 받았다. Sanders가 다른 곳에서 했던 표현을 빌리자면, "율법에 대한 바울의 여러 진술들은 율법에 대한 이론적 사고의 결과가 아니라, 그의 다른 신념들에서 솟아 나온 것이다. 바울의 진술들은 또한 그 신념들을 보조한다. 율법에 대한 바울의 논의의 핵심 줄기들을 결정하는 것은 기독론, 구원론(특히 구원론의 보편적 측면들), 그리고 우리가 아마도 그리스도인의 행동 양식이라 부를만한 것이다(*Paul, the Law, and the Jewish People* [Philadelphia: Fortress, 1983], 143 [=『바울, 율법, 유대인』(감은사, 2021)]).

지 않은 것은, 바울이 인식한 그리스도와 율법 사이의 반제(antithesis)다. 율법에 대한 바울의 언급들로 다시 돌아와 보면, 우리는 갈라디아서가 처음으로 율법을 언급한 2:16("사람이 의롭게 되는 것은 율법의 행위로 말미암음이 아니요 오직 예수 그리스도를 믿음으로 말미암는 줄 알므로 우리도 그리스도 예수를 믿나니 이는 우리가 율법의 행위로써가 아니고 그리스도를 믿음으로써 의롭다 함을 얻으려 함이라 율법의 행위로써는 의롭다 함을 얻을 육체가 없느니라"[개역개정])에서 이미 율법은 그리스도와 직접적인 반대 관계에 위치해 있음을 볼 수 있다. 사람은 율법을 통해 의롭게 되든지, 아니면 예수 그리스도를 통해 의롭게 되든지, 둘 중 하나다(갈 2:16). 같은 종류의 반대 관계가 3장의 논증 대부분을 차지한다. 갈라디아인들에게 성령이 임한 것은 믿음을 통해서든지, 아니면 율법을 통해서든지, 둘 중 하나일 뿐이다(갈 3:1-5). 아주 복잡한 단락인 3:10-14은 이 대조를 중심으로 전개된다. 왜냐하면 바울은 하박국 2:4("의로운 자는 믿음으로 살 것이다"; 11절 하반절)과 레위기 18:5("이것들을 행하는 자는 그것들로 살 것이다"; 12절 하반절)을 서로 반대하는 자리에 두어서, 율법이 믿음으로부터 온 것이 아니라는 점을 보이려 하기 때문이다.

갈라디아서 3:26-29("너희가 다 믿음으로 말미암아 그리스도 예수 안에서 하나님의 아들이 되었으니 누구든지 그리스도와 합하기 위하여 세례를 받은 자는 그리스도로 옷 입었느니라 너희는 유대인이나 헬라인이나 종이나 자유인이나 남자나 여자나 다 그리스도 예수 안에서 하나이니라 너희가 그리스도의 것이면 곧 아브라함의 자손이요 약속대로 유업을 이을 자니라"[개역개정])에 사용된 세례 공식은 바울이 단지 율법의 어떤 결점에 **반대하는** 주장을 펼치는 것이 아니라, 세례 받은 이들이란 그리스도 안으로 세례를 받은 것이라는 확신을 심어 주기 위한 주장을 펴고 있다는 점을 분명하게 해 준다. 세례 받은 이들이 그리스도 안으로 들어왔다는 것은 단지 그들의 주된 정체성일 뿐만 아니라, 또한 독점적이고 배타적인 정체성이다. 그리스도 안에서와 율법 아래에서 공유될 수 있는 동일한 정체성은 없다. 심지어 방종주의 형태의 유혹에 굴복할 위험에 처한 이들을 위한 도우미로 이해되는 율법의 일부분일지라도 결코 공유될 수 없다.[17] 절충주의자들의 명제에 대한 바울의 응답은 명확하다. 그리스도와 율법 사이에는 어떠한 절충도 어떠한 타협도 있을 수 없다. 그런 절충이란 결코 바울이 취할 수 없는 것이다. 어떤 심리적인 이유 혹은 사회적인 이유 때문이 아니라, 완전히 신학적인 이유 때문에 바울은 그렇게 할 수 없다.[18] 오직 그리스도 안에 있는 복음의 특별하고도 유일하며 독점적인 위치를 타협하는 일은 있을 수 없다. 이는 바울이 자신의 소명과

---

17 물론 νόμος Χριστοῦ(노모스 크리스투, 갈 6:2)가 바로 그러한 법, 곧 메시아 시대에 알맞은 법을 가리킨다고 주장되어 왔다(C. H. Dodd, "ENNOMOS CHRISTOU," in *More New Testament Studies* [Manchester: Manchester University Press, 1968], 134-48; W. D. Davies, *Paul and Rabbinic Judaism* [4th ed.; Philadelphia: Fortress, 1980], 142-45). 그러나 그 표현은 바울의 대적들에게 맞서기 위해 고안된 반어적 진술로 이해하는 것이 낫다(Hays, "Christology and Ethics," 275).

18 어떤 이들에게, 이것은 과장된 진술로 보일 것이다. 어쩌면 바울은 심리적으로 타협 같은 것을 못하는 사람이었을 수도 있고, 혹은 공동체의 경계선에 닥칠 위험을 인지하여 사회적인 이유로 절충을 원하지 않았을 수도 있다. 나는 그와 같은 측면을 조사하는 것이 부적절하다고 말하는 것이 아니다. 그러나 갈 3장이 우리에게 제시하는 논리는 분명 신학적인 논리다.

자신의 "과거의 삶"에 관해 말하는 것과 일관성을 갖는다.

그리스도와 율법 사이의 반제는 갈라디아서 5:1-6에서 명시적이 된다. 할례를 받는다는 것은 곧 그 사람이 그리스도로부터 오는 유익을 전혀 받지 못한다는 뜻이다(갈 5:2). 할례는 그 사람을 율법 전체에 대한 의무를 지게 만들며, 이는 그가 그리스도의 은혜로부터 떨어지게 된다는 뜻이다. 다시금, 우리는 "그리스도 안"이라는 표현이 할례에 반제적으로 위치한다는 것을 발견한다(갈 5:6). 사람은 율법 아래에 있거나 또는 그리스도 안에 있을 수 있으나, 양쪽에 동시에 위치하는 것은 불가능하다.[19]

복음의 특일성

우리는 그리스도와 율법 사이의 반제가 갈라디아서 3-4장에서 이루어진 율법에 대한 바울의 논증에서 지배적인 요소임을 보았다. 우리는 이와 동일한 패턴이 편지의 나머지 부분에서도 그대로 발견되는지 묻게 된다. 율법(νόμος[노모스])이라는 용어가 갈라디아서 2:16에 이를 때까지는 나타나지 않기 때문에, 갈라디아서는 그리스도와 율법 사이의 명시적인 반제로 시작하지는 않는다. 여기서 우리는 율법에 대한 공격 대신, 복음의 특일성과 그 특일성이 주장하는 바

---

19 T. L. Donaldson은 그리스도와 율법이 양립 가능하지 않다는 바울의 이해가 그의 회심 이전의 시기까지 거슬러 올라갈 것이라는 논제를 되살린다 ("Zealot and Convert: The Origin of Paul's Christ-Torah Antithesis," *CBQ* 51 [1989]: 655-82).

에 대한 바울의 단언을 발견하게 된다.

갈라디아서는 예수 그리스도에게 즉시 초점을 맞추는 인사말로 시작한다. 학자들이 1:1("사람들이 시켜서 사도가 된 것도 아니요, 사람이 맡겨서 사도가 된 것도 아니요, 예수 그리스도께서 그리고 그분을 죽은 사람들 가운데서 살리신 하나님 아버지께서 임명하심으로써 사도가 된 나 바울이"[새번역])에서 바울의 사도권 방어의 시작점을 발견하는 것이 일반적인 입장이 되었지만, 그 구절을 그렇게 읽는다 해도 바울이 그의 사도권의 원천을 즉시 가리키고 있는 점은 분명 눈에 띈다. "예수 그리스도" 그리고 "그분을 죽은 사람들 가운데서 살리신 하나님 아버지"가 바로 그 원천이다. 이후 바울이 은혜의 인사말을 전할 때, 이 "예수 그리스도와 하나님"의 순서가 뒤바뀌고 더욱 확장된 공식이 소개된다. "하나님 우리 아버지, 그리고 주 예수 그리스도, 곧 하나님 우리 아버지의 뜻에 따라 우리를 현재의 악한 세대에서 건져 내시려고, 우리 죄들을 위해 자신을 내어 주신 분"(갈 1:3-4). 얼마 안 되는 이 구절들로부터 우리가 얼마나 많은 것을 배울 수 있는지에 대해서 언급할 가치가 있다. 앞서 언급한 구절들을 통해 우리는 바울의 사도권이 예수 그리스도로부터 왔음을 알게 된다. 예수님은 "우리의" 죄들을 위해 자신을 내어 주신 분으로 밝혀진다. 자신을 내어 주는 행동의 목표는 현재 세대(바울은 그 세대가 악하다고 정의한다)로부터 "우리를" 구출하는 데 있다. 아버지라 지칭된 하나님은 예수 그리스도의 자기 내어 줌을 의도하신 분일 뿐만 아니라, 또한 그분을 죽은 자들 가운데서 일으키신 분이다. 여기서 바울은 아마도 전승 표현을 쓰고 있을 것이라는 지적은 편지 서두에 나오는 진술의 중요성을 감소시키지 않는다. 바울이 가리키는 공통의 "이야기"는 예수 그리스도와 그분이 행하는 구세주로서의 행동들(하나님의 뜻에 따라, 그리고 하나님의 능력의 결과로)에 관한 이야기다("우리 죄들을 위해," "우리를 건져 내시려고").[20] 갈라디아서가 전통적인 감사 단락(우리는 거기서 편지의 주제에 대한 암시를 얻기를 기대한다)을 빠뜨리고 있기 때문에, 우리는 인사말 자체가 갈라디아서에서 다루어질 중심 이슈를 소개하고 있다고 추정할 수 있다.[21]

바울이 예수 그리스도에 관해 말하고자 하는 것은 갈라디아서 1:6-9("그리스도의 은혜로 너희를 부르신 이를 이같이 속히 떠나 다른 복음을 따르는 것을 내가 이상하게 여기노라 다른 복음은 없나니 다만 어떤 사람들이 너희를 교란하여 그리스도의 복음을 변하게 하려 함이라 그러나 우리나 혹은 하늘로부터 온 천사라도 우리가 너희에게 전한 복음 외에 다른 복음을 전하면 저주를 받을지어다 우리가 전에 말하였거니와 내가 지금 다시 말하노니 만일 누구든지 너희가 받은 것 외에 다른 복음을 전하면 저주를 받을지어다"[개역개정])에서 더욱 초점의 대상이 된다. 갈라디아인들은 그들을 부르신 이로부터 떠나 "다른 복음"을 향해 갔다. 그러나 바울은 제2

---

20 갈라디아서 기저에 자리 잡은 예수님의 "이야기"에 관해서는 Richard B. Hays, *The Faith of Jesus Christ: An Investigation of the Narrative Substructure of Galatians 3:1–4:11* (SBLDS 56; Chico, CA: Scholars Press, 1983)을 보라. 일찍부터 Jouette Bassler는 이 용어가 가진 일부 한계점에 주목했다("Paul's Theology: Whence and Whither?" in *1 and 2 Corinthians* [ed. David M. Hay; vol. 2 of *Pauline Theology*; Minneapolis: Fortress, 1993], 7–9). 바울에게 "이야기"나 "내러티브"라는 범주를 사용하는 것을 둘러싼 대화는 계속되고 있다. 특히 *Narrative Dynamics in Paul: A Critical Assessment* (ed. Bruce W. Longenecker; Louisville: Westminster John Knox, 2002)를 보라.

21 또한 Hays, "Christology and Ethics," 277 n. 28을 보라.

의 복음과 같은 것은 없다고 못 박는다(갈 1:7). 복음은 특일하다(singular). 다시 말해, 복음은 특수하며 단일한 것인데, 지금 갈라디아인들은 그 복음의 영역을 떠나서 실제로는 존재하지 않는 "또 다른" 복음의 영역을 향하고 있다. 이 단일한 복음의 내용이나 특징을 밝혀 줄 수 있을 만한 단서는 갈라디아서 1:6-9에서 거의 찾을 수 없다. 바울은 오직 그 복음을 "그리스도의"라는 단어로, 그리고 "우리"가 그것을 갈라디아인들 가운데 선포했다는 표현으로 수식할 뿐이다. 바울은 이 복음이 자유를 가져다준다거나, 그것이 믿음에 의한 칭의와 관련이 있다거나, 혹은 그것이 이스라엘 구성원에 속하는 것과 관련이 있다고 말하지 않는다. 바울에게 복음은 단지 "그리스도의 복음"(갈 1:7)이다. 이 표현 방식은 앞서 1:1-5에서 그리스도가 누구이신지 밝히는 데 사용된 언어와 연결된다.

만약 우리가 1:1-9을 읽고 멈춘다면, 우리는 분명 갈라디아인들에게 쓴 편지의 동기가 된 것은 복음에 대한 다른 해석(갈라디아인들을 "어지럽게" 한 자들이 가져온 해석)과 관련이 있다고 결론을 내릴 것이다. 바울이 다른 해석의 원천을 자세히 밝히지는 않음에도 불구하고, 그가 선포한 복음의 정체를 "그리스도의 복음"으로 명시한 것은, 해석의 차이가 그리스도에 대한 이해와 관련되어 있음을 시사한다.

본서의 6장에서 다룬 1:10(혹은 1:11)부터 2:14(혹은 2:21)까지의 본문도, 복음이 요구하는 것에 담긴 특일하며 배타적인 특성을 주장한다. 바울은 회고적 이야기 속에서 그의 과거의 삶(갈 1:13-14)으로부터 사도적 소명(갈 1:15-17)으로의 전환을 날카롭고 간결하게 전달한다.

바울의 삶 가운데 이 두 부분(여기에서처럼 서로 나란히 서 있다)은 복음이 오직 하나님께로부터 왔으며 특일하고 배타적인 응답을 요구한다는 바울의 확신을 뒷받침한다.[22] 바울은 복음에 대해 자신이 특일하게 응답했던 것을 1:16 하반절부터 2:21까지 실제 사례로 설명한다.

우리는 그리스도 중심주의(christocentrism)가 갈라디아서의 중심 부분(갈 3-4장)에 위치함을 이미 살펴보았다. 그러나 갈라디아서 마지막 부분에 담긴 윤리적 권면 단락(갈 5:13-6:10)에는 1-4장의 기독론적 관점에서 유래한 것이 거의 없지 않느냐는 반박이 제기될 수 있다. 분명, 그리스도의 이름이 이 단락에서 거의 나타나지 않는다는 점은 사실이다. 흔히 주석가들은 이런 사실로부터 바울의 윤리가 그의 기독론과 내용적으로 연결점이 거의 없다는 결론을 이끌어 내곤 했다. 이러한 단락 분석에 동의하기 전에, 바울이 제시하는 권면의 종류들을 살펴볼 필요가 있다. 리처드 B. 헤이스(Richard B. Hays)는 갈라디아서 후반부에 담긴 바울의 권면이 대체로 자유 상태 및 노예 상태의 이슈들과 관련되어 있으며, 바울은 그 이슈들을 공동체적 책임의 맥락에서 다룬다고 주장했다. 비록 바울이 그리스도의 이름을 직접적으로 호명하지는 않지만(그러나 갈 5:6, 24; 6:2를 보라), 그 권면들은 그리스도의 행동에 관한 바울의 주장과 대응한다. 그리스도의 십자가형은 그분의 순종과 사랑의 직접적인 결과다.[23]

---

[22] 갈 1:11-17의 이러한 해석에 대한 더 자세한 논의는 이전 장에서 찾을 수 있을 것이다.
[23] 또한 Hays, "Christology and Ethics," 276-83, 289-90을 보라.

갈라디아서의 결론부(갈 6:11-18)는 편지의 서두가 남긴 인상, 곧 바울이 이 편지에서 그리스도 사건에 몰두하고 있다는 인상을 신자들을 향한 요청의 배타적인 특성과 더불어 확증한다. 편지의 논증이 정점에 이르는 이 곳에서,[24] 그리스도와 율법 사이의 반제가 먼저 초점의 대상으로 등장하고, 이어서 급진적인 변화가 나타난다. 먼저 갈라디아서 6:12-13("무릇 육체의 모양을 내려 하는 자들이 억지로 너희에게 할례를 받게 함은 그들이 그리스도의 십자가로 말미암아 박해를 면하려 함뿐이라 할례를 받은 그들이라도 스스로 율법은 지키지 아니하고 너희에게 할례를 받게 하려 하는 것은 그들이 너희의 육체로 자랑하려 함이라"[개역개정])에서 바울은 그리스도와 율법의 반제를 다시 도입하는데, 특히 아주 좁은 초점으로 그 반제가 나타난다. 바울이 아주 특정한 율법(즉, 할례의 법)을 그리스도의 십자가와 대조하기 때문이다. 할례를 촉구하는 이들은 십자가로 인해 박해를 받지 않기 위하여 그것을 촉구한다(갈 6:12). 그들은 육신을 자랑하고자 하지만, 바울은 오로지 십자가만을 자랑한다(갈 6:14상반절). 이 지점에서 바울은 그 대조를 급진적인 상태로 변화시킨다. 그리스도의 십자가 안에서 온 우주가 바울에 대해 못 박혔으며, 바울도 우주에 대해 못 박혔다는 것이다(갈 6:14하반절). 따라서 주된 반제는 그리스도와 율법 사이의 대조, 혹은 십자가와 할례 사이의 대조가 아니다. 그것들은 더 근본적인 반제인 그리스도/새 창조와 우주 사이의 대조 안에 들

---

24 Kennedy가 언급했듯이, 바울은 그가 편지를 통해 입증했다고 생각하는 것을 다음의 말을 통해 에필로그에서 요약한다. "할례도 무할례도 아무것도 아니며, 오직 새 창조가 중요하다"(*Rhetorical Criticism*, 151).

어 있는 하위 범주들일 뿐이다.²⁵

갈라디아서 기독론의 요소들

갈라디아서에서 바울은 신자들이 율법(혹은 적어도 율법의 일부분)을 반드시 준수해야 한다는 주장에 맞서 대응하고 있음을 지금까지 살펴보았다. 바울은 그리스도와 우주(그것은 율법을 포함한다) 사이에 반제 관계가 존재함을 주장함으로써 대응했다. 우리가 갈라디아서의 기독론이 어떤 내용인지 좀 더 정확히 알 수 있을까? 그리고 이 반제에 대해 더 정확히 알 수 있을까? 이 대조의 특성은 무엇인가? 그것은 도덕적인 대조인가? 철학적인 대조인가? 아니면 묵시적인 대조인가?

먼저, 바울이 그리스도를 하나님의 대리자(an agent of God)로 본다는 점은 분명하다. 그리스도에 대한 표현이 우세하게 나오고 하나님에 대한 표현이 드물게 나온다는 사실은 우리가 그 논점을 놓치게 만들기 쉽다. 하지만 갈라디아서 1:1-4과 4:3-5은 그리스도를 보내고 그리스도를 죽은 자들 가운데서 일으키신 분이 바로 하나님이심을 분명히 밝힌다. 그리스도에 관한 표현이 우세하다는 이유로 갈라디아서에서 그리스도 일원론(christomonism)을 읽어 내려 해서는 안 된

---

25 갈라디아서의 결론에 대해서, 나는 Charles B. Cousar가 1989년 북미성서학회 연례 학술 대회에서 발표했던 논문인 "Galatians 6:11-18: Interpretive Clues to the Letter"로부터 큰 도움을 받았다.

다. 왜냐하면 그리스도를 계시하신 분, 그리스도를 하나님의 아들로 선포하도록 바울을 부르신 분(갈 1:15-16), 그리고 갈라디아인들을 부르신 분(갈 1:6; 또한 3:5을 보라)은 하나님이시기 때문이다.

갈라디아서가 그리스도의 부활을 가리키기는 하지만, 갈라디아서에서 바울의 기독론을 주도하는 것은 **십자가형**이다. 바울은 "십자가에 달리신" 그리스도께서 공적으로 그들에게 보여졌다는 점을 날카롭게 상기시킨다(갈 3:1). 바울은 십자가를 자랑하는 것에만 스스로를 허용한다(갈 6:14). 이 십자가형은 그리스도께서 자기를 내어 주신 행동의 결과로 일어난 것이다(갈 1:4; 2:20). 십자가형 가운데 율법이 그리스도를 저주 아래 두었다. 따라서 그 십자가형은 그리스도 안에 있는 이들을 위해서, 율법으로부터의 자유를 값을 지불하고 산 사건이다(갈 3:10-14). 이 자유는 율법(할례)으로부터의 자유일 뿐만 아니라, 또한 무할례로부터의 자유이기도 하다(갈 5:6). 다른 말로 하면, 그리스도께서 가져오신 자유는 율법의 특정한 실천으로부터의 자유만을 뜻하지 않고, 모든 것들(그리스도를 제외하고)로부터의 자유를 의미한다.

여기서, 갈라디아서의 자유에 관한 벳츠의 논의가 중요한 논점을 지적한다. 바울 이후에 갈라디아 교회들로 온 자들의 설교가 매력적이었던 까닭은, 그것이 "그리스도인의 새 삶이 저하되거나 파괴되는 것으로부터 보호"해 줄 수 있는 수단을 제공해 주었기 때문이다.[26] 신자들은 "그리스도 안"과 "율법 아래"에 동시에 있음으로

---

26 Betz, *Galatians*, 29.

써, 자신들이 하나님의 공동체의 온전한 구성원들임을 확신할 수 있었다. 어떤 차원에서, 그들은 이제 자신들이 반드시 예수 그리스도의 복음 안에서만, 다른 영역이 아니라 오직 그 안에서만 살아야 한다는 위협적인 주장을 바울의 선포 가운데 감지했던 것이다. 그 주장에는 불확실성이 있다고 여겨졌다. 즉, 그 복음은 그들의 믿음을 어떻게 삶으로 연결할지에 관해서 구체적 지침을 제공해 주지 못한다고 여겨졌다. 따라서 그들은 더 확실한 율법의 길을 기꺼이 따르게 된 것이다.

사람들이 때로 제안하는 것처럼, 바울이 십자가를 가리킬 때 그것은 부활 역시 암묵적으로 가리키고 있는 것일까? 그 질문에 대한 답은 적어도 갈라디아서 안에서는 분명히 "아니요"임에 틀림없다. 바울이 십자가나 십자가형 혹은 그리스도의 죽음을 지칭할 때, 그 표현들은 다면적이다. 왜냐하면 그 지칭 표현들 안에는 그리스도를 보내신 하나님의 행동, 십자가에 나타난 그리스도의 사랑과 신실함, 율법의 저주가 포함되어 있기 때문이다. 그러나 이 다면성은 바울에게 있어서 십자가가 부활을 포함한다는 의미는 아니다. 1:1의 공식이 그리스도께서 죽은 자들 가운데서 일으킴 받은 것을 가리키지만, 갈라디아서에서 예수님의 죽음/십자가에 대한 지칭의 대부분은 부활에 대한 암시를 발견하려는 우리의 시도를 배제할 만큼 충분히 구체적이다.[27]

---

27 물론, 갈 2:20("그리스도가 내 안에 사신다") 및 성령의 활동을 가리키는 숱한 부분들은 모두 예수님의 부활에 대한 바울의 확신을 반영한다. 그러나 갈

갈라디아서에서 보다 중요한 것은 십자가형이 무엇을 표현하는지, 혹은 그리스도에 관해 무엇을 반영하고 있는지에 관한 질문이다. 바울이 제시하는 한 가지 설명은 그리스도의 십자가형이 그분의 자기를 내어 주는 사랑에서 흘러나온다는 것이다. 바울은 또한 갈라디아인들의 구원을 낳은 것은 πίστις Χριστοῦ([피스티스 크리스투], 문자적으로 "그리스도의 믿음"; 2:16)임을 확언한다. 이 표현이 예수 그리스도를 믿는 믿음(faith in Jesus Christ)을 가리킨다고 이해하는 것이 학자들의 오랜 합의점이었지만, 근래의 연구들은 "그리스도의 신실함(faithfulness of Christ)" 혹은 "그리스도의 순종(obedience of Christ)"이라는 번역어 선택을 설득력 있게 주장했다.[28] 이 해석이 의미하는 바는, 1:4("예수 그리스도께서는 하나님 우리 아버지의 뜻을 따라 우리를 이 악한 세대에서 건져 주시려고, 우리의 죄를 대속하기 위하여 자기 몸을 바치셨습니다"[새번역])과 2:20("나는 그리스도와 함께 십자가에 못박혔습니다. 이제 살고 있는 것은 내가 아닙니다. 그리스도께서 내 안에서 살고 계십니다. 내가 지금 육신 안에서 살고 있는 삶은, 나를 사랑하셔서 나를 위하여 자기 몸을 내어주신 하나님의 아들을 믿는 믿음 안에서 살아가는 것입니다"[새번

라디아서에서 부활을 명시적으로 가리키는 내용은 거의 없다. Beker는 갈라디아서에서 "그리스도의 부활이 사실상 부재"한다고 언급했다(*Paul the Apostle*, 58).

28 G. M. Taylor, "The Function of PISTIS CHRISTOU in Galatians," *JBL* 85 (1966): 58-76; George Howard, "On the Faith of Christ," *HTR* 60 (1967): 459-84; idem, "The 'Faith of Christ,'" *ExpTim* 85 (1974): 212-15; L. T. Johnson, "Romans 3:21-26 and the Faith of Jesus," *CBQ* 44 (1982): 77-90; Hays, *Faith of Jesus Christ*, 139-76; Sam K. Williams, "Again Pistis Christou," *CBQ* 49 (1987): 431-47; Morna D. Hooker, "ΠΙΣΤΙΣ ΧΡΙΣΤΟΥ," *NTS* 35 (1989): 321-42.

역])에서 예수님의 자기를 내어 주는 사랑을 가리키는 것들이 감상적으로 여겨져서는 안 되며, 예수님의 자기 내어 줌이란 하나님의 뜻을 따르는 예수님의 신실함(갈 1:4)에서 흘러나왔다는 점이다. 문맥에서 분리된 2:20의 읽기가 암시하는 것처럼[29] 예수님께서 신자들을 위한 개인화된 애정으로 인해 행동하신 것은 아니다. 예수님께서는 하나님의 의도에 대한 신실한 순종으로 말미암아 행동하셨다.

지금까지의 내용을 미루어 보면, 그리스도에 대한 이런 이해가 이스라엘과 관련이 있다는 암시는 거의 없어 보인다. 하지만 이는 갈라디아서의 중요한(그러나 포착하기 어려운) 한 가지 특징을 간과하는 처사다. 그리스도는 역사에 국한되지 않지만, 그럼에도 역사에 속해 있음은 분명하다. 여자에게서 나심으로(갈 4:4), 그리스도께서는 역사 안으로 들어오셨다. 역사가 민족들 사이에 그어 놓았던 구분이 이제 끝났음을 하나님께서 계시하신 것은 바로 역사 안에서 여자의 아들로 태어나신 분, 십자가에 달리신 분의 인격 안에서였다. 그리스도께서는 율법 아래에서 태어나셨지만, 그분의 십자가는 율법과 "무율법"(unlaw)이라 부를 수 있는 것 모두에 종결을 고하셨다. 율법 아래에서의 탄생(갈 4:4)은 그분이 또한 이스라엘이 하나님과 관계를 맺어 온 특수한 역사 안으로 태어났음을 의미한다. 그리스도는 아브라함의 **바로 그 후손**(갈 3:16)이시다. 아브라함 후손인 그리스도는 하나님께서 특수한 역사 안에 개입하셨음을 나타낸다. 모든 인류를 위해 하나님께서 급진적으로 움직이신 것이다.

---

[29] 이 1인칭 단수는 바울만을 가리키는 것이 아니라 신자들 일반을 가리킨다.

이 관찰 결과는 앞서 제기한 질문으로 다시 돌아가게 한다. 그리스도와 율법 사이의 반제, 더 제대로 말하자면 그리스도와 만물 사이의 반제의 특성은 무엇인가? 우리는 철학적인 것과 도덕적인 것 모두를 그 반제의 묘사로부터 즉시 제외시킬 수 있다. 갈라디아서에서 그리스도 사건이 역사적 자리를 갖는다는 것은, 그리스도께서 육신의 영역과 대조적으로 존재하는 어떤 영원한 아이온(aeon)이 아님을 의미한다. 또한 바울이 그리스도와 율법을 존재론적 반의어로 해석한 것도 아니다. 마찬가지로, 그리스도께서 악에 대조되는 도덕적 선을 대표하는 것이 아니다. 그리스도께서 선한 사람으로서 십자가에 달리신 것도 아니다. 그리스도께서는 신실하시고 사랑을 베푸시는 하나님의 아들로서 십자가에 달리신 것이다.

결론적으로 다음과 같이 말할 수 있을 것이다. 바울이 갈라디아인들에게 편지를 쓰게 된 것은 율법을 둘러싼 갈등에서 비롯된 것이다. 하지만 바울은 그 갈등을 다루면서, 복음은 곧 십자가에 달리신 예수 그리스도께서 새 창조의 개시임을 선포하는 입장을 취한다. 이 새 창조는 율법에 의해서든 다른 어떤 권세나 충성에 의해서든, 어떠한 보충이나 보강을 필요로 하지 않는다. 사실 갈라디아인들이 율법 안에서 얻고자 했던 것은 확실성이었다. 즉, 그들은 하나님의 교회 안에서 확고한 자리를 가지며, 하나님께서 그들에게 요구하시는 것이 무엇인지 아는 것과 관련된 확실성을 얻고자 했다. 바울은 예수 그리스도의 배타성과 특일성에 대한 주장을 통해서 그들이 추구했던 확실성(및 다른 모든 형태의 확실성)을 거부했다.

후기

이번 장이 처음 출판되었을 때, 나는 복음의 특일성(singularity)이 "묵시"(apocalyptic)라는 이름으로 불려야 할지에 관한 질문을 다루었고 그 질문에 부정적으로 답했다. 그 당시에 내게는 두 가지 반대 이유가 있었다. 첫째, 묵시라는 용어는 하나의 운동을 가리킬 수도 있고, 일련의 문헌들을 가리킬 수도 있으며, 혹은 사상 세계를 가리킬 수도 있으므로, 그 용어 자체가 혼란을 야기한다는 점이었다. 둘째, 그 용어가 갈라디아서에 반영된 복음의 급진적 침입을 공정하게 다루기는 하지만, 그것은 그 편지에 반영된 연속성(이스라엘의 역사 및 경전과의 연속성)을 공정히 다루지는 못한다는 점이었다. 그러나 2부의 서론에서 언급했듯이, 나는 용어 사용과 관련된 질문에 대해 생각을 바꾸게 되었다. "묵시"라는 용어는 주석 작업에 끊임없이 사용되는 다른 용어들(예: 수사, 이념, 내러티브 등)에 비해서 특별히 더 모호하다고 말할 수 없다. 그 용어는 바울에 관한 나의 읽기와 이전의 해석들(특히, 케제만, 베커, 마틴의 해석들) 사이의 관계를 알린다는 장점이 있다. 바울의 경전(구약성경) 사용에 대한 질문은 여기에서 다룰 수 있는 수준보다 훨씬 더 복잡하다. 이는 리처드 헤이스의 『바울서신에 나타난 구약의 반향』(Echoes of Scripture in the Letters of Paul)이 이 주제에 대한 관심에 다시 불씨를 지폈으며 다수의 중요한 후속 연구들을 낳았기 때문이다.[30] 바울에게 경전이 중요하다고 말하는 것은 바울이 주해

---

30 Richard Hays, *Echoes of Scripture in the Letters of Paul* (New Haven, CT: Yale

자체에만 관심이 있었다거나 혹은 바울이 전통과의 연속성을 유지하기 위한 방편으로 경전에 매달렸다고 말하려는 게 아니다. 프랜시스 왓슨(Francis Watson)이 말했듯, 경전의 의미와 경전의 의의는 동일하다. "두 가지 모두 그리스도 안에서 하나님께서 하신 구원의 행동에 대한 다양하고 직접적인 증거들, 또한 간접적인 증거들 안에서 발견되어야 한다."[31]

"묵시"가 올바른 용어임을 시사하는 한 가지 특정한 사례는 갈라디아서의 도입부에 나온다. 거기서 바울은 예수 그리스도 안에서 하나님께서 하신 구원의 행동을 가리켜 하나님께서 "우리를 현재의 악한 세대"에서 구출하시는 것으로 묘사한다(갈 1:4). 갈라디아서 자체는 "현재의 악한 세대"라는 표현으로 바울이 무엇을 의미했는지 오직 소량의 실마리만을 제공한다. 그럼에도 그 실마리는 그 표현이 단지 도덕적 혹은 철학적 결점을 가리키는 게 아님을 분명하게 밝혀 준다. 그리고 로마서에서 우리는 인류를 노예 상태로 붙들고 있는 권세들(powers), 하나님을 반대하는 권세들에 관한 확장된 논의를 발견한다. 이어질 두 장(본서의 8-9장)은 로마서에 나오는 죄의 권세(power of Sin)에 대한 연구로 눈을 돌린다. 먼저 로마서 1:18-32에 나오는 하나님의 진노에 대한 바울의 논의를 살펴보고, 다음으로 그 문제를 좀 더 주제적인 차원에서 탐구할 것이다.

University Press, 1989). [=『바울서신에 나타난 구약의 반향』(감은사, 2017)]
31 Francis Watson, *Paul and the Hermeneutics of Faith* (London: T&T Clark, 2004), 16.

8장 "하나님께서 그들을 넘겨주셨다"

바울, 우리 어머니

8장 "하나님께서 그들을 넘겨주셨다"

주석가들은 흔히 로마서 1장의 후반부가 그리스도 사건 이전에 인간이 처한 상황, 곧 전적으로 인간의 행동 때문에 일어나게 된 상황을 소개한다고 설명한다. 어떤 이들은 아담의 타락이 이 본문의 배경에 자리 잡고 있다고 주장하고,[1] 또 다른 이들은 바울이 여기서 이방인들의 우상숭배 및 부도덕함에 대한 유대인들의 전통적인 비

---

[1] 예를 들어, 다음을 보라. Morna Hooker, "Adam in Romans 1," *NTS* 6 (1959-60): 297-306; Jacob Jervell, *Imago Dei: Gen 1:26f im Spätjudentum, in der Gnosis und in den paulinischen Briefen* (FRLANT NS 58; Göttingen: Vandenhoeck & Ruprecht, 1960), 312-31; J. D. G. Dunn, *Romans 1-8* (WBC 38A; Dallas: Word Books, 1988), 53; idem, *The Theology of Paul the Apostle* (Grand Rapids: Eerdmans, 1998), 91(그러나 여기서 Dunn은 그 견해가 널리 지지받지는 못한다는 점을 인정한다). 이 점에 있어서 A. J. M. Wedderburn이 종종 인용되지만, 실제 그는 롬 1:18-32에서 반향하고 있는 것은 아마도 창 3장이 아니라 창 1장일 것이라는 결론을 내렸다("Adam in Paul's Letter to the Romans," *StudBib* 1978 [1980]: 413-30, 특히, 416).

판을 활용하고 있다고 주장한다.[2] 최근에는 로마서 1장의 후반부가 학문적 차원에서와 교회적 차원에서 모두 전쟁터가 되었다. 이 전쟁터에서는 바울이 동성애적 행동에 관해 무엇이라 말하는지, 그러한 발언을 빚는 데 영향을 미친 것은 무엇인지, 그리고 그 발언이 오늘날 어떻게 해석되어야 할지를 둘러싸고 심각한 충돌이 일어나고 있다. 로마서 1장의 후반부는 또한 죄에 대한 바울의 사상에서 비일관성을 강조하는 학자들 가운데서, 그리고 바울이 "보편적 죄성"이라는 개념을 가지고 있지 않았음을 보여 주려는 학자들의 논증 가운데서도 다루어져 왔다. 그러나 이 본문에 대한 풍성한 논의에서 거의 주의를 기울이지 않았던 것은 "하나님께서 그들을 넘겨주셨다"(God handed them over)라는 절(clause)이다. 그 절이 24절, 26절, 28절에서 눈에 띄게 반복되는 것이 로마서 1장 후반부의 특징 중 하나임에도 불구하고 그다지 주목을 받지 못한 것이다.[3]

그러나 "하나님께서 그들을 넘겨주셨다"는 절은 단순히 수사적 과장이 아니다. 이 장에서 나는 로마서 1장에 묘사된 인간의 처지가 하나님께 대항한 인간의 반역에서 유래했을 뿐만 아니라, 그와 동시에 우주적 충돌에서 하나님 자신의 능동적 역할에서도 유래했음

---

2   Brendan Byrne, *Romans* (SP; Collegeville: Liturgical Press, 1996), 64-65; Joseph A. Fitzmyer, *Romans* (AB 33; New York: Doubleday, 1993), 272.
3   Stanley Stowers는 이 본문에서 하나님의 역할이 그간 논의에서 불충분하게 다루어졌다는 점을 올바르게 지적한다. 그러나 Stowers 역시 하나님의 역할을 중요하게 다루지는 않는다(*A Rereading of Romans: Justice, Jews, and Gentiles* [New Haven, CT: Yale University Press, 1994], 93).

을 입증하려 한다. 즉, "하나님께서 그들을 넘겨주셨다"는 절은 양쪽 모두에서 유래했다. 인간의 반역에 대한 응답으로서 하나님께서는 하나님을 대적하는 권세들(그중 으뜸은 죄와 사망이다[저자는 여기서 죄Sin와 사망Death을 대문자로 표기한다 - 역자주])에게 인간을 잠시 포기하고 내어 주셨다.[4] 나는 하나님을 대적하는 세력들이 하나님과 실제로 충돌한다는 것을 가리키기 위해서, "포기/양도하다(surrender)"라는 동사를 의도적으로 선택했다. 이러한 해석은 로마서 1:18-32을 우주적 묵시 담론의 영역 안에 단단히 고정시킨다. 이것은 또한 바울이 로마서 1-8장에서 죄에 관해 논하는 부분을 표준적인 견해에 비해서 더 통일된 방식으로 해석할 수 있게 하는 장점이 있다(그 표준적인 견해에 따르면 바울은 로마서의 앞부분에서는 위반으로서의 죄에 관해 말하지만, 이후에는 권세로서의 죄에 관해 말하는 쪽으로 옮겨 간다).

나는 παραδίδωμι(파라디도미)라는 동사를 고려하면서 논의를 시작할 것이다. 내 주장의 요지는 로마서 1:24, 26, 28에 쓰인 그 동사의 의미가 "다른 권세에게 '양도하다' 혹은 '넘겨주다'"로 이해되어야 한다는 것이다. 그리고 나는 그 번역이 로마서 1:18-32의 해석에 어떤 함의를 갖는지 살펴볼 것이다. 마지막으로, παραδίδωμι를 이렇게 이해하는 것이 로마서 1-8장에 나오는 죄에 대한 더 포괄적인 해석에 갖는 함의를 고려할 것이다. 이 다음 장은 이와 같은 논증을 로마

---

4 "하나님을 대적하는 권세들"(anti-God powers)이라는 표현에 대해서는 J. Louis Martyn, *Galatians* (AB 33A; New York: Doubleday, 1997), 370-73을 보라.

서의 우주적 지형을 살펴보는 것으로 더 확장할 것이다.

"하나님께서 그들을 넘겨주셨다"

앞서 언급했듯, 로마서 1장 후반부를 다루는 최근의 논의는 παρέδωκεν(파레도켄, "그가 넘겨주었다"[파라디도미 동사의 아오리스트 시제 - 역자 주]) 절에 대해 그다지 관심을 갖지 않는다. 이 반복된 표현이 상대적으로 주목을 받지 못한 까닭은 로마서 1:18-32을 다른 헬레니즘 유대교 텍스트들(우상숭배와 부도덕에 관해 이방인을 질책하는 텍스트들)과 비교하는 작업 때문인 것 같다. 바울을 연구하는 많은 이들이 그렇게 보듯이, 나 역시 바울이 확립된 유대 전통을 활용하고 있으며 그 전통을 2:1에서 정반대로 뒤집어 놓고 있다고 생각한다. 가장 흔히 인용되는 텍스트는 솔로몬의 지혜서 13-14장이다. 이 텍스트는 창조주께서 하신 일의 증거를 세상 안에서 보지 못하는 이들의 무지에 관해 이야기하는 것으로 시작한다(솔로몬의 지혜서 13:1-9). 이후 우상숭배의 어리석음에 대한 긴 담론으로 옮겨 가고(솔로몬의 지혜서 13:10-14:21), 이어서 우상숭배에서 기인한 부도덕을 주제로 삼는다(솔로몬의 지혜서 14:22-31). 단테를 연상하게 하는 움직임 가운데, 저자는 "정당한 처벌"이 범법자들에게 닥칠 것이라고 주장한다(솔로몬의 지혜서 14:30-31; 또한 16:1을 보라). 솔로몬의 지혜서가 하지 않는 일은 죄인들을 "넘겨주는" 데에 있어서 하나님에게 직접적인 역할을 부여하는 것이다.[5] 로

---

5 동사 παραδίδωμι가 솔로몬의 지혜서 14:15에 나오기는 하지만, 거기에서는

마서 1:18-32과 연관지어 흔히 인용되는 그 어떤 텍스트들도 죄된 행실의 귀결과 관련하여 하나님께서 직접적인 역할을 하신다고 주장하지 않는다(*Let. Aris.* 132-138; *Sib Or.* 3:8-45; *T. Naph.* 3:3; 요세푸스, *Against Apion* 2.236-254; 필론, *On the Special Laws* 1.13-31).[6] 이 텍스트들 사이의 유사성은 물론 중요하지만, 그로 인해 사람들이 파레도켄(παρέδωκεν) 절을 너무 빨리 지나쳐 버리게 되었다. 그래서 이 '넘겨줌'의 결과라고 이야기되는 행동들에만 초점을 맞추게 되었다. 그러나 사실은 그 반대로 움직여야 적절할 것이다. 다른 텍스트들에는 나타나지 않는 그 동사가 로마서 1장에서 세 차례나 반복되는 것은 의미심장하다.

역사적으로 볼 때, 로마서를 연구하는 학자들은 파레도켄(παρέδωκεν, "그가 넘겨주었다") 절을 다음의 세 가지 갈래 중 하나로 해석해 왔다. 첫째, 하나님께서 단순히 인류가 원하는 것을 하도록 허락하셨다는 의미에서 '허용적(permissive)' 해석,[7] 둘째, 하나님께서 인류가 그들의 행동의 결과에 머물도록 유기했다는 의미에서 '상실적

아버지가 자기 권속들에게 우상을 물려주는 것을 가리킨다.

6 이 진술에 대한 한 가지 예외는 희년서 21:22일 것이다. 그러나 그것의 맥락은 아브라함이 이삭에게 작별을 하는 가운데 죄에 대해 일반적인 경고를 하는 것이다. 롬 1장과는 꽤 거리가 멀다.

7 Chrysostom, *Homilies on the Acts of the Apostles and the Epistle to the Romans* (NPNF1 11; Edinburgh: T&T Clark, 1889), 354; Ulrich Wilckens, *Der Brief an die Römer* (EKKNT 6.1; Zurich: Benziger, 1978), 108; Paul Achtemeier, *Romans* (Interpretation; Atlanta: John Knox, 1985), 40; Dunn, *Romans 1–8*, 73; Fitzmyer, *Romans*, 284; Peter Stuhlmacher, *Paul's Letter to the Romans* (Louisville: Westminster John Knox, 1994); N. T. Wright, *Romans* (NIB 10; Nashville: Abingdon, 2002), 433.

(privative)' 해석,[8] 셋째, 하나님께서 인류를 심판에 처하도록 넘기셨다는 '법정적(forensic)' 해석이다.[9] 이 해석들 사이에 중첩되는 부분이 상당히 크다(특히 첫째와 둘째 해석이 많이 겹친다). 지난 몇십 년 동안 주석서들에서 주도적이었던 해석은 셋째 갈래였던 것으로 보인다. 하지만 이 해석들 중 어떤 것도 로마서 1장에서(다른 곳에서도 마찬가지로) 파라디도미(παραδίδωμι) 동사가 흔히 충돌 상황에서 누군가를 혹은 무엇인가를 제3자에게 넘겨주는 행동을 가리킬 수 있다는 가능성을 제대로 반영하지 못한다.[10]

---

8 Augustine, *Augustine on Romans: Propositions from the Epistle to the Romans; Unfinished Commentary on the Epistle to the Romans* (SBLTT 23; Chico, CA: Scholars Press, 1982), 59. 루터는 이 입장을 취한 것으로 보인다. 그러나 또한 루터는 하나님의 물러나심 때문에 마귀의 활동이 지배권을 행하도록 허용되었다는 점을 암시한다(*Lectures on Romans* [Luther's Works 25; St. Louis: Concordia Publishing House, 1972], 160-61). 칼뱅 역시 하나님의 물러나심의 개념을 심판의 개념과 연결시키며, 사탄을 하나님의 진노를 전달하는 사역자로 밝힌다(*The Epistles of Paul the Apostle to the Romans and to the Thessalonians* [Calvin's NT Commentaries; Grand Rapids: Eerdmans, 1960], 35). 또한 C. H. Dodd, *The Epistle of Paul to the Romans* [Moffatt; London: Hodder & Stoughton, 1932], 29; Ernst Käsemann, *Commentary on Romans* (Grand Rapids: Eerdmans, 1980), 47을 보라.

9 예를 들어, C. E. B. Cranfield는 이것이 "하나님 편에서는 심판과 자비의 의도적인 행동이며, 그 하나님은 치유하기 위해 치시는 분이다"라고 주장했다(*The Epistle to the Romans* [ICC; Edinburgh: T&T Clark, 1975], 120-21). Cranfield는 하나님께서 "실제로 사람들을 부정결로 몰아가셨다"라는 견해를 언급한 후, 그 견해를 거부한다. 그러나 Cranfield는 그 견해를 어디에서 인용한 것인지 자료를 밝히지는 않는다. 또한, Sanday와 Headlam, Schlatter, Moule, Barrett, Moo의 주석서들을 보라.

10 Brendan Byrne은 다른 사람의 권세에게로 넘겨준다는 암시적 의미를 언급

누군가 혹은 무언가를 다른 사람 아래의 구류 상태로 넘기거나 혹은 군사적 맥락에서 넘기는 것을 가리키기 위해 파라디도미(παραδίδωμι) 동사를 사용하는 용례는 다양한 성경 자료들 및 성경 외 자료들에 등장한다.[11] 칠십인역 구약성경에서 παραδίδωμι는 거의 대부분 개인이나 (더 흔하게는) 집단을 다른 행위자들의 권세 가운데로 넘기는 것을 가리킨다. 예를 들어, 신명기에서 παραδίδωμι는 20회가 넘게 나오는데, 거의 대부분 하나님께서 한 지역 혹은 한 민족을 이스라엘의 소유로 넘기시는 것에 쓰인다(예: 신 2:24, 30, 31, 33; 3:2, 3; 7:2, 23, 24; 20:13, 20; 28:7). 여호수아에서의 용례도 이와 비슷한데, 정복 이야기의 서술은 여리고(수 2:14, 24; 6:2, 16)나 아이(수 7:7; 8:18)나 기브온(수 10:8, 12)이 이스라엘에게 넘겨진 것을 보통 하나님께서 행하신 일로 여긴다.[12] 또한 예언 문헌은 이스라엘 백성이 포로 상태로 넘겨지는 것을 말할 때 παραδίδωμι를 자주 사용한다. 예레미야가 예루살렘이 바벨론에게 넘겨질 것이라는 하나님의 결정을 선포할 때(렘 21:10; 또한 22:25; 24:8; 39:28을 보라), 에스겔이 이스라엘의 소유물이 "땅의 악한 자들"에게 넘겨질 것이라고 선언할 때(7:21; 또한 11:9; 16:27; 21:36 LXX[영어에서는 21:31]; 23:28; 25:4) 그 단어가 등장한다. 로마서 1장에서와 같이 이 사례들에서도, 믿음 없음(혹은 불순종)과 "넘겨주시는 것" 사이에 명시

하지만, 실제로 그것을 발전시키지는 않는다(*Romans*, 75).
11 P.Hib. 92.11, 17; P.Lille 3.59; P.Tebt. 38.6; Herodotus, *Histories* 1.45.1; 3.13.3; Xenophon, *Cyropaedia* 5.1.28; 5.4.51; Pausanias, *Description of Greece* 1.2.1. 또한 BDAG, LSJ, MM에 나온 논의들을 보라.
12 또한 수 10:32; 11:6, 8; 21:44; 24:8, 10, 11, 33을 보라.

적인 연결이 나타난다.

παραδίδωμι 동사의 용례에 대한 이런 대략적인 윤곽에서 특별히 깜짝 놀랄 만한 내용은 없다. 중요하게 눈여겨볼 것은, "넘겨주다"는 언제나 다른 행위 주체들에게 넘기는 것을 가리킨다는 점이다. 추상적 개념에게 넘겨주는 행위가 παραδίδωμι 의미에 포함된 경우는 거의 없다. 이 동사가 불순종이나 불신앙의 결과에 대해 예언적으로 경고하는 데 쓰인 상황에서도, "넘겨주다"는 인간의 행동에 따른 일반적인 결과에 넘긴다는 뜻이 아니라, 다른 권세("갈대아인들", "외국인들의 손", "네 대적들의 뜻", 혹은 "동쪽에서 온 이들")에게 넘긴다는 뜻이다. 이에 대한 예외들은 오히려 그런 일반적인 사용을 강조하는 것처럼 보인다. 칠십인역 미가 6:16은 불의에 대한 심판의 신탁을 다음의 말로 끝맺는다.

ὅπως παραδῶ σε εἰς ἀφανισμὸν καὶ τοὺς κατοικοῦντας αὐτὴν εἰς συρισμόν· καὶ ὀνείδη λαῶν λήμψεσθε.

이를 문자적으로 다소 딱딱하게 번역하면 이렇게 된다.

따라서 나는 너를 파괴에 넘겨주고, 네 가운데 거하는 이들을 쉭쉭거리는 야유에 넘긴다. 그리고 너희들은 민족들로부터 조롱을 당할 것이다.

비록 여기서 "파괴"와 "쉭쉭거리는 야유(hissing)"가 추상적 개념으로 이해될 수 있을지는 몰라도(문법적 의미에서가 아니라 그것들이 인간 권세자들이 아니라는 의미에서), 문맥 속에서 그 단어들은 분명 포로로 잡아가는 사건에 동반되는 파괴를 가리킨다.

또 다른 예는 칠십인역 시편 117:18(영어 번역에서는 118:18)인데, 여기서 시편 기자는 이렇게 선언한다.

> παιδεύων ἐπαίδευσέν με ὁ κύριος καὶ τῷ θανάτῳ οὐ παρέδωκέν με.

> 주님께서 나를 엄격히 훈육하셨으나, 그가 나를 죽음에 넘기시지는 않았다.

"죽음에 넘[겨진]" 상태가 다른 곳에서는 단순히 삶의 중단을 의미하는 것으로 이해될 수도 있지만, 이 시편의 앞부분은 대적들로부터 오는 위험을 환기시킨다(시 118:10, "모든 민족들이 나를 둘러쌌다"). 따라서 화자가 면하게 된 이 "죽음"은 질병이나 노화로 인한 것이 아니라 대적들과의 충돌로 인한 것이다.

간단히 말해, 칠십인역에서는 다른 행위자나 세력과의 충돌이 텍스트상으로 παραδίδωμι가 등장하는 근방에 흔히 나타난다.[13] 바울

---

13 욥 2:6은 이 일반화에 대한 흥미롭고 중요한 예외를 제공한다. 왜냐하면 대부분의 주석가들이 동의하듯이, 하나님께서 욥을 사탄(칠십인역에서는 ὁ

의 편지들도 이 용례를 반영한다. 물론, 바울은 전통이나 지침을 전해 주는 상황에도 이 동사를 사용하기는 하지만(고전 11:2, 23; 15:3), 다른 여러 경우를 보면 παραδίδωμι가 다른 권세에게 넘겨주는 것과 연관되어 있다. 가장 주목할 만한 예는 고린도전서 5:5("이런 자를 사탄에게 내주었으니 이는 육신은 멸하고 영은 주 예수의 날에 구원을 받게 하려 함이라"[개역개정])에 나온다. 바울은 부친의 아내와 함께 사는 남자를 육신의 파괴를 위하여 사탄에게 넘겨야 한다고 지시한다. 이 본문의 해석은 어렵지만, 여기서 "넘겨주는 것"이 권리 포기를 가리킴은 분명해 보인다. 왜냐하면 바울서신에서 일관적으로 사탄은 하나님과 공동체의 대적으로 나타나기 때문이다(예: 롬 16:20; 고전 7:5; 고후 2:11; 11:14; 12:7; 살전 2:18; 참고: 딤전 1:20). 고린도 공동체는 그 범법자를 권세 있는 대적인 사탄에게로 넘겨주어야 한다. 고린도전서 15:24("그 때가 마지막입니다. 그 때에 그리스도께서 모든 통치와 모든 권위와 모든 권력을 폐하시고, 그 나라를 하나님 아버지께 넘겨드리실 것입니다"[새번역]) 역시 칠십인역의 일반적인 용례를 상기시킨다. 거기서 바울은 부활한 예수님께서 "모든 권위와 모든 권력"을 파괴하실 때(즉, 하나님을 대적한 세력들과의 충돌이 절정에 이른 때), 예수님께서 왕국을 하나님께 "넘겨주실" 바로 그때를 고대한다. 다른 여러 본문들은 예수님의 "넘겨지심"을 가리키는데(고전 11:23; 갈 2:20), 이는 충돌의 맥락 안에서 넘겨줌의 패턴을 추가적으로 암시한다. 바울의

διάβολος[호 디아볼로스]에게 넘기시지만 사탄은 대적이 아니라 오히려 신적인 것의 한 측면으로 나타나기 때문이다. 그러나 욥의 유언서(*Testament of Job*)는 이른 시기의 해석 전통에서부터 사탄의 행동을 적대적인 것으로 간주했음을 보여 준다.

이해에 따르면, 예수님의 죽음에 책임이 있는 이들은 바로 "이 시대의 통치자들"이기 때문이다(고전 2:8).[14]

그렇다면, 칠십인역 구약성경과 바울의 편지들 모두에서의 용례를 바탕으로 볼 때, παραδίδωμι는 충돌의 맥락에서 어떤 사람이나 어떤 것을 포기하고 넘겨주는 것을 가리킬 수 있다. 내가 제공한 여러 사례들은 인간의 삶에 대한 신적 심판의 상황에서 발생하기 때문에, 앞서 밝힌 셋째 선택지(법정적 해석)를 뒷받침한다고, 즉 παραδίδωμι의 사용은 부도덕과 우상숭배에 대한 신적 심판을 강화한다고 생각할 수 있다. 물론 심판의 의미가 배제되지는 말아야 하지만, 심판만으로는 이 본문의 내용을 제대로 다 설명할 수 없다. 먼저, 바울은 κατακρίνειν("심판하다")을 여기에서 사용하지 않는다. 비록 바울이 로마서 2:1("그러므로 남을 심판하는 사람이여, 그대가 누구이든지, 죄가 없다고 변명할 수 없습니다. 그대는 남을 심판하는 일로 결국 자기를 정죄하는 셈입니다. 남을 심판하는 그대도 똑같은 일을 하고 있기 때문입니다"[새번역])에서, 그리고 로마서 이후 부분에서(8:3, 34; 14:23) 그 단어를 사용하고 있지만 말이다. 더 중요한 것은, 앞서 언급했듯이 로마서 1장에서 παρέδωκεν αὐτοὺς ὁ θεός("하나님께서 그들을 넘겨주셨다")라는 절이 세 차례 반복되는 것은 그 사실의 중요성을 함축한다(롬 1:24, 26, 28).

이에 비견할 만한 반복 사례들이 바울의 편지들에 가끔씩 나타

---

14 고전 13:3과 고후 4:11을 논의에 끌어들일 수도 있을 것이다. 덧붙여, 나는 그 동사가 롬 4:25; 6:17; 8:32에 나온다는 점을 현재로서는 일부러 제쳐 두었다. 조금 후에 그 텍스트들로 돌아와 다시 이야기할 것이다.

난다. 바울은 고린도전서 6:9-10에서 잘못된 행실을 경고하는 가운데 κληρονομέω([클레로노메오], "상속하다")라는 동사를 두 차례 반복하고, 빌립보서 3:2에서는 βλέπετε([블레페테], "조심하라")라는 경고를 세 차례 반복한다. 로마서 1장을 이해하는 데 조금 더 도움을 주는 것은 갈라디아서를 시작하는 부분(갈 1:8-9)과 고린도후서를 시작하는 부분이다(고후 1:3-7). 갈라디아서 1:8-9에서 바울은 "다른 복음"을 선포하는 이들에 관해 두 차례 ἀνάθεμα ἔστω([아나테마 에스토], "그 사람은 저주를 받을지어다")라고 선언한다. 고린도후서 1:3-7에서는 παράκλησις([파라클레시스], "권면")와 παρακαλέω([파라칼레오], "권면하다")를 눈에 띄게 반복한다. 두 경우 모두 반복된 표현이 해당 편지의 중요한 이슈를 밝혀 준다.

내가 최대로 아는 선에서 말해 보면, 로마서 1장과 구문론적으로 가장 가까운 평행 본문은 고린도전서 1:27-28이다. 거기서 우리는 ἐκλέγομαι([에크레고마이], "선택하다")라는 동사가 하나님을 주어로 하여 세 차례 반복되는 것을 본다. 문자적으로 번역해 보면 다음과 같다.

> 세상의 미련한 것들을 택하셨다, 하나님이.
> 세상의 약한 것들을 택하셨다, 하나님이.
> 세상의 천하게 태어난 것들과 멸시받는 것들을 택하셨다, 하나님이.

로마서 1:24, 26, 28에서처럼, 여기 고린도전서 1:27-28의 각 항

목에서 그리스어 동사는 주어보다 앞서 나온다.[15]

τὰ μωρὰ τοῦ κόσμου ἐξελέξατο ὁ θεός
τὰ ἀσθενῆ τοῦ κόσμου ἐξελέξατο ὁ θεός
τὰ ἀγενῆ τοῦ κόσμου καὶ τὰ ἐξουθενημένα ἐξελέξατο ὁ θεός

고린도후서와 갈라디아서 시작 부분에서의 반복처럼, 이것 역시 해당 편지의 중요한 관심사를 암시한다. 인간의 지혜나 성취보다 하나님의 택하심이 절대적으로 앞선다는 것이다. 이와 비슷하게 중요한 신호가 로마서 1장에서도 감지된다. 하나님께서 인류를 넘겨주셨다는 것은 단순히 인간의 행동에 대한 응답이 아니라, 하나님께서 당신을 대적하는 세력들과 충돌하는 가운데 일어난 사건이다.

하나님께서 그들을 무엇에게 넘겨주셨는가?

로마서 1:24, 26, 28에 나오는 "하나님께서 그들을 넘겨주셨다"라고 반복되는 표현이 하나님께서 인류를 다른 행위자나 권세의 통제 아래로 넘기셨다는 점을 가리킬 가능성을 따짐으로써, 우리는 한 가지 새로운 질문을 마주하게 되었다. 하나님께서는 인류를 어떤 권세에게 넘겨주셨는가? 이 질문에 답하기 위해서는 세 절의 구

---

15 이 유사성은 Neil Richardson이 *Paul's Language about God* (JSNTSup 99; Sheffield: Sheffield Academic Press, 1994), 108에서 언급한 것이다.

조를 더 자세히 검토하는 일이 필요하다. 세 차례의 παρέδωκεν 사용 모두, 전치사 εἰς([에이스], "-에게로," "-안으로"의 의미)와 대격 명사로 이루어진 구가 뒤따른다. "부정결"에게로(롬 1:24), "명예롭지 못한 욕심들"에게로(롬 1:26), 그리고 "일그러진 정신"(롬 1:28)에게로 넘기셨다는 것이다.

롬 1:24 Διὸ παρέδωκεν αὐτοὺς ὁ θεὸς ··· εἰς ἀκαθαρσίαν

롬 1:26 Διὰ τοῦτο παρέδωκεν αὐτοὺς ὁ θεὸς εἰς πάθη ἀτιμίας

롬 1:28 παρέδωκεν αὐτοὺς ὁ θεὸς εἰς ἀδόκιμον νοῦν

이 진술들 중 첫 번째인 로마서 1:24은 παρέδωκεν이 나오는 절(clause)과 εἰς가 이끄는 구(phrase) 사이에 ἐν ταῖς ἐπιθυμίαις τῶν καρδιῶν αὐτῶν ([엔 타이스 에피튀미아이스 톤 카르디온 아우톤], "그들 마음의 정욕으로")이라는 구를 끼워 넣었다. 이 구문은 인류가 넘겨진 대상을 가리키거나 넘겨짐의 상황을 가리키는 것처럼(NRSV 번역이 그것을 암시한다) 번역되고 이해될 수 있다. 그리고 칠십인역 구약성경은 때로 παραδίδωμι를 εἰς(에이스)보다는 ἐν(엔)이라는 전치사와 함께 사용한다. 물론 그러한 경우 ἐν은 흔히 누군가의 "손(들)"이라는 말과 함께 나오지만 말이다(예를 들어, 수 2:24; 10:35; 삿 2:23). 더 나아가, 바울은 다른 곳에서는 παραδίδωμι 뒤에 ἐν이 뒤따르는 형태를 쓰지 않는다. 24

절에서 ἐν 구문은 인과관계를 지칭하는 것으로 이해하는 편이 낫다.[16] 하나님께서 그들을 넘겨주신 것은 그들 마음의 정욕들, 곧 앞선 20-23절에 묘사된 정욕들 때문이다.[17]

만약 이 ἐν 구문이 인과적으로 이해된다면, 세 번의 εἰς 절들은 인류가 넘겨진 행위자(들)를 밝혀 주는 것으로 여겨질 수 있다. 이 때 세 가지 행위자들은 각각 ἀκαθαρσία("부정결"), πάθη ἀτιμίας("명예롭지 못한 욕심들"), 그리고 ἀδόκιμος νοῦς("일그러진 정신")이다. 얼핏 보면, 이것들은 행위자들의 이름이나 묘사라기보다는 특정한 행동 양식들, 곧 인간 존재, 행동, 생각, 태도의 측면들로 보이기도 한다. 다른 말로 하면, 그것들은 인간에게 내재하는 특성들처럼 보인다. 그러나 로마서에서 이후에 나오는 본문들은 바울이 그 세 가지를 권세들로서 이해하고 있다는 가능성을 열어 준다. 첫째 용어인 ἀκαθαρσία([아카타르시아], "부정결")는 로마서에서 1:24을 제외하면 6:19에 단 한 차례만 더 나온다. 6:19은 로마서의 청중이 과거에 "자신들의 지체들을 부정결에게 노예로 주었음"을 상기시킨다. 그때 "그들은 죄의 노예들이었다"(롬 6:20). 여기서 "부정결"은 죄의 권세 자체에 대해 말하는 한 가지 다른 방식을 제공하는 것이다. 이와 비슷하게, 공관복음 전통은 "부정결"을 악한 영들과 관련시킨다(예: 막 1:23, 26, 27; 눅 8:29; 마

---

16 또한 BDAG, 329; MM, 210; H. A. A. Kennedy, "Two Exegetical Notes on St. Paul," *ExpTim* 28 (1916-17): 322-23을 보라.

17 "정욕"과 예체르 하라 사이의 관계에 대해서는 Joel Marcus, "The Evil Inclination in the Letters of Paul," *IBS* 8 (1986): 8-21; and Martyn, *Galatians*, 291-92, 528-29을 보라.

12:43).[18]

둘째 용어인 πάθος([파토스], "열정/욕심")는 여기를 제외하고 로마서 다른 곳에서는 나오지 않는다. 하지만 그와 가깝게 연결된 표현인 로마서 7:5의 τὰ παθήματα τῶν ἁμαρτιῶν(타 파테마타 톤 하마르티온)이 동사 ἐνεργεῖσθαι(에네르게이스타이)의 주어로 나타나며, 율법을 통해 사망을 야기하는 죄된 욕심들을 가리킨다. 셋째 용어인 ἀδόκιμος νοῦς([아도키모스 누스], "일그러진 정신") 역시 로마서의 다른 곳에서는 나타나지 않지만, 기능적으로 동등한 표현이 로마서 8:6-7에서 육신의 "생각"을 가리킨다. 육신의 생각은 사망이며 하나님과 대적한다. 그렇다면, 이 모든 용어들은 인류가 하나님을 대항하는 행위자들에게 노예가 되었음을 염두에 두고 있는 것이다. "부정결", "명예롭지 못한 욕심들", 그리고 "일그러진 정신"은 제유(synecdoche)의 사례들이다. 그것들은 하나님을 반대하는 권세들(anti-God powers), 특히 죄의 권세(power of Sin)를 가리킨다. 인간들이 하나님을 인정하기를 거부하였기 때문에, 하나님께서는 인류를 다른 권세자에게, 곧 죄의 권세에게 넘겨주셨다(이는 잠시 동안 인류를 그 권세에게 양보한 것이다).

이러한 입장은 법정적 해석을 상당한 수준으로 재작업한 것이다. 또한 하나님께서 인류가 원하는 것을 다 행하도록 단순히 허용하셨다는 해석이나 혹은 하나님께서 인류를 유기하셨다는 해석에

---

18 나는 이 점을 일찍이 내게 제안해 준 David Downs에게 감사의 마음을 표한다. Todd Klutz, *The Exorcism Stories in Luke–Acts* (SNTSMS 129; Cambridge: Cambridge University Press, 2004), 125-37에 나오는 부정결과 마귀적인 것에 대한 논의를 보라.

비해, 바울서신에 나오는 요소들에 더 잘 들어맞는 해석이다. 그 두 가지 해석은 이 '넘겨주심'을 자연스러운 과정으로 설명한다. 예를 들어, C. H. 다드(Dodd)는 이렇게 말했다.

> 이 본문 가운데서, 사회 속 악의 재앙적 진행은 하나님의 직접적 행동이 아니라, 원인과 결과의 자연스러운 과정으로 제시된다 … 사람들이 하나님을 경배하기를 거부하고 악의 세력 아래 놓이게 된 것은 그들 자신의 행동으로 인해서다.[19]

이와 유사하게, 무울(Moule)은 이 본문의 특징을 "자연스러운 과정이 수행되는 것"으로 설명한다.[20] 이러한 견해에 따르면, 하나님께서는 그 사건에서 기이하게도 부재하신다. 하지만 하나님의 부재는 바울의 사상, 특히 로마서에서의 바울의 사상과 조화를 이루기 어려운 개념이다.[21] 오히려, 바울은 인간들이 항상 어떤 종류의 권세의 손에 붙잡혀(하나님에게 붙잡혀 있든, 혹은 하나님을 대적하는 권세에게 붙잡혀 있든) 살고 있다고 이해한다.[22] 로마서 6장은 "죄의 영역에 사는 것"과

---

19 Dodd, *Romans*, 29.
20 H. C. G. Moule, *The Epistle to the Romans* (Cambridge Bible; London: Pickering & Inglis, n.d.), 49.
21 Douglas Moo, *Romans* (NICNT; Grand Rapids: Eerdmans, 1996), 111 [= 『NICNT 로마서』(솔로몬, 2011)]을 보라.
22 Ernst Käsemann은 "Primitive Christian Apocalyptic," in *New Testament Questions of Today* (Philadelphia: Fortress, 1969), 136에서 이렇게 썼다. "바울에게 인간은 결코 단독으로 존재하지 않는다. 인간은 언제나 세상의 한 조각

"그리스도 예수의 영역 안으로" 세례 받은 것(롬 6:1-3) 사이의 대조를 통해 이러한 이해 방식에 대한 명확한 관점을 제공한다. 바울의 이해에 따르면, 사람들은 언제나 무엇인가에 노예가 되어 있으며(의의 노예가 되거나, 혹은 죄의 노예가 됨), 그에 따라 항상 그 반대편의 무엇인가로부터 풀려나 있는 상태다(의로부터 풀려나 있거나[즉, 죄의 노예임], 혹은 죄로부터 풀려나 있거나[즉, 의의 노예임], 롬 6:12-23).

분명 바울은 "하나님을 대적하는 권세들"이라는 구문을 어디에서도 사용하지 않는다. 이 약어적 표현은 하나님에게 인간 외의 다른 대적들도 있음을 드러내는 바울의 다양한 표현 방식에 우리의 관심을 집중시킨다.[23] 이미 언급했듯이, 바울은 자주 사탄을 언급한다. 고린도전서 2장에서 바울은 "이 시대의 통치자들"에 대해 언급한다. 그들은 예수님의 십자가형에 대한 책임이 있다(고전 2:6, 8; 또한 고후 4:4에 나오는 "이 세상의 신"을 보라). 또 다른 곳에서 바울은 "신들이 아니라 마귀들에게" 드려진 제사들을 언급하고(고전 10:20), 하나님이 아닌 것들에게 묶인 노예 상태에 대해 말한다(갈 4:8; 그리고 또한 고전 8:5을

이며, 따라서 궁극적으로 그가 무엇이 되는지는 외부로부터 결정된다. 즉, 그를 사로잡아 소유로 만드는 권세에 의해, 그리고 그가 자신을 그 주권 아래 복종시키는 대상에 의해 결정되는 것이다."

23 이 점에 있어서 다음의 중요한 연구를 보라. Martinus C. de Boer, *The Defeat of Death: Apocalyptic Eschatology in 1 Corinthians 15 and Romans 5* (JSNTSup 22; Sheffield: JSOT Press, 1988); idem, "Paul and Apocalyptic Eschatology," *The Origins of Apocalypticism in Judaism and Christianity* (ed. John J. Collins; vol. 1 of *The Encyclopedia of Apocalypticism*; New York: Continuum, 1998), 345-83.

보라). 고린도전서 15장의 논증은 하나님께서 마침내 격퇴하셔야 할 대적들(그 가운데 으뜸은 사망 그 자체이다; 고전 15:26, 54-57)이 실제로 존재한다는 어떤 구체적인 개념이 없다면, 말이 되지 않는 논증이다. 로마서 8장 결론부의 문장들은 실제로 이 권세들을 열거하는데, 바울은 이 권세들 중 어떤 것도 우리를 하나님의 사랑으로부터 끊을 수 없다고 확언한다. 그리고 그 확언은 그 권세들이 실제로 그렇게 하고자 시도하고 있음을 암시한다. 권세들은 인류의 참된 주님으로부터 인류를 분리시키려는 의도를 가지고, 하나님을 대적하는 자리에 위치한다.[24] 하지만 에녹1서의 저자와는 달리, 바울은 하나님을 대적하는 권세들의 기원에 대해서는 추측하지 않는다. 또한 바울은 그 권세들이 하나님과 어떤 관계에 있는지 체계적으로 설명하는 데 관심을 두지 않는다. 다만, 바울이 볼 때 그 권세들의 실재와 우주적 차원에

---

24 Dunn은 (1) 바울이 "천상의 권세들"에 대해 그다지 말하지 않으며, (2) 롬 8:38-39과 고전 15:24에 언급된 것들은 마치 그럴 듯한 효과를 위해 추가된 것처럼 보이고, (3) 바울은 "이 천상의 권세들에 대해 매우 강한, 혹은 적어도 매우 분명한 믿음"을 가지고 있지 않았다고 논평한다(*Theology of Paul the Apostle*, 109). 나는 Dunn의 말을 도무지 이해하지 못하겠다. Dunn과 비슷한 입장은 Wesley Carr, *Angels and Principalities: The Background, Meaning and Development of the Pauline Phrase hai archai kai hai exousiai* (SNTSMS 42; Cambridge; Cambridge University Press, 1981)에 주장된 바 있다. 이러한 입장에 반대하는 중요한 논증으로는 G. H. C. MacGregor, "Principalities and Powers: The Cosmic Background of Paul's Thought," *NTS* 1 (1954-55): 17-28; and G. B. Caird, *Principalities and Powers: A Study in Pauline Theology* (Oxford: Clarendon, 1956)를 보라.

서의 중요성은 분명하다.[25] 그리고 하나님을 대적하는 권세들의 존재는 바울이 로마서 1장에서 하나님께서 인류를 "넘겨주셨다"고 반복해서 말하는 내용, 그 밑바닥에 깔려 있다.

로마서의 더 큰 규모의 드라마에서 하나님의 포기하심

이제 로마서 1:24, 26, 28과 관련된 이 논증이 로마서의 나머지 부분을 읽는 데 있어서 어떤 함의를 갖는지에 대하여 눈을 돌리면서, 두 가지를 언급하려 한다(두 가지 모두 다음 장에서 재차 다룰 것이다). 하나는 로마서에 반영된, 바울의 죄 이해와 관련되어 있고, 다른 하나는 로마서의 우주적·묵시적 관점과 관련된다.

첫 번째로, 바울이 죄를 어떻게 이해하는지에 관한 문제다. 적어도 마르틴 디벨리우스(Martin Dibelius)의 저술 이래로, 바울의 편지들에서 위반으로서의 죄(자유로운 선택의 맥락에서 일어나는 개인의 행동)와 외적 힘으로서의 죄(인류를 사로잡고 있는 힘) 사이를 구분하는 것이 일반적이 되었다.[26] 전자는 로마서 1-3장과 가장 가까이 연결되고, 후자는 로마서 5-7장과 연결된다. 일부 해석자들에게 바울의 죄 이해는 "모호하다." 이를테면, J. 크리스티안 베커(Christiaan Beker)는 바울이 로마서 1-2장 속 죄의 "과오에 대한 책임" 개념으로부터, 로마서 5:12-19 속

---

25 이 점은 훌륭한 소논문인 MacGregor, "Principalities and Powers"에서 날카롭게 주장되었다.
26 Martin Dibelius, *Geisterwelt im Glauben des Paulus* (Göttingen: Vandenhoeck & Ruprecht, 1909), 119-24.

죄의 "희생자"로서의 인간 개념으로 움직인다고 묘사했다.[27] 다른 해석자들, 특히 헤이키 레이제넨(Heikki Räisänen)과 E. P. 샌더스(Sanders)는, 바울이 죄를 다루는 방식(특히 롬 1:18-3:20에서)은 그저 일관성이나 통일성이 없다고 여겼다.[28]

최근에는 바울을 연구하는 이들 중 몇몇이 다음과 같이 주장을 펼침으로써 이 문제를 해결하고자 했다. 곧 바울이 죄를 하나의 권세로 의인화한 것은 단순히 은유일 뿐이며, 바울이 "실제로" 의미한 것은 단지 사람들에게 선택권이 주어졌으며 사람들은 일상적으로 늘 실수를 한다는 사실이다. 로마서 6장의 구조에 대한 연구에서 브루스 N. 케이(Bruce N. Kaye)는 바울이 죄에 대한 표현을 로마서 안의 논증적 맥락에 따라 다양하게 사용하지만, 죄의 "기본적 개념"은 로마서 전체에 일관적으로 남아 있다고 주장했다. 그에 따르면 죄는 "죄된 행위," 혹은 "그러한 행위의 결과로 일어나는 죄책"이다.[29] 바울 및 그와 동시대 문헌에 나오는 의인화에 대한 연구를 통해 귄터 뢰저(Günter Röhser)는 보통 바울이 가리키는 것은 인간 너머의 권세가 아니라 인간의 행동이라는 비슷한 결론에 도달했다.[30] 그와 동일선

---

27 J. Christiaan Beker, *Paul the Apostle* (Philadelphia: Fortress, 1980), 215.
28 Heikki Räisänen, *Paul and the Law* (WUNT 29; Tübingen: J. C. B. Mohr, 1983), 97-101; E. P. Sanders, *Paul, the Law, and the Jewish People* (Philadelphia: Fortress, 1983), 125
29 Bruce N. Kaye, *The Thought Structure of Romans with Special Reference to Chapter 6* (Austin, TX: Scholars Press, 1979), 56.
30 Günter Röhser, *Metaphorik und Personifikation der Sünde* (WUNT 2.25; Tübingen: J. C. B. Mohr, 1987).

상에서, 스탠리 스타워스(Stanley Stowers)와 트롤스 엥그버그-페데슨(Troels Engberg-Pedersen)은 로마서 전체에서 죄를 잘못된 행실이나 잘못된 방향성의 개념으로 축소시켰다.[31]

나의 경우 죄(Sin)를 하나의 권세(power)로서 통합적으로 이해해야 한다고 제안함으로써, 전통적인 견해와 최근의 견해 모두를 거스른다. 로마서 1:18-32에 관한 지배적인 해석은 바울이 이 지점에서 아직 죄를 의인화하지 않는다는 점에 주의를 기울인다. 사실, ἁμαρτία(하마르티아)나 그것의 동족어는 이 본문에 나타나지 않는다. 이 본문에 관한 나의 해석 방식은, 하마르티아라는 단어의 유무보다 파레도켄(παρέδωκεν) 절("하나님께서 그들을 넘겨주셨다")과 그 절이 나타내는 충돌에 더 큰 강조점을 두는 것이다. 그로써 1:18-32 본문을 로마서의 나머지 부분과 더 가깝게 만드는 것이다. 바울이 로마서 1장에서 하나님이 인류를 "부정결", "부끄러운 정욕들", 그리고 "일그러진 정신"에 "넘겨주셨다"라고 세 차례 말할 때, 그 넘겨줌은 인류를 죄의 권세(power of Sin) 아래 두는 것이다. 물론 1:18-32에도 인간의 행동이 나온다(롬 5장에 아담의 행동이 나오고, 5:12에 "모든 사람"의 행동이 나오는 것처럼). 하지만 인간의 행동과 신적 행동의 결합은 흔히 생각하는 것만

---

31 Stowers, *Rereading Romans*, 176-89; Troels Engberg-Pedersen, *Paul and the Stoics* (Louisville: Westminster John Knox, 2000), 200-216. T. L. Carter의 최근 책인 *Paul and the Power of Sin: Redefining 'Beyond the Pale'* (SNTSMS 115; Cambridge: Cambridge University Press, 2002)은 바울이 죄를 다루는 것을, 이방인 신자들과 관련된 특정한 사회적 정황에 대한 응답으로 해석하려 한다.

큰 낯선 개념이 아니다. 누가-행전의 유비를 들자면, 누가는 예수님의 죽음이 하나님의 계획의 일부(예: 행 2:23; 3:14-15)라는 점과 예루살렘 유대인들이 예수님을 십자가에 못 박게 했다는 것(예: 눅 24:46-47; 행 2:23; 3:14-15)을 동시에 말하는 데에 아무런 문제가 없었다.

로마서 11:32이 이와 같은 "하나님께서 그들을 넘겨주셨다"의 해석을 확증해 주는 것 같다. 로마서 11:32에서 바울은 "하나님께서 모두를 불순종에 가두어 두신 것은, 모두에게 자비를 베푸시려는 것이다"라고 말한다.³² "모두"를 가두어 둔 행동의 주체를 하나님으로 여기는 것은 로마서 1:18-32의 시나리오를 가리키는 간략한 표지다. 또한 그것은 하나님의 "넘겨줌"의 목표를 설명해 준다. 즉, 하나님께서 하나님을 대적하는 세력들에게 인류를 잠시 넘겨준 것은, 처벌을 위해서가 아니라 자비 때문이다.³³

넘겨줌과 그 넘겨진 상태에서의 해방, 모두는 로마서의 여러 중요한 지점에서 표면에 드러난다. 로마서 3:24("그리스도 예수 안에 있는 속량으로 말미암아 하나님의 은혜로 값 없이 의롭다 하심을 얻은 자 되었느니라"[개역개정])

---

32 Richardson도 이 연결점을 언급한다(*Paul's Language about God*, 258).

33 롬 1:18-32과 11:32 사이의 연결은 Richardson, *Paul's Language about God*, 87에도 언급되어 있다. 또한 인류를 "넘겨주는 것"은 6:17에 긍정적으로 나타난다는 점을 주목하라("너희가 전에는 죄의 노예들이었으나, **너희가 넘겨진 (to which you were handed over) 가르침의 형태를 마음으로 순종했으므로**, 하나님께 감사하노라"). 이 진술은 바울이 인류를 단독으로 선 존재, 복음에 관해 자유롭게 선택할 수 있는 존재로 상상하지 않았다는 주장을 보강한다. 죄(Sin)의 옛 노예들은 다시금 하나님에 의해, 새로운 가르침으로 "넘겨졌다"(그들은 그 가르침에 순종해야 한다).

에서 바울은 1:16-17에서 공언했던 하나님의 의를 선포하는 자리로 돌아와서, "예수 그리스도 안에 있는 속량"을 통한 하나님의 은혜에 대해 이야기한다. 속량의 언어는 하나님을 대적하는 권세들에게 한때 "넘겨졌던" 인류를 이제 하나님께서 다시 값을 지불하고 사들이셨다는 것을 암시한다.³⁴ 이와 유사하게 로마서 8:3에서 하나님께서 예수님을 보내시면서 "그 육신 가운데 죄를 정죄하셨다"라고 주장하는 것은, 단지 도덕적인 반대나 반감의 의미에서 하나님의 정죄를 말하는 게 아니다. 하나님께서 권세로서의 죄(Sin)를 실제로 격퇴하셨다는 의미이다. 로마서 8:32에서 바울이 "하나님께서 자신의 아들을 아끼지 않으시고 오히려 우리 모두를 위해 넘겨주셨다(παρέδωκεν)"(또한 롬 4:25 및 칠십인역 사 53:12을 보라)라고 진술할 때, '넘겨주다'의 개념이 명시적으로 다시 나타난다.³⁵ 바울에게 있어서, 하나님을 대적하는 권세들에게 인류가 "넘겨진" 것은 십자가에 이르러 되돌려진다. 왜냐하면 십자가에서 "하나님은 자신의 아들을 넘겨주셨고"(롬 8:31-32), 이는 하나님을 대적하는 권세들의 승리를 나타내는 게 아니라 도리어 그들의 정체를 폭로하며 그들의 패배를 나타내는 신호이기 때문이다.³⁶

---

34 Charles B. Cousar, *A Theology of the Cross: The Death of Jesus in the Pauline Letters* (OBT; Minneapolis: Fortress, 1990), 56-66.
35 1:24, 26, 28과 8:32의 παρέδωκεν 사이의 유사성은 Richardson, *Paul's Language about God*, 258에도 언급되어 있다.
36 G. H. C. MacGregor의 언급은 적절하다. 바울은 "그 패배를 십자가를 통해 그리스도 안에서 하나님께서 이미 성취하신 일로서 돌아본다. 거기서 그 권세들은 오직 우주적 속량으로만 여겨질 수 있는 것 안에서 단 한 번에 영원

앞서 언급했듯이, 하나님을 대적하는 권세들에게 예수 그리스도를 넘겨주신 것은 그 권세들의 패퇴와 인간의 속량을 위해서였다. 이를 토대로 우리는 로마서의 우주적·묵시적 특성에 이르게 된다. 이러한 해석 방향은 바울이 흔히 생각하는 것보다 더 일관성이 있음을 확증하거나, 혹은 바울이 죄에 대해 더 철저한 시각을 가지고 있음을 확증하는 것을 넘어선다. 지금 중요한 성패가 달린 더 큰 이슈는 로마서의 묵시적 특성을 되찾는 일이다. 그 특성은 로마서 1장에서, παρέδωκεν("넘겨주었다")의 반복에서뿐만 아니라, 또한 1:17-18("복음에는 하나님의 의가 나타나서 믿음으로 믿음에 이르게 하나니 기록된 바 오직 의인은 믿음으로 말미암아 살리라 함과 같으니라 하나님의 진노가 불의로 진리를 막는 사람들의 모든 경건하지 않음과 불의에 대하여 하늘로부터 나타나나니"[개역개정])에서 반복되는 ἀποκαλύπτεται([아포칼륍테타이], "묵시적으로 계시되고 있다")를 통해 이미 암시되어 있다. 어쩌면 ἐν δυνάμει([엔 뒤나메이], "능력으로", "능력 있게")라는 표현과 더불어 이미 1:4("성결의 영으로는 죽은 자들 가운데서 부활하사 능력으로 하나님의 아들로 선포되셨으니 곧 우리 주 예수 그리스도시니라"[개역개정])에 암시되어 있었다고 할 수 있다. 만약 이것이 사실이라면, 우리는 묵시가 로마서 내내 중요한 부분을 차지할 수도 있다는 가능성을 주의 깊게 따져 보아야 한다. 로마서의 묵시적 특성은 에른스트 케제만(Ernst Käsemann)과 J. 크리스티안 베커(Christiaan Beker)가 열정적으로 주창했고, 찰스 B. 카우저(Charles B. Cousar)와 마르티너스 드 보어(Martinus

---

히 패배하여 쫓겨났다"("Principalities and Powers," 28).

de Boer)의 저작들을 통해 발전되었지만[37] 근래에는 좀 소홀히 여겨지고 있다. 주요 학자들은 로마서와 이스라엘의 이야기 사이의 연속성을 강조했고, 그런 작업 때문에 로마서의 묵시적 특성이 자주 가려졌다. 그러나 이전 세대의 학자들이 로마서는 개인이 하나님 앞에서 얻는 지위 그 이상의 것을 이야기한다고 지적한 것이 옳았다면, 이제는 또한 로마서가 이스라엘을 향한 하나님의 언약적 신실함 그 *이상*의 것임을 주장할 때다. 로마서는 그 지평과 함의에 있어서 우주적 충돌의 맥락 가운데 이스라엘 백성 및 이스라엘이 아닌 사람들 모두를 위치시킨다. 하나님께서는 예수 그리스도의 죽음과 부활 안에서 "넘겨줌"의 때, 곧 모든 이를 죄에 가두어 놓은 때가 이미 지나갔음을 알리셨다. 세상을 하나님 자신의 것으로 되찾으시는 이 결정적인 행동 가운데서 하나님께서는 죄를 정죄하셨을 뿐 아니라(롬 8:3) 하나님을 대적하는 모든 권세들을 정죄하셨다(롬 8:31-39).

---

37   Cousar, *A Theology of the Cross*; de Boer, *The Defeat of Death*.

9장 로마서에 나타나는 죄의 우주적 권세

바울, 우리 어머니

9장 로마서에 나타나는 죄의 우주적 권세

> 세상 안에서 악의 실재를 한결같이 염두에 두며 승리의 개가로 그 악에 맞서서 나갈 수 있는 가르침을 제외하고는, 그 어떤 형태의 기독교적 가르침에도 미래가 없다.
>
> 구스타프 아울렌(Gustaf Aulén)[1]

"여기 그리스도 교회(Christ Church)에서, 우리는 죄가 없습니다." 이 놀랄 만한 문장은 내가 아는 한 목사가 현재 사역하는 곳에서 들은 말이다. 그 문장이 정확히 무슨 의도로 표현된 것인지는 모호하지만, 오늘날 그리스도인들이 죄에 관해 언급하는 것을 불편해한다는 점은 알 수 있다(적어도 죄가 자신들과 관련될 때). 어떤 친구는, 자신이

---

[1] 이 진술은 Gustaf Aulén의 *Christus Victor* (London: SPCK, 1931) [=『승리자 그리스도』(도서출판 100, 2025)]의 마지막 문단에서 가져온 것이다. Aulén이 그 승리를 하나님께서 성취하시는 것으로 이해한다는 점은 문맥으로부터 분명히 드러난다.

구원을 필요로 하는 "비참한 죄인(wretch)"인 적이 한 번도 없었기 때문에 "나 같은 죄인 살리신"을 부를 수 없다고 말했다. 더 "긍정적인" 예배 경험을 찾는 회중들은 사람들이 죄에 대해 생각하는 것을 선호하지 않는다는 것을 핑계로 죄의 고백을 휴지통에 던져 버린다.

이 일화들에 나오는 사람들은 로마의 그리스도인들에게 보낸 바울의 편지(로마서)를 분명 불편하게 여길 것이다. 신약성경의 다른 어떤 곳보다도 로마서에는 죄에 대한 표현이 넘쳐 난다.[2] 하마르티아(ἁμαρτία, "죄")라는 명사 및 그것과 연결된 단어들("죄인", "죄를 짓다", "죄된")은 바울의 진정서신에서 81차례 나오는데, 그중 60회가 로마서에 나온다. 로마서 5-8장만 놓고 보아도, 하마르티아는 42회나 나온다. 종종 하마르티아는 동사의 주어로 사용되기 때문에 특별한 강조점을 갖기도 한다. 이를테면, 죄가 "세상에 들어왔고"(롬 5:12), 죄가 "증가했으며"(롬 5:20), 죄가 "지배력을 행사했고"(롬 5:21; 참고: 6:12, 14), 죄가 무엇인가를 "낳으며"(롬 7:8), 죄가 "되살아나고"(롬 7:9), 죄가 "거한다"(롬 7:17, 20). 이처럼 죄가 로마서에서 중요한 역할을 한다는 점은 분명하다.

이 현저한 언어적 증거를 고려하면, 최근의 학문적 저작들이 바울의 죄 이해에 대한 논의를 꺼린다는 점이 다소 놀랍게 다가올 수

---

2 그러나 훨씬 더 짧은 서신인 요한1서에서 그 단어군이 비율상으로는 더 많이 나타난다는 점을 주목하라. 요한1서는 하마르티아 및 동족어를 다 합쳐서 27회나 사용한다.

도 있다. 스탠리 스타워스(Stanley Stowers)의 『로마서 다시 읽기』(*A Rereading of Romans*)의 관심사는 로마서가 보편적 죄성에 대한 이해를 담고 있다는 생각을 약화시키는 데 있다. 스타워스의 주장에 따르면, 로마서 1:18-3:26의 논점은 먼저 이방인들의 쇠락과 타락을 보여 준 후, 예수 그리스도가 이방인들의 죄 문제를 위한 하나님의 해결책이라는 점을 입증하려는 것이다. 로마서는 이방 세계가 하나님의 심판 아래에 서 있음을 확언하지만, 그럼에도 죄에 대한 활발한 논증은 발견할 수 없다는 것이다. "바울은 모든 인간들이 죄를 짓는다고 믿지만, 그다지 **심각한 의미를** 부여한 것은 아니다. 그것은 '모든 이들이 불의하며, 모든 이들이 이해하지 못하고, 모든 이들이 하나님을 찾지 못하며, 모든 이들이 등을 돌렸고, 단 한 사람도 하나님을 두려워하지 않는다'(롬 3:10)고 말하는 것과는 거리가 멀다."[3] 트롤스 엥그버그-페데슨(Troels Engberg-Pedersen)은 그의 최근작인 『바울과 스토아 철학자들』(*Paul and the Stoics*)에서 비슷한 이야기를 한다. 엥그버그-페데슨의 주장에 따르면, 바울이 로마서 3:9에서 "모든 이들이 죄 아래 있다"라고 단언할 때, 모든 이들이 "반드시 '죄를 짓는다'거나, 끊임없이 혹은 적어도 정기적으로 죄를 짓는 죄인이다"라고 의

---

[3] Stanley Stowers, *A Rereading of Romans: Justice, Jews, and Gentiles* (New Haven: Yale University Press, 1994), 184(강조 표시는 나의 것이다). 인용문에서 이방인에 대한 초점은 의도적이다. Stowers는 대체로 Lloyd Gaston과 John Gager가 발전시킨 해석의 흐름을 따른다. 그는 이스라엘이 율법과 언약을 통해 계속해서 하나님과 관계를 맺는 반면, 이방인들은 복음을 통해 구원을 받을 필요가 있다고 주장한다. 그 책을 통찰력 있게 리뷰한 Richard Hays, *CRBR* 9 (1996): 27-44; and John Barclay, *JBL* 115 (1996): 365-68을 보라.

미한 것이 아니다. 대신, "죄 아래 있다"라는 말은 "죄를 지을 **위험성**을 떠안다, 실제적인 죄들을 저지를 위험성을 떠안다"를 의미할 뿐이다.[4]

이러한 논평들의 한 가지 목적은 바울의 편지들을 너무도 쉽게 유대인 및 유대교(Judaism)에 대한 합당한 고발로 해석해 왔던 이전의 학자들의 주장에 정당하게 맞서는 데 있다.[5] 그러나 이웃에 대해 잘못된 증언을 하지 않으려는 정당한 의도가 있다 하더라도, 바울의 편지들에 나타나는 분명한 특징을 진지하게 받아들이지 않을 이유가 없다. 바울의 죄 이해에 대한 탄탄한 설명을 제시하지 않는 로마서에 관한 논의는 결코 제대로 작동할 수가 없다.

로마서 읽기: 와이드스크린(wide-screen) 대 팬앤스캔(pan and scan)

신중한 학자들의 논의와, 이 장의 첫 문단에서 언급한 일화들을 비교하는 것은 양쪽 모두의 특성을 왜곡시키기는 하지만, 그럼에도

---

4 Troels Engberg-Pedersen, *Paul and the Stoics* (Louisville: Westminster John Knox, 2000), 207(강조 표시는 원저자의 것). 그 책에 대한 중요한 리뷰인 J. Louis Martyn in *JSNT* 86 (2002): 61-102을 보라.

5 우리는 초기의 주석가들을 주의 깊게 읽을 필요가 있다. C. E. B. Cranfield가 하나의 예시를 제공해 준다. 그는 롬 2장에 나오는 악한 일들과 관련하여 바울이 "동시대 모든 유대인들이 유죄"임을 암시하고 있다고 말했다. 그러나 Cranfield의 바로 다음 문장은 이렇다. "물론 바울 시대의 많은 유대인들은 일반적인 의미에서 도둑질이나 간통, 성전털이(혹은 신성모독)의 죄를 짓지 않았다는 점은 분명하다"(*The Epistle to the Romans* [2 vols.; ICC; Edinburgh: T&T Clark, 1975, 1979], 1:168).

그 둘을 연결시켜 주는 한 가지 공통점이 있다. 양쪽 모두, 죄에 관해 이야기할 때, 죄를 인간의 활동 혹은 인간 경험의 한 특징으로만 간주한다는 점이다. 그리스도 교회에는 죄가 없다고 주장했던 교회 구성원은 회중이 상대적으로 건강하다는 점을 언급한 것이다. "나 같은 죄인 살리신"을 부르는 것이나 죄의 고백을 위한 공동 기도를 불쾌하게 느낀 이들은, 죄라는 것을 개인이나 혹은 집단이 저지르거나 저지르지 않을 수 있는 어떤 종류의 행동으로 여기기 때문에 그렇게 느낀 것이다. 스탠리 스타워스는 로마서가 보편적 죄성을 나타낸다는 이해를 토대로 그려 낸 인간의 조건에 대한 초상은 모세와 히틀러를 제대로 구분해 내지 못한다고 불평한다.[6] 스타워스의 불평을 추동한 것은 죄가 하나의 행동이라는 가정, 곧 아돌프 히틀러의 활동에서는 소름 끼치도록 발견되지만 모세의 활동에서는 한없이 적게 발견되는 종류의 행동이라는 가정이다.

이 모든 것은 퍽 자명해 보인다. 그러나 바울이 죄에 관해 언급할 때는 인간의 행위 곧 잘못된 행동이나 빠뜨린 행동으로서의 죄, 혹은 왜곡된 생각이나 계획으로서의 죄만을 가리키지 않는다는 사실을 깨닫게 되면, 자명함은 사라지고 어려움이 떠오른다. 우리가 앞에서 이미 언급했듯이, 죄(sin)는 죄(Sin)다. 즉, 소문자(sin)로 나타나는 위반, 인간의 성향이나 인간 본성의 결함이 아니라, 인류를 노예로 사로잡고 하나님을 대항하는 대문자(Sin)로서의 권세(Power)인 것이다. 여기서, 대문자 죄는 하나님을 대적하는 권세들 중 하나이며,

---

6 Stowers, *Rereading Romans*, 176.

예수 그리스도의 부활은 그 권세의 패배를 개시하고 또한 그 패배를 보장한다.[7] 로마서에서 바울의 언어를 이해하기 위해서는 그와 같이 우주적 전투를 보여주는 더 큰 그림이 필요하지만, 그런 더 큰 그림은 최근의 논의들 가운데 대부분 빠져 있다.[8]

영화의 세계에서 끌어온 실례가 도움이 될 것이다. 영화 애호가들의 주된 불평 중 하나는, 영화들이 텔레비전에서 상영되거나 비디오 테이프 형태로 옮겨질 때, 팬앤스캔(pan-and-scan) 편집을 거친다는 점이다. 팬앤스캔 편집은 필름의 양옆 가장자리를 잘라 내서, 영화관의 와이드스크린(widescreen)과 대부분의 가정집에 있는 박스 모양 텔레비전 사이의 비율상 불일치를 해소한다. 레터박스 에디션(좌우로 긴 와이드스크린 화면 비율을 그대로 유지하기 위해 검은 막대를 화면 상하에 추가한 버전 - 역자주)의 검은 막대 영역을 싫어하고 텔레비전 화면 전체가 영화 장면으로 가득 차기를 원하는 사람들에게는 팬앤스캔이 만족스러울 수 있겠지만, 사실상 팬앤스캔 에디션은 영화제작자가 작업한 결과물을 왜곡시킨다. 예를 들어, 화면에 보이는 배우들의 숫자가 팬앤스캔에서는 상당히 줄어들 수 있고, 시야에 들어오는 배우들의

---

7   바울의 사고 속에서 하나님을 대적하는 권세들 및 그 역할에 대해서는 J. Louis Martyn, *Galatians* (AB 33A; New York: Doubleday, 1997), 370-73을 보라.
8   묵시 신학(apocalyptic theology)의 맥락에서 로마서를 해석한 유명한 초기 옹호자들은 Ernst Käsemann (*Commentary on Romans* [Grand Rapids: Eerdmans, 1980])와 J. Christiaan Beker (*Paul the Apostle* [Philadelphia: Fortress, 1980])가 있다.

중요성이 상대적으로 부풀려질 수 있다.[9]

성경 텍스트의 독자들이 성경을 해석할 때, 팬앤스캔 편집에 상응하는 작업을 하게 되는 것은 아마도 피할 수 없을 것이다. 우리는 언제나 텍스트를 "축소"하며, 텍스트 전체를 다루지 못한다. 로마에 보낸 바울의 편지에 대한 우리의 해석은 이러한 편집 과정을 보여주는 가장 인상적인 사례를 제공한다. 로마서 자체가 구불구불한 방향 전환을 수없이 포함하고 있기 때문이다(로마서의 해석사에 대한 언급은 차치하고서라도 말이다). 최근의 많은 연구들에서 로마서를 해석하는 가운데 잘려 나가 남겨진 내용(즉, 덜 해석되거나 혹은 전적으로 간과된 것)은 바울신학의 더 큰 묵시적 역동성, 특히 바울이 말하는 우주적인 특성을 가진 죄와 관련되어 있음을 알 수 있다. 묵시적 프레임은 로마서 전반(및 그 안에서 죄의 위치)을 이해하는 데 필수적일 뿐만 아니라, 또한 로마서의 절박함을 현대적 맥락 안에서 이해하는 데 있어서도 중요하다.

나는 바울이 죄(하마르티아)를 동사의 주어로 자주 사용하는 것을 아주 진지하게 다룰 것이며, 죄(Sin)를 로마서의 주된 등장인물 중 하나로 묘사할 것이다. 등장인물로서의 죄는 다른 존재를 노예로 삼고, 사망을 불러오며, 하나님의 토라(Torah)까지도 올가미에 걸리게 한다. 하지만 죄라는 등장인물의 종말은 예수 그리스도의 죽음과 부활 안에 일하신 하나님의 일하심에 의해 보장된다. 과장으로 보

---

9 와이드스크린 혹은 레터박스 에디션이 팬앤스캔 편집과 어떻게 다른지를 보여 주는 훌륭한 예시들은 www.widescreen.org에서 볼 수 있다.

일 수도 있지만 내가 판단하기로 이것은 로마서의 와이드스크린 버전을 구성하는 묵시적 분투를 이해하는 데 빛을 비추어 줄 것이다.

죄의 이력서

로마서에서 바울이 이야기한 내용을 토대로, 죄의 업적을 담은 그럴 듯한 이력서를 작성해 보도록 하자. 죄가 한 일들을 시간 순서대로 배열해 보면, 먼저 아담의 범죄 안에서 **죄가 세상에 들어왔다**(롬 5:12-21). 바울은 로마의 회중들이 성경의 이야기를 알고 있다고 전제하기에, 그 이야기를 다시 자세히 들려주기보다는 죄의 활동의 시작 부분만을 간단히 언급한다.

죄는 자신의 작전을 위한 근거지를 마련한 후,[10] **다른 이들을 노예로 삼는 하나의 권세가 되었다.** 로마서에서 바울은 죄의 이력서의 이러한 특징을 두 지점에서 자세히 드러내는데, 이는 죄의 특징이 갖는 중요성을 암시한다. 바울이 죄의 정체를 가리켜 인류를 사로잡은 노예 주인이라고 명시적으로 밝히는 것은 로마서 6장이지만, 죄의 노예 삼는 능력은 로마서 3:9("그러면 어떠하냐 우리는 나으냐 결코 아니라 유대인이나 헬라인이나 다 죄 아래에 있다고 우리가 이미 선언하였느니라"[개역개정])에서 처음으로 분명히 시야에 들어온다(3:9은 1:18-2:29에 나오는 인간의 반역과 하나님

---

10 롬 7:8과 7:11에서 바울은 죄가 율법을 **아포르메**로 삼았다고 말한다. NRSV는 그 단어를 기회(opportunity)라고 번역했다. 그 용어가 작전 수행을 위한 시작점을 가리킨다는 점을 고려할 때(BDAG, 158), 더 강한 번역어가 필요하다.

의 "넘겨주심"이 정점에 이르는 곳이다).

비록 하마르티아라는 명사가 3:9 전까지는 나타나지는 않지만, 그럼에도 죄의 활동에 대한 바울의 묘사가 본격적으로 시작된 곳은 1:18이라고 봐야 한다.[11] 바울은 로마서 1:18에서 다음과 같은 엄숙한 선언과 더불어 그 주제를 알린다. 곧 "자신의 불의로 진리를 억압하는 사람들의 모든 불경건과 불의"에 대항하여 하나님의 진노가 계시된다는 선언이다. 이 억압된 진리의 본질은 다름 아니라 하나님께서 창조주로서 행하신 일을 가리킨다. 인류는 자신의 행동으로 그것을 부정했다(19-23절). 즉, 인류는 하나님을 영화롭게 하거나 하나님께 감사드리기를 거부함으로써, 그리고 우상숭배를 저지름으로써(이는 타락한 경배 행위다!), 진리를 억압했다.[12] 잘 알려진 것처럼, "하나님께서 그들을 넘겨주셨다"라는 구문은 로마서 1장의 나머지 구조를 이룬다. 인간들은 하나님을 하나님으로서 인정하지 않았기 때문에, 하나님께서는 그들을 부정결(롬 1:24)과 저속한 욕심들(롬 1:26), 그리고 손상된 정신(롬 1:28)에 넘기셨다. 이 넘겨줌의 결과로, 바울이 자세히 열거하는 잘못된 행실들이 생겨났다.[13]

---

11 그러나 동사 하마르타네인이 롬 2:12에 나타난다는 것을 주목하라.
12 특히 홀로코스트와 아동 성 착취와 관련하여 우상숭배를 시사적으로 해석한 Alistair McFadyen, *Bound to Sin: Abuse, Holocaust, and the Christian Doctrine of Sin* (Cambridge: Cambridge University Press, 2000)을 보라.
13 교단들과 관계된 싸움에서 비롯된 불행한 결과 중 하나는 이 본문에 대한 논의가 오직 섹슈얼리티의 질문에만 국한되어 버린 것이다. 그로써, 그 논쟁은 하나님을 인정하기를(혹은 피조물로서의 자신의 위치를 인정하기를) 거부하는 인류에 대한 바울의 강력한 묘사를 흐릿하게 만들어 버렸다. 또한 그

바로 앞 장에서 보았듯이, 학자들은 흔히 이 본문에서 인간들이 하나님을 인정하기를 거부했음을 바울이 확언하고 있는 것과, 로마서 나중 부분에서 죄를 하나의 권세로서 말하는 것 사이에 긴장 관계가 있다고 상정한다. 죄에 대한 이 장대한 묘사의 시작점은 인류가 하나님 거부하기를 고의로 선택했으며 심지어 자신의 신들을 만들어 냈다는 데 있다. 바울의 인류 묘사는 다른 어떤 권세가 아니라 인류 자신이 취한 행동에서 시작한다. 그러나 하나님께서 인류를 부정결, 정욕, 그리고 손상된 정신에 넘겨주셨다는 주장은 더 큰 충돌의 존재를 암시한다.[14] 아직 명명하지 않은(롬 3:9에 가서야 하마르티아라는 이름이 나오므로 - 역자주) 누군가 혹은 무엇인가가 인류에 대한 통제권을 둘러싸고 하나님과 충돌하고 있는 것이다. 물론 이렇게 말한다해서, 애초에 인간이 취한 행동의 책임을 간과하려는 것은 아니다. 인류는 분명 하나님의 주 되심(lordship)을 거부했다. 하지만 그것은 또한 하나님께서 인류를 다른 주권(lordship)에 잠시 넘겨주셨음을 의미했다.

로마서 1:18-32에는 유대 문헌이 이방인들과 연관 짓는 행동들이 나열되는데, 이는 청중들에게 열렬히 동의를 구하는 것과 같다.[15]

단일한 이슈에만 몰두하는 것은, 우리 자신이 하나님을 거절하는 것이 어떻게 표현되고 있는지에 관한 날카로운 질문을 차단해 버린다.

14 동사 **파라디도미**는 때로 누군가 혹은 무엇인가를 마치 군사적 맥락에서처럼 적대적 세력에게 넘기는 것과 관련된 맥락에 나타난다. 본서 8장을 보라.

15 특히 솔로몬의 지혜서 13:1-9과 14:22-31을 보라. 이 본문과 비유대인들에 대한 더 이른 시기의 유대적 태도 사이의 연결점에 관한 좋은 논의는 Joseph A. Fitzmyer, *Romans* (AB 33; New York: Doubleday, 1993), 269-90을 보라.

우리는 뵈뵈가 이 편지를 로마의 신자들의 모임에서 낭독할 때, 최소한 그들 중 몇몇은 고개를 끄덕거리면서, 그와 같이 끔찍한 일을 저지르는 "그들"에 대한 정죄에 우쭐거리는 태도로 동의했으리라 상상해 볼 수 있다.[16] 바울은 로마서 2:1("그러므로 남을 심판하는 사람이여, 그대가 누구이든지, 죄가 없다고 변명할 수 없습니다. 그대는 남을 심판하는 일로 결국 자기를 정죄하는 셈입니다. 남을 심판하는 그대도 똑같은 일을 하고 있기 때문입니다"[새번역])에서 그와 같은 청중들에게 덫을 놓는다. 바울은 다른 이들을 기꺼이 정죄하고자 하는 태도 역시 하나님을 부정하는 행태라고 말한다. 로마서 2:1-16은 다른 이들을 판단하는 사람을 날카롭게 꾸짖음과 동시에, 다른 이들을 판단하는 일의 위험성을 더 자세히 확증하는 14장을 예견한다. 모든 이들은 하나님 앞에 책임이 있으며, 하나님만이 오직 참된 재판관이시다(롬 14:10-12). 바울은 2:17-19("유대인이라 불리는 네가 율법을 의지하며 하나님을 자랑하며 율법의 교훈을 받아 하나님의 뜻을 알고 지극히 선한 것을 분간하며 맹인의 길을 인도하는 자요 어둠에 있는 자의 빛이요"[개역개정])에서 명시적으로 유대인들에게 말하면서, 그들이 다른 사람을 가르치면서도 정작 자신들은 배우지 않고 있을 가능성을 언급한다. 또한 유대인들이 할례의 가치는 올바로 인식하면서도 할례에 뒤따르는 요구 사항에 대해서는 깨닫지 못하고 있을 가능성을 언급한다. 폴 W. 마이어(Paul W. Meyer)가 올바로 주장했듯이, 바울의 말은 유대

---

16 롬 16:1은 로마서의 수신자들에게 뵈뵈를 추천한다. 이 구절은 뵈뵈가 로마서의 전달자이자 첫 번째로 그 편지를 읽을 사람임을, 따라서 로마서의 첫 번째 해석자임을 분명히 가리킨다.

교에만 특별히 존재하는 어떤 결함을 암시한다기보다는, 진정성 있는 종교적 확신에 내재하는 어려움을 드러낸 것으로 이해되어야 한다.[17] 다른 말로 하면, 로마서 2장의 끝부분은 진정성 있게 하나님의 뜻을 따르기로 택한 이들을 향해 말하고 있는 것이다.

로마서의 이 단락은 "모든 사람들은, 유대인과 그리스인 양쪽 모두, 죄의 권세(power of Sin) 아래 있다"고 결론을 내리는 3:9에서 절정에 이른다. NRSV는 power(권세/세력)라는 명사를 보충해서 번역을 했다. 비록 power에 해당하는 단어가 그리스어 본문에는 나오지 않지만, 분명 NRSV처럼 그 단어를 추론해서 읽어야 마땅하다.[18] 로마서 1:18-2:29에 열거된 행동들은 단지 하나님을 대항하는 생각의 징후만을 가리키는 것이 아니다. 사실은 그 반대다. 2:17-24은 오히려 하나님을 영화롭게 하려고 의도한 이들과 관련되어 있다. 바울이 인간의 행동을 이처럼 훑어보는 것은 죄라 이름 붙인 권세가 실재함을 가리킨다. 그 죄는 자신의 손아귀에 인간들을 붙잡고 있다. 그리고 그 통제가 너무나도 강한 나머지, 하나님께서 이스라엘에게 수여하신 큰 혜택들조차도 이스라엘을 죄의 권세로부터 면제시키지 못했다(롬 3:1-8).

---

17 Paul W. Meyer, "Romans," in *HarperCollins Bible Commentary* (ed. James L. Mays et al.; rev. ed.; New York: HarperCollins, 2000), 1045; 동일한 내용을 이제 *The Word in This World: Essays in New Testament Exegesis and Theology* (ed. John T. Carroll; NTL; Louisville: Westminster John Knox, 2004), 165에서도 확인할 수 있다.

18 특히 갈라디아서에서 이 표현과 그 중요성에 대해서는 Martyn, *Galatians*, 370-72을 보라.

죄의 노예 삼는 장악력은 로마서 6장에서 명백하고 온전하게 시야 안에 들어온다. 6장은 하나님의 은혜가 도덕률 폐기론(antinomianism, "반율법주의")을 허용한다는 가능성을 반박하는 것으로 시작한다. "은혜를 더하게 하려고 죄에 거하겠느냐?"(롬 6:1, 개역개정). 바울은 생명과 사망의 언어 표현을 사용한 대조를 통해 응답한다. 그리스도의 죽음 안으로 세례를 받은 이들은 죄에 대해 죽은 것이며, 그 죄의 권세는 이제 산산조각이 났다. 모든 모호함은 로마서 6장의 후반부에서 해소되는데, 거기서 노예들의 주인으로서의 죄(Sin)의 이미지가 명시적으로 나타난다. 죄는 이전에 인간 노예들의 주인이었다(롬 6:16-20). 그 상태에서, 그들은 "부정결"과 "불법"에 노예로 속박되어 있었다(롬 6:19). 죄에 묶인 이 노예 상태가 이끌 수 있는 유일한 결과는 사망이었다(롬 6:20-22).

죄가 세상에 들어왔고 (다른 존재들을) 노예로 삼았다는 것으로 다 끝난 게 아니다. 죄의 이력서는 죄가 자신의 우주적 파트너인 사망의 목줄을 풀어놓았다는 것을 포함하고 있다. 바울은 로마서 5:12-21에서 아담과 그리스도를 상세히 대조할 때, 죄(Sin)가 들어온 것과 사망(Death)이 들어온 것을 연결시킨다. "죄로 말미암아 사망이 들어왔나니, 이와 같이 모든 사람이 죄를 지었으므로 사망이 모든 사람에게 이르렀느니라"(롬 5:12, 개역개정). 사망 자체가 "지배력을 행사했다"(롬 5:14, 17). 사망은 바로 죄의 "삯"이다(롬 6:23). 사망에 관한 표현이(앞서 죄에 관한 표현이 그랬듯) 바울의 다른 편지들보다 특히 더 로마서 안에서 대량으로 발견된다는 점은 그다지 놀라운 일이 아니다.[19] 다른 곳에서 바울은 자신의 육체적 필멸성을 그리스도와 함께 있게 될 기회로서 예견하기도 했지만(빌 1:21-23; 고후 5:1-9), 여기 로마서에서 사망은 죄에 의해 촉발된 하나의 세력이다(또한 고전 15:56을 보라).[20]

어쩌면, 죄의 이력서에서 가장 불편한 요소는 로마서 7장에 나오는 주장, 곧 죄가 휘두르는 힘이 율법에도 미친다는 점일 것이다. 폴 W. 마이어(Paul W. Meyer)는 로마서 7장에 대한 기념비적 연구인 「사과 중심부의 벌레」("The Worm at the Core of the Apple")에서, 분열된 것처럼 보이는 "나"(에고)에 대한 과도한 집착 대신, 죄의 작용에 관심을 기울이도록 방향을 재설정했다. 실제로, 죄는 7:7-25에서 주요한 주제로 나타나며 다음의 질문으로 이끈다. "하나님의 율법 자체가 죄와 동의어인가?"[21] 하지만 바울은 그 동일시를 격렬하게 부정한다. 하지만 그와 동시에 죄가 율법을 자신의 목적을 위해 이용했다고

---

19 명사 **타나토스**는 바울의 진정서신에 45회 나온다. 그중 22회가 로마서에 나온다.
20 사망의 역할, 특히 바울의 묵시 신학의 더 큰 맥락에서 사망이 갖는 역할에 대해서는 Martinus C. de Boer, *The Defeat of Death: Apocalyptic Eschatology in 1 Corinthians 15 and Romans 5* (JSNTSup 22; Sheffield: JSOT Press, 1988); idem., "Paul, Theologian of God's Apocalypse," *Int* 56 (2002): 21-33을 보라.
21 "롬 7:7-25 전체(7-12절뿐 아니라)의 중심인물, '나'의 대적은 율법이 아니라, 바로 의인화된 권세인 죄다"(Paul W. Meyer, "The Worm at the Core of the Apple: Exegetical Reflections on Romans 7," in *The Conversation Continues: Studies in Paul and John in Honor of J. Louis Martyn* (ed. R. T. Fortna and Beverly R. Gaventa; Nashville: Abingdon, 1990), 62-84(인용문은 73쪽). 같은 내용은 이제 *The Word in This World*, 57-77에서도 확인할 수 있다.

주장한다. 일련의 표현들이 이러한 논점을 전달한다.

죄는 "계명 안에서 기회를 잡아[작전의 근거지] 내 안에서 온갖 종류의 탐심을 낳았다". (롬 7:8)

죄는 "계명 안에서 기회를 잡아[작전의 근거지] 나를 속였고 그것을 통해 나를 죽였다". (롬 7:11)

죄는 "선한 것을 통해 내 안에서 사망이 역사하게 함으로써" 나에게 사망을 가져다주었다. (롬 7:13)

죄가 심지어 하나님의 거룩한 율법조차도 이용할 수 있기 때문에, 그것은 로마서 7:14-20에 묘사된 위기를 초래한다. 마이어의 견해에 따르면, "죄의 법"(롬 7:23, 25; 8:2)은 다름 아니라 죄가 자신의 소유로 삼은 법이다.[22] 죄는 하나님의 "거룩하고 의롭고 선한" 율법 안에서 분열을 일으킬 수 있다. "초월적으로(카트 휘페르볼렌) 악마적인 죄

---

22 바울이 이 단일한 본문에서 "율법"이라는 단어의 여러 다른 함의("토라" 대 "규범"/"관습")를 활용한다고 상상하는 대신, Meyer는 "죄의 법"이라는 표현을 소유적인 의미로, 즉 죄의 통제 혹은 죄의 소유권 아래에 있는 율법을 가리킨다고 보았다(ibid., 76-80). 이 논점이 더 발전되어 있는 J. Louis Martyn, "Nomos Plus Genitive Noun in Paul: The History of God's Law," in *Early Christianity and Classical Culture: Comparative Studies in Honor of Abraham J. Malherbe* (ed. John T. Fitzgerald, Thomas H. Olbricht, and L. Michael White; NovTSup 110; Leiden: Brill, 2003), 575-87을 보라.

의 특성은 인간의 모든 경건 안에 있는 최고의 것, 최상의 것마저 왜곡시킬 수 있는 능력에 있다. 바울의 세계에서 이것을 보여 주는 가장 좋은 예는 하나님의 거룩한 계명에 대한 그의 헌신이 오히려 약속된 생명 대신 사망을 낳았다는 것이다."[23]

논의를 정리해 보면, 죄의 이력서에 담긴 이러한 "업적들"은 우주적 테러리스트의 모습을 그려 낸다. 죄는 아담과 더불어 우주에 들어왔다. 또한 죄는 사람들을 노예로 삼고, 사망을 촉발했으며, 심지어 하나님의 율법조차도 자신의 세력에 붙잡히도록 만들었다. 죄의 업적들을 담은 이력서는 단지 용서하시고 잊으시는 관대한 하나님, 그 이상의 무언가가 필요하다는 점을 암시한다. 곧, 자신의 선한 행위의 모범을 따름으로써 사람들이 스스로를 개선하도록 이끄는 예수님의 모습과는 전적으로 다른 무언가가 필요한 것이다. 죄는 피하거나 지나칠 수 없다. 죄를 섬기거나, 죄를 격퇴하는 것, 오직 둘 중 하나만 있을 뿐이다.

그러나 바울이 로마서에서 죄를 다룰 때 가장 중요하게 나타나는 요소는 바로 복음 그 자체다. 하나님의 진노에 관해 처음으로 언급하기 전에, 바울은 복음이 하나님의 구원하는 능력이라고 선포했다(롬 1:16-17). 그리고 바울은 로마서 3:21-26에서 다시 그 논점을 상세히 풀어낸다. 그는 하나님께서 예수 그리스도를 죽음에 내어 바치신 행동, 그것이 곧 은혜로우신 하나님께서 죄를 격퇴하셨음을 드러내는 계시라고 밝힌다. 이전에 하나님께서 인류를 죄에 넘겨주셨듯이, 이제 죄를 물리치기 위해 당신의 아들 예수 그리스도를 넘

---

23 Ibid., 74.

겨주셨다(롬 1:24, 26, 28; 8:32). 그렇다면, 복음에 나타난 하나님의 능력은, 단지 예수 그리스도에 관한 일련의 명제들에 동의하는 이들의 죄를 용서하시는 하나님의 능력이라는 개념보다 훨씬 더 크다고 말할 수 있다. 그것은 곧 하나님을 대적하는 권세들의 손아귀로부터 피조 세계 전체를 속량하시는 하나님의 능력이다(롬 8:19-23 및 본서 4장을 보라).[24]

하나님의 강력하고 은혜로운 승리 때문에, 바울은 그리스도의 업적을 아담의 업적과 대조할 수 있다(롬 5:12-21). 바울은 아담의 범죄가 가져온 냉혹한 결과들을 제시함으로써, 그리스도의 순종의 결과가 아담의 범죄의 결과보다 훨씬 더 놀라운 것임을 보여 주는 대조의 자리를 마련한다. 아담과 그리스도, 두 인물이 초래한 결과들은 서로 정반대의 위치에 있다. 한쪽에는 사망의 발생이, 다른 한쪽에는 칭의가 서 있다. 덧붙여, 두 인물의 행동은 서로 다른 위치에서 시작한다. 왜냐하면 그리스도의 행동은 단지 아담의 행동이 끝난 데에서 시작하는 것이 아니라, 아담의 행동이 인류 전체에게 초래한 결과로부터 시작하기 때문이다. 더 중요한 것은, 그리스도의 행동에서 흘러나오는 은혜가 "더욱 풍성하게 넘쳤다"(롬 5:20)는 점이다. 그 은혜는 죄가 초래한 무시무시한 결과들보다 훨씬 더 컸다. 죄는 더 이상 인간을 노예로 삼는 세력이 되지 못한다. 이제 지배력을

---

24 숱한 논쟁의 대상이 된 하나님의 의라는 주제에 대한 유용한 입문서로는 Charles B. Cousar, *The Letters of Paul* (Nashville: Abingdon, 1996), 108-12을 보라.

행사하는 것은 바로 은혜다.

  이에 바로 튀어나올 질문은 다음과 같다. 그렇다면 하나님께서 인류를 죄로부터 구출하셨으며 또한 우리가 진정으로 죄에 대해 죽었다는 말은 무슨 의미인가? 특히, 인간들의 행동이 보이는 증거가 압도적으로 그 반대 방향을 가리킬 때 말이다. 로마서가 보여 주는 바에 따르면, 바울이 "의의 노예"가 되는 것, 그리고 "죄로부터 자유롭게" 되는 것이 위반으로부터의 전적인 면제를 의미한다고 여긴 것은 아니다. 로마서 12:1-15:13의 권면들이 로마의 가정 교회들의 특정한 문제를 다루고 있든, 혹은 바울이 다른 곳에서도 제시할 수 있는 일반적인 권면들이든 간에, 그 권면들은 인간의 행동에 대한 현실주의를 명확히 보여 준다. (적어도, 바울이 고린도인들과 겪은 일들은, 그가 품고 있었을 수도 있는 그리스도인의 완전 성화[Christian perfection]에 대한 과장된 생각을 약화시켰을 것이다.) 죄의 권세로부터 자유롭게 되었다는 것은 결함이 없다거나 범죄(여기서는 소문자의 죄[sin])를 저지를 수 없게 되었다는 것과 같은 의미가 아니다. 다른 한편, 죄의 권세로부터 자유롭게 되었다는 것은 복음이 인간의 삶을 실제로 변화시키는 것을 의미한다. 바울의 다른 편지들에서와 마찬가지로, 로마서에서 복음은 생각의 변화를 가리키며, 그로 인해 사람들은 하나님께서 하시는 일을 보고 하나님의 뜻을 인지할 수 있게 된다(롬 12:1-2; 또한 고후 5:16-17을 보라). 바울은 하나님께서 로마의 신자들에게 소망(롬 5:1-5)과 기쁨(롬 15:13)과 평화(롬 5:1; 14:17; 15:13)를 선물로 주셨다고 말한다. 이것들은 단지 사적인 영적 소유물이 아니라, 로마서 12:1-15:13에서 자주 표현되듯이 공동체의 삶을 세워 가는 가운데 드러나는 것들이다.

죄의 이력서와 우주적 이야기

죄의 이력서를 진지하게 다루다 보면, 로마서에 관해 가졌던 시각을 넓힐 필요가 생긴다. 최근 몇십 년간, 바울 학계의 흐름은 로마서를 주로 하나님과 개인의 관계에 대한 편지로 여겨 온 해석들에 정당한 이의를 제기해 왔다. 학자들의 논의는 그렇게 이전의 해석과 반대 방향으로 흘러갔다. 그리하여 로마서에서 하나님이 이스라엘 및 이방인들과 어떻게 관계를 맺으시는지에 대해 관심을 두고 살피는 일에 방점이 찍혔다. 그러나 이 중요한 교정적 움직임조차도 충분하지 않다. 왜냐하면 로마서의 와이드스크린 버전은 단지 민족 집단들 사이, 하나님과 인류 사이, 혹은 하나님과 개인 사이의 관계에 대한 것뿐이 아니기 때문이다. 로마서는 하나님께서 하나님을 대적하는 권세들과 싸우시는 더 큰 규모의 묵시적 전투에 관심을 가지고 있다. 그리고 그 권세들에는 죄와 사망이 포함된다.[25]

죄와 사망을 우주적 권세들로 묘사하는 것에 덧붙여, 로마서가 이 묵시적 충돌에 관해 우리에게 제공해 주는 가장 큰 규모의 관점이 로마서 8장에 등장한다. 허무함과 부패로부터 자유롭게 된 피조 세계가 경험할 장래의 영광을 경축하는 장면에서, 바울은 현재로

25　여기서 내가 특히 Ernst Käsemann, J. Christiaan Beker, 그리고 J. Louis Martyn에게 빚을 지고 있다는 점은 분명하다.

돌아와 "우리," 곧 하나님 자녀들의 확장된 가족을 위협하는 것이 무엇인지 묻는다(롬 8:33). "누가 하나님의 택하신 자들을 대항해 고발하겠는가?" 바울은 충돌의 상황을 보여 주며 하나님의 택자들을 위협하려 하는 권세들의 이름(고난, 고통, 박해, 기근, 적신, 위험, 그리고 칼)을 청자들 앞에 열거한다. 또한 이에 뒤따르는 권세들의 목록 앞에서(그 중 으뜸은 죄의 우주적 파트너인 사망이다), "우리"는 단순히 생존하는 것에 그치지 않는다. 우리는 "넉넉히 이긴다." 하나님께서 예수 그리스도를 십자가형에 넘겨주셨다는 복음, 부활의 복음, 그리고 예수 그리스도께서 하나님 우편에 승리자로서 앉으셨다는 복음은 그 모든 대적들에 대한 승리를 이미 확고히 다져 놓았다(롬 8:34). 바울은 "그리스도 안에 있는 하나님의 사랑"에 관해 말하며, 그 사랑은 감상적인 발렌타인 선물이 아니라, 피조 세계를 구출하시는 맹렬한 사랑임을 밝힌다(롬 8:39, "높음이나 깊음이나 다른 어떤 피조물이라도 우리를 우리 주 그리스도 예수 안에 있는 하나님의 사랑에서 끊을 수 없으리라"[개역개정]).

로마서를 맺는 문장들은 이 충돌을 전형적으로 보여 준다. 로마서 16:20에서 바울은 거짓으로 속이는 사람들에 대해 경고하며 다음과 같은 말로 마무리한다. "평화의 하나님께서 곧 사탄을 너희 발아래서 으스러뜨리실 것이다."[26] 성경과 성경 이후 문헌에서 하나님

---

[26] "사탄"이라는 단어가 여기를 제외하고 로마서의 다른 곳에서는 나오지 않기 때문에, 그리고 속이는 자들이나 반대자들의 집단에 대해서 로마서의 이전 부분들에서 전혀 언급이 되어 있지 않기 때문에, 16:17-20이 로마서 안에 들어온 후대의 삽입일 가능성이 때로 제기되었다. 그러나 그 제안을 지지하는 사본상의 증거는 없다(J. D. G. Dunn, *Romans 9–16* [WBC 38B; Dallas:

을 대적하는 자에게 붙여진 이름들 중 하나인 사탄은 하나님을 대적하는 권세들(그 가운데 두드러지는 것은 죄 그 자체다)을 가리키는 약어로 적합하다.[27] 하나님을 대적하는 권세들(죄를 포함해서)이 인간의 힘으로 격퇴될 것이라는 생각은 16:20 앞에서 힘없이 무너진다. 로마의 신자들이 지혜롭게 되고 악을 피하라는 권면을 받기는 하지만(롬 16:19), 결국 사탄을 그들의 발 아래 부수어 버리는 분은 하나님이시다.

하나님과 하나님을 대적하는 권세들 사이의 이 묵시적 전투를 확증해 주는 것은 바울서신 전체에 걸쳐 나타난다. 가장 이른 편지로 간주되는 데살로니가전서의 경우 하나님의 대적들의 패배에 관해 명시적으로 언급하지는 않지만, 4:13-18과 5:1-11에 나오는 전투 이미지는 파루시아가 단지 예수님께서 그분의 신실한 추종자들을 모으려고 귀환하시는 시간 속 한 지점을 가리키는 것보다 훨씬 더 큰 개념이라는 생각과 잘 들어맞는다. 그것은 격전 중인 영역에 도래하는 큰 승리다. 이보다 더 명시적인 것은 갈라디아서 1:4("예수 그리스도께서는 하나님 우리 아버지의 뜻을 따라 우리를 이 악한 세대에서 건져 주시려고, 우리의 죄를 대속하기 위하여 자기 몸을 바치셨습니다"[새번역])이다. 이 구절에서 예수 그리스도는 "하나님 아버지의 뜻에 따라 **현재의 악한 세대에서** 우리를 건지시려고 우리의 죄를 위해 자기 자신을 내어 주신 분"으로 묘사된다. 가장 명시적인 진술은 고린도전서 15장에 나오는데, 거기

Word, 1988], 901 [=『로마서(하)』(솔로몬, 2005)]; Fitzmyer, *Romans*, 745).
27 예를 들어 대상 21:1; 욥 1-2장; 슥 3:1-2; 에녹1서 53:3; 54:6을 보라. 바울은 "사탄"이라는 단어를 다른 곳에서 사용한다(고전 5:5; 7:5; 고후 2:11; 11:14; 12:7; 살전 2:18을 보라).

나오는 종말에 대한 예견은 다음과 같다. "그[예수]가 모든 통치와 모든 권세와 능력을 멸하시고 나라를 아버지 하나님께 바칠 때라. 그가 모든 원수를 그 발 아래에 둘 때까지 반드시 왕 노릇 하시리니, 맨 나중에 멸망 받을 원수는 사망이니라"(고전 15:24-26, 개역개정). 여기에는 아무런 모호함도 없다. 하나님께서는 실제적인 권세를 가진 대적들이 있으며, 그 가운데 으뜸은 사망이다. 고린도전서 15장에서 바울은 부활을 부인하는 것이 곧 하나님 자신의 능력을 부인하는 것과 결부된다고 끈질기게 주장하고, 사망은 하나님의 대적들 가운데 주도적 역할을 한다는 것을 드러낸다. 여기서 죄 또한 등장하며 다시 한번 사망과 연결된다(고전 15:56, "사망이 쏘는 것은 죄요 죄의 권능은 율법이라"[개역개정]).

그러나 누군가 말할 것이다 …

로마서에 나타나는 죄를 이와 같이 이해하자는 제안에 맞서서 가장 먼저 제기될 수 있는 첫 번째 반론은, 그것이 단순히 은유 장치일 뿐인데 내가 너무 문자적으로 받아들이고 있는 지적이다. 여러 주석서들은 하마르티아를 동사의 주어로 사용하는 바울의 관습(예: 롬 5:12, 13, 20)을 의인화(anthropomorphism)로 정의한다. 이러한 추론에 따르면, 바울은 단순히 표준적 문학 장치를 활용해서 그의 글을 생생하게 만들고 있는 것이다. 이런 견해를 뒷받침하는 두 가지 논증을 언급할 필요가 있다. 하나는, 바울이 죄를 언급할 때, 때로 사람이 저지르는 잘못된 일을 가리킬 때가 있다는 것이다. 로마서 2:12과 3:23에서 "죄짓다" 동사의 사용이 그 사례다. 그러나 이 논증은 그다지 설득력이 없는데, 왜냐하면 바울이 죄의 세력이 어떻게 작용하는지 보여 주는 본문이 바로 이 구절들이기 때문이다. 바울이 다양한 방식(동사, 명사, 형용사)의 표현을 활용하고 있는 것을 우리가 발견한다 해서 그다지 놀랄 일은 아니다. 바울이 단순히 문학적 장치를 활용하고 있다는 주장을 뒷받침하는 또 다른 논증은, 그가 다른 용어들("은혜"라든가 "의"와 같은 용어들)도 죄에 대해 말할 때와 유사한 방식으로 말한다는 점이다. 예를 들어, 로마서 5:20("율법은 범죄를 증가시키려고 끼여 들어온 것입니다. 그러나 죄가 많은 곳에, 은혜가 더욱 넘치게 되었습니다"[새번역])에서 바울은 풍성하게 넘치는 은혜에 관해 말하고, 6:15("그러면 어떻게 해야 하겠습니까? 우리가 율법 아래 있지 않고, 은혜 아래에 있다고 해서, 마음 놓고 죄를 짓자는 말입니까? 그럴 수 없습니다"[새번역])에서는 "율법 아래" 있는 것과 "은혜 아래" 있는 것을 대조한다. 그러나 문맥을 놓고 보았을 때, 실제로 은혜는 죄의 권세와 유사한(하지만 반대 방향에 있는) 권세로 볼 수 있다. 은혜라는 말은 예수 그리스도의 복음 안에 계시된 하나님의 구원하시는 능력을 가리키는 약어이기 때문이다.

　죄를 하나의 권세라고 부르는 것은, 바울의 머릿속을 우리가 비집고 들어가 거기에 문자적으로 죄라는 이름의 등장인물이 존재함을 확인할 수 있다는 말이 아니다. 도리어 죄(Sin) 자체에 대한 바울의 언어와, 로마서의 우주적·묵시적 핵심 줄기는 우리로 하여금 하나님을 대항하는 권세로서의 죄라는 개념을 진지하게 받아들이도록 요청한다는 말이다. 죄를 오직 문학적 장치로만 치부해 버리는 것은 그 중요성을 축소해 버릴 위험이 있다.

가능한 두 번째 반론은, 바울이 무엇을 믿었든 간에 현대 그리스도인들은 그들이 우주적·묵시적 격전지에 있다고 여길 수 없다는 점이다. 여기에는 루돌프 불트만(Rudolf Bultmann)의 주장, 곧 신약성경은 탈신화화되어야 한다는 주장의 그림자가 여전히 머물고 있으며, 그 그림자는 최근에 트롤스 엥그버그-페데슨(Troels Engberg-Pedersen)의 바울 논의에서 가장 뚜렷하게 나타난다. 엥그버그-페데슨의 주장에 따르면(그 주장의 솔직함은 훌륭하다), "우리"는 바울의 신화적 요소를 진지하게 받아들일 수 없다. "바울 세계관의 대부분은, 다시 말해 바울이 가진 기본적인 묵시적·우주론적 관점은 이제 더 이상 우리에게 실제적 선택지가 되지 못한다."[28] 어쩌면 바울의 복음 이해―죄와 사망에게 노예로 속박되었던 세계에 하나님께서 침입하신다는 것―는 우리가 가진 상상력의 범위 안에 있지 않을지도 모른다. J. K. 롤링(Rowling)과 J. R. R. 톨킨(Tolkien)의 이야기가 사람들의 입맛에 잘 맞는 것을 볼 때, 실상은 그 반대가 아닐까 짐작하게 되지만 말이다. 최소한 바울이 옳고 "우리"가 틀렸을 수 있다는 가능성을 고려하는 것이 그리스도인의 의무가 아닐까 생각된다.

하지만 바울의 표현을 진지하게 받아들이고자 하는 이들조차도, 그 이미지 때문에 불편한 마음이 들 수 있다. 특히 하나님의 이름으로 군사적 행위에 가담한 결과를 목격한 그리스도인들은, 성경 텍

---

28 Engberg-Pedersen, *Paul and the Stoics*, 17.

스트에서 끌어온 표현으로 인간 사이의 충돌을 포장해 버리는 행위에 저항한다. 바울의 텍스트는 우리를 쉽게 빠져나가지 못하게 한다. 그 텍스트는 우리를 초대한다. 우리의 전투를 하나님의 전투와 동일시해 버리거나, 우리의 공격성을 바울의 용어로 포장해 버리도록 초대하는 것이 아니다. 바울이 사용하는 충돌의 이미지가 가리키는 것은 하나님의 행동을 대체해 버리려는 인간의 왜곡된 행동이 아니라, 피조 세계를 위한 하나님의 행동임을 이해하도록 초대하는 것이다.

무엇이 중요한가?

로마서는 죄와 관련된 용어가 두드러지지만, 그것은 단지 풍성하고 빽빽한 논증의 한 조각일 뿐이다. 로마서에 대한 연구와 출판은 성장하는 분야다. 바울의 구약 해석에 대한 생생한 관심, 로마서 뒤에 자리 잡은 것처럼 보이는 민족적 갈등, 바울의 유대교 이해에 대한 지속적인 관심, 바울의 논증 스타일, 로마서 16장에 이름이 언급된 여자들의 역할, 로마서의 목적에 대한 광범위한 논의 등, 이것들 대부분은 바울이 죄를 어떻게 다루는지에 대한 논의보다 더 괜찮아 보이는 주제들이다. 특히 죄에 대한 대화는 우리 대부분을 성가신 사람 혹은 남을 판단하는 사람(어쩌면 두 모습 모두일 수도 있다)으로 만들기에, 누군가는 우리가 죄라는 주제를 옆으로 제쳐 두고 좀 더 매력적인 주제를 다루는 게 낫지 않겠냐고 말할 수도 있다.

이처럼 죄라는 주제는 위험으로 가득하지만, 동시에 그것은 와이드스크린으로 본 로마서의 필수적인 특징이다. 그 스크린에는 하나님께서 예수 그리스도의 죽음 안에서 피조 세계를 침입하시고, 죄의 손아귀로부터 인간들을 해방시키시며, 신자들을 하나님의 자녀들(그들은 의의 노예가 되어 최종적 속량을 기다린다)로 변화시키는 것이 나타난다. 이러한 로마서의 더 큰 신학적 맥락에서 분리된다면, 다른 주제들은 그 주제들만의 중요성을 고립시켜 강조하는 팬앤스캔 편집 과정에 의해 왜곡되어 버린다. 인간을 움켜잡아 노예로 삼는 죄의 세력에 대한 이해 없이, 유대인과 이방인 사이의 민족적 갈등은 단순히 사회적 관계의 문제가 되어 버린다. 그러나 바울에게 있어서 그것은 하나님께서 인류 전체를 위해 행하신 일에 대해 영광을 돌리며 응답하는 인류의 하나됨과 관련되어 있다. 심지어 율법까지도 부패하게 하는 죄의 세력에 대한 이해가 없다면, 이방인들이 율법을 준수해야 하는가의 문제는 그저 입회 조건을 완화하여 최대한 많은 회심자를 끌어오는 것과 관련된 사안이 되어 버린다. 바울이 하나님의 행동을 전달하는 긴급한 과업을 위해 구약성경을 비롯해서 가용한 모든 것을 동원했다는 점을 이해하지 못한다면, 바울의 구약 해석은 단순히 지적으로 흥미로운 추리 게임 정도에 그치게 된다. 하지만 로마서에서 보이는 것과 같은 복음의 와이드스크린 에디션은 죄와 사망의 손아귀에 있던 우주(위험과 칼과 이 시대의 모든 권세들에게 종속된 우주)를 하나님께서 예수 그리스도 안에서 묵시적으로 침입하신 것과 관련되어 있다. 로마서를 와이드스크린을 통해서 바라보지 않으면, 나머지 모든 주제들은 지적으로는 입맛을 돋울 수 있을지 모르나, 결코 영양가 있는 음식은 제공하지 못할 것이다.

이 묵시적 맥락은 우리 자신의 상황을 이해하는 데에도 필수적이다. 일간신문의 첫 면을 훑어보기만 해도 이 불편한 주제로 돌아가야 할 충분한 동기를 얻게 된다. 1995년에, 다시 말해 2001년 9월의 그 사건(9·11 테러)이 일어나기 훨씬 이전 시점에 앤드루 델뱅코(Andrew Delbanco)는 『사탄의 죽음』(The Death of Satan)을 출판했고, 거기서 그는 "악의 이름을 지우기"(the unnaming of evil)라는 용어로 자신이 명명한 현상, 즉 미국의 문화적 삶에서 악에 대한 이야기가 점차 감소하는 것을 추적했다.[29] 악은 전적으로 부정되거나, 혹은 "욕 받이용 타자", 곧 "우리 자신을 성찰해야 할 필요성으로부터 벗어나기 위해 늘 이용될 수 있는 타자" 안으로 희석되었다.[30]

물론 바울의 언어는 악보다는 죄에 대한 표현이다. 바울의 로마서는 우리가 단순히 바깥 세상에서의 죄를 인지하는 것, 혹은 우리 안에(우리의 최선의 모습 안에) 있는 악을 인지하기를 요구하는 것이 아니다. 바울의 로마서는 악에 맞서는 전투가 범법들의 목록으로 축소되는 것이 아님을, 범법들을 피하기 위해 최선을 다한다 해서 싸울 수 있는 게 아님을 보여 준다. 다른 사람들 안에서 악을 찾아내고 그들에게 재갈을 물리거나 그들을 축출함으로써 싸울 수 있는 전투도

29　Andrew Delbanco, *The Death of Satan: How Americans Have Lost the Sense of Evil* (New York: Farrar, Straus & Giroux, 1995), 4.
30　Ibid., 234.

아니다. 악은 하나님의 대적이다. 그리고 바울이 선포하는 복음은 하나님께서 우리를 홀로 무력하게 두시지 않았다는 소식이다. 예수 그리스도 안에서 하나님은 이미 사망과 죄를 깨뜨리셨으며, 우리를 위해 마침내 사탄을 으스러뜨리실 것이다. 그 소식을 확신하는 것이 평화와 기쁨과 믿음의 순종의 시작이다.

10장 묵시적 공동체

바울, 우리 어머니

10장 묵시적 공동체

지난 두 장에서 나는 죄와 사망의 우주적 권세, 그리고 그들의 패배가 이미 시작되었다는 바울의 확신, 모두를 강조했다. 하나님께서는 신자들의 발 아래 사탄을 곧 으스러뜨리실 것이다(롬 16:20). 하지만 그것을 기다리는 동안 다음과 같은 질문이 떠오른다. 그 신자들은 어떤 존재인가? 내 질문은 바울서신의 역사적 수신자들(바울의 편지들이 낭독되는 것을 처음으로 들은 이들)의 정체를 밝히는 일과 관련되어 있지 않다. 오히려, 내 질문은 바울서신에 암시된 공동체의 본질과 기능에 관심을 두고 있다. 바울서신은 공동체에 관해 무엇을 시사하는가? 복음에 대한 바울의 묵시적 해석은 뚜렷한 방식으로 공동체에 대한 묵시적 해석이라 불릴 만한 것을 낳는가?

신자들의 공동체에 관해 바울이 언급한 것을 찾기 위해 그의 모든 편지를 조사하거나, 혹은 공동체의 삶의 문제를 명시적으로 다루는 본문들(고전 12-14장과 같은)을 살펴보는 대신, 로마서로 돌아가 무엇을 캐낼 수 있을지 살펴보려 한다. 내가 이렇게 하는 이유는 로마서를 바울의 다른 편지보다 더 체계적이거나 혹은 덜 상황적이라고 여겨서가 아니다. 나는 공동체의 삶을 위한 함의에 관해 묻는 작업을, 공동체의 삶에 관해 알려 줄 것이 별로 없어 보이는 편지로부터 시도해 보는 것이 더 유익하리라 생각하기 때문이다.

즉각 이런저런 문제들이 떠오른다. 이를테면, 바울은 로마서에서 ἐκκλησία(에클레시아)라는 용어를 다섯 차례 사용하지만, 이것들 모두는 로마서 16장에만 나온다. 더욱이 로마에 있는 모임을 가리키는 데 이 용어가 쓰인 것은 단 한 차례뿐이다(롬 16:5).[1] 로마서에서 교회의 본질이나 사명에 초점을 맞추는 부분은 거의 없다. 로마서에서 우리는 에베소서 4장이나 고린도전서 12장과 같은 내용을 찾지 못한다. 그럼에도 로마서의 서두는 로마에 있는 이들의 믿음 혹은 신실함(πίστις[피스티스])으로 인해 하나님께 감사를 돌리며, 그들과 함께 있으면서 서로 권면과 위로를 받고자 하는 마음을 표현하고 있다(롬 1:8, 12). 또한 15장에서 바울이 여행 계획을 이야기할 때, 로마에 있는 신자들의 모임들로부터 후원을 받고자 하는 소망을 표현한다. 그리고 16장에 서술된 긴 끝인사는 로마에 신자들의 집단이 존

---

1 Günter Klein이 볼 때, 에클레시아에 대한 명시적 언급이 로마서에 부재한다는 점은 너무도 놀라운 것이다. Klein은 바울이 로마에 아직 교회가 존재하지 않는다고 생각했을 것이라는 주장을 폈다(이는, 아직 사도적 선포가 그곳에서 이루어지지 않았기 때문이다). "Paul's Purpose in Writing the Epistle to the Romans," in *The Romans Debate* (ed. Karl P. Donfried; rev. and exp. ed.; Peabody, MA: Hendrickson, 1995), 29–43을 보라.

재함을 전제한다. 더 중요한 것은, 로마서의 본론 자체가 회집한 공동체를 향해 직접적으로 (그리고 그들에 관해서) 말하고 있다는 점이다. 그렇다면, 이어지는 질문은 이것이다. 예수 그리스도 안에 있는 하나님의 바로잡으심(rectification)의 계시에 의해 존재하게 된 공동체를 바울은 어떻게 이해하고 있는가? 우리가 로마서로부터 추론할 수 있는 것은 무엇인가?

세 가지 추가적인 질문이 이 공동체의 신학적 정체성에 대한 탐구의 길잡이가 되어 줄 것이다.

1. 수신자들이 스스로를 어떻게 이해해야 하는지에 관해 로마서는 무엇을 말하는가?
2. 이 공동체를 특징짓는 행동 양식은 무엇인가?
3. 이 공동체의 경계는 무엇인가?

이 질문들이 다음과 같은 결론으로 우리를 이끌 것을 기대한다. 로마서는 이스라엘이 하나님의 주도권에 의해 탄생했고 존재하듯이, 믿음의 공동체 또한 전적으로 하나님의 주도적인 바로잡으심의 결과로 창조되었다고 말한다. 믿음의 공동체는 스스로가 하나님의 노예임을, 하나님을 대항하여 뭉친 권세들과의 전투에 사용되는 무기임을 아는 이들로 구성되어 있다. 이 공동체는 그리스도 안에서 한 몸이기 때문에, 공동체의 경계선 안에 있는 이들을 세워 나가기를 추구한다. 이와 동시에 이 공동체는 타자, 곧 외부인들을 향해 뻗어 나간다. 믿음의 공동체는 경계선 바깥에 있는 이들(유대인과 이방인 모두)에 대한 의무가 있는데, 이는 곧 복음 자체가 모든 사람들(심지어 피조 세계 전체)을 포함하는 방향으로 확장되기 때문이다.

묵시적 공동체: 기억

로마의 신자들이 자신들을 어떻게 이해해야 하는지에 관한 질문에서 시작해 보자. 초기 기독교의 정체성 형성을 다룬 책에서 주디스 리우(Judith Lieu)는 텍스트적 기억이 개인이나 공동체의 정체성을 빚는 역할(즉 "우리가 누구인가의 질문과 우리가 이야기하는 과거 사이의 관계")에 주의를 기울인다.[2] 미국 역사를 다루는 교과서가 미국의 건국과 관련된 사건들을 설명하는 가운데, 그 당시 종교 지도자들이 했던 역할을 기억하는가? 혹은 망각하는가? 그 교과서는 원주민들이나 여성들이나 아프리카에서 온 노예들을 어떻게 대변하는가? 리우가 제시하는 두드러지는 예시들 가운데 하나가 희년서인데, 이 문서는 하스모니안 시대의 해석적 필요를 충족하기 위해 창세기를 다시 쓴 것이다.

분명, 바울은 희년서의 저자가 했던 것과는 다른 장르로 글을 썼지만, 그럼에도 불구하고 과거에 관한 이야기가 바울서신의 수신자 공동체들을 어떻게 빚어내고 또 어떻게 그들에게 정체성을 부여하

---

[2] Judith Lieu, *Christian Identity in the Jewish and Graeco-Roman World* (Oxford: Oxford University Press, 2004), 62. 강조 표시는 추가된 것이다.

는지 관찰할 수 있다. 아마도 데살로니가전서는 바울이 과거를 어떻게 사용하는지를 보여 주는 가장 좋은 예라고 할 수 있다. 왜냐하면, 이미 일어난 일에 관해서 말하는 부분을 보면, 바울이 데살로니가에서 초창기에 선포한 것이나 바울이 그곳에서 쌓은 우호적 관계들과 긴밀히 연결되어 있기 때문이다. 바울은 파루시아를 준비하면서, 데살로니가 공동체를 더욱 단단하게 세우고자 시도한다. 바울이 데살로니가전서에서 말을 거는 공동체(ἐκκλησία[에클레시아])의 정체성은 그 공동체가 맺은 관계들(하나님께서 그 관계들을 창조하셨다)과 그 공동체의 미래에 의해 결정된다. 한편, 갈라디아인들 가운데서는 복음의 기억이 오염되었기 때문에(바울이 인식하는 바에 따르면), 바울은 J. 루이스 마틴(Louis Martyn)이 복음의 재선포라고 이름 붙인 과업에 착수해야 했다.[3]

이와 대조적으로, 로마서에서 바울은 자신과 로마의 그리스도인들이 공유하는 경험에 호소할 수가 없다. 여기에는 분명한 이유가 있다. 바울은 아직 로마에 가 본 적이 없기 때문이다. 그렇기에 로마서 16장에서 바울은 그들과 공유되는 기억을 대체할 만한 것을 제시하려는 것일 수 있다. 개인적 관계들에 관해 간략히 언급하고, 복음을 위해 여러 개인들이 행한 일에 관해 간략히 언급하는 형태로 말이다. 하지만 바울은 로마서를 쓰면서 이미 공유된 경험에 호소하기보다는, 오히려 복음 안에서 무엇이 일어났는가에 관한 공통의 기억을 새롭게 만들어 내려 한다. 바울은 그 공통의 해석이 미래(즉,

---

3   J. Louis Martyn, *Galatians* (AB 33A; New York: Doubleday, 1997), 22.

앞으로 로마의 그리스도인들이 갖게 될 이해 방식, 그들이 바울과 맺게 될 관계, 그리고 바울이 예루살렘, 로마, 스페인으로 여행할 때 그들이 제공해 줄 후원)를 빚어 나갈 것을 희망한다.

자신이 하고 있는 일이 기억을 빚거나 교정하고 있는 일이라고 바울이 이해했음을 알려 주는 한 가지 단서가 로마서에 들어 있다. 로마서 15:15("그러나 내가 몇 가지 점에 대해서 매우 담대하게 쓴 것은, 하나님께서 내게 주신 은혜를 힘입어서, 여러분의 기억을 새롭게 하려고 한 것입니다"[새번역])에서 바울은 여행 계획을 이야기하는 내용으로 옮겨 가는데, 거기서 그는 자신이 청중들에게 무엇인가를 **상기시키기 위해**(reminding) 편지를 쓰는 일을 감행했다고 말한다. 그러나 로마서 내용의 대부분은 상기시키는 수단(reminder)으로는 보이지 않으며, 1:15("그러므로 나의 간절한 소원은, 로마에 있는 여러분에게도 복음을 전하는 일입니다"[새번역])에서 바울은 자신이 다른 곳에서 그랬듯이 로마에서도 복음을 선포하고 싶다고 선언한다. 복음 선포와 관련된 동사가 바울의 편지들에서(그리고 그 외 문헌에서도) 복된 소식의 첫 번째 선포 활동에 국한되어 있기 때문에, 우리는 "상기시키는 수단"이라는 표현은 그저 수사적 장치이며, 이 편지의 내용이 실제로는 상기시키는 수단과는 관계없음을 암시하는 '돌려 말하기'라고 추측할 수 있다.[4] 오히려, 바울은 그의 청중들이 지금껏 전혀 몰랐거나 제대로 이해하지 못했을 것이라고 자신이 염려하는 것을 그들이 (앞으로) "**상기하도록**(reminding)" 만들고 있다. 즉, 바

---

4 John P. Dickson, "Gospel as News: εὐαγγελ-from Aristophanes to the Apostle Paul," *NTS* 51 (2005): 212–30.

울은 새로운 기억을 주조하고 있는 것이다.

어쩌면 로마서 본론의 전체, 특히 1-11장 전체는 이와 같이 상기하도록/기억하도록 만드는 복음의 선포라는 제목으로 묶일 수 있겠다. 그러나 기억을 하도록 만드는 수단이 공동체의 정체성에 대한 이해와 어떻게 교차하며 어떻게 정체성을 빚어내는가?

이 질문을 다루기 위해, 나는 먼저 로마서 5장과 6장으로 향한다. 왜냐하면 여기서 1인칭 대명사 "우리"라는 말이 처음으로 **모호하지 않게 신자들을 가리키기** 때문이다. 로마서의 더 앞부분에서는 1인칭 복수 대명사("우리")가 종종 누구를 가리키는지 불분명하다. 로마서 3장의 대명사들을 골똘히 생각해 본 사람이라면 누구나 그 점을 언급할 수 있다. (저자적[authorship] 복수로서의 "우리"는 어느 구절에 나타나는가? "우리"가 특정한 집단을 가리킬 때는 언제이며, 누가 그 집단에 들어 있는가?) 로마서 4장에서 "우리 아버지" 아브라함을 소개할 때에도, "우리"의 정체성은 다소 모호하다. 그러나 4장이 끝나고 5장이 시작되면서, "우리"는 은혜 안에 서 있는 이들, 곧 하나님의 영광의 소망을 자랑하며 성령을 통해 하나님의 사랑을 받은 이들임이 드러난다. 또한 6장에서 세례에 대한 언급은 "우리"의 정체를 더는 모호하지 않게 밝혀준다. 여기서 시야에 들어오는 것은 믿음으로 부르심을 받은 이들의 공동체이다. 바울이 이 공동체를 향해, 그리고 이 공동체에 관해 무엇을 말하는가? 바울은 어떤 기억을 강화하고, 창조하고, 또한 교정하고 있는가?

한 가지 놀라운 특징은, 바울이 5:1-5에서 신자들의 공동체에 관해서 다루며 그들에게 직접 말하고 있다는 점이 분명해지자마자, 5:6("우리가 아직 연약할 때에 기약대로 그리스도께서 경건하지 않은 자를 위하여 죽으셨도다"[개역개정])에서 다시 그리스도의 죽음과 그것이 가져온 구원하는 능력으로 시선을 돌린다는 점이다. 우리는 그때 연약했고, 불경건했으며, 죄인들이었다. 우리는 장차 진노로부터 구원을 받을 것이다. 5장과 6장은 바울이 이미 복음의 구원하는 능력에 관해(롬 1:16; 3:21-26), 그리고 죄의 피할 수 없는 장악력에 관해(특히 롬 3:9) 말했던 것을 한데 묶는다. 그리고 바울이 그렇게 하는 것은 단지 이전의 논증을 강화하기 위해서가 아니라, **로마의 수신자들을 이 이야기 속에 제대로 위치시키기 위해서다.**

로마서 5장이 전개되면서 이 이야기의 우주적·묵시적 특징이 전면에 드러난다.[5] 아담-그리스도 유형론(혹은 대형론)은 지금까지 오직 간접적으로만 표현되던 것—죄와 사망의 권세들과 하나님 및 예수 그리스도의 권세 사이의 충돌—을 완전하게 표현해 내는 역할을 한다. 죄와 사망이 세상에 들어왔고, 사망은 자신의 영향력을 인류 전체로 확장했으며(롬 5:12), 사망은 왕 노릇 했고(롬 5:14, 17, 21), 죄가 증가했으며(롬 5:20), 죄는 인류를 노예로 삼았다(롬 6:6, 17, 20). 그러나 이 모든 통치는 예수 그리스도에 의해 전복된다. 그분을 통해 은혜가 넘치도록 풍성해졌다. 이제 통치하는 것은 바로 은혜 그 자체다(즉, 복음 그 자체이다)(롬 5:21). 유진 보링(Eugene Boring)이 간결하게 표현했듯이,

---

5 Martinus de Boer, *The Defeat of Death: Apocalyptic Eschatology in 1 Corinthians 15 and Romans 5* (JSNTSup 22; Sheffield: JSOT Press, 1988).

로마서 5장을 주도하는 질문은 바로 이것이다. "누가 책임을 맡고 있는가? 세상과 인류를 다스리는 것은 누구인가?"[6]

과거에 대한 이 기억은 로마에 있는 신자들에게 그들이 누구인지를 어떻게 기억해야 하는지 알려 준다. 그 기억은 신자들을 앞서 언급한 충돌 안에 위치시킨다. 세례 안에서 신자들의 죽음 및 부활을 예견하는 새 생명이 일어나는 것은 죄와 사망에 대한 그리스도의 승리 때문이다. 세례 받은 자들의 죽음과 새 생명은 이 묵시적 드라마의 핵심적 부분인데, 왜냐하면 죄의 노예였던 이들은 또한 죄의 무기들이었고 충돌을 위해 동원된 포병대였기 때문이다. 바울은 그들에게 이제는 스스로를 바로잡으심의 무기들(weapons of rectification)로 여기라고 촉구한다(롬 6:13; 또한 13:12을 보라).[7]

세례 받은 이들을 무기라고 표현하는 것은 하나님과, 죄와 사망의 권세들 사이에서 충돌이 계속된다는 점을 암시하고 있다. 그 충돌은 바울이 로마서 8장에서, 결국은 주도권을 잃게 될 그 대적들을 열거할 때 비로소 선명하게 시야에 들어온다. 8:12-39에서 바울은 과거에 대한 이야기를 다시 한번 제시한다. 그의 청중들은 이미 양자의 영을 받았는데, 그것은 그들이 하나님을 아버지라 부를 수 있게 만든다(롬 8:15). 피조 세계 전체는 종속된 상태에 있다(롬 8:20). 그들은 이미 성령의 첫 열매를 받았고(롬 8:23), 이미 소망 가운데 구원을

---

6   Eugene Boring, "The Language of Universal Salvation in Paul," *JBL* 105 (1986): 283.
7   BDAG, s.v.; 또한 Barbara Hall, "Battle Imagery in Paul's Letters" (PhD diss., Union Theological Seminary, New York, 1973)를 보라.

받았다(롬 8:24). 로마서 8:28-30은 하나님께서 신자들을 위해 이미 무엇을 하셨는지에 관한 일련의 확언들과 더불어 극적으로 이 역사를 표현한다.

그러나 과거에 대한 이 이야기는 또한 미래를 향해, 곧 영광이 드러나며(롬 8:18) 하나님 자녀들 모두가 드러나게 될(롬 8:19) 미래를 향해 손을 뻗는다.[8] 하나님의 자녀들이 영광을 받게 됨에 따라, 피조 세계 자체가 해방될 것이다(롬 8:21). 몸의 속량이 완성됨에 따라, 양자됨이 완성될 것이다(롬 8:23).

그런데 미래를 가리키는 이 언급들이 차츰 예기치 않은 방향으로 움직인다. 데살로니가전서 4장이나 고린도전서 15장을 읽어 본 이들이라면 바울이 그리스도의 귀환과 하나님의 최종적 승리에 대한 생생한 묘사를 제시하리라고 기대할 만한 지점에서, 오히려 청중들을 현재 한가운데로 깊이 던져 넣는 것을 볼 수 있다.[9] 바울은 그들을 세상으로부터 끄집어내어 시선을 재정향시킬 수도 있었지만,[10] 오히려 미래를 간단하게만 언급하고 현재의 충돌 상황으로 돌

---

8   이 본문에 대해서는 본서의 4장을 보라.
9   흥미롭게도, Philip Esler는 그가 "장래에 있을 세계의 변화와 구출의 신화"라 부르는 것이 여기에 부재한다는 관찰을 했다. 하지만 그는 미래의 속량이 현재로부터 유기적으로 자라날 것을 주장하는 논증 가운데서 그것을 언급한다(*Conflict and Identity in Romans: The Social Setting of Paul's Letter* [Minneapolis: Fortress, 2003], 249-67).
10 Richard Bauckham의 다음과 같은 의미심장한 논평과 비교해 보라. 묵시록에 나오는 환시자와 그의 독자들은 "천상으로 들려 올라가서 천상의 관점으로부터 세상을 볼 수 있게 된다 … 요한의 비전들의 효과는 그의 독자들의 세계를 공간적(천상) 및 시간적(종말론적 미래)으로 확장하는 데에 있다고 말

아간다. 박해와 박탈, 그리고 권세들로부터 위협이 엄습하는 그 상황으로 말이다.[11]

또한 신자들의 정체가 노예 및 무기로 밝혀지고 나서 또 다른 신원 확인 방식이 등장한다. 앞서 바울이 신자들을 가리켜 (하나님의) 바로잡으심의 노예이자 무기라고 불렀다면, 이제 그는 하나님의 영이 그들에게 주신 것은 노예의 영이 아니라 양자의 영이라고 주장한다 (롬 8:15). 그들은 하나님의 자손이다. 이것은 단순히 바울의 용어에 나타나는 비일관성이 아니다. 오히려 이것은 해석의 행위이다. 의의 노예와 무기가 된다는 것의 의미는 바로 하나님의 자녀가 된다는 뜻이다.[12]

로마서 8장의 뒤를 따르는 단락인 9-11장에는 기억을 형성하고 재형성하는 또 다른 이야기가 나온다. 로스 와그너(J. Ross Wagner)는 9장의 서두에 나오는 이스라엘의 역사에 대한 서술을 "이스라엘 역사를 매우 선별적으로 축약하여 다시 말하기"라고 정확히 묘사했

할 수 있다" (*The Theology of the Book of Revelation* [Cambridge: Cambridge University Press, 1993], 7).

11 공간 제약 때문에 롬 8:35과 8:38-39의 목록들을 여기서 충분히 고려하지는 못한다. Brendan Byrne은 전자의 목록이 "나중에 열거되는 초-인간적 세력들의 적개심"을 가리킨다고 말한다(*Romans* [SP; Collegeville, MN: Liturgical Press, 1996], 277).

12 칠십인역 구약성경에 나오는 "하나님의 자녀들"이라는 표현에 대해서는 Sylvia Keesmaat, *Paul and His Story: (Re)Interpreting the Exodus Tradition* (JSNTSup 181; Sheffield: Sheffield Academic Press, 1999), 136-43을 보라. 또한 본서의 4장을 보라.

다.[13] 여기서 우리가 그 역사에 대해 알아야 할 중요한 점은, 이스라엘의 역사는 곧 하나님의 선택에 관한 역사라는 사실이다. 하나님께서는 언제나 선택을 하셨다. 이삭과 야곱을 부르신 것에서 시작하여 바로의 마음을 완고하게 하신 것까지 말이다. 희년서 혹은 사도행전 7장의 스데반 이야기(하나님의 약속과 이스라엘의 거부에 관한 가차 없는 이야기)에서 볼 수 있듯이, 이스라엘 역사를 재진술한 다른 글들 역시 선별적이라는 특성이 있다. 로마서 9장 역시 이 주제를 가차 없이 몰아붙이지만, 여기서 바울은 하나님의 선택 및 그것이 이스라엘을 세우는 데 어떤 결과를 초래했는지에 초점을 맞춘다. 이와 유사하게 로마서 11장도 하나님의 선택을 강조하는데, 이는 이방인들을 나무에 접붙이신 분께서 또한 그들을 제거해 버릴 수도 있기 때문이다. 이스라엘이 언제나 하나님이 선택한 이들로 구성되어 왔듯이, 이방인이 그 나무의 일부가 된 것도 하나님의 선택 덕분이다. 신자들(유대인과 이방인 모두)이 그 나무의 일부인 것은 하나님의 선택 덕분이며, 인간이 주제넘게 행동하거나 오만하게 굴거나 혹은 하나님의 결정에 대해 그릇된 결론을 내릴 만한 자리는 어디에도 없다.

그렇다면, 의식적으로든 아니든 바울이 로마서에서 수행하는 일들 가운데에는 복음의 선포, 곧 기억하게 하는 일(reminder)이 포함되어 있다. 이 기억하게 하는 일로서의 복음 선포는 하나님께서 택하신 이들, 자신들이 죄와 사망의 폭군적 권세들로부터 해방되었음을

13　J. Ross Wagner, *Heralds of the Good News: Isaiah and Paul "in Concert" in the Letter to the Romans* (NovTSup 101; Leiden: Brill, 2002), 47.

아는 이들, 모든 피조 세계의 속량과 더불어 자신들의 완전한 속량을 함께 기다리는 이들의 더 큰 공동체 안으로 로마의 그리스도인들을 위치시킨다.

묵시적 공동체: 행동 양식

앞선 문단의 마지막 문장은 나의 두 번째 질문과 세 번째 질문으로 넘어가는 다리가 된다. 왜냐하면 완전한 속량을 **함께 기다리는** 이들에 대한 언급은, 그 기다림의 시간 동안 **기다리는** 자들이 무엇을 하는지에 대한 설명을 요구하게 만들기 때문이다. 로마서 8장이 청중들을 현재로 더 깊이 던져 넣었다면, 그 현재를 특징짓는 실천은 과연 무엇인가? 그 공동체는 어떤 모습인가? (다시금, 이 질문은 로마서가 암시하거나 요청하는 것이 무엇인지에 관심을 두는 것이며, 실제로 청중들의 실천이 어떠했을지 추측하려는 것은 아님을 상기하는 게 중요하다.)

이 질문에 대한 답을 구성하는 요소들이 로마서 12-16장에 준비되어 있다. 먼저, 바울이 말하는 공동체는 서로를 도와주는 구체적인 행동에 참여한다. 그리고 그 행동은 그들이 복음에 함께 빚을 진 존재임을 반영한다. 바울이 모금하여 예루살렘에 가져가고 있는 후원금은 이방인들이 그들의 것을 나눈 것인데, 바울은 이것이 곧 유대인들이 이방인들에게 나누어 주었던 것에 올바르게 상응한다고 이해한다. 비록 바울이 명시적으로 말하지는 않지만, 그가 로마에서 도움을 받고자 하는 방식 중 하나는, 앞으로 다가올 스페인 선교를 위한 후원을 로마에 있는 이들로부터 제공받는 것이다(롬 15:24, 28을 보라). 바울의 뵈뵈 추천서는 뵈뵈의 후견 활동에 우리의 주의를 집중시킨다. 그 추천서는 또한 뵈뵈가 필요한 것이라면 무엇이든 제공받을 수 있도록 도와달라고 요청하는데, 이는 공동체가 재정적인 도움 및 환대의 의무를 지고 있다는 전제를 반영한다. 이러한 행동은 주는 자를 관대하다고 묘사하는 로마서 12:8("권면하는 사람이면 권면하는 일에 힘쓸 것이요, 나누어 주는 사람은 관대하게, 지도하는 사람은 열성으로, 자선을 베푸는 사람은 기쁜 마음으로 해야 합니다")에서, 그리고 성도들의 필요를 위한 나눔에 참여하도록 촉구하는 12:13("성도들이 쓸 것을 공급하고, 손님 대접하기를 힘쓰십시오"[새번역])에서 예상된다.

여기서 표현되는 공동체의 또 다른 특징은 바로 복음을 위한 수고이다. 다른 많은 주석가들과 더불어, 나는 로마서 16장에 나오는 수고(롬 16:6, 12) 및 동역자들(롬 16:3, 9)에 대한 여러 언급들이 일종의 사도적 사역에 참여한 자들을 가리키는 것이라 생각한다(사도 안드로니고와 사도 유니아는 말할 필요도 없이 포함된다).[14] 물론, 이것은 개인주의적 신념에서 나온 영웅적 수고를 의미하는 게 아니다. 바울은 복음을 위해 부르심을 받은 신자들의 사역 패턴의 한 부분으로서 그 인물들을 인식하고 있는 것이다. 여기서 우리는 또한 공동체 안에서 사용되는 영적 은사들의 목록(예언, 섬김, 가르침, 권면의 은사들이 포함된다)이 나오는 12:6-8을 인용하여 살펴볼 수도 있다.

또한 로마서에서 16장은 공동체가 기도와 감사에 참여함을 전

---

14 Eldon Jay Epp, *Junia: The First Woman Apostle* (Minneapolis: Fortress, 2005).

제한다. 고린도전서와는 달리, 여기서는 예배 가운데서의 행동 양식을 직접적으로 논의하지는 않지만, 로마서 15:30("형제자매 여러분, 내가 우리 주 예수 그리스도를 힘입어서, 그리고 성령의 사랑을 힘입어서 여러분에게 부탁합니다. 나도 기도합니다만, 여러분도 나를 위하여 하나님께 열심으로 기도해 주십시오"[새번역])에서 바울은 예루살렘으로 가는 자신의 사명을 위하여 로마의 신자들이 기도의 전투에 참여해 달라고 요청한다. 여기 전제된 것은 브리스가와 아굴라, 아리스도불로, 나깃수 및 다른 이들의 가정들에 모인 사람들의 기도가, 바울이 모금을 가지고 예루살렘에 도착했을 때 일어날 일들에 실제로 중요한 영향을 끼친다는 점이다. 로마서를 마치는 16장의 이러한 특징은 어쩌면 8장에 나오는 기도에 대한 언급에서뿐만 아니라 15:1-13(거기서는 기도와 찬양을, 그리고 유대인들과 나란히 서서 하나님께 영광을 돌리는 이방인들을 눈에 띄게 강조한다)에서도 이미 예견되었는지도 모른다.

이 모든 특징들(서로 돕는 것, 수고, 기도와 같은 구체적 행위들)은 로마서 14:1-15:13의 권면들과 관계가 있다. 16장이 로마의 가정 교회들이 여러 개로 존재한다는 점을 비판하거나 따지지 않고 그대로 인정함에도 불구하고, 14:1-15:13은 마치 그들이 하나의 가정인 것처럼 유비로 표현한다. 그들의 차이가 무엇이든 간에, 하나의 가정 안에서 그들 모두는 한 분이신 주님을 섬긴다. '누가 책임을 맡고 있는가?'에 관한 로마서 5장의 논의는 이 유비의 기반을 제공한다. 만약 세례 받은 이들이 의의 노예라면, 그들 모두는 같은 주님/주인의 집에서 함께 섬기는 자들이다(또한 롬 12:11을 보라).

묵시적 공동체: 경계

마지막 질문인 공동체의 경계(boundary)의 질문으로 향할 때, 우리가 출발선에서부터 이미 알고 있는 사실은 다음과 같다. 로마의 공동체를 표시해 주는 경계선 중 하나는, 바로 예수 그리스도를 통해 죄와 사망과 같이 인간을 노예로 삼는 권세들을 물리치신 하나님의 행동에 대한 공동의 기억이다. 이와 관계된 또 다른 경계선은 이스라엘을 향한 하나님의 끈질긴 부르심과 하나님의 구원하심에 대한 기억이다. 즉, 이제는 이스라엘과 이방인 모두를 포함하는 형태(이스라엘과 이방인들 모두가 이전에는 죄의 손아귀에 사로잡혀 있었던 것과 마찬가지로)로 나타난 하나님의 부르심과 구원하심에 대한 기억이 공동체의 경계선을 형성하는 것이다. 그런데 이 공동체는 내적인 일관성에 관해서는 어떻게 이해하는가? 이 공동체는 그 경계 바깥에 있는 이들로부터 어떤 방식으로, 왜, 그리고 어느 정도로 구별되어야 하는가?

이것은 바울의 다른 편지들(특히 데살로니가전서와 고린도전서)에서 더 명시적으로 작동하고 있는 질문이다. 데살로니가전서에서 바울은 그가 신자들로부터 기대하는 행동 양식과 "하나님을 모르는 이방인들"의 행동 양식(살전 4:5) 사이를 날카롭게 구별한다. 그는 또한 그리스도인들의 종말론적 소망을 "소망 없는 자들"(살전 4:13)로부터 구별한다. 물론, 외부인들과의 관계에 관한 질문은 고린도전서에 더 명시적으로 나타난다. 거기서 바울은 신자들이 외부인들 앞에서 법정으로 가는 것을 질책하고, 비신자들과의 결혼에 관해 조언한다. 또한 공동체의 모임 가운데 들어와 있을 수도 있는 외부인들과 관련된 질문을 다룬다. 그리고 우상에게 바친 음식으로 인해 생긴 중요한 문제에 대해서도 이야기한다. 데살로니가전서와 고린도전서 모두, 외부인들과의 관계가 문제를 야기한다는 점이 꽤 분명해 보인다. 하지만 로마서는 그러한 문제를 명시적으로 다루지 않는다. 그럼에도 불구하고 로마서에서도 공동체의 상호 소속감을 강화시키고자 하는 관심사가 나타나며, 그 관심으로 인해 경계에 관한 질문과 외부인들을 향한 태도에 관한 질문이 생긴다. 우리가 이러한 주제에 닿을 수 있는 가장 분명한 대목은 물론 로마서 12장과 13장에 나온다.

로마서 12장은 6장의 언어를 상기시키는 급진적 호소로 시작한다. 6장에서 바울은 로마서의 수신자들이 스스로를 하나님께 드리도록, 즉 바로잡으심의 무기, 복음의 무기로 그들의 지체를 드리도록 촉구한다. 12:1에서 바울은 수신자들이 그들의 몸을 살아 있는 제사로 하나님께 드릴 것을 촉구한다. 6:4에 나온 "생명의 새로움"은 여기 12:2에서 새로워진 정신으로의 부르심 가운데 반향된다.[15]

이러한 호소로부터 시작해서, 12장의 대부분은 전통에서 끌어온 윤리적 권면들을 활용하여 공동체적 삶의 이슈들을 다룬다. 12장에서 핵심적인 내용은 "우리가 많지만, 그리스도 안에서 한 몸이며,

---

15 롬 12장이 롬 5-7장과 맺는 관계에 대해서는 Thomas H. Tobin, *Paul's Rhetoric in Its Contexts: The Argument of Romans* (Peabody, MA: Hendrickson, 2004), 388을 보라.

서로에게 지체이다"(롬 12:5)라는 바울의 단언이다. 예수 그리스도 안에 신자들은 하나라는 이해에 근거해서, 바울은 청중들이 올바른 생각을 하며 올바르게 영적 은사들을 사용하고 또한 서로를 환대하고 관심을 가질 것을 호소한다. 12장이 로마의 특정한 문제에 응답하고 있는지는 분명하지 않다. 비록 12장의 곳곳에서 여러 권면들이 14장과 15장에서 드러나는 갈등을 예견하고 있지만 말이다(주님께 노예가 되기[롬 12:11]; 기도에 항상 힘쓰기[롬 12:12]; 성도들의 필요를 채우는 일에 참여하기[롬 12:13]; 우쭐대지 않기[롬 12:16]).

로마서 12장과 13장은 신자들이 지금이 어느 때인지 알고 있다는 사실에 기반하여, 깨어 있으라는 호소를 하는 부분에서 절정에 이른다. "우리의 구원은 우리가 처음 믿기 시작했을 때보다 더 가까이 있다"(롬 13:11). 여기서 공동체 안에 있는 이들의 행동 양식은 외부인들의 행동과 암시적으로 대조된다. 신자들은 낮의 빛 속에 산다. 그들의 특징은 "어둠의 일들"(방탕, 성적인 비행, 그리고 다툼을 포함해서)로 묘사되어서는 안 된다. 비록 바울이 데살로니가전서에 나오는 것과 같이 내부인과 외부인 사이에 명시적인 대조 작업을 하고 있지는 않지만, 그러한 구분 짓기가 암시되는 것을 엿볼 수 있다.

내부와 외부를 구분 짓는 것은 또한 현재(신자들이 복음의 영역 안에 사는 현재)와 과거(그들이 죄와 사망의 노예들로 살았던 과거)를 구분하는 언어적 표현에 의해 암시된다. 8장의 첫머리는 육신의 영역에 사는 이들과 성령의 영역에 사는 이들 사이를 명시적으로 구분한다. 이것이 암시하는 바는, 세례를 통해 죽었으며 이제 부활을 내다보며 살아가는 이들에 관해 6:4-5이 언급할 때, 이미 내부인과 외부인 사이의 구분 짓기가 이루어졌다는 사실이다. 삶을 얻은 자들과 여전히 사망의 권세 안에 머무는 자들 사이에 그어진 선보다 더 날카로운 것은 없다. 이런 의미에서, 공동체를 둘러싼 경계는 상당히 날카롭게 정의된다고 할 수 있다.[16]

그러나 주디스 리우(Judith Lieu)가 지혜롭게 알아챘듯이, 경계들은 종종 기만적이다. 고정되고 확실하게 보이는 것이 사실은 "투과성을 가진다". 또한 경계들의 정의를 둘러싸고 "경쟁이 벌어진다".[17] 바울이 구성원들만을 위해서 존재하는 배타적 모임들을 만들어 내는 일에 매진했다고 결론을 내리기 전에, 이와는 다른 방향으로 움직이고 있는 로마서의 특징에 주의를 기울여야 한다. 먼저, 로마서가 여러 방식에서 내부와 외부를 구분하고 있다는 사실에도 불구하고, 바깥에 있는 이들에게 오명을 씌우는 일은 사실상 일어나지 않는다. 베드로전서에서 거짓 교사들을 폄하하는 말이나 요한1서에서 "마귀의 자녀들"을 책망하는 일에 상응할 만한 것은 로마서에 나타나지 않는다. "어둠의 자녀들을 미워하라. 그들 각각은 자신의 죄책에 상응하며 하나님으로부터 갚으심이 그에게 닥치기로 예정되어

---

16 세상을 대하는 바울의 대응 방식이 "분파주의적"이며 바울의 공동체가 세상으로부터 분리되어 있는 "개종주의적 분파"(conversionist sect)라는 Margaret Y. MacDonald의 논증(*The Pauline Churches: A Socio-historical Study of Institutionalization in the Pauline and Deutero-Pauline Writings* [SNTSMS 60; Cambridge: Cambridge University Press, 1988], 83)을 보라.

17 Lieu, *Christian Identity in the Jewish and Graeco-Roman World*, 100.

있다"(Serek Hayaḥad [1QS] 1.10-11)라고 말하는 쿰란의 가르침 같은 것은 로마서에 나타나지 않는다.

우리는 이 점을 한 걸음 더 끌고 나갈 수 있다. 바울은 외부에 있는 이들에 대한 부정적 묘사를 삼갈 뿐만 아니라, 또한 그들에 대한 관심을 나타내기도 한다. 바울의 "공공선"(common good)에 대한 최근의 소논문에서 빅터 폴 퍼니쉬(Victor Paul Furnish)는 바울이 "그리스도 공동체와 일반 사회 사이에 도덕적·영적 구분선"을 날카롭게 그린다는 점을 인정한다.[18] 그러나 퍼니쉬는 또한 바울이 "그의 회심자들이 사회로부터 스스로를 격리하도록 요청하지는 않는다"는 점을 관찰하고, 적어도 몇몇 경우(롬 12:14-21과 또한 롬 13장에서처럼) "바울은 신자들이 모든 사람들을 그들의 관심 영역 안에 포함시키도록 특별히 권면한다"라고 평한다.[19]

바울이 모든 사람에게 관심을 확장한다는 사실은 로마서 5장을 주의 깊게 들은 청중이라면 그다지 놀랍지 않게 다가올 것이다. 바울이 아담이 성취한 사망과 예수 그리스도께서 성취한 생명 사이의 대조를 제시할 때, 이 대조는 양쪽의 행동 모두가 인류 전체를 포함

---

[18] Victor Paul Furnish, "Uncommon Love and the Common Good: Christians as Citizens in the Letters of Paul," in *In Search of the Common Good* (ed. Dennis P. McCann and Patrick D. Miller; New York: T&T Clark, 2005), 63.

[19] Ibid., 64. 또한 Victor Paul Furnish, "Inside Looking Out: Some Pauline Views of the Unbelieving Public," in *Pauline Conversations in Context: Essays in Honor of Calvin J. Roetzel* (ed. Janice Capel Anderson, Philip Sellew, and Claudia Setzer; JSNTSup221; Sheffield: Sheffield Academic Press, 2002), 104-24을 보라.

할 때에만 제대로 작동할 수 있다. 모든 이들에 대한 정죄가 있었던 곳에, 이제 모든 이들을 위한 바로잡으심(rectification)과 생명이 존재한다(롬 5:18).[20] 로마서 8장은 "모두"라는 말을 확장하여 피조 세계 자체도 포함시킨다. 11:32에서 표현하듯, "하나님께서 모두를 불순종에 가두신 것은, 하나님께서 모두에게 긍휼을 베푸시려 함이다." 로마서 9-11장에 재진술되어 있는 이스라엘의 역사로 돌아와 보자. 만약 부르신 분이 하나님이라면, 경계 역시 하나님께 속해 있음이 분명하다. 따라서 신앙의 공동체는 그 경계를 인간의 소유물로 여기지 말아야 할 의무를 가진다.

신앙 공동체들이 "그리스도 안에 한 몸"이라는 것이 정확히 무슨 뜻이든 간에, 그것은 세상으로부터의 고립을 의미하지 않는다. 나는 이것이 상당히 놀라운 점이라 생각한다. 왜냐하면 공동체 주변에 더 날카로운 경계선을 그림으로써 회중들을 신학적으로나 사회적으로 더 단단하게 만드는 것이 아마도 더 쉬운 일이었을 것이기 때문이다. (바울은 또한 해체하여 무너뜨리는 것 없이도 세울 수 있었던 것처럼 보이는데, 이것은 많은 현대 학자들이 놓친 부분이다.)

물론 경계에 관한 가장 어려운 질문은 이스라엘에 대한 질문이다. 최근에 로마서를 다루는 다수의 논의는 두 언약 가설을 옹호함으로써 그 질문을 다루거나 혹은 회피하곤 한다. 그것은 곧 복음은

---

20 Boring, "Language of Universal Salvation," 특히 283-85; Charles B. Cousar, "Continuity and Discontinuity: Reflections on Romans 5-8," in *Romans* (ed. David Hay and E. Elizabeth Johnson; vol. 3 of *Pauline Theology*; Minneapolis: Fortress, 1995), 203-4.

이방인들을 위한 것이며 하나님과 이스라엘 사이의 언약과는 아무런 관계가 없다는 것이다. 또한 최근의 논의들은 크게 보면 교회가 이스라엘 이야기의 연장선에 있다는 이해 방식을 통해 이 질문을 다루거나 혹은 회피해 버린다. 내가 볼 때, 이러한 접근 방식들 중 어느 것도 로마서의 복잡성을 제대로 설명해 주지 못한다. 로마서에서 바울은 이스라엘의 부르심을 확언하는 동시에, 이스라엘을 구성하는 특징들 중 일부를 약화시킨다.[21] 나무에 접붙임을 받은 이방인들의 이미지는 교회와 이스라엘에 관한 숱한 질문들을 야기하지만, 바울은 그 대부분을 옆으로 제쳐 놓는다. 바울은 그 나무의 이미지를 나중에 더 발전시키지 않고, 그 대신 "한 몸"의 표현을 활용한다. 바울이 로마서에서 상상한 교회(회중)는 유대인과 이방인을 포함하며(바울의 표현대로 하면, 먼저는 유대인, 그리고 또한 헬라인이다), 그들이 그 안에 함께 서 있는 공동의 부르심은 상호 존중을 요청한다.

---

21 두 가지 예시를 들어 보겠다. 먼저, 롬 2:25-29은 "할례"와 "무할례"라는 개념 자체를 불안정하게 만드는 것으로 보인다. 여기서 나는 John Barclay, "Paul and Philo on Circumcision: Romans 2.25-29 in Social and Cultural Context," *NTS* 44 [1998]: 536-66의 영향을 받았다. 다음으로, 롬 14:1-23에서 바울은 "약한 자들"이 염려하는 것들을 배려하여 "강한 자들"이 양보할 것을 권하는데, 그럼에도 바울은 모든 음식이 깨끗하다고 선언함으로써 "약한 자들"의 주장을 급진적으로 약화시킨다. 다시금, 나는 John Barclay, "'Do We Undermine the Law?' A Study of Romans 14.1-15.6," in *Paul and the Mosaic Law* (ed. James D. G. Dunn; Grand Rapids: Eerdmans, 1996), 287-308의 도움을 받았다.

결론

내가 로마서에서 에클레시아에 관해 던진 세 가지 질문 중에서(기억, 행동 양식, 경계), 기억에 관한 질문이 가장 지배적이라는 사실이 이제 분명해졌을 것이다. 죄와 사망의 권세들에 노예 상태였던 기억과 예수 그리스도 안에서 하나님이 바로잡으시는 행동으로 인해 그들이 노예 상태에서 해방되었다는 기억, 바로 이 기억들이 교회의 경계와 교회의 실천에 관한 바울의 생각을 빚어낸다. 로마서 12-16장에서 바울이 경계와 행동 양식을 어떻게 다루는지를 우리가 이해하려 하는 것이 얼마나 긴급한 일이든 간에, 그 논의보다 문학적으로나 논리적으로 앞서서 나오는 것은, 하나님께서 죄와 사망을 격퇴하셨으며 그것이 온 인류에게 어떤 함의를 갖는지를 바울이 세심하게 분석했다는 점이다. 다른 말로 하면, 바울의 교회론은 그의 구원론에 부차적으로 딸려 있으며, 그 반대가 아니다.[22] 그리고 교회론과 구원론 모두 묵시적 복음에 참여한다. 묵시적 복음이란 인류를 노예 상태에서 건지시는 하나님의 급진적인 개입하심을 뜻한다.

본서 11장은 이러한 하나님 이해를 확장한다. 지금으로서 한 가지 임시 제안을 하려는데, 이는 교회론적이나 구원론적인 것이 아

---

[22] Ernst Käsemann은 "[바울의] 교회론은 그 사도의 십자가 신학의 일부이며, 그러한 점에서 오직 그의 기독론의 빛 가운데서 이해되어야 한다"고 논평했다("The Theological Problem Presented by the Motif of the Body of Christ," *Perspectives on Paul* [Philadelphia: Fortress, 1971], 114). 나의 논점은 Käsemann의 말과 동일 선상에 있다.

니라 역사적인 성격을 띤 제안이다. 나는 로마서의 기록 목적(purpose)은 실제로는 로마서의 "목적들"(purposes)이라는 견해, 즉 바울이 여러 목적들을 염두에 두고 있었다는 견해에 동의한다. 그러나 나는 로마서에 의해 형성(혹은 재형성)되고 있는 "기억"에 주의를 기울인다면, 로마의 회중들을 향한 바울의 관심사 중 하나가 그들이 복음을 제대로 이해했는가(바울이 복음을 인식하는 방식대로)의 문제와 관련이 있음을 알게 된다고 생각한다. 특히 로마의 많은 그리스도인들이 회당을 경유해서 온 이방인들(즉, 세보메노이)이라면, 바울은 그들이 복음을 이해할 때 대체로 할례 없이 이스라엘 안으로 입회하는 길로서 복음을 이해했음을 알았을 것이다(혹은 그렇게 이해할까 염려했을 것이다). 복음은 그들에게 이스라엘 및 이스라엘의 전통과 사회적으로 보조를 맞출 수 있는 방편을 제공한 것이다(이전에는 오직 할례를 통해서만 그들에게 가능했다). 그리고 로마에 있는 대부분의 유대인들이 복음을 거부했다는 이유 때문에, 바울은 다른 쪽 극단에 서 있는 이들이 이제 이스라엘을 경멸하게 되었음을 알게 되었을 것이다(혹은 그럴까 봐 염려했을 것이다). 바울은 이스라엘을 향한 하나님의 부르심이 영원함을 확언하지만, 그는 또한 복음이 인류 전체에 관한 것임을 로마의 신자들이 이해하기를 원했다. 실제로, 복음은 피조 세계 전체에 대한 것이다. 그리하여 교회는 그리스도의 몸으로서의 자신의 소명을 살아내면서도, 예수 그리스도 안에서 하나님께서 피조 세계 전체를 위해 일하셨음을 올바로 알아야 한다.

11장 당연하게 여겨지지 않으실 하나님

―――――――――

바울, 우리 어머니

11장 당연하게 여겨지지 않으실 하나님

도널드 주엘(Donald Juel)의 마가복음 16장 논의에 나오는 놀라운 관찰 중에는 "예수님께서는 문의 이편, 즉 여자들과 독자들이 있는 쪽으로 통제받지 않은 채로 탈출해 있다(on the loose)"라는 문장이 있다.[1] 불안을 초래하는 이 말하기 방식은 주엘이 앞서 관찰했던 것을 기반으로 쌓아 올린 것이다. 주엘은 말하기를, 예수님께서 세례를 받으실 때 하늘이 찢어진 것은 인간과 하나님 사이의 안전막이 사라져 버렸고, "성스러운 공간들에만 갇혀 있기를 원하지 않으시는" 하나님께서 이제 "우리의 영역에 통제받지 않은 채로 탈출해 있다"는 것을 의미한다.[2] 하나님으로부터 우리가 피할 수 없다는 사실은 마가의 내러티브만을 불안하게 하는 것이 아니다. 주엘의 견해에 따르면 그것은 또한 "가둬 놓을 수 없는(혹은 못 들어오게 막을 수 없는) 신

---

1 Donald Juel, *A Master of Surprise: Mark Interpreted* (Minneapolis: Fortress, 1994), 120.
2 Ibid., 35-36.

적 행위자"의 손으로부터 텍스트에 대한 통제권을 빼앗고 싶어 하는 해석자들—학자들이든 다른 이들이든—을 불안하게 한다.[3]

하나님이 "통제받지 않은 채로 탈출해 있다(on the loose)"라는 점이 마가복음에 대한 도전적 읽기만을 제공하는 것은 아니다. 그것은 또한 바울의 로마서를 명확하게 보여 주는 도발적인 방식이자 본서를 끝맺는 적절한 결론이 될 것이다. 나는 마가복음에서 로마서로 훌쩍 뛰어넘는 이 방식이 다소 불편할 수 있음을, 그것도 합당한 이유에서 불편할 수 있음을 인정한다. 내러티브 해석에서 서신 해석으로 넘어가는 모든 움직임은 어느 정도 그러한 어려움을 동반한다. 특히 내러티브의 틈새들과 어색한 구문들을 가진 마가의 복음서에서 주의 깊은 논증으로 이루어진 로마서로 넘어가는 것은 그 어려움을 배가시킨다.[4] 그러나 마가복음 못지않게 로마서는 하나님께서 "통제받지 않은 채로 탈출해 있다"라는 이해를 독특한 방식으로 반영한다. 하나님께서 바울의 논증 안에 갇혀 있거나 바울 해석자들의 정교한 솜씨에 의해서 갇혀 있을 수 없다는 이해를 반영하는 것이다.

---

3 Ibid., 120.
4 그러한 비교 작업에서 어디에나 개입되어 있는 문제들에 대한 간명한 리뷰, 그리고 마가복음의 신학과 바울의 신학을 비교하는 것을 찬성하는 설득력 있는 논증 및 예시로는 C. Clifton Black, "Christ Crucified in Paul and in Mark: Reflections on an Intracanonical Conversation," in *Theology and Ethics in Paul and His Interpreters: Essays in Honor of Victor Paul Furnish* (ed. Eugene H. Lovering Jr. and Jerry L. Sumney; Nashville: Abingdon, 1996), 184-206을 보라.

당연하게 여겨지는 하나님

바울은 아직 로마를 방문하지 않았고, 거기 있는 신자들 대부분을 아직 만나 보지 못했다(하지만 16장에 있는 인사말을 보라). 그러한 로마의 신자들에게 보낸 바울의 편지는 사실상 끝이 없는 질문들과 제안들의 행렬을 낳았다. 최근의 연구들은 로마서의 목적과 집필 동기, 수사 장르, 그리고 청중들에 관해 여러 중요한 질문들을 다루어 왔다.[5] 그러나 닐스 달(Nils Dahl)이 신약신학 전반에 관해 평했던 것처럼, 이 편지를 공부하는 이들이 하나님께 관심을 너무도 적게 기울인다는 점은 여전한 사실이다.[6]

---

5 학자들의 대화 안에서 길을 찾도록 안내해 주는 Karl P. Donfried, ed., *The Romans Debate* (rev. and expanded; Peabody, MA: Hendrickson, 1991); James C. Miller, "The Romans Debate: 1991-2001," *Currents in Research* 9 (2001): 306-349을 보라.

6 Nils Dahl, "The Neglected Factor in New Testament Theology," in *Jesus the Christ: The Historical Origins of Christological Doctrine* (ed. Donald H. Juel; Minneapolis: Fortress, 1991), 153-63. 이 소논문은 본래 *Reflections* 75 (1975): 5-8에 나왔던 것이다. 로마서 연구에 있어서 하나님이 간과되어 왔다는 평가에 대한 중요한 예외는 Halvor Moxnes, *Theology in Conflict: Studies in Paul's Understanding of God in Romans* (NovTSup 53; Leiden: Brill, 1980)이다. 더 최근의 것으로는 Neil Richardson, *Paul's Language about God* (JSNTSup 99; Sheffield: Sheffield Academic Press, 1994), 특히, 26-94 and 308-15; and Richard B. Hays, "The God of Mercy Who Rescues Us from the Present Evil Age," in *The Forgotten God: Perspectives in Biblical Theology* (ed. A. Andrew Das and Frank J. Matera; Louisville: Westminster John Knox, 2002), 123-43을 보라.

하나님으로부터 출발하는 최근의 주된 바울신학 연구서로는 제임스 던(James Dunn)의 『바울신학』(The Theology of Paul the Apostle)이 있다. 이 책은 로마서가 해석자들에게 바울신학에 접근하는 가장 좋은 길을 제공한다고 여긴다.[7] 던은 바울신학에 대한 그의 탐구를 하나님에 관한 장으로 시작한다. 그러나 일찍부터 던은 바울이 "당연하게 여기는 것들(taken-for-granteds)"이라는 범주에 하나님이 속해 있다고 묘사한다. 던이 의미하는 바는, "'하나님에 관해 말하는 것'이 초기 그리스도 회중들이 공유한 말하기 방식의 일부"라는 것이다. 이 공통적인 믿음은 철저하게 유대적이므로, "바울은 하나님에 대한 자신의 믿음을 설명하거나 변호할 필요가 없었다." 왜냐하면 그것은 바울 자신의 전통에 포함된 "근본적인" 부분이었기 때문이다. 이어서 던은 바울의 회심이 "그가 하나님을 믿는 믿음, 그가 하나님에 관해 가진 믿음을 바꾸어 놓지 않았다"라고, 따라서 "바울이 가장 근본적으로 당연하게 여기는 것은 손상되지 않고 남아 있었다"라고 말한다.[8] 다른 곳에서, 던은 "당연하게 여겨지는" 것들에 대해 바울

---

[7] J. D. G. Dunn, *The Theology of Paul the Apostle* (Grand Rapids: Eerdmans, 1998). 바울신학을 논의할 때 로마서에 가중치를 두는 것에 관해서는 특히 25-26을 보라. 이러한 방법론적 출발점을 던은 일찍이 "In Quest of Paul's Theology: Retrospect and Prospect," in *Looking Back, Pressing On* (ed. E. Elizabeth Johnson and David M. Hay; vol. 4 of *Pauline Theology*; Symposium Series; Atlanta: Society of Biblical Literature, 1997), 95-115에서 방어했다. 또한 Steven J. Kraftchick, "An Asymptotic Response to Dunn's Retrospective and Proposals," in *Looking Back, Pressing On*, 116-39에 나오는 예리한 비판을 보라.

[8] Dunn, *The Theology of Paul the Apostle*, 29.

이 무관심했다는 의미는 아니라고 주장한다.[9] 그러나 "당연하게 여겨지다"라는 표현이 암시하는 바는, 하나님이 바울 사상의 전제에 속해 있으며, '하나님이 누구신가?'라는 사안 자체는 바울의 신학에 아무런 실제적 영향을 끼치지 못했다는 것이다. 실제로, 던은 바울 신학의 여러 "차원들"에 관해 말하는데, 이에 따르면 바울이 하나님과 이스라엘에 관해 물려받은 견해가 하나의 차원을 차지하는 한편, 예수님의 죽음과 부활이 또 다른 차원을 차지하고 있다.[10] 예수 그리스도에 대한 논의가 나오는 장은 『바울신학』 서두에 나오는 하나님에 대한 논의로부터 상당히 멀리 떨어져 있다. 여기서 분명해지는 것은, 바울의 회심 이후 그의 신학에 생긴 변화는 그가 예수 그리스도와 조우하고 예수 그리스도에 대한 이해를 갖게 되었기 때문에 생긴 것이며, 그가 가졌던 하나님에 관한 이해는 아무런 변화 없이 안정적으로 남아 있었다는 것이다. "신학자, 선교사, 목회자"로서 바울의 사역에 일관성을 부여하는 것은 바로 그리스도다. 던은 바울의 신학을 요약하면서, 그 신학의 "핵심적인 초점"이 그리스도라고 밝힌다. 던이 볼 때 그리스도는 매개적 존재인데, 이는 단순히 그리스도가 하나님의 대리행위자라는 의미만이 아니라, 또한 인간이 하나님을 경험하는 것은 오직 그리스도를 통해서라는 의미에서다.[11]

---

9 Ibid., 185.
10 Ibid., 18, 713-16.
11 Ibid., 729-30.

던이 하나님과 그리스도 사이를 멀리 벌려 놓은 것은 여러 질문을 야기한다. 프랜시스 왓슨(Francis Watson)은 그리스도와 성령에 관해 언급하지 않으면서 하나님에 관해 말하는 것이 바울의 사상에서 불가능하다는 점을 자세히 밝혔다(그리고 그 역도 마찬가지다).[12] 로마서의 서두에서부터 이러한 어려움을 엿볼 수 있다. 바울이 "예수 그리스도의 노예"인 동시에 "하나님의 복음을 위해 구별되었다"는 점을 확언하는 것은 두 호칭이 서로에게 속해 있음을 의미한다. 이는 "당연하게 여겨지는" 하나님 이해를 예수 그리스도의 새로운 사건으로부터 구별해 내기 어렵게 만든다. 하나님의 복음과 예수 그리스도가 서로 긴밀히 연결되어 등장하는데, 어떻게 하나님과 그리스도가 서로 다른 두 차원을 점유하겠는가?

내가 지금 신경을 쓰고 있는 것은, "당연하게 여겨지다"라는 아쉬운 표현과, 거기에 분명히 포함된 함의―복음은 바울이 이전에 가졌던 하나님 이해에 어떠한 실제적 도전도 주지 않았다는 것―이다. 하나님께서 한 분이시며, 창조주이시고, 주재자, 재판관, 그리고 이스라엘에게 신실하신 분이심을 바울이 언제나 알고 있었다는 던

---

12 Francis Watson, "The Triune Divine Identity: Reflections on Pauline God-Language, in Disagreement with J. D. G. Dunn," *JSNT* 80 (2000): 99-124. 또한 바울에 관한 Dunn의 견해 안에 암묵적으로 자리한 시각, 곧 기독교를 "계약적"으로 보는 시각을 설명하는 Douglas Campbell의 리뷰를 보라("The ΔΙΑΘΗΚΗ from Durham: Professor Dunn's *The Theology of Paul the Apostle*," *JSNT* 72 [1998]: 91-111). 물론 Dunn의 작업이 그러한 광범위한 비평과 대화를 낳았다는 사실은 Dunn의 작업이 갖는 중요성을 나타내 준다.

의 주장은 옳다.[13] 그러나 바울이 데살로니가의 이방인들을 가리켜 하나님의 사랑을 받는 자들이라고 표현할 때(살전 1:4), 혹은 "할례도 무할례도 아무 것도 아니다"라고 결론을 내릴 때(갈 6:15), 혹은 하나님을 "예수 우리 주를 죽은 자들 가운데서 일으키신 분"으로 밝힐 때(롬 4:24), 앞서 말한 하나님 수식어들은 분명히 한계에 봉착한다. 어떻게 "당연하게 여겨지는" 하나님께서 **불경건한** 자들을 의롭다 하실 수 있는가(롬 4:5)? 던이 제시한 "당연하게 여겨지는" 하나님은 로마서에 반복해서 나오는 "이제(now)"(예: 롬 3:21; 5:9, 11; 6:22; 8:1; 13:11)라는 표현을 이해하기 어렵게 만든다. 하나님의 정체성을 이미 정의된 범주들에 국한시키는 것이 불가능함은 로마서에서 분명히 드러난다. 로마서의 하나님이 실제로 "통제받지 않은 채로 탈출해 있다(on the loose)"라고 말하는 것은 과언이 아니다. 경전에 나온 약속의 하나님은 신실하시지만(롬 1:2), 그 신실함은 예측 가능함을 암시하지 않는다. 하나님은 또한 자유로우시며, 하나님의 심판과 응답에 대한 인간의 기대 방식에 갇혀 계시지 않다.

하나님의 자유를 가리키는 첫 번째 암시는 아마도 편지 서두의 인사말에 제시되는 듯하다. 여기서 바울은 복음을 "그의 선지자들을 통해 성경에서 미리 약속되었던 것"으로 묘사한다(롬 1:2). 이 표현은 이스라엘(선지자들이 그로부터 나왔으며 하나님께서 선지자들을 거기로 보냈다)을 향한 하나님의 헌신을 반영한다. 다시 말해, 이 대목은 하나님의 신실하심에 대한 조상들의 기대감을 환기한다. 그러나 자신의 사도권

---

13 Dunn, *The Theology of Paul the Apostle*, 31-50.

을 묘사할 때, 바울은 "모든 이방인들 가운데서 믿음의 순종"을 기대한다(롬 1:5). 하나님의 행동 범위는 이미 새로운 방향들로 확장된다. 하나님께서는 약속에 신실하시지만, 그것을 성취함에 있어서 제한을 받지는 않으신다.[14]

실제로, 로마서는 "하나님께서는 갇혀 있지 않다. 하나님께서는 통제받지 않은 채로 탈출해 있다"라고 요약될 수 있는 논증을 포함하고 있다. 이 편지의 첫 번째 주요 단락은 앞으로 나올 내용을 내다보면서, 하나님께서 죄와 사망의 완강한 힘에도 불구하고 제한을 받지 않으신다고 주장한다(롬 1:18-8:39). 만약 이것이 사실이라면, 하나님의 자유는 택하심에 관한 어떤 좁고 고정된 정의 방식에 의해 한정되지 않을 것이다(롬 9-11장). 그리고 하나님께서는 인간의 삶에서 "윤리"라고 지칭되는 좁은 범위 안에만 제한되지 않을 것이다(롬 12:1-15:13).

죄와 사망에 응답하시는 하나님의 자유

E. P. 샌더스(Sanders)의 유명한 표현처럼, 바울의 사고 안에서는 해법이 문제보다 선행한다. 그러나 로마서에 나오는 바울의 논증

---

14 물론, 아브라함에게 주어진 약속은 이스라엘에게 주어진 약속으로부터 이방인들 가운데서의 순종으로 옮겨 가는 바울의 흐름을 덜 놀랄 만한 일로 만들 것이다. 그러나 흥미롭게도 바울은 여기서 아브라함을 언급하지 않는다. 경전의 약속과 이방인들의 순종을 병치하는 것은 설명되지 않고 남아 있다.

구조에서는 문제가 해법보다 선행한다.[15] 우리가 본서의 6장에서 보았듯이, 갈라디아서 1장과 빌립보서 3장에서 바울이 가리키는 묵시는 그의 삶에 침입했고 그 삶과 이전의 이해 방식(바울이 이전에 가지고 있던 "해법들")을 부수어 놓았다. 그러나 로마서에서는 복음에 관한 선포가 나온 후(롬 1:17), 인간 조건의 문제에 대해 매우 긴 진술이 나타난다(복음이 그 문제를 폭로한다). 바울은 이 상황을 가차 없는 용어들로 설명한다. 로마서 1:18에서 3:20에 이르기까지, 바울은 율법 아래 있는 이들과 율법 밖에 있는 이들 모두 가운데서 죄가 어느 정도까지 확장되어 있는지 묘사한다. 인류는 하나님을 인정하기를 거부함을 통해서든, 아니면 하나님을 인정하되 그것이 자축의 형태로 왜곡됨을 통해서든, 하나같이 모두 하나님의 영광에 미치지 못한다(롬 3:20). 로마서 3:21-31에서 하나님의 은혜로운 개입이 선언되기 때문에, 독자들은 인간 조건에 대한 탐색이 종결된 것으로 생각할 수 있다. 그러나 로마서 5장에서 그 탐색이 다시 시작된다. 아담을 회상하는 것은 죄와 사망의 권세들이 어떻게 인류 전체를 포로로 잡았는지를 보여준다. 5장의 끝부분은 다시 "자유로운 은혜의 선물"(롬 5:15)에 관해 선포하고, 6장은 인류가 의의 지배 아래로 옮겨졌음을 이야기한다. 그러나 다시 한번, 7:7-25은 이 문제로 되돌아간다. 죄가 율법을 거머쥐고 있으며, 따라서 선한 일을 하려는 인류의 동기조차도 죄에

---

15 E. P. Sanders, *Paul and Palestinian Judaism: A Comparison of Patterns of Religion* (Philadelphia: Fortress, 1977), 442-47. J. Louis Martyn이 논평했듯, Sanders의 논점은 Barth의 *Church Dogmatics*에서 예견되어 있었다(*Galatians* [AB 33A; New York: Doubleday, 1997], 95).

의해 훼손되는 결과를 낳았다는 문제를 언급하는 것이다.

리앤더 켁(Leander Keck)은 이 세 본문들이 나선형으로 움직인다고 통찰력 있게 논평했다. 바울은 "매 차례 인간 조건 안으로 더 깊이 들어가며, 매 차례 복음이 적절한 해독 수단임을 발견한다."[16] 이 나선형 전개는 인류를 손아귀에 사로잡고 있는 죄를 포함할 뿐만 아니라, 또한 하나님의 개입을 포함한다. 여기서, 하나님께서 "통제받지 않은 채로 탈출해 있다"라는 바울의 이해가 작동한다. 그 전개가 진행될수록 하나님의 행동 역시 더 많은 것을 아우른다는 점에서 하나님의 개입 역시 나선형이다.

나선형의 첫 번째 단계는 로마서 3:19-20("우리가 알거니와 무릇 율법이 말하는 바는 율법 아래에 있는 자들에게 말하는 것이니 이는 모든 입을 막고 온 세상으로 하나님의 심판 아래에 있게 하려 함이라 그러므로 율법의 행위로 그의 앞에 의롭다 하심을 얻을 육체가 없나니 율법으로는 죄를 깨달음이니라"[개역개정])에서 절정에 이른다. 이를 뒤따르는 것은 복된 소식에 대한 진술인 3:21-26이며, 이 본문은 흔히 1:16-17의 재진술로 여겨진다. 여기에는 주석적 문제들이 가득하지만, 본문의 전반적 논리는 충분히 명확하다. 모든 인간은 하나님의 영광에 미치지 못하지만, 예수 그리스도 안에 있는 속량의 은혜를 통해 자유로이 바로잡은 상태가 된다. 그 은혜는 그리스도를 내세우신 하나님의 행동의 결과다. 바울이 묘사하는 그 행동

---

16 Leander Keck, "What Makes Romans Tick?" in *Romans* (ed. David M. Hay and E. Elizabeth Johnson; vol. 3 of *Pauline Theology*; Minneapolis: Fortress), 25. 앞으로 나올 내용은 Keck의 분석에 많은 빚을 지고 있다. 그러나 나는 인간의 포로 상태의 나선형 전개보다는 하나님의 행동에 더 주의를 기울인다.

은 일방적인 속성을 갖는데, 왜냐하면 이 바로잡으심의 사건을 성취하는 것은 오직 하나님께서 홀로 행하시는 일이기 때문이다.

그러나 여기서 믿음과 관련된 단서가 붙는다. 3:22은 "하나님의 바로잡으심"이 "예수 그리스도의 신실함을 통해 모든 믿는 자들에게" 임한다고 규정한다.[17] 나는 "모든 믿는 자들"이라는 표현이 하나님의 의의 범위에 제한을 가하지 않는다고 생각하는 편이다. 오히려, "모든 믿는 자들"이라는 말은 오직 믿음이 도래한 사람들만이 하나님이 하신 일을 제대로 알아보는 선물을 받았다는 점을 인정하는 것이다. 그 구문은 고린도전서 1:18("십자가의 도가 멸망하는 자들에게는 미련한 것이요 구원을 받는 우리에게는 하나님의 능력이라"[개역개정])과 비슷한 방식

---

17 NRSV는 피스티스 이에수 크리스투를 목적격적 속격(예수 그리스도에 "대한" 믿음[faith "about" Jesus Christ], 혹은 예수 그리스도"를" 믿는 믿음[faith "in" Jesus Christ])으로 번역하는 관습을 되풀이한다[하지만 NRSV의 최근 개정판인 NRSVue는 이 표현을 주격적 속격으로 간주하여 번역하는 쪽을 택했다 - 역자주]. 그러나 나를 포함해서 오늘날 많은 학자들은 이 구절을 포함한 본문들에 나오는 그 표현을 주격적 속격으로, 곧 예수님의 신실함 혹은 순종(the faithfulness or obedience of Jesus)을 가리키는 의미로 번역하는 것을 선호한다. 참고 문헌은 방대한데, 특히 George Howard, "On the 'Faith of Christ,'" *HTR* 60 (1967): 459-65; Luke T. Johnson, "Romans 3:21-26 and the Faith of Jesus," *CBQ* 44 (1982): 77-90; Morna Hooker, "ΠΙΣΤΙΣ ΧΡΙΣΤΟΥ," *NTS* 35 (1989): 321-42; Richard B. Hays, "ΠΙΣΤΙΣ and Pauline Christology: What Is at Stake?" in *Romans* (vol. 3 of *Pauline Theology*), 35-60; J. D. G. Dunn, "Once More, ΠΙΣΤΙΣ ΧΡΙΣΤΟΥ," in *Romans* (vol. 3 of *Pauline Theology*), 61-81을 보라. 비록 3:22에서 그 표현을 주격적 속격(그리스도의 신실함)으로 다룬다 해도, 그 다음 구문은 아주 명시적으로 "모든 믿는 사람들"과 관계된다.

으로 작동한다. 고린도전서 1:18은 십자가를 바라보는 두 가지 조화될 수 없는 견해를 솔직하게 인정한다. 어떤 이들에게는 십자가가 어리석게 보인다. 하지만 또 어떤 이들에게는 십자가가 하나님의 능력이다.[18] 가장 최근의 주석가들은 이 진술을 하나님의 행동의 범위를 제한하는 것으로 이해하는데, 그 결과 하나님의 구원하시는 의는 오직 신자들에게만 적용된다.[19] 예를 들어, 브렌든 번(Brendan Byrne)은 믿음을 가리켜 속량 작전의 "매개체"로 묘사한다. 이는 믿음을 통해 "하나님께서 죄인들을 신적인 의(righteousness) 가운데로 당겨올 수 있기" 때문이다.[20] 로마서 3-4장에서 바울이 믿음에 관해 언급한 것과 관련해서, 던(Dunn)은 이렇게까지 말한다. 하나님께서는 "하나님을 전적으로 의지하지 않은 자들을 의롭게 하시지 않으실 것이며, 그런 이들을 관계 가운데 붙드시지 못할 것이다"(던은 실제로

---

18 이 본문과 고후 5:16-17에 대해서는 J. Louis Martyn, "Epistemology at the Turn of the Ages," in *Theological Issues in the Letters of Paul* (Nashville: Abingdon, 1997), 89-110을 보라.
19 이 일반화된 설명에 있어서 중요한 예외는 Paul W. Meyer이다. 그는 "믿음은 하나님께서 일하실 수 있게 되기 전에 인간 편에서 성취되어야 할 선행 조건을 의미하지 않는다"고 말했다("Romans," *HarperCollins Bible Commentary* [ed. James L. Mays et al.; rev. ed.; New York: HarperCollins, 2000], 1048). Meyer의 훌륭한 로마서 주석은 이제 Paul W. Meyer, *The Word in This World: Essays in New Testament Exegesis and Theology* (ed. John T. Carroll; NTL; Louisville: Westminster John Knox, 2004), 151-218에서 접할 수 있다.
20 Brendan Byrne, *Romans* (SP; Collegeville, MN: Liturgical Press, 1996), 127. 비슷한 논평으로는 J. A. Fitzmyer, *Romans* (AB 33; New York: Doubleday, 1993), 342, 350; Douglas J. Moo, *The Epistle to the Romans* (NICNT; Grand Rapids: Eerdmans, 1996), 224-26을 보라.

하나님께서 '못 하신다[could not]'라고 말했다!).²¹ 관습적인(그리고 다수의) 견해를 감안한다면, 로마서의 첫 번째 사이클이 다음과 같은 확신을 반영한다고 결론 내릴 수 있을 것이다. 복음은 이제 하나님께서 죄를 다른 방식으로 다루신다는 점을 드러낸다. 하나님을 거부하는 인간의 완고함은 당신의 아들을 내어 주신 하나님과 맞닥뜨린다. 하나님의 내어 주심은 모든 믿는 자들에게 효력을 발휘한다.

그러나 이것은 하나님의 속량 행위의 범위에 관해서 바울이 로마서에서 언급하는 마지막 진술이 아니다. 바울은 나선형 진행의 두 번째 단계에서, 하나님께 대항하는 인간의 반역의 범위뿐만 아니라, 인류가 죄와 사망의 권세에 포로로 사로잡혀 있다는 점을 소개한다. 죄는 아담의 범죄를 통해 세상에 "들어왔고", 그와 더불어 사망과 사망의 피할 수 없는 완강한 지배가 도래했다. 그러나 바울은 아담의 행위의 보편적 결과가, 그리스도의 은혜로운 죽음 안에서 그와 동일하게 보편적인 결과와 만난다는 점을 발견한다. "따라서, 한 사람의 범법이 모든 사람들의 정죄를 초래했듯이, 한 사람의 의로운 행동이 모든 사람들을 바로잡는 결과를 가져왔다"(롬 5:18).

이 진술을 제한적으로 해석하는 숱한 해석들이 실패하는 까닭은, 오직 하나님의 복음의 범위가 "모두"를 포함할 때만 바울이 제시하는 비교가 성립될 수 있기 때문이다.²² 사망을 가져온 아담의 행

---

21 Dunn, *The Theology of Paul the Apostle*, 379.
22 특히 M. Eugene Boring, "The Language of Universal Salvation in Paul," *JBL* 105 (1986): 269-92; and Richard H. Bell, "Rom 5.18-19 and Universal Salvation," *NTS* 48 (2002): 417-32을 보라. 이 훌륭한 연구들 모두 바울의 담

동(인간 영역 전체를 침입한 행위)과 생명을 가져온 그리스도의 행동을 대조하면서, 그리스도의 행동이 오직 몇몇 사람들에게만, 혹은 오직 응답하는 사람들에게만 적용된다고 주장하는 것은 이치에 맞지 않다. 찰스 B. 카우저(Charles B. Cousar)는 직접적으로 이렇게 표현했다. "그리스도는 '잠재적으로' 모든 이들이 생명을 누릴 수 있게 만드셨으며, 그 잠재성을 현실로 바꾸어 놓기 위해서는 믿음이 필요하다는 식으로 말하는 것은 이 본문 어디에서도 찾아볼 수 없다. (분명, 사망은 잠재적 운명으로 상상되는 게 아니다.)"[23] 비록 나선형 전개의 첫 번째 단계가 하나님의 속량의 행위를 오직 믿는 자들에게만 관련시켰다 하더라도, 두 번째 단계는 그렇지 않다.[24]

세 번째 단계에서 나선형이 더 포괄적이 되지는 못한다. 다만 더욱 침입적이 된다. 본서의 8장과 9장에서 보았듯이, 죄의 권세는 심지어 하나님의 선하고 거룩한 도구인 율법까지도 이용하고, 옳은 일을 하려는 칭찬할 만한 갈망까지도 부패하게 만들 수 있을 정도다.

론 내의 여러 영역들을 구분한다. Boring은 제한된 범위의 구원에 대한 언명들은 재판관으로서의 하나님 이미지를 반영하며, 보편적 구원에 대한 언명들은 왕으로서의 하나님 이미지를 반영하는 것으로 여긴다(특히 291쪽). Bell은 롬 5장의 포괄적 진술들이 "신화적 관점"을 반영하는 것으로 이해하며, 이는 롬 11:25-32에 사용된 역사적 틀과 구분된다(특히 430쪽).

23 Charles B. Cousar, "Continuity and Discontinuity: Reflections on Romans 5-8," in *Romans* (vol. 3 of *Pauline Theology*), 203-4.
24 그와 반대로, 롬 5-8장이 "죄와 구원의 도식"이 아니라 어떻게 이방인들이 "순종에 이르는지"와 관련되어 있다는 Stanley Stowers의 주장을 보라 (*A Rereading of Romans: Justice, Jews, and Gentiles* [New Haven, CT: Yale University Press, 1994], 251).

바울은 나선형의 마지막 단계에서 하나님의 응답에 관해 말한다. 그러나 이 경우, 그 응답은 믿는 자들을 위한 하나님의 의로서 그리스도를 내세우는 것이 아니다. 예수님의 죽음이 모든 이들을 위해 죽음을 격퇴시켰다는 것도 아니다. 여기서 하나님의 응답은 죄 자체를 정죄하는 것이며(롬 8:3), 인류뿐 아니라 우주 전체를 해방하는 것이다. 로마서 8장의 마지막 단락은 하나님의 행동의 나선을 그 완성으로 이끌어 간다. 하나님께서 "자신의 아들을 아끼지 않으셨다"라는 것은 3:21-31 및 5:6-21의 표현을(심지어 인간의 반역까지도 하나님의 은혜가 충분히 덮으신다는 것을 예수님의 죽음이 드러낸다는 주장과 더불어서) 상기시킨다. 예수님의 죽음 안에서 죄를 물리치신 하나님께서는 하나님의 권세에 대항하는 모든 다른 권세들 또한 마침내 물리치실 것이다(또한 고전 15:24-28을 보라).

인간 조건의 하향하는 나선은 하나님의 개입의 "상향하는" 나선에 의해 상쇄되고도 남는다. 하나님은 결코 죄와 사망에 의해 제한받지 않으신다. 하나님은 그분의 모든 대적들을 마침내 물리치실 것이기 때문이다. 하나님은 "통제받지 않은 채로 탈출해 있다."

하나님의 자유와 이스라엘을 택하심

로마서 9-11장의 윤곽과 그 일관성을 두고서는 학자들 사이에 치열한 의견 다툼이 있지만, 로마서 안에서 이 장들은 근본적으로 하나님의 신실하심에 관한 내용이라는 점에 대해서는 대체적인 의

견의 합의가 존재한다.²⁵ 로마서 1-8장의 중요한 특징들은 하나님의 신실하심에 관한 질문을 부각시킨다. 만약 로마서 1-3장이 강하게 주장하듯이 유대인과 헬라인 사이에 "차이가 없다"면, 이스라엘의 택하심은 어떻게 되는 것인가? 만약 이스라엘의 택하심이 무효로 이해되어야 한다면, 그것은 하나님에 관해 무엇을 시사하는가? 웨인 믹스(Wayne Meeks)가 지적했듯이, 만약 하나님께서 이스라엘을 향한 부르심을 저버린다면, 이방인들은 하나님께서 자신들을 버리지는 않으시리라는 것을 신뢰할 만한 이유가 전혀 없다.²⁶

바울은 잠재적으로 재앙적인 이 결론에 응답하고자 하나님의 신실하심에 관한 논증을 정교하게 시작한다. 바울은 "하나님의 말씀"이 실패한 것이 아니며(롬 9:6), 하나님께서는 절대로 이스라엘을 거절하지 않으셨다고 주장한다(롬 11:1-2). 이사야와 더불어 바울은 하나님께서 이스라엘에게 끊임없이 손을 내미셨음을 상기시킨다(롬 10:21).²⁷ 하나님께서는 변덕스러운 분이 아니지만, 이는 하나님께서

---

25 롬 9-11장을 다룬 문헌의 양은 방대하다. 하나님의 신실하심에 관한 질문을 다룬 최근의 중요한 저술로는 Paul Meyer, "Romans," 1060-66; E. Elizabeth Johnson, "Romans 9-11: The Faithfulness and Impartiality of God," *Romans* (vol. 3 of *Pauline Theology*), 211-39; Douglas Moo, "The Theology of Romans 9-11," *Romans* (vol. 3 of *Pauline Theology*), 240-58이 있다.

26 Wayne Meeks, "On Trusting an Unpredictable God," in *In Search of the Early Christians* (ed. Allen R. Hilton and H. Gregory Snyder; New Haven, CT: Yale University Press, 2002), 213.

27 롬 9-11장에 나타나는 이사야의 다층적 목소리에 관해서는, 최근의 중요한 연구인 J. Ross Wagner, *Heralds of Good News: Isaiah and Paul "in Concert" in the Letter to the Romans* (NovTSup 101; Leiden: Brill, 2002)를 보라.

예측 가능한 분이라는 뜻이 아니다.[28] 로마서의 이 부분은 신실함을 예측 가능성으로 축소시키는 것을 허락하지 않는다. 하나님의 신실하심에 대한 바울의 이해가 마태의 이해와 잘 어울릴 수 있을지는 분명하지 않다. 마태에게 있어서 예수님의 삶의 사건들은 매우 특정한 구약 본문들을 성취하기 때문이다(예: 마 1:22-23; 2:17-18). 반대로, 하나님의 신실하심을 위한 바울의 논증은 사실상 하나님의 자유에 관한 몇몇 놀라운 주장들에 기반한다.

하나님의 자유에 관한 가장 분명한 단언은 로마서 9:6-30에 나오며, 거기서 이스라엘의 역사는 하나님의 부르심의 역사로 묘사된다. 이스라엘 사람들을 묘사하는 첫 대목에서 그들은 "양자됨, 영광, 언약들, 율법 수여, 예배, 약속들"이 주어진 민족으로 묘사된다(롬 9:4). 이 묘사는 앞서 언급한 요소들이 이스라엘의 **소유물**임을 암시할 수 있으나, 그 뒤에 따라 나오는 내용은 그런 결론을 허락하지 않는다. 하나님께서는 이삭에게 자비를 베푸시기를 **선택**하셨다. 하나님께서는 바로의 마음을 완고하게 하시기를 **선택**하셨다. 바울의 논증의 중심축이 되는 것은 9:11-12에 나오는 말씀인데("그리하여 하나님의 선택의 목적이, 행위들이 아니라 그분의 부르심에 의해 계속되도록 하기 위함이다"), NRSV성경에서는 아쉽게도 이 문장을 괄호 안에 넣어 처리했다. "선택의 목적"이라는 표현은 "목적"과 "선택"이라는 두 명사가 합

---

28 Wayne Meeks가 다음과 같이 언급했듯이, 신뢰와 확실성은 동일한 것이 아니다. "[롬 9-11장의] 독자들은, 신뢰가 하나님께서 미래에 확실히 어떻게 행동하실지를 아는 것에 달려 있다고 생각해서는 안 된다"(On Trusting an Unpredictable God," 212).

해진 것인데, 두 단어가 합쳐져 나오는 사례는 신약성경 다른 곳에서는 찾아볼 수 없다. 둘 중 하나만 써도 하나님의 주도권에 관한 논점을 충분히 전달할 수 있으나, 로마서에서는 두 단어를 함께 사용하여 하나님의 역할을 강조하는 느낌표처럼 작동한다. "행위들이 아니라 그분의 부르심에 의해"라는 추가적인 표현은 진술 전체를 굵은 글씨로 강조한다. 오직 하나님의 택하심만이 하나님 앞에서 이스라엘의 지위를 설명해 준다.

만약 하나님께서 어떤 이들은 택하시고 어떤 이들은 택하지 않으신다면, 그것은 하나님의 자유를 반영할 뿐이며 불평의 근거가 되지 못한다(롬 9:19-23). 오히려, 하나님께서는 "이방인들 중에서도" 택하신다(롬 9:24). 바울은 이스라엘의 회복에 관한 호세아의 말을 인용함으로써 이 점을 역설적으로 강조한다. 하나님의 자유가 작동하고 있다는 사실은, 닐 리처드슨(Neil Richardson)이 입증했듯이 이 본문을 다른 유대교 텍스트들과 나란히 놓고 읽을 때 더욱 분명해진다. 예를 들어, 희년서의 저자는 아브라함이 야곱에게 축복하기 전에 야곱과 에서가 상대적으로 어떤 장점을 가지는지에 관한 평가를 집어넣는다(희년서 19:13-14; 20:10-24). 필론은 그들의 성품이 나중에 가서 무엇을 드러낼지 하나님께서 미리 아신다는 점을 강조한다(*Allegorical Interpretation* 3.88-89). 이들 모두가 하나님의 택하심에 관해 언급하지만, 바울은 택함 받은 이가 어떤 자격이 있다라고는 전혀 암시하지 않는다는 점에서 독특하다.[29]

---

29 Richardson, *Paul's Language about God*, 26-94.

하나님의 신실하심을 특징짓는 자유에 대한 또 다른 예시는 로마서 9:32하-33에 나오며, 바울은 "거치는 돌"에 대한 이사야의 표현을 활용한다. 이사야서 본문과 그것의 전달 과정 및 해석에 대한 복잡한 질문들은(로마서에서 거치는 돌이 무엇을 가리키는지가 논쟁점이라는 것은 말할 것도 없이) 이 본문에 호소하는 것을 매우 위험스런 시도로 만든다.[30] 그러나 내 논점은 이러한 질문들을 어떻게 해결하는지에 달려 있지 않다. 달음질하지 않았던 이방인들이 경주에서 이기며, 동일한 경주에서 이스라엘의 달음질은 실패했다는 역설을 언급하면서, 바울은 "그들[즉, 이스라엘]이 거치는 돌에 발이 걸렸다"(롬 9:32하)라고 주장한다. 그리고 바울은 칠십인역 이사야서 28:16을 수정하여 사용하는데, 그 본문은 본래 하나님을 가리켜 고정되고 안정적이며 기초가 될 돌을 놓으시는 분으로 묘사한다. 그러나 그 인용문의 한가운데에 바울은 이사야서 8:14을 집어넣는데, 그렇게 함으로써 '기초가 될 돌'을 '거치는 돌'로 대체해 버린다. 다른 말로 하면, 폴 마이어(Paul Meyer)가 지적하듯, 여기서 바울은 하나님께서 "자신의 백성 가운데 안정감의 기반인 동시에 그 백성이 걸려 넘어질 장애물이 되는 것을 놓는" 행동을 하신다고 보는 것이다.[31] 강건한 기초여야 할 것을 이스라엘을 넘어뜨리는 무엇인가로(그럼에도 신뢰될 만한 무엇인가로; 33절 끝을 보라) 바꾸어 놓음으로써, 여기서 하나님은 이스라엘의 속량을 위한 속임수꾼(trickster)이 된다.

---

30 특히 Wagner, *Heralds of Good News*, 126-57을 보라.
31 Meyer, "Romans," 1062.

하나님의 자유는 다시금 11장에서 이스라엘과 이방인들을 하나님께서 다루시는 것과 관련된 논증 가운데 표현된다. 바울이 현재와 미래의 사건들을 이해하는 바에 따르면, 이스라엘의 불신앙은 이방인들의 구원으로 이어졌으며, 이는 이스라엘이 시기하도록 자극할 것이다(롬 11:11-12). 여러 학자들은 로마서 11장을 "종말의 순례" 전통과 연결시킨다. 이 전통에 따르면, 마지막 때에 이스라엘의 회복이 있을 것이며, 이방인들이 거기에 응답하여 예루살렘으로 몰려들 것이다.[32] 만약 순례 전통이 어떤 방식으로든 여기서 작동하고 있다면, 바울은 그 전통의 복잡한 반전의 책임을 하나님께 돌리는 셈이다. 여기서 이방인들로 하여금 하나님을 인정하도록 초대하는 계기는, 이스라엘의 승리(이스라엘의 회복)가 아니라 이스라엘의 실패(이스라엘이 복음을 거부한 것)다. 덧붙여, 로마서 9-11장에서는 이방인들이 이스라엘을 속량으로 이끄는 것이지, 그 반대가 아니다. 가장 중요한 차이는 이것이다. 종말의 순례 전통과 연관된 많은 텍스트들은 이스라엘의 신원, 곧 외부 세력에 의한 압제로부터의 해방, 유배에서의 귀환에 관심을 갖는다(예를 들어, 사 60:1-22; 렘 31:1-24; 겔 20:33-34; 슥 8:1-23; 14:10-11; 바룩서 4:36-37; 5:1-9; 희년서 1:15-18). 그와 반대로, 바울은 이스라

---

32 분명 몇몇 유대교 본문들은 이방인들의 속량이 아니라, 이스라엘의 대적인 이방인들의 멸절을 기대했다. 본문들 및 그와 유관한 논쟁을 개괄한 Terence L. Donaldson, *Paul and the Gentiles: Remapping the Apostle's Convictional World* (Minneapolis: Fortress, 1997), 69-74; E. P. Sanders, *Jesus and Judaism* (Philadelphia: Fortress, 1985), 77-119 [=『예수와 유대교』(알맹e, 2022)]; idem, *Judaism: Practice and Belief, 63 BCE-66 CE* (London: SCM, 1992), 291-92을 보라.

엘의 신원보다는 하나님의 신원에 관심을 갖는다.

　이처럼 하나님의 자유를 가리키는 지표들은 로마서 9-11장의 가능성들 혹은 문제들을 모두 해소하지 않는다. 그러나 그것들은 "당연하게 여겨지는 것"이라는 측면에서 하나님의 신실함이 미리 예견될 수 있다는 관념을 약화시키기에 충분하다. 하나님께서 이스라엘에게 주신 옛 약속을 성취하시는 가운데서도, 하나님은 그 성취에 대한 협소한 이해에 제한될 수 없다. 앎에 대해 고린도후서 5장에서 바울이 말하는 것을 상기해 보는 것이 도움이 될 것이다. 그 중요한 본문에서 바울은 인간의 방식대로(κατὰ σάρκα[카타 사르카]) 아는 것과, "이제" 예수 그리스도 안에 있는 하나님의 묵시의 빛 가운데서 아는 것을 구분한다(고전 5:16). 십자가 자체가 다르게 이해되듯이(고전 1:18), 그리스도뿐만 아니라 모든 사람들이 다르게 이해된다. 같은 방식으로, 로마서 9-11장은 하나님의 신실하심이 단순히 인간적 방식으로 인식될 수 있는 신실함이 아님을 암시한다. 바울은 십자가 하나님의 능력과 지혜이지만, 그 사실을 볼 수 있는 선물이 모든 사람들에게 주어지지는 않았음을 안다. 그런 바울이 볼 때, 새로운 시각의 선물을 받은 이들에게는 하나님의 신실하심 역시 다르게 인식될 수 있다는 점이 분명했을 것이다. 거절이나 심지어 변덕처럼 보이는 것은 단지 하나님의 신실하심이 지닌 특징이다. 로마서 11장의 끝에 나오는 찬송은 하나님의 판단을 측량할 수 없고 하나님의 길을 찾을 수 없다는 선언과 더불어 바로 그 점을 강조하는 듯하다.

하나님의 자유와 윤리의 문제

로마서 11장의 결론과 더불어 바울은 로마서 본론의 마지막 부분, 흔히 "윤리적" 혹은 "권면적"이라고 지칭되는 단락으로 직행한다.[33] 그런 지칭에 담긴 전제는 바울이 이제 하나님의 행하심에 대한 설명을 마치고 그 행하심이 신자들에게 요구하는 바를 설명하는 작업으로 넘어갔다는 것이다. 이러한 구분법에는 많은 문제들이 있는데, 그중에서도 특히 문제가 되는 것은 하나님의 행하심이 12:1-15:13에서도 계속해서 주도적으로 나타난다는 점을 이 구분법이 놓치고 있다는 점이다. 로마서 1-11장에서처럼, 12-15장에서도 역시 하나님께서는 "통제받지 않은 채로 탈출해 있다." 하나님의 요구들이 인간의 삶의 한 단면 혹은 일부분에만 국한될 수 없다는 의미에서 말이다.

로마서의 12-15장을 여는 두 구절(12:1-2, "그러므로 형제들아 내가 하나님의 모든 자비하심으로 너희를 권하노니 너희 몸을 하나님이 기뻐하시는 거룩한 산 제물로 드리라 이는 너희가 드릴 영적 예배니라 너희는 이 세대를 본받지 말고 오직 마음을 새롭게 함으로 변화를 받아 하나님의 선하시고 기뻐하시고 온전하신 뜻이 무엇인지 분별하도록 하라"[개역개정])은 일반적으로 그 뒤에 따르는 내용을 개괄해 준다고 여겨진다. 스탠리 스타워스(Stanley Stowers)는 두 구절이 로마의 신자들

---

[33] 로마서의 이 부분을 다루는 학술 문헌은 바울의 권면의 원천이 된 자료를 밝혀내는 것에, 그리고 이 부분의 내용과 로마에서의 상황 사이의 관계(어떤 관계가 있다면)를 밝혀내는 것에 특별히 치중했다. 그러한 어려운 질문들은 본장의 범위 안에서 다룰 수 없다.

에게 "자신의 정신을 새롭게 해야 한다"라고 강렬히 주장하고 있다고 묘사했다.[34] 그러나 로마의 신자들은 그렇게 엄청난 일을 정확히 어떻게 해야 성취할 수 있는 것인가? 바울은 "하나님의 자비하심"에 대한 호소와 더불어 12-15장을 연다. 이 표현은—최소한으로 말해 보자면—이후에 따르는 내용을 인류를 향한 하나님의 자비로운 활동과 연결시킨다. 하나님의 그 자비로운 활동은 이르게는 로마서 1장에서 먼저 소개되었으나 가장 가깝게는 9-11장에서 이스라엘과 이방인과 관련하여 요약된 것이다.

"하나님의 자비하심으로"(롬 12:1)라는 표현은 하나님의 활동에 대한 호소를 가리키는 것 그 이상이다. 만약 그 호소가 마치 하나님께서 거래의 신적인 몫을 다 행하셨으므로 이제 남은 몫을 수행해 전체 과업을 완성하는 것은 인간에게 달려있다는 의미라면, "하나님의 자비하심으로"라는 표현은 그보다 훨씬 더 큰 의미를 담고 있다고 할 수 있다. 여기서 "-[의]로" 번역된 전치사 διά(디아)는 흔히 수단이나 도구(그것을 통해 무엇인가가 일어난다)를 가리키는 것이지, 단순히 부대 상황을 의미하는 것이 아니다. 바울이 로마서 12:1-2에서 재현한 삶을 인간들이 정말로 살 수 있게 되는 것은 오직 하나님의 자비하심으로만 가능한 일이다. 바울이 제시하는 권면들조차도 하나님의 계속되는 개입 없이는 성취될 수 없다.

하나님의 역할은 "너희 생각들을 새롭게 함으로 변화되어라"라는 권면에서도 사라지지 않고 계속된다(12:2). 수동태인 "변화되다"

---

34 Stowers, *Rereading Romans*, 318.

라는 말이 핵심이다. 인간들은 자신의 생각을 스스로 변화시킬 수 없다. 실제로, 로마서 1:21-22에서 바울은 헛되고 우둔한 생각을 죄의 문제와 연관시키며, 인류는 그런 상태로부터 건짐을 받아야 한다고 말한다. 여기서 수동태가 신적 수동태임은 거의 분명해 보이며, 이는 하나님께서 인간의 생각을 새롭게 하심을 가리킨다.

이어지는 몇 장들을 훑어보기만 해도, 바울에게 있어서 12:1-2은 하나님에 대해 몇 마디를 잠깐 떠드는 것 정도가 아님을 알 수 있다. 다시 말해, 이 두 구절은 인간을 자율적인 윤리 행위자로 상상하는 단락으로 전환하기 위한 도입부 장식이 아니다.[35] 각 사람에게 은사를 할당하시는 분은 하나님이며(롬 12:3), 지체들이 서로 관계 맺는 방식을 이끄는 것은 그리스도의 몸이다(롬 12:5). 다른 신자들의 식습관을 판단하는 것은 오직 하나님의 권한이지 다른 누구의 권한도 아니다. 로마서 15:1-2과 15:7에서 결론격으로 나오는 호소는 모두 기도로 끝을 맺는다(롬 15:5-6, 13). 그리고 그 기도는 하나님께서 이 권면들을 성취하는 선물을 주신다고 여긴다.

> 이제 인내와 위로의 하나님이 너희로 그리스도 예수를 본받아 서로 뜻이 같게 하여 주사, 한마음과 한 입으로 하나님 곧 우리 주 예수 그리스도의 아버지께 영광을 돌리게 하려 하노라. (15:5-6, 개역개정)

---

[35] 바울의 신학을 바울의 윤리로부터 분리시키는 일의 문제점에 대해서는, 특히 J. Louis Martyn, "De-apocalypticizing Paul: An Essay Focused on *Paul and the Stoics* by Troels Engberg-Pedersen," *JSNT* 86 (2002): 61-102을 보라.

소망의 하나님이 모든 기쁨과 평강을 믿음 안에서 너희에게 충만하게 하사 성령의 능력으로 소망이 넘치게 하시기를 원하노라. (롬 15:13, 개역개정)

하나님의 역할을 떠올리게 하는 부분에서 일종의 안도감을 느낄 수 있다. 그러나 12:1-2의 나머지 부분은 안도감보다는 불편함을 자아내는 경향이 있다. 널리 인식되듯이, 바울은 보통 제의적(cultic) 상황에서 발견될 만한 언어 표현을 여기에서 사용한다.[36] "희생 제사"는 분명히 종교적인 준수의 맥락에 속한다. 그러나 "예배"로 번역되는 그리스어 단어(λατρεία[라트레이아]) 역시 신을 향한 경의를 가리키는 일반적 용어가 아니라 제의와 관련된 특수한 함의를 갖는다.

이러한 제의적 언어의 맥락에서, 바울은 "너희 몸들을 드리라"라고 로마 그리스도인들에게 촉구한다. "산(살아 있는)"과 "거룩한" 이라는 형용사들 때문에 독자들은 여기서 다른 희생 제의에 대한 바울의 비판을 추론해 내곤 한다. 즉, 바울이 그리스도인이 드리는 제사가 이교 의례의 제사나 혹은 예루살렘에서의 희생 제사 관습보다도 더 우월하다고 암시적으로 말하고 있다는 것이다. 그러한 다른 제의에 대한 비판의 경우 분명 히브리서에서는 발견될 수 있다. 하지만 바울의 관심사는 복음의 활동의 포괄적인 특성에 관해 긍정적인 주장을 펼치는 것이다. "몸"(σῶμα[소마])은 사람의 물리적 측면을 포함하면서도 동시에 사람 전체를 가리킨다. 더욱이 여기서 바울의

---

36   Fitzmyer, *Romans*, 640; Moo, *The Epistle to the Romans*, 750-51.

표현은 복수의 "너희의 몸들"이지 단수로 "너의 몸"이 아니다. 이는 바울의 호소가 고립된 개인에게 주어진 것이 아니라 신자들이 이루는 몸 전체를 향한다는 것을 시사한다. 에른스트 케제만(Ernst Käsemann)은 이 본문에 대한 고전적인 논의에서 두 가지 특징을 잘 표현해 냈다. 케제만의 논평에 따르면, 바울에게 있어서 몸은 다음과 같다.

> 의사소통을 하는 [인간의] 능력이며, 인간이 자신을 둘러싼 세상 안에 포함되어 있다는 현실을 가리킨다. 하나님께서 우리의 체성(corporeality)에 대해 권리 주장을 하시는 것은 그분이 세상을 더 이상 세상 자체에만 맡겨 두지 않기 때문이다. 우리가 몸으로 순종하는 것은 하나님께서, 우리 안에서 그리고 우리와 더불어, 세상을(우리는 그 안의 한 부분이다) 그분을 섬기는 일을 위해 다시금 부르셨다는 사실을 표현하는 것이다.[37]

그렇다면, 하나님의 부르심은 신자들이 다 함께 자신을 하나님께 드리는 것이며, 이것이 올바른 예배의 형태다. 로마서 12:1-2은 우리에게 숨을 곳을 전혀 제공하지 않는다. 바울이 그리스도인으로서의 행동 양식과 삶의 "나머지" 부분 사이의 구별을 전혀 생각하지 않았다는 점이 여기서 분명해진다. 여기 사용된 제의적 언어 표현

---

[37] Ernst Käsemann, "Worship and Everyday Life," in *New Testament Questions of Today* (trans. W. J. Montague; Philadelphia: Fortress, 1969), 191.

은 제의적 행위에만 국한될 수 없다. "너희의 몸들"을 드리라는 것은 곧 존재 전부를 드리라는 것이다. 다시금 케제만의 말이 도움이 된다. 케제만은 이 본문을 두고 더 이상 제의적 생각을 위한 자리가 없다고 주장했다. 그 까닭은 로마서 12:1-2에서 제의 언어의 사용 자체가 역설적으로 인간의 삶에 찾아온 대격변이 얼마나 광범위한 것인지를 보여 주기 때문이다. 더 이상 "속된 것"은 아무것도 없고, 더 이상 "거룩한 것"도 아무것도 없다. 오직 "거룩한 사람들의 공동체와 그들이 주님을 섬기기 위해 스스로를 포기하는 것"을 제외하고 말이다.[38] 여기서 우리는 마가복음에서 성전 휘장이 찢어진 장면의 바울 버전을 보게 된다. 세상을 자신의 것으로 되찾으시는 하나님으로부터 안전을 보장해 줄 장소는 존재하지 않는다. 하나님의 요구는 모두를 향한다.

하나님께서 "통제받지 않은 채로 탈출해 있다"

북미성서학회(Society of Biblical Literature)의 바울신학 그룹의 작업이 완료된 것을 반추하면서, 폴 W. 마이어(Paul W. Meyer)는 그 논의에 참여했던 많은 이들이 바울의 **신학**(theology, 즉 고정된 내용, 일련의 일관된 사상들)에 대한 논의에서 떠나서 바울의 **신학화**(theologizing, 즉 계속되는 활동)에 대한 논의를 향해 움직여 갔다고 평가했다. 그러나 마이어는 논의의 기여자들이 종종 반영했던 전제가 다음과 같았다고 언급한다.

---

38 Ibid., 192.

곧 학자들의 전제는 바울이 하나의 고정된 지점(그의 신학적 신념들)에서 출발했으며, 발전이 요청되는 상황에 따라 그 고정된 지점에 수정을 가했다는 것(신학화)이다. 마이어의 주장에 따르면, 실제 과정은 그 반대였다. 바울의 신학 혹은 신념들은 바울의 출발점이 아니었고, 오히려 최종 결과물이었다. 다른 말로 하면, 바울은 사건들의 빛 가운데서 자신의 신념들을 수정하고 재구성했다.[39] 중요한 점은 이것이다. 마이어에게 있어서, 바울신학이 이러한 측면을 지녔다는 것은 변화하는 목회적 상황만을 반영하지 않으며, 바울의 정신적 과정의 특이한 점을 반영하는 것도 아니다. 오히려, 바울의 신학 가운데 이러한 유동성이 있었다는 것은 복음 자체와 관련이 있다. "전통적인 언어 표현들, 개념들, 신념들과 범주들 전체를 수정하고 재구성하도록 **몰아붙인**" 것은 다름 아닌 예수 그리스도의 십자가형과 부활이었다.[40]

로마서에 나타나는 하나님의 활동에 대해 지금까지 예비적인 차원에서 반추해 본 것은 마이어의 제안을 확증해 준다. 구원을 위한 복음의 능력에 관한 서두의 선언(롬 1:16, "내가 복음을 부끄러워하지 아니하노니 이 복음은 모든 믿는 자에게 구원을 주시는 하나님의 능력이 됨이라 먼저는 유대인에게요 그리고 헬라인에게로다"[개역개정])에는 모호한 부분이 다수 들어 있다. 이 사실은 비평적 주석서를 아무것이나 펼쳐 훑어 보아도 확인된

---

39 Paul W. Meyer, "Pauline Theology: A Proposal for a Pause in Its Pursuit," in *Looking Back, Pressing On* (vol. 4 of *Pauline Theology*), 140-60 (또한 in *The Word in This World*, 95-116에서도 접할 수 있다).
40 Ibid., 159.

다. 구원을 주시는 하나님의 능력이 죄와 사망의 막강한 통치를 물리칠 수 있는 전부라는 사실은, 오직 편지의 진행을 통해서만 분명해진다. 구원을 주시는 하나님의 능력은 이전에는 배제되었던 이방인들을 끌어안는다. 심지어 현재는 귀가 먹은 이스라엘에게까지 확장된다. 그리고 구원을 위한 하나님의 능력은 "예수 그리스도에게 속하도록 부르심을 받은"(롬 1:6) 자들의 전적인 섬김을 가능하게 하며 또한 그것을 요구한다. 강조해서 말하지만, 하나님은 "당연하게 여겨지는" 분이 아니다. 마가복음의 끝에 나온 하나님 못지않게, 로마서에 나온 하나님 역시 "통제받지 않은 채로 탈출해 있다."

약어표

AB	Anchor Bible
ABR	*Australian Biblical Review*
ACW	Ancient Christian Writers
ALGHJ	Arbeiten zur Literatur und Geschichte des hellenistischen Judentums
ANTC	Abingdon New Testament Commentaries
BDAG	Bauer,W., F.W. Danker,W. F.Arnst, and F.W. Gingrich. *Greek English Lexicon of the New Testament and Other Early Christian Literature*. 3d ed. Chicago, 1999.
BETL	Bibliotheca ephemeridum theologicarum lovaniensium
BHT	Beiträge zur historischen Theologie
BZNW	Beihefte zur Zeitschrift für die neutestamentliche Wissenschaft

CBC	Cambridge Bible Commentary
CBQ	*Catholic Biblical Quarterly*
CJT	*Canadian Journal of Theology*
CNT	Commentaire du Nouveau Testament
ConBNT	Coniectanea neotestamentica
CRBR	*Critical Review of Books in Religion*
DBAT	*Dielheimer Blätter zum Alten Testament und seiner Rezeption in der Alten Kirche*
EKKNT	Evangelisch-katholischer Kommentar zum Neuen Testament
ETR	*Etudes théologiques et religieuses*
ExAud	*Ex auditu*
ExpTim	*Expository Times*
FRLANT	Forschungen zur Religion und Literatur des Alten und Neuen Testaments
HDR	Harvard Dissertations in Religion
HNT	Handbuch zum Neuen Testament
HNTC	Harper's New Testament Commentaries
HR	*History of Religions*
HTKNT	Herders theologischer Kommentar zum Neuen Testament
HTR	*Harvard Theological Review*
IBS	*Irish Biblical Studies*
ICC	International Critical Commentary
Int	*Interpretation*

JBL	*Journal of Biblical Literature*
JSNT	*Journal for the Study of the New Testament*
JSNTSup	Journal for the Study of the New Testament: Supplement Series
KEK	Kritisch-exegetischer Kommentar über das Neue Testament (Meyer-Kommentar)
KJV	King James Version
LCL	Loeb Classical Library
LS	*Louvain Studies*
LSJ	Liddell, H. G., R. Scott, H. S. Jones. *A Greek-English Lexicon*. 9th ed. with revised supplement. Oxford, 1996
LXX	Septuagint
MM	Moulton, J. H., and G. Milligan. *The Vocabulary of the Greek Testament*. London, 1930. Reprint, Peabody, MA, 1997
NAB	New American Bible
NASB	New American Standard Bible
NCB	New Century Bible
NIB	*New Interpreter's Bible*
NICNT	New International Commentary on the New Testament
NIGTC	New International Greek Testament Commentary
NIV	New International Version

NJB	New Jerusalem Bible
NLT	New Living Translation
NovT	*Novum Testamentum*
NovTSup	Novum Testamentum Supplements
NPNF[1]	*Nicene and Post-Nicene Fathers*, Series 1
NRSV	New Revised Standard Version
NTAbh	Neutestamentliche Abhandlungen
NTL	New Testament Library
NTS	*New Testament Studies*
OBT	Overtures to Biblical Theology
PG	Patrologia graeca. Edited by J.-P.Migne. 162 vols. Paris, 1857–1886
PW	Pauly, A. F. *Paulys Realencyclopädie der classischen Altertumswissenschaft*. New edition G. Wissowa. 49 vols.Munich, 1980
RB	*Revue biblique*
RSR	*Recherches de science religieuse*
RSV	Revised Standard Version
SBLDS	Society of Biblical Literature Dissertation Series
SBLSBS	Society of Biblical Literature Sources for Biblical Study
SBLTT	Society of Biblical Literature Texts and Translations
SBM	Stuttgarter biblische Monographien

SJT	*Scottish Journal of Theology*
SNTSMS	Society for New Testament Studies Monograph Series
SP	Sacra pagina
StudBib	Studia Biblica
TDNT	*Theological Dictionary of the New Testament*. Edited by G. Kittel and G. Friedrich. Translated by G. W. Bromiley. 10 vols. Grand Rapids, 1964–1976
THKNT	Theologischer Handkommentar zum Neuen Testament
TLZ	*Theologische Literaturzeitung*
TTZ	*Trierer theologische Zeitschrift*
TynBul	*Tyndale Bulletin*
USQR	*Union Seminary Quarterly Review*
WA	Weimar Ausgabe, the critical edition of Luther's works
WBC	Word Biblical Commentary
WUNT	Wissenschaftliche Untersuchungen zum Neuen Testament
ZBK	Zürcher Bibelkommentare

고대 자료 색인

구약성경

창세기
창 3:16 169
창 4:1 103
창 4:2 103
창 3:17 161

출애굽기
출 1:16 103

레위기
레 18:5 283

민수기
민 11:12 78
민 12:12 154

신명기
신 2:24 307
신 2:30 307
신 2:31 307
신 2:33 307
신 3:2 307
신 3:3 307
신 7:2 307
신 7:23 307
신 7:24 307
신 20:13 307
신 20:20 307
신 28:7 307

여호수아
수 2:14 307
수 2:24 307, 314

수 6:2 307
수 6:16 307
수 7:7 307
수 8:18 307
수 10:8 307
수 10:12 307
수 10:32 307
수 11:6 307
수 11:8 307
수 21:44 307
수 24:8 307
수 24:10 307
수 24:11 307
수 24:33 307

사사기
삿 2:23 314

사무엘상
삼상 1:20 103
삼상 4:19 103

사무엘하
삼하 7:14 171

열왕기하
왕하 2:12 101

역대상
대상 21:1 348

욥기
욥 1-2장 348
욥 2:6 309
욥 3:16 154

시편
시 19:7[18:8 LXX] 66
시 48:6 171
시 118:18 309
시 119:130[118:130 LXX] 66

전도서
전 6:3 154

아가서
아 4:5 55

이사야
사 8:14 403
사 13:6 LXX 103
사 13:8 171
사 13:8 LXX 103
사 26:17-18 171
사 28:16 LXX 403

사 45:9-11 117
사 45:10 117
사 49:1 28
사 53:12 LXX 324
사 54:1 106
사 60:1-22 404

예레미야
렘 4:31 103
렘 4:31 LXX 169
렘 6:24 39
렘 13:21 171
렘 21:10 307
렘 22:25 307
렘 24:8 307
렘 31:1-24 404
렘 39:28 307

에스겔
겔 7:21 307
겔 11:9 307
겔 16:27 307
겔 20:33-34 404
겔 21:36 LXX 307
겔 23:28 307
겔 25:4 307

다니엘
단 4:34 LXX 172

미가
미 4:9 171
미 4:10 39
미 4:10 LXX 103

하박국
합 2:4 283

스가랴
슥 8:1-23 404
슥 14:10-11 404

신약성경

마태복음
마 1:22-23 401
마 2:17-18 401
마 11:25 66
마 12:43 315
마 24:8 105

마가복음
막 1:23 315
막 1:26 315
막 1:27 315
막 13:8 105

누가복음
눅 8:29 315
눅 24:46-47 323

사도행전
행 2:23 323
행 2:24 105
행 3:14-15 323

로마서
롬 1:1 53
롬 1:2 391
롬 1:3 166
롬 1:4 166
롬 1:5 165, 392
롬 1:6 413
롬 1:7 165
롬 1:8 165
롬 1:9 166
롬 1:15 179
롬 1:16 165, 172, 344, 366, 412
롬 1:16-17 172, 344
롬 1:17 393
롬 1:17-18 155
롬 1:18 393
롬 1:18-3:20 321
롬 1:18-8:39 392
롬 1:18-25 224
롬 1:18-32 163, 298, 301
롬 1:20 176
롬 1:21 174
롬 1:21-22 408
롬 1:23 163, 174
롬 1:24 177, 311, 314, 337, 344
롬 1:25 163, 176
롬 1:26 311, 314, 337
롬 1:28 311, 314, 337
롬 2:9-10 165
롬 2:12 337
롬 2:14 210
롬 2:17 210
롬 2:17-24 340
롬 2:17-29 224
롬 2:20 65
롬 2:25-29 380
롬 3:1 210
롬 3:1-8 340
롬 3:8 202
롬 3:9 165, 168, 331, 336, 340
롬 3:10 331
롬 3:12 165
롬 3:19 165
롬 3:19-20 394
롬 3:20 393
롬 3:21 391
롬 3:21-26 344, 366, 394
롬 3:21-31 393
롬 3:22 395
롬 3:23 165
롬 3:24 160
롬 4:1 168
롬 4:5 391

롬 4:19 154
롬 4:20 174
롬 4:24 391
롬 4:25 311
롬 5:1 346
롬 5:1-5 346
롬 5:2 176
롬 5:4 176
롬 5:5 176
롬 5:6 366
롬 5:9 391
롬 5:10 166
롬 5:11 391
롬 5:12 172, 330, 336, 341, 345, 366
롬 5:12-19 320
롬 5:12-21 341
롬 5:14 341
롬 5:15 393
롬 5:17 172, 341
롬 5:18 165, 229, 379, 397
롬 5:20 330, 345, 366
롬 5:21 172, 330, 366
롬 6:1 202, 341
롬 6:1-3 318
롬 6:1-4 113
롬 6:4 375
롬 6:6 366
롬 6:12 330
롬 6:12-23 318
롬 6:13 367
롬 6:14 330

롬 6:16-17 172
롬 6:16-20 341
롬 6:17 311, 366
롬 6:19 341
롬 6:20 366
롬 6:20-22 341
롬 6:20-23 172
롬 6:22 391
롬 6:23 341
롬 7:1 210
롬 7:1-6 31
롬 7:5 316
롬 7:7-25 342
롬 7:8 342
롬 7:9 330
롬 7:11 343
롬 7:13 343
롬 7:17 330
롬 7:20 330
롬 7:23 343
롬 7:25 343
롬 8:1 391
롬 8:2 343
롬 8:3 166, 178, 319, 324, 326, 347, 348, 369, 399
롬 8:6 176
롬 8:11 114
롬 8:12-39 367
롬 8:14 165
롬 8:15 160, 367
롬 8:17 174
롬 8:18 174, 176

롬 8:18-25 176
롬 8:19 176
롬 8:19-22 162
롬 8:19-23 344
롬 8:20 176, 177, 367
롬 8:21 174, 176
롬 8:22 159, 169, 176
롬 8:22-23 159
롬 8:23 159, 172, 177, 367, 368
롬 8:24 176
롬 8:25 176
롬 8:26-27 176
롬 8:28-30 176
롬 8:29 114
롬 8:30 174
롬 8:31-32 324
롬 8:31-39 178
롬 8:32 311
롬 8:34 348
롬 8:35 224
롬 8:35-39 179
롬 8:38-39 369
롬 9:1 247
롬 9:4 401
롬 9:5 54
롬 9:6 400
롬 9:6-30 401
롬 9:11-12 401
롬 9:19-23 402
롬 9:24 402
롬 10:21 400
롬 11:1-2 400

롬 11:11-12 404
롬 11:25-32 398
롬 11:26 165
롬 11:29 167
롬 11:32 165, 167
롬 11:33-36 164
롬 11:36 164, 165
롬 12:1 375
롬 12:1-2 410
롬 12:1-2 408
롬 12:1-15:13 346
롬 12:2 110
롬 12:3 408
롬 12:4-5 173
롬 12:5 408
롬 12:6-8 372
롬 12:8 372
롬 12:11 376
롬 12:12 376
롬 12:13 376
롬 12:16 376
롬 13:11 376, 391
롬 13:12 367
롬 14:1-15:7 210
롬 14:1-15:13 373
롬 14:1-23 380
롬 14:10-12 339
롬 14:13-23 201
롬 14:17 346
롬 14:23 311
롬 15:1-2 408
롬 15:5-6 408

롬 15:6 174
롬 15:7 174, 408
롬 15:9 174
롬 15:11 165
롬 15:13 346, 408, 409
롬 15:15 364
롬 15:24 372
롬 15:28 372
롬 15:30 373
롬 16:1-2 25
롬 16:1-16 18
롬 16:5 360
롬 16:6 372
롬 16:9 372
롬 16:12 372
롬 16:17-20 348
롬 16:19 349
롬 16:20 348

고린도전서
고전 1:1 140
고전 1:3 139
고전 1:9 139
고전 1:10 140
고전 1:11 140
고전 1:16 140
고전 1:18 128, 405
고전 1:18-25 202
고전 1:24 128
고전 1:27-28 312
고전 2:1 128

고전 2:2 126, 202
고전 2:6 318
고전 2:8 318
고전 3:1 130
고전 3:1-2 130
고전 3:1-2 28, 125, 126, 129,
        139, 148, 187
고전 3:1-4 149
고전 3:2 29, 153, 182
고전 3:4 146
고전 3:5 146
고전 3:5-16 146
고전 3:5-17 147
고전 3:6 29
고전 3:9 147
고전 3:10 29
고전 3:16-17 147
고전 3:23 146
고전 4:8-13 148
고전 4:8-21 256
고전 4:9 148
고전 4:13 53, 149
고전 4:14-15 99
고전 4:15 29, 33
고전 4:15-16 136
고전 4:16 94
고전 5:2 256
고전 5:5 348
고전 5:18 405
고전 6:9-10 312
고전 7:1-16 140
고전 7:5 348

고전 7:15 140
고전 8:5 318
고전 8:6 164
고전 9:5 140
고전 10:1 140
고전 10:20 318
고전 10:23-33 201
고전 10:31 174
고전 11:1 95, 255
고전 11:2 310
고전 11:2-16 140
고전 11:22 140
고전 11:23 310
고전 13:3 311
고전 14:20 129
고전 14:33하-35 191
고전 14:33하-36 140
고전 15:3 310
고전 15:8 28, 154
고전 15:20-28 198
고전 15:24 319
고전 15:24-26 349
고전 15:24-28 399
고전 15:26 319
고전 15:49 114
고전 15:54-57 319
고전 15:56 350
고전 16:11 140
고전 16:12 140
고전 16:15 140
고전 16:20 140

고린도후서
고후 1:1 234
고후 1:3-7 312
고후 2:11 310, 348
고후 3:18 110
고후 4:4 174, 318
고후 4:6 174
고후 4:11 311
고후 4:15 174
고후 5:1-9 342
고후 5:6 228
고후 5:16-17 396
고후 5:17 201
고후 6:13 35
고후 8:19 174
고후 10:10-11 240
고후 11:5-6 240
고후 11:13 85
고후 11:14 348
고후 11:31 247
고후 12:1-2 223
고후 12:7 310
고후 12:14 35

갈라디아서
갈 1:1 27, 28, 79, 111, 198, 204,
　　　　234, 239, 241, 242, 247,
　　　　248, 251, 260, 275, 276,
　　　　282, 288, 289, 292
갈 1:3-4 286
갈 1:4 19, 116, 183, 197, 198,

202, 212, 278, 292, 295,
　　　298
갈 1:6　114
갈 1:6-7　194
갈 1:6-9　275
갈 1:6-10　243
갈 1:7　288
갈 1:8-9　312
갈 1:10　288
갈 1:10-11　237
갈 1:11　288
갈 1:11-2:14　252
갈 1:11-2:21　240
갈 1:11-12　244
갈 1:11-17　239, 247
갈 1:12　239
갈 1:12-2:14　237
갈 1:13-14　111, 259, 288
갈 1:15　27, 28, 79, 198, 206,
　　　248, 251, 260, 288, 292
갈 1:18　249
갈 1:18-24　239
갈 1:20　247
갈 1:21　249
갈 1:23-24　247
갈 1:24　248
갈 2:1　249
갈 2:1-10　239
갈 2:4　248, 249
갈 2:7-9　249
갈 2:9　248
갈 2:11　249, 250

갈 2:11-14　239
갈 2:13　250
갈 2:14　250, 288
갈 2:15-21　250
갈 2:16　250, 268, 283
갈 2:16-21　279
갈 2:18　251
갈 2:18-20　250
갈 2:19-20　251
갈 2:19-21　276
갈 2:19하-20　110
갈 2:20　111, 207, 260, 293, 310
갈 3:1　120, 252, 257, 280
갈 3:1-4　253
갈 3:2　114, 188, 199, 200, 208,
　　　229, 253
갈 3:5　292
갈 3:6-9　280
갈 3:10-14　280
갈 3:15-18　280
갈 3:16　295
갈 3:25　199
갈 3:26-29　276
갈 3:28　208
갈 4:1　65
갈 4:1-7　253
갈 4:3　65
갈 4:4　295
갈 4:6　171
갈 4:8　318
갈 4:8-11　253
갈 4:11　253

갈 4:12-5:1 119
갈 4:12-20 97
갈 4:12하-14 95
갈 4:12하-15 257
갈 4:13-20 259
갈 4:16 257
갈 4:18-20 95
갈 4:19 17, 19, 27, 30, 36, 37,
       38, 39, 45, 47, 50, 54,
       66, 93, 94, 97, 98, 99,
       108, 109, 110, 113, 114,
       115, 116, 117, 118, 125,
       220
갈 4:21-31 106
갈 4:22 154
갈 4:25 189
갈 4:27 106
갈 5:1 202, 253
갈 5:1-6 285
갈 5:2 285
갈 5:6 253, 285, 289, 292
갈 5:11 244
갈 5:13 193
갈 5:13-6:10 289
갈 5:16-25 276
갈 5:22 201
갈 5:24 289
갈 6:1 284
갈 6:2 289
갈 6:11-18 290
갈 6:12 290
갈 6:12-13 290

갈 6:14 292
갈 6:14상 290
갈 6:14하 290
갈 6:15 197, 201, 207, 212, 233,
갈 6:17 120

에베소서
엡 5:22-24 191

빌립보서
빌 1:11 174
빌 1:15-18 249
빌 1:21-23 342
빌 1:23 228
빌 2:10 223
빌 2:11 174
빌 2:22 34
빌 3:2 256
빌 3:2-11 245
빌 3:5 196
빌 3:6 202
빌 3:8 204
빌 3:10 110
빌 3:10-11 114
빌 3:12 202
빌 3:17 255
빌 3:18-19 256
빌 3:21 114
빌 4:9 255
빌 4:19 174

데살로니가전서
살전 1:4 391
살전 1:5하 67
살전 1:6 67
살전 1:7 67
살전 2:1 67
살전 2:1-12 33
살전 2:4 244
살전 2:5-7 34
살전 2:7 27, 33, 59, 80, 125,
살전 2:8 67, 70
살전 2:10 67
살전 2:11 33, 60
살전 2:11-12 34
살전 2:12 193
살전 2:14 67
살전 2:18 310
살전 4:5 374
살전 4:13 374
살전 4:13-18 179
살전 5:3 27, 28
살전 5:5 229
살전 5:27 25

데살로니가후서
살후 3:7 255
살후 3:9 255

디모데전서
딤전 1:12-16 245
딤전 1:20 310
딤전 2:11-15 191

디모데후서
딤후 3:10 255

빌레몬서
몬 1 235
몬 10 33

히브리서
히 5:12-14 131

베드로전서
벧전 2:2 132

요한계시록
계 12:2 105

외경

바룩서
바룩서 4:36-37 404
바룩서 5:1-9 404

집회서
집회서 19:11 103

솔로몬의 지혜서
솔로몬의 지혜서 2:6 162
솔로몬의 지혜서 10:21) 66
솔로몬의 지혜서 13:1-9 304
솔로몬의 지혜서 13:10-14:21
   304
솔로몬의 지혜서 14:22-31 304
솔로몬의 지혜서 14:30-31 304
솔로몬의 지혜서 16:1 304
솔로몬의 지혜서 16:24 162
솔로몬의 지혜서 19:6 162

위경

바룩2서
바룩2서 56:6 39

에녹1서
에녹1서 53:3 348
에녹1서 54:6 348
에녹1서 62:4 39

에스라4서
에스라4서 4:42 104

희년서
희년서 1:15-18 404
희년서 19:13-14 402
희년서 20:10-24 402
희년서 21:22 305

아리스테아스의 편지
아리스테아스의 편지 12 172
아리스테아스의 편지 33 172
아리스테아스의 편지 132-138
   305

시빌라 신탁
시빌라 신탁 3:8-45 305

납달리의 유언
납달리의 유언 3:3 305

사해문서

Serek Hayaḥad [1QS] 1.10-11
   378
1QH 3.7-10 104
1QHa 11.6-8 104
1QHa 15.20-22 80

요세푸스

자서전
자서전 132-135 240
자서전 189-190 240
자서전 424-426 240

아피온 반박
아피온 반박 2.236-254 305

유대 고대사
유대 고대사 12.27 172

필론

농업에 관하여
On Agriculture 9 133

예비 교육에 관하여
On the Preliminary Studies 19 132

알레고리적 해석
Allegorical Interpretation 3.88-89 402

아브라함의 이주에 대하여
On the Migration of Abraham 29 133

모든 선인은 자유인이다
That Every Good Person Is Free 160 132

꿈에 관하여
On Dreams 2.10 133

특별법에 관하여
On the Special Laws 1.13-31 305

그리스-로마 문헌

아리스토텔레스
Historia animalium 7.9[586b, 27-29] 102
Nicomachean Ethics 8.8.3 [1159a, 28-34] 101
Nicomachean Ethics 8.12.2-3 [1161b, 17-34] 101
Nicomachean Ethics 9.7.7 [1168a, 25-27] 101
Physiognomics 807a-b 143

키케로
On Friendship 8 101

데모스테네스
Oration 57 [Against Eubulides]
　　35 76
Oration 57 [Against Eubulides]
　　47 76

디온 크리소스토모스
Oration 4 [Kingship 4] 41 72
Oration 4 73 74
Oration 4 74 72

에픽테토스
Discourses 2.16.39 41
Discourses 2.16.39 134
Discourses 3.24.9 134

에우리피데스
Medea 65 76

헤로도토스
Histories 1.45.1 307
Histories 3.13.3 307

호메로스
Iliad 6.389 76
Odyssey 7.9 76

파우사니아스
Description of Greece 1.2.1. 307

플라톤
Epistle 7 240
Lysis [Friendship] 207E 101

소 플리니우스
Epistle 1 8.4-5 265
Epistle 4 24.4-7 266
Epistle 7 1 266

플루타르코스
On Having Many Friends
　　93F-94A 101
The Education of Children 73

위 디오게네스
Epistle 29 73

퀸틸리아누스
Institutes 11.1.3 143

세네카

Epistle 1 4-5 264
Epistle 2 4-5 264
Epistle 6 1-4 264
Epistle 7 6-9 263
Epistle 8 1-6 264
Epistle 11 9 263
Epistle 26 6-7 264
Epistle 32 264
Epistle 32 1 264
Epistle 54 1-6 264
Epistle 71 7 264
Moral Epistles 122.7 143

소포클레스

Ajax 849 78

테오크리토스

Idylls 27.65 78

크세노폰

Cyropaedia 5.4.51 307
Cyropaedia 5.1.28; 5.4.51 307

파피루스

P.Hib 307
P.Lille 307
P.Tebt 307

인명 색인

A

Achtemeier, Paul 305
Adams, Edward 156, 158, 161, 162, 180, 181, 228
Allison, Dale 105, 107, 228
Ammonius 75
Aristotle 101, 102, 143, 433
Augustine 261
Aulén, Gustaf 329
Aune, David 238

B

Baird, William 244
Balch, David L. 26
Barclay, John. M. G. 188, 331, 380
Barnwell, Ysaye M. 205

Barrett, C. K. 129
Barth, Karl 175, 393
Barton, Stephen C. 140
Bassler, Jouette 10, 165, 278, 282,
Bauckham, Richard 368
Baumann, Rolf 129
Behm, Johannes 128
Beker, J. Christiaan 173, 226, 230, 249, 273, 294, 320, 325,
Bell, Richard H. 397
Best, Ernest 63, 157, 158
Betz, Hans Dieter 98, 101, 102, 105, 200, 237, 238, 252, 272, 273, 292
Betz, O. 80
Black, C. Clifton 386

Black, Matthew 105
Black, Max 43
Bolt, John 156
Bonnard, Pierre 236
Booth, Wayne C. 46, 82
Boring, M. Eugene 230
Boyarin, Daniel 210
Bradley, Keith R. 27, 77, 78, 137, 138
Brinsmead, B. H. 272
Bruce, F. F. 114
Buber, Martin 212
Bultmann, Rudolf 351
Burke, Trevor 64
Burton, E. D. 96
Byrne, Brendan 149, 156, 157, 302, 306, 369, 396

C

Caird, G. B. 319
Calvin, John 129
Campbell, Douglas A. 225, 390
Cancik, Hildegard 264
Carr, Wesley 319
Carter, T. L. 322
Castelli, Elizabeth 147
Christoffersson, Olle 156
Chrysonicus, Mussius 137
Chrysostom 71, 98, 236, 305
Cicero 101, 262, 263, 434
Clemen, Wolfgang 83
Cohen, Ted 46
Collins, Adela Yarbro 106

Collins, John J. 105
Collins, Raymond 88
Conzelmann, Hans 149
Court, John M. 106
Cousar, Charles 112
Cousar, Charles B. 22, 112, 195, 291, 324, 325, 345, 379, 398
Cranfield, C. E. B. 156, 251, 306, 332
Crates 266
Crawford, Charles 69
Culpepper, Alan 82

D

Dahl, Nils 387
Davies, W. D. 238
de Boer, Martinus C. 221, 223, 227, 318, 325, 342, 366
De Boer, Willis Peter 95
Delbanco, Andrew 355
Delobel, Joël 64
Dibelius, Martin 63
Dickson, John T. 364
Dio Chrysostom 71
Dixon, Suzanne 26
Dobschütz, E. von 63
Dodd, C. H. 31, 67, 284, 306, 317
Donaldson, Terence. L. 285
Donfried, Karl P. 360
Downs, David 316
Duncan, George S. 236
Dunn, James D. G. 114, 156,

157, 177, 193, 301,
305, 319, 348, 380,
388, 390, 391, 395,
396, 397

E

Eastman, Susan 117, 119,
    121, 136, 154, 157,
    166, 171
Eckert, J. 272
Ellicott, C. J. 62
Engberg-Pedersen, Troels
    321, 322, 331, 332,
    352, 408
Epictetus 41
Epp, Eldon Jay 372
Esler, Philip 158, 179, 368
Eustathius 75

F

Favorinus 144
Fee, Gordon D. 69, 129,
    140, 146, 149
Findlay, C. G. 63
Fitzmyer, Joseph A. 156,
    302, 305, 338, 348,
    396, 409
Fowl, Stephen 68
Frame, J. E. 68
Francis, James 126
Friedman, Norman 82
Fung, Ronald K. H. 97
Furnish, Victor P. 10, 50,
136, 256, 378, 386

G

Gager, John 331
Gale, Herbert M. 67
Garland, David 256
Gaston, Lloyd 331
Gaventa, Beverly Roberts 8,
    10, 11, 50, 71, 95, 178,
    198, 213, 245, 251,
    276, 342
Gerber, Christine 69
Gleason, Maud W. 143
Gooder, Paula 11
Gordon, T. David 272
Gorman, Mary Rosaria 75
Green, Gene L. 69
Gregory of Nyssa 54
Gribomont, Jean 68
Grundmann, Walter 80
Guerric of Igny 54
Gundry-Volf, J. M. 190
Gutierrez, Pedro 108

H

Hadot, Ilsetraut 264
Hall, Barbara 367
Halperin, David M. 144
Hays, Richard B. 95, 109,
    118, 260, 274, 284,
    287, 289, 290, 294,
    297, 331, 387, 395
Heinrici, C. F. Georg 129

Hengel, Martin 245
Hermann, R. 109
Herodotus 307
Herzog-Hauser, G. 77
Holtz, Traugott 80
Hooker, Morna 113, 128, 294, 301, 395
Howard, G. 272

J

Jackson, Ralph 137
Jervell, Jacob 301
Jewett, Robert 62
Johnson, E. Elizabeth 379
Johnson, Luke T. 395
Jonge, Marinus de 105
Juel, Donald 385

K

Kahl, Brigitte 118
Käsemann, Ernst 20, 108, 155, 157, 226, 306, 317, 325, 334, 347, 381, 410
Kasser, Rodolphe 53
Kaye, Bruce N. 321
Keck, Leander 394
Keesmaat, Sylvia C. 157, 158, 167, 369
Kennedy, George 238
Kennedy, H. A. A. 315
Kim, Seyoon 241
Kittay, Eva Feder 45

Klein, Günter 360
Klutz, Todd 316
Koenig, John 110
Koester, Helmut 256
Kovacs, Judith L. 128
Kraftchick, Steven J. 49
Kuck, David W. 149

L

Lambrecht, Jan 157
Lampe, G. W. 161
Lampe, Peter 25
Laquer, Thomas 42
Le Guin, Ursula K. 119
Lerner, H. 206
Levin, Samuel R. 43
Lietzmann, Hans 236
Lieu, Judith 362
Lightfoot, J. B. 96, 236, 238
Luhrmann, Dieter 106
Lull, David J. 281
Luther, Martin 236
Lyons, George 238

M

MacDonald, Margaret Y. 377
Mace, Daniel 64
MacGregor, G. H. C. 319
Mahe, Jean-Pierre 102
Malherbe, Abraham 256
Maly, Karl 129
Marcus, Joel 221
Marguerat, Daniel 69

Marshall, I. H. 63
Martin, Dale 143
Martyn, J. Louis 10, 22, 33, 50, 95, 106, 112, 117, 118, 121, 154, 155, 167, 194, 197, 209, 212, 213, 214, 226, 272, 275, 303, 315, 332
Matlock, R. Barry 227
McFadyen, Alistair 337
Meeks, Wayne 26, 50, 51, 88, 136, 137, 200, 238, 400, 401
Methodius 54
Metzger, Bruce M. 63
Meyer, Paul W. 238, 339, 342
Michaelis, W. 258
Miller, James C. 387
Misch, Georg 261
Mitchell, Margaret 141
Mohr, J. C. B. 128
Momigliano, Arnoldo 261
Moo, Douglas 317
Morris, Leon 68
Morrison, Toni 205
Moule, H. C. G. 317
Moxnes, Halvor 387
Mussner, Franz 96

N

Neil, William 63
Norris, Kathleen 192

O

Oepke, Albrecht 236
Olney, James 261
Origen 128
Osiek, Carolyn 26
Osten-Sacken, Peter von der 175

P

Pausanias 307
Pelagius 156
Petersen, Norman R. 33
Philo 380
Pliny the Younger 265
Plummer, Alfred 127
Polemo 144

Q

Quintilian 143

R

Räisänen, Heikki 321
Ramsay, W. M. 236
Rensburg, J. J. Janse van 64
Reumann, John 156
Richard, Earl J. 32
Richards, I. A. 82
Richardson, Neil 313
Rickert, GailAnn 162
Rigaux, Béda 63

Ringgren, Helmer 105
Robertson, Archibald 127
Röhser, Günter 321
Rowling, J. K. 352

S

Sailors, Timothy B. 65
Sampley, J. Paul 171
Sanders, E. P. 321, 392, 393
Sanders, J. T. 239
Schäfer, Klaus 141
Scheidel, Walter 26
Schlier, Heinrich 128
Schmithals, Walter 256
Schnackenburg, Rudolf 129
Schneemelcher, Wilhelm 53
Schrage, Wolfgang 129
Schubert, Paul 67
Schüssler Fiorenza, E. 200
Scott, James M. 171
Seneca 263
Stegemann, Wolfgang 75
Stowers, Stanley 302
Stuhlmacher, Peter 305
Sturm, Richard 221
Sutter Rehmann, Luzia 170

T

Tannehill, Robert 252
Taylor, Brian 241
Taylor, G. M. 294
Theocritus 78
Theodoret 54

Thurman, Howard 188
Thüsing, Wilhelm 129
Tobin, Thomas H. 375
Tolkien, J. R. R. 352
Tröger, K. W. 102
Tulloch, Janet H. 94
Turner, Mark 48
Tyson, J. B. 272

V

Venerable Bede 54
Viard, A. 157

W

Wagner, J. Ross 369
Walters, James C. 171
Ward, Ronald 63
Warren, Austin 83
Watson, Francis 298
Wedderburn, A. J. M. 301
Weima, Jeffrey A. D. 69
Weintraub, K. J. 261
Wellek, Rene 83
Wheelwright, Philip 82
Whitby, Daniel 69
White, John L. 35
Wiedemann, Thomas 77
Wilckens, Ulrich 156
Williamson, Ronald 134
Williams, Sam K. 294
Winkler, John J. 144
Wright, N. T. 158

X

Xenophon 307

Y

Yarbrough, O. Larry 136
Young, Norman H. 281

Z

Zeitlin, Froma I. 144
Zimmer, F. 64

바울, 우리 어머니

초판1쇄	2025년 12월 24일

저자	베벌리 로버츠 가벤타
번역	정동현
편집	박선영 서요한 여운송 이학영
디자인	와이앤와이 (ynybookdesign@gmail.com)

발행처	도서출판 학영
이메일	hypublisher@gmail.com
FAX	02-6305-8198

페이스북	/hypublishingcompany
인스타그램	@hy.pub
스레드	@hy.pub

ISBN	9791193931219 (93230)
정 가	27,000원